社交力

從會哈囉開始

要有好人緣，就要敢瘋狂

劉惠丞，劉燁 編著

崧燁文化

社交力
從會哈囉開始

目錄

社交力
從會哈囉開始

第二篇　社交口才實戰

社交力
從會哈囉開始

社交力
從會哈囉開始

第一篇　口才社交的心理內涵

社交力
從會哈囉開始

一、診斷自我要害

1. 你患有口語傳播障礙嗎

有一香港人因職務關係，經常必須以國語、英語發言演講。他的講詞，大部分鏗鏘有力，震撼人心，使人肅人起敬，但有時因鄉音太重的關係，也不易分辨。

在人與人之間的口語傳播過程中，鄉音太重、口齒不清、語意不明、認知差異或文化不同等等因素，都會產生「傳播障礙」，甚至造成誤解、衝突或笑話。一個年輕人很喜歡音樂與戲劇表演，有一天，他急著趕到「國家劇院」看話劇演出，就攔了一輛計程車趕路，司機問他，要去哪裡？年輕人說：「去國家妓院，快一點，快來不及了！」司機看他那麼急著趕到國家妓院，就興致勃勃的問他：「妓院也有國家的哦？是不是公立的比較便宜？在哪裡？我也要去！」

也有一新婚的「胡小姐」去辦理戶口手續，承辦先生辦好之後，將紙本交給她，而為了避免誤拿，所以順便問一下：「小姐，你姓胡嗎？」胡小姐很嬌羞地說：「不好意思說啦！」承辦人員問：「怎麼會呢？小姐，你是不是姓胡？」那小姐只好紅著臉說：「很美滿啦！」

原來承辦先生將「姓胡」說成「幸福」了，以致「胡小姐」錯會其意。

哈囉演練法：

屁股對屁股，劇院變妓院，真是天大的笑話，可就是有人如此說，這難道不足以引起大家的注意嗎？

2. 舌頭傷人沒商量

惡言相向的「口角與怒罵」是任何人都會的遊戲，但卻也是一種雙方都無法獲勝的競賽。

一位新婚不久的太太嬌滴滴的向先生問道：「老公啊，你是不是和我的感覺一樣，覺得我們真是『相見恨晚』呢？」

「是啊，我的確感到我們真是『相見恨晚』，恨當初我們初次相見時，為什麼是在那麼黑暗的夜裡，所以沒有把你看清楚！」老公說。

其實，這對夫妻對彼此的感情「雖不滿意，但還能接受」，至少太太還會嬌滴滴，先生也有點幽默感，不像我的王姓朋友，結婚不到一年就離婚了。為什麼？還不是逞口舌之快，所以生活中就充滿「惡言相向」的戰爭。

王先生做小生意，賺錢不多，卻喜歡買貴重的衣物、家具，王太太就常說：「你以為你是王永慶啊，也不看看自己一個月賺多少，有什麼資格買這麼貴的東西？」

「是啊，我是不會賺錢，但還是養得起你這個吃閒飯的！」王先生也不甘示弱。

夫妻偶爾出門逛街，王太太看上一件新款的套裝時，先生當著女店員的面說：「這種衣服要身材高一點的人穿才好看，你又矮又胖，穿起來像穿布袋一樣！」呵，王太太一聽，氣得轉身就自己坐車回家。

最叫王太太憤怒的一次是在百貨公司要買化妝品時，自己的老公竟在其他顧客面前對她說：「你長這樣子，用再好的化妝品也沒用！」王太太忍著心中的「恥辱」與「悲憤」，回到家終於爆發了！

「我命賤，我命苦，婚前一大堆男人追我，我瞎了眼才會嫁給你，哇……」王太太氣得哭起來。

「我才倒楣呢，娶個不會下蛋的老母雞，每天沒工作在家閒著，只會吃閒飯！」

「不會生？搞不好是你自己有問題也不一定！」王太太越說越氣，「對啦，我是不生啦，不然萬一生個小孩長得像你這副『豬樣子』的德性，我不嘔死才怪？」

突然之間，王先生威武有力的巴掌像一陣旋風一樣摑了過去，把太太一巴掌打倒在沙發上，並盛怒地說：「婚前看你伶牙俐齒，沒想到婚後你說話竟然是這麼尖酸刻薄，我看你是不想活了！」陸戰隊出身的王先生又順腳踢她兩

下，未料王太太也抓住他的小腿，狠狠地咬他一口。

不久，兩人協議離婚。王太太感嘆說：「原來以為他結實的臂膀，厚厚的胸膛，是我終身的依靠，沒想到兩人氣起來口不擇言，他就拳打腳踢，一手抓，一手捧，打起來好痛哦！嫁人最好不要嫁給太壯的男人！」

王先生也回憶道：「唉，娶妻娶德，婚前要擦亮眼，聰明些，不要娶個說話尖酸刻薄，時時帶刺來戳你的女人，否則你就倒一輩子楣！」

孫子說：「贈人以言，重如珠玉：傷人以言，甚於劍戟。」西方亦有諺語：「舌者，殺人之利器也。」

哈囉演練法：

許多人都很會「爭辯」，甚至在言語中用狠毒的話把對方刺得「遍體鱗傷」；然而，惡言相向的「口角與怒罵」是任何人都會的遊戲，卻也是一種雙方都「無法獲勝」的競賽，若有人能把對方說得「啞口無言」，也只是一場「假勝利」，因為你無法贏得對方的好感，甚至將失去原有的情誼。

3. 重話萬萬說不得

您被恥笑過嗎？

您被辱罵過嗎？

您被全盤否定過嗎？

其實，每個人都期待從他人的語言中獲得肯定與讚美，增加「自我價值」與「自我尊嚴」。

小慧是一位相當優秀的女孩，漂亮大方又有人緣，結婚當天賀客滿堂，眾人認為新郎新娘兩人「郎才女貌」，真是天作之合，一定可以永浴愛河，白頭偕老，而小慧也非常高興，找到了如意郎君。

在婚禮進行時，小慧透過頭紗，偷偷地斜瞄了一下帥俊體貼的老公，不禁感到欣喜與滿足，心想不久就將展開人生的新旅程。

　　不料，婚後一個月，小慧開始覺得生活上不盡如意，也不若婚前想像那麼如公主般美好。她過去習慣在上廁所後，將衛生紙丟入馬桶旁的小垃圾桶，可是老公卻堅持可以丟進馬桶內沖掉。兩人竟會為了這個小問題爭得面紅耳赤，吵了一個半小時。最讓小慧生氣的是，每當兩人各持己見、互不相讓時，老公總是大男子主義地說：「說你錯了，你還不承認！？」小慧一肚子氣，委屈地跑回娘家住了兩天。

　　雖然小慧覺得老公很健談，有時說話也帶幽默，但是有時卻也令她感到很不是滋味。譬如：有一次，老公竟在朋友到家裡來聊天時竟說：「別的情侶、夫妻是彼此看對眼，我呀，是看走眼了！」小慧聽了，氣得白他一眼，一個人走進廚房生悶氣。

　　儘管事後老公解釋說，那些話只是在朋友面前「開開玩笑」而已，但小慧總是覺得很不舒服，為什麼每次都是以「否定別人」來開玩笑？而在家裡老是一副「只有他是對的」的樣子，動不動就說「你看你，這麼笨，連這麼簡單的事都不會」、「哎呀，你們女人不會懂的啦！」

　　人呀，最怕莫名其妙地被人家「否定」。您看這句話──「說你錯了，你還不承認」，這不僅是「否定」，還是「雙重否定」呢！難怪聽者會怒氣沖天、恨意滿滿。不過這還算好，另外還有更令人無法忍受的「三重否定」──「說你錯了，你還不承認，你給我閉嘴！」如果再加上一句「你去死啦！」那就變成「四重否定」了；若有人再上一句：「你去死啦，死了也沒有人幫你哭！」您看，這不是又變成「五重否定」了嗎？

　　心理學大師馬斯洛認為，「受人尊重」與「生理」、「安全感」、「愛與被愛」、「自我實現」等，是人的五種「基本需求」；每個人都需要從他人的語言認同、肯定、讚美中，來增加「自我價值」與「自我尊嚴」。如果常在言談中「否定對手」，則會令對方難堪、生氣，甚至產生言語和肢體上衝突。

　　其實，有些玩笑語的確是脫口而出，但是「說者無心，聽者有意」，玩笑式的「否定」說多了，也會教人聽了很不是滋味。尤其是「雙重否定」、「三重否定」，真是抹殺對方的基本自尊，引起他人不悅。

　　身為白領階層的李先生，有一天和太太吵架後，一氣之下住到旅館去。後

來沉思反省後覺得有些理虧，就打個電話給太太：

「老婆啊，今天晚上做什麼菜等我啊？」

「我啊，做毒藥等著你呢！」

「噢，這樣哦，那你做一份自己吃就好了，我不回來了！」

可想而知，只會變得更糟。

哈囉演練法：

禍從口出，說的一點不假，就這些無心的話語往往會帶來一系列意想不到麻煩，那該怎麼辦呢？多積點口德吧！

4. 讓別人有說話的機會

話多不如話少，話少不如話好」，話多的人不一定有智慧，且往往可能是剛好相反。所以，在人際溝通中，若能適時「製造別人講話的機會」，則必定會更受歡迎。

懷著一顆興奮的心，小張與同事們一起組團到外地做業務考察。一路上，不管是搭飛機或小巴士，總是聽到其公司的王副經理不斷地大談闊論，吱吱喳喳地講個不停。許多團員私底下都相視而笑，無奈地搖頭說：「這次碰上王副經理，完了，真夠慘！」到了北京，拜會有關單位時，輪到王副經理做簡報，只見他站在大眾面前卻臉紅脖子粗，結結巴巴，講不出像樣的業務簡報。

小張也曾與一公關公司女性總經理洽談業務。這女總經理長得蠻漂亮，業務亦是做得響噹噹的，可是當她話匣子一打開，就滔滔不絕，如黃河決堤，一發不可收拾。小張雖亦是業務口才高手，但想插幾句話，卻始終苦無機會。這位女總經理興致高昂地敘述她公關事業是如何蓬勃，小張則兩手在餐桌上玩弄著吸管，心中覺得十分無趣。三十分鐘後，小張終於鼓起勇氣以這女總經理說：「對不起，待會我還有事，我先走了！」

中國自古以來就有強調少說話的名言，如「吉人之辭寡，躁人之辭多」、「言多必失」、「喪家亡身，言語占八分」、「危莫危於多言」等等，但是許

多人仍然有「話多」的毛病；出國旅行、婚喪喜慶、辦公室內……都有「話多之士」，喧囂吵雜，令人厭惡。

語言學家拉剋夫曾指出簡單的三原則，使人們的說話更「文雅」──

「不要咄咄逼人」、「讓別人也有說話機會」、「讓人覺得友善。」

話多的人，常求發言而後快，不考慮聽者的感受，也不讓他人有講話的機會，所以容易「招怨」。

其實，話講得最多者，多半是講自己的私事，或東家長西家短，易滋生事端；甚至不少人因話講得太多，長了「聲帶結節」，還到處求醫呢！

哈囉演練法：

話多的人不一定智慧多，而事實上往往可能相反，所以俗語說：「話多不如話少，話少不如話好。」在人際溝通中，讓別人也有講話的機會，雖然說來容易，但人們卻常常只顧自己而疏忽他人，在古人「思然後言，人不厭其言」的名訓之外，若能適時「製造別人講話的機會」，則一定更受歡迎。

5. 好心不得好報

人與人交往或溝通時，常不自覺地存著「交換理論」與「互惠規範」的溝通心理。但因對方的「回饋」態度如何難以預期，所以往往造成所謂的「熱臉貼在冷屁股」與「好心給雷親」（台語）等窘況。

「交換理論」強調，人們常根據其經驗或期望訂一個標準，假如個人付出後的「回饋」合乎或超過他原先的「預期」，則他會覺得有價值而繼續付出；相反的，若回饋不能達到預期目標，甚至成為傷害他的處罰，則預期與回饋之間的「落差」太大，就會覺得付出很不值得，有些人甚至會表現出「暴怒」或「攻擊」的行為。

基本上，人與人交往或溝通時，心裡常不知不覺地存著「互惠規範」，期盼獲得「公平」且「禮尚往來」的回應，否則就可能發生言語上的衝突。我曾

在公車上看到一幕：一位老先生辛苦地擠到車子座位最後面，幫老太太找到了一個空位，並興奮地叫老太太過來坐，沒想到老太太冷冷地回他一句：「那排椅子硬邦邦，又那麼顛簸，叫我怎麼坐？」於是老先生不再跟她講話，氣氛就此僵住了。這真是所謂的「熱臉貼在冷屁股吧」。

談到「交換」與「互惠」的溝通心理，就讓王先生想起過去悲慘的送花經驗。第一次，送花給一個女孩，她說：「我們家又沒花瓶，我也不會插！」第二次送一束含苞玫瑰給另一位女孩，她皺眉說：「這些花怎麼都這麼小？」又有一天晚上，他捧一束花到醫院探望一個漂亮的女孩（他把她當成女朋友），可是她一看到花就說：「我們生物老師說，植物在晚上會吐二氧化碳，對病人不好！」王先生聽了很是生氣，什麼「植物在晚上會吐二氧化碳，對病人不好」，人家看病不都是送花？於是十分鐘後他攜花告辭，在醫院門口，很生氣地將這束花與傷心，一起丟入垃圾桶。

哈囉演練法：

熱臉和冷屁股，多麼有意思的字眼，要是貼在一起的話，可就不那麼
有意思了。

6. 別讓負面印象嚇跑對方

在面對自己喜歡或重要的人物時，我們會借助穿著、打扮、說話語調、態度……做「印象整飾」，以獲得別人的好評與肯定。但若不喜歡對方，也可能以「負面印象整飾」策略，來嚇退對方。

「印象整飾」理論的要義是強調「適時、適度的表現適當的我」，其方式可以是「語言」和「非語言」的。不過，由於人的性格不同，「印象整飾」技巧好的人會善於「控制」自己的情緒和言行舉止，以獲得別人的好評與肯定。換言之，人們常利用「印象整飾」，來建立彼此的認同與情誼。

事實上，「印象整飾」並非只有一套或一成不變，而是隨著對他人的「好惡」而調整。譬如：一位女孩相親前打扮得漂漂亮亮，並努力「克制」自己成

為「嬌羞可愛」的樣子；但當她見到男生時，發現他不是心目中的白馬王子，就以另外一種猛吃、不說話的「負面印象整飾」策略，來嚇退對方，使男生嚇得打退堂鼓。

劉先生第一次相親前告訴小李，如果我不滿意女方，會藉故在用餐時出來打電話，請小李再用「手機」回撥，讓他有藉口說他有急事，必須提早離開。見面相親時，他興奮滿意地用餐，沒想到那小姐的「手機」響了，只聽她說：「什麼？真的啊？好，我馬上過來！」

於是，她說，她有很緊急的事要先走。餐桌前，只有他不知該如何形容的驚愕與茫然！

哈囉演練法：

人們卻相信，第一印象相當重要，千萬別在初次見面時，讓負面印象嚇跑對方，這樣的話，你就永遠沒機會了。

7. 恥笑譏諷來不得

您知道嗎？一家三口滅門血案，竟是因為凶手受不了被他人恥笑、譏諷，而大開殺戒。古人說：「喪家亡身，言語占八分。」是有其道理。

台北縣土城蕭崇烈一家三口滅門血案，在警方鍥而不捨的查緝後，已宣告偵破。凶嫌鄧笑文被捕後，坦承因受經營堆高機生意的蕭崇烈「譏諷」而萌生殺機，並在行凶後擔心事情敗露，而再殺其妻女滅口。

鄧笑文表示：兩個月前，死者蕭崇烈用話刺激他、恥笑他，並用手指指他胸前，笑他「沒什麼用」，開堆高機那麼久了，仍然是「給人請（聘僱）」，不像他自己開堆高機沒多久就當了老闆。對這樣的「譏諷」，鄧笑文即懷恨在心，後來蕭某只要與他碰面，就不斷嘲笑他，以致使他萌生殺人洩恨之心。

據警方表示，凶嫌鄧笑义心智健全，但因受到對方不斷的譏諷和嘲笑而殺人，這成為歷年來滅門血案的特殊案例，頗值得社會大眾警惕。

古人早有明訓：「言語傷人，勝於刀槍。」許多人常以「嘲弄」他人為樂，

有部分綜藝節目的主持人，戲稱未能在比賽中過關的來賓「笨」，或嘲笑比賽者的長相「醜」。有些雖然是屬玩笑性質，但總讓人覺得不妥，畢竟「尖酸刻薄」、「有失厚道」的言事批評，會使聽者產生不悅；嚴重的，正如滅門血案的被害人一般，遭到殺身之禍，後悔莫及，真是教人不得不謹慎。

其實，言辭起衝突而萌生殺機的情況常有所聞，法國巴黎有一名「美食專欄作家」，經常在文章中特別讚譽某家餐廳，或嚴辭批評某些餐廳的菜餚。有一次，此專欄作家在專欄中對一家餐廳的菜色評論「像豬食」，以致激怒了餐廳老闆。該老闆事後特別再請此美食專欄作家去試吃「精緻美味的佳餚」，不料美食專家吃完後臉色大變，暈倒在地，送到醫院時氣絕死去。餐廳老闆被警方逮捕收押後，坦承「設毒宴」下毒，他說：「批評我們的美食像豬食的人都該死！」

這真是教人瞠目結舌，「專欄作家」們下筆時可得小心點，就像你說話一樣，若言詞過於尖酸刻薄，批評太過份，可能也會「惹禍上身」。

事實上，不管是男人或女人都一樣，只要被一些不中聽的話激怒，都可能會因情緒狀態失控，而口出狂言，大打出手，最後鼻青臉腫。宜蘭縣頭城鎮有兩家相鄰的家具行，因同行競爭而相忌，又因轎車被刮痕而引起言語衝突，於是兩家除了動口怒罵、動手狠捶互毆外，又用嘴巴「互咬」。結果，四十一歲的林先生鼻子被咬落於地，他忍著疼痛撿起半截鼻子，趕至羅東博愛醫院求救縫合，另一方是五十三歲的許先生，也在「口齒互咬大戰」中，下巴被咬下一塊肉，鮮血濺滿臉孔和家具，也痛苦萬分地趕赴醫院縫了十多針。

哈囉演練法：

因說話而遭到殺身之禍、或打得鼻青臉腫、咬掉下巴的實例，似乎教人覺得不可思議，或有些好笑，不過，也讓人再次想起「言多必失」、「禍從口出」的萬世警訓。

8. 言多必失

　　有些人喜歡多管閒事，對於與自己無關的事，仍愛追問到底；有時可能是基於善意的關懷，有時卻也是滿足自己的好奇心。其實，適度地關心，會令人覺得舒心，但若整天喋喋不休、蜚短流長，則令人厭煩。

　　人到了一定年齡而不結婚，似乎變成「眾矢之的」，經常有人「關心」，甚至「嚴重關切」：遇到認識的人時，總會被問道：「怎麼還不結婚？」「什麼時候請喝喜酒啊？」被問多了、問煩惱了，曹先生的答案一律是──「過幾年吧！我大概就會結婚。」

　　沒結婚，實在是個人的問題，但是很多人卻表現出「極度關心」的態度；其實他們自己的婚姻也不見得好到哪裡去。有的人還偷偷的打聽：「他長得也不錯，怎麼還不結婚？是不是有什麼問題，有什麼毛病？」害得曹先生父母真的問他，你是不是「生理」有什麼毛病？

　　最近問他「怎麼還不結婚的人」越來越多，他煩惱了，只好回答他們：「因為我的屁股上長一個胎記！」

　　「你的屁股上長一個胎記？那跟你不結婚有什麼關係？」

　　他說：「是啊，那我不結婚跟你有什麼關係？」

　　唉，怎麼會有那麼多人愛管閒事，管人家愛不愛結婚？

　　當然，系上的學生對主任還沒結婚，也頗為關心，雖然他們不敢直接問他「怎麼還不結婚」，但是也以其他方式來表達「關懷之意」。有一天，系上布告欄上出現一份大海報，上面寫著「誠徵師母一名」斗大字體，另外還有「師母」的待遇與條件：

　　「一、月收入數十萬，二、工作輕鬆，三、免經驗，四、男女不拘！」

　　呵，「免經驗」當然好啦，但竟強調「男女不拘」，難怪沒有人來「應徵」。

　　學生的調皮「創意」，令人覺得十分可愛、好玩又有趣，本來「口語傳播系」的學生就應該活潑、敢表達；但是假如有人經常嘮叨地問：「怎麼還不結婚」，就教人生厭。古人云：「多言取厭、虛言取薄、輕言取侮」，尤其是有關別人「結不結婚」的私事時，過分的關心、多言，總不是令人愉悅的事。

所以西方人說：「與人交談，猶如彈琴弦一般，當別人感到乏味時，便要把弦按住，使它停止振動、發聲。」

人們似乎常常「有嘴說別人，沒嘴說自己」，以致陷入口舌是非裡。有人說：「越少思想的人，說話越多，」好像有其道理。

二、克服自卑

1. 膽怯心理人人皆有

善於言辭，無疑對每個人的事業和生活都裨益無窮；能言善辯、口若懸河的演說家，更是令人稱羨，使人崇拜。但是，在我們的生活中畢竟不是每個人都擁有高超的語言技巧，我們周圍也確實不乏不善說話、沉默寡言之人。

一些人天生性格內向、孤僻，存在著對說話的膽怯心理。

「我總是不敢在人面前講話、發言，那會使我心跳加快，腦中一片空白……」有人坦然地承認自己說話的膽怯，而且對此頗為苦惱。

往往每一個說話膽怯的人都以為怯場的只是自己，以為別人並不怯場，總是在想：「為什麼只有自己這樣呢？」其實，那並非某個人所特有的現象，只不過別人對於怯場狀態不太注意而已。

心理學家們透過研究發現，大凡是人，都或多或少在說話方面有著不健康的心理，而緊張和恐懼便是這些不健康心理的突出表現形式，是影響人們進行正常說話和語言交流的明顯障礙。

每當我們打開電視機時，往往會被一些瀟灑大方、表達自如的節目主持人所折服；每當我們打開收音機時，也往往會被一些口若懸河、音色優美的播音員所傾倒。其實，他們也並非如我們所想像的那樣說話時無憂無慮，應付自如。他們也一樣常常怯場。據聞，日本某演員臨近自己拍片的時候就想上廁所，甚至一去就是五分鐘。美國某播音員，起初每次臨播音，都要先到浴室去洗一次澡，若不這樣，播音時就不能鎮定自若。如果碰到外出進行現場直播，他便不

得不提前到達目的地，並在直播現場尋找浴室。

　　既然人人都有可能出現說話膽怯的情況，那麼，怯場則是一件非常正常的事。怯場時，明顯症狀是臉紅、心撲通撲通地跳、語無倫次、詞不達意等等。如果此刻說話者想到：「怯場啦！怎麼辦呀！」他就會因慌張而說不出話來。但是，如果他當時想到的是：「換了任何一個人遇此情景，都會怯場。」他會隨之而鎮靜下來，很快恢復正常。所以，正確地對待怯場非常重要。

　　美國某年輕議員在向一位年老而富有經驗的議員請教時說：「我在演說之前，心裡老是撲通撲通跳，這是否正常？」年老的議員則回答道：「那是因為你對於你要說的話進行著認真的考慮，這是必然的。即使你到了我這個年齡，也難免會出現如此情況。」

　　臺灣某名歌星這樣說過：「每當面對觀眾，如果我不怯場，那時我做歌手的生命也就停止了。」

　　此話表明了這位歌星對於每一次演唱都是全力以赴，認真對待。如果他馬馬虎虎地行事，覺得湊合唱完就行了，那他就可能不會怯場。

　　由此可見，說話膽怯是一種非常正常而又極其普遍的情況，它有可能發生在每一個人的任何一次與他人的交談中，而絕非個別人的語言方面的缺陷。那些常因自己說話膽怯而煩惱的人，大可不必為此擔心，而應該振作精神，努力克服這種困難。

哈囉演練法：

　　怯場並不可怕，可怕的是怕怯場，不要以為別人比你強多少，臉皮還是厚的好。

2.「演說名人」也有膽怯的時候

　　曾在日本演說藝術界居於首位的德川夢聲先生，可以稱得上是一大鐵嘴，被譽為「演說名人」。

　　以下有一段話，是他根據自己多年的臨場經驗，所發表的關於演講的看

法。讀完他的這段話，大家也許會更明白為什麼人人都會有說話時的緊張、恐懼心理。

德川夢聲先生說：

「上台發表演說之前，無論任何人，都會感到緊張，都無法鎮靜下來。你也許會問：『唉！像你這樣身經百戰，見過了大大小小各種場面的職業演說家，還會緊張嗎？』

像這種問題，我不知被問過多少次了，但是，我可以告訴你們，無論是怎樣熟練的老手，也無法完全不緊張，因為，不管演講或座談，總是得開口，這就必須認真地去做才行。

當然，如果是對我所熟悉的一群聽眾，說些很平常的內容，有時也會毫無感覺的。就好像老師對他班上的學生講課一樣，沒什麼好緊張的。

但如果是在陌生的場所，又不知道聽眾的身分的時候，就算是一流的名演說家，也會感到緊張的。」

德川夢聲先生表示：

「演講雖說是我的職業，但是我卻不喜歡在眾人面前高談闊論，總希望能盡量躲掉。我所喜歡的是和談得來的朋友閒話聊天，因為我並非討厭說話這件事，而是討厭正正經經地說話。

剛剛提到的，在上台演講前的不安心情，我很不喜歡；而在演講中途的緊張情緒，也不是一種好的感覺，下了台之後，那種揮之不去的餘悸，更令我受不了。

比方說，準備了幾個固定的笑話或小故事，只在上台時把它們搬出來說一說，說完後也不會有什麼餘悸。因為可以預料不會發生什麼嚴重的錯誤，所以並沒有什麼煩悶的心情。但是，以我個人來說，常有機會在陌生場合作一次演講，那麼，失敗的比例也就會比較高了。

所以，老實說，在我要上台演講前，大多無法作好完整的事前準備，在這種情況下，要想說得非常完美無缺，那除非是神了。」

德川先生最後認為：

「造成演講的失敗，有兩種可能：

第一，說話方式和技巧的疏忽。

第二，個人的修養還不夠好。有時會留給聽眾一個無禮的壞印象，有時甚至被別人輕視，那就真的失敗了。

這兩種情形都會帶來不好的餘味，但從我來看，後者應該更為深刻，更會讓自己感到難過。然而，有什麼方法能夠讓自己不因失敗而痛苦呢？答案是：根本沒有。

因為，既然以演說為職業，那麼失敗後的傷感就是必須付出的稅，如果演講者想要以巧妙的方式逃稅的話，真是太天真了。

在社會上，有些職業演說家，始終能夠保持很好的心情，對他們而言，餘味幾乎是百分之百的好，所以他們是不用納稅的。也因為完全不知道自己的失敗，他們當然活得非常快樂。不過這種人卻永遠不可能有某種進步。」

這一番話告訴我們：人人都有緊張、恐懼的說話心理，職業演說名家也不例外；人人都會在說話時出現失敗，因為我們是人而不是神。同時，他又告誡我們：不管經過多少次的失敗，都沒有關係，都不要緊張，要緊的是應繼續勇敢地去重新開始。只有這樣，才能一點一滴地進步，達到上乘的境界。

哈囉演練法：

> 總之，一個人有緊張、恐懼說話的不健康心理，並不奇怪，也並不可怕，我們應該正確對待這種情況的出現，另外，我們應該花更大的精力和較大的功夫分析它，找到科學的解決辦法。

3. 恐懼心理並非偶然

雖然人人都可能會有說話膽怯的心理，但造成這種心理的原因卻又可能是千差萬別的。比如：有的人可以跟親朋好友聊上一兩個小時；有的人打起電話來一聊就是老半天，主題源源不斷，越說越起勁；有些人經常能說出一些讓人大笑或使人感興趣的事，可謂是相當會說話，但是，真正到了正式場合，面對一大群人或是廣播用的麥克風，他們就不知所措了。這是為什麼呢？

有的學者透過長期觀察發現，造成這種緊張、恐懼心理的原因主要有兩種：

第一，不想獻醜。這些人的想法是，只要我不在他人面前暴露自己，別人也就不會知道我的缺點。但是一旦在眾人面前說話，自己的粗淺根底，拙劣看法都會暴露出來了，那麼從此以後，哪有自己的立足之地？所以，不說話更穩妥。

其實，只要你認真地發揮全力，誠誠懇懇地把話說出來，不必踮高足尖來充內行，相信必會有不錯的表現。

第二，不知道該如何組織說話的內容，就像被硬拉到陌生的世界一樣，所以會感到驚惶。

其實，只要我們看清造成自己緊張、恐懼心理的原因，科學地分析它，就會意外地發現根本沒有什麼好怕的。

有的人怕自己才疏學淺被別人知道，於是就裝出一副什麼都懂的樣子，結果弄巧成拙，被人貽笑，實在可憐可鄙，而且根本沒有必要。

試想，一個不善言辭的人和一個一流的演說家，同樣在人前發表意見時，誰的壓力比較大呢？

對於一個不善言辭的人，社會上的人或聽眾並不會對他有多大的期待，想想這點，就不應該緊張了，就可以安心了。然而，對於知識淵博、談吐自如的演說家，大家卻都寄厚望於他，會對他的演說作錄音、記筆記，這樣高度的關心和注意，理所當然會造成台上的人心中無比的壓力。因此，那些被視為大人物者，在上台演講或致詞前，自己的心經常是非常緊張的，只不過別人很難看得出而已。

如果一位知名人物，在承受巨大的壓力下，卻一點也不緊張的話，那只能說他對這種壓力毫不在乎，但是就一位說話技巧不夠嫻熟的人來說，恐怕還很難達到這種心境。他很可能在上台之前想著：我一定要成功，不能出醜，不能失敗；有時候甚至祈禱：願上帝保佑我的說話成功。然而，一流的演說家在上台前，唯一想的是：一定得上台，如果演講中出了什麼差錯，應該像以前那樣輕鬆自如、不知不覺地盡力挽救，切不可因出錯而不知所措、慌了手腳。

哈囉演練法：

早知道恐懼的原因這麼簡單，當初狂亂的心算是白跳了！

4. 失敗挫折乃成功溝通之母

　　北京某著名高等學府曾有這樣一名學生，每遇聯歡活動輪到他站起來發言時，他總是面紅耳赤，一句話也講不出來，顯得尷尬不堪。教師和同學問他原因，他說：「以前上中學時，我參加了一次演講比賽，不想中間忘了詞，招致了大失敗。後來一站在眾人前，我就想到那件事，也就說不出話來了。」

　　有許多陷於怯場而說不出話的人，就像這位大學生一樣，每想起自己失敗的慘狀，要講話的意志就消失了。他們往往害怕重蹈覆轍，不斷地為往事所束縛，認為過去失敗了，這回也定將失敗，抱著自己過去失敗的慘痛經歷和灰暗的印象不放，逐漸對說話失去了勇氣和信心。

　　失敗為成功之母。說話的成敗又何嘗不是如此呢？古今中外的許多著名人物都曾在說話方面有過失敗。

　　英國現代傑出的戲劇家蕭伯納以幽默的演講才能著稱於世。可他二十歲初到倫敦時，卻羞於見人，膽子很小。若有人請他去作客，他總是先在人家門前忐忑不安地徘徊多時，而不敢直接去按門鈴。有一次，一位朋友邀請他參加學者的辯論會。在會上他懷著一顆非常緊張的心站起來，做了有生以來的第一次演講。當他講完時，受到了別人的譏笑。於是他便覺得自己充當了一個十足的傻瓜，蒙受了莫大的恥辱。此後，他每星期都當眾演講。人們在市場、學校、公園、碼頭……在擠滿成千上萬聽眾的大廳或只有寥寥幾人的地下室，都經常看到他慷慨陳詞的身影。最後，他終於成了一名傑出的世界級演說大師。

　　還有許多人深信自己的第一次演講緊張的心情比蕭伯納有過之而無不及，甚至更糟。英迪拉·甘地夫人初次登台時，嚇得連一點聲音也發不出來，講了點什麼自己也不清楚，只聽一個聽眾在說：「她不是在講話，而是在尖叫。」她在一場哄堂大笑中結束了講話。國際工人運動傑出的女活動家蔡特金第一次演講時，雖然早就做過細緻準備，可一上台：「要講的話一下子從腦子裡全溜

掉了，大腦出現了空白。」美國前總統福特初入政壇時，講話結結巴巴，人們聽起來很不舒服，有人戲稱他為「啞巴運動員」。英國政治家路易·喬治，第一次試著做公開演說時，舌頭抵著上顎，竟不能說出一個字。美國著名作家馬克·吐溫談起他首次在公開場所演說時，也說那時彷彿嘴裡塞滿了棉花，脈搏快得像賽跑的運動員。更有甚者，英國歷史上有位叫猶斯瑞里的首相曾說，他寧願領一隊騎兵去衝鋒陷陣，也不願在議院做一次演講。

上面列舉大量的事實，不外乎是想說明一個問題：成功者也曾經失敗過。但是，如果一個人總是向後看，只是看到失敗，那就只會畏縮不前。無論對誰來說，目標向前，塑造自己光彩、良好的形象，都十分重要。說話失敗過的人，只要擺脫過去失敗的陰影，渺視過去的自己，才能戰勝失敗，成為能言善辯之人。

那麼，怎樣才能忘卻痛苦，擺脫失敗之陰影呢？不防試試如下方法：

其一，把聽眾當作朋友或客人。不論是誰，與親密的朋友說話都不會怯場；初次見面，一想不了解這個人，就會拘束。所以，說話者應視每一位陌生人為舊友故知。日本有位當配角的滑稽演員，為了防止怯場，常在手心寫一個「客」字，意為裝作把觀眾不放在眼裡，也就是說「不要把眾人當回事就不怯場了」。另一位日本歌手則反其道而行之，他一怯場，就自言自語地念叨：「我是客人所喜歡的！客人都很喜歡我！」這樣一想，抗衡感就消失了，取而代之的是鎮靜自若。

其二，腦子裡要經常清楚浮現成功的情景。有的人一想起過去自己失敗的情景，腦子裡便閃現出「這一下又要失敗啦！」「腳哆嗦起來了！」「話音異常啦！」等等資訊，並導致說不出話來。所以，說話者最好多想像一下自己與初次見面的人侃侃而談，在公眾面前指點江山的瀟灑英姿。如果覺得自己有過成功的經歷，胸中就會鼓起「定能獲得成功」的信心和勝利的希望，並產生說話的動力。

如果說話之前想像到聽眾對自己熱烈喝彩的情景，則會倍增自己說話的勇氣。

哈囉演練法：

把向後看變成向前看，把回憶尷尬變成想像榮耀，從失敗心情轉為成功心理，則無疑對說話的成功裨益無窮。

5. 用高昂的情緒沖淡緊張

在美國，有人曾以「你最怕什麼」為題詢問了三百個人，調查人們究竟怕什麼，結論的第一點就是：「人最怕的是在眾人面前講話。」事實也證明，在公眾場所發言，上台演講或上電視節目前，很多人都會感到胸中有一股壓力，呼吸急促，臉部僵硬，十分緊張。

要消除這種緊張、恐懼心理的方法，辦法是多種多樣的。這裡介紹一種透過巧妙地提高自己的情緒來沖淡緊張、恐懼心理的有效辦法。

某位電視節目主持人對這種方法頗有體會。例如：這位節目主持人曾經主持過一個「民歌大家唱」的節目，節目中經常邀請各地的人來到直播室，輪流唱三首鄉土歌謠。大家在排練時都非常賣力，並不緊張，但等到排練結束，休息一個小時後，幕布垂下來了，參觀的賓客漸漸增多，表演的人就開始緊張了。

透過幕布，可以聽到觀眾的吵鬧聲。等到開幕前的五分鐘鈴聲響起，第一批上場的人就依規定集合在舞台左右兩邊。此時，一定有幾個要表演的人，以顫抖的聲音對節目主持人說：「我好緊張啊！真羨慕你，一點都不怕。」每當遇到這種情況，節目主持人總會回答他說：「如果有人不會緊張，那他該去看醫生了，因為他的神經可能有些問題。雖然我看起來很鎮靜，但實際上我也相當緊張呢！你們看，我的腿不是正在發抖嗎？」

「真的呀！跟我們一樣嘛！」就在一陣笑聲中，稍微沖淡了大家的緊張情緒。

可以斷言，所有的演員、歌星、演說家，在即將上台或在錄音之前，都會感到緊張。這並非主觀臆斷，其實好多名人都自己承認這種說法。

「如果不緊張，就不是歌星了。因為每次上台前都必須認真地準備，說不緊張，準是騙人的。」香港有位現代流行歌曲紅星如此坦然道地出了她的心聲。

「我總是很緊張，台下的觀眾也跟我一樣，這種關係一直持續下去，才能達到表演的最佳狀態。」一位既講相聲又演小品的大牌演員也這樣承認。

「我好緊張啊！」許多廣播或電視節目主持人，在節目開始前都不免去這樣訴說。

不難看出，以上這些人都有一個共同之點，那就是：即使心中很緊張，也絕不掩飾，反而把心中的壓力狀態開朗地暴露出來，這麼一做，倒可以把緊張的心情一點點地排除。

另外，還有一個很好的提高自己情緒的方法，即如果我們遇到緊張心情出現，可以試著這樣來自我安慰：「唉！剛好又開始緊張了。如果個人對於在眾人面前亮相已經完全習以為常，沒什麼感覺與反應，那就完了。幸好，今天還是會緊張，心跳不停，真是好極了。」

哈囉演練法：

這樣不就巧妙地緩和了自己緊張的情緒了嗎？只要那種緊張情緒一沖淡，就可又大膽開口說話了。

6. 輕鬆上陣

和朋友家人在一起聊天時，話題總是源源不絕。但是，為什麼一到了正式場合，就變得頭腦空白，說不出話來呢？究其因，聊天和在眾人面前發表正式的談話有許多不同之處，各有其自身的特點。

國外有位學者專門研究了聊天和在正式場合談話的各自的特徵。下面，我們借助他的研究，認真分析和比較兩者的不同之處，也許對幫助說話膽怯者消除緊張、恐懼心理會有一定的作用。

和朋友聊天的特徵大致如下：

（1）聊的主題未必連貫。

（2）話題要從哪裡開始，到何處結束，都是隨意的，沒有人會強求。

（3）大家可以各說自己喜歡談的事，也可以各說自己所熟知的事。

（4）不必注意自己的用語是否妥當。

（5）可以用日常生活的語言來交談，就算毫無條理，談話也可以繼續下去。

（6）可以經過一段時間後，再提起同一個話題。

（7）在同事或風俗習慣相同的人之間，可以用一些符號或代替語言，彼此的意思仍然能夠溝通。

（8）即使中間有一段長時間的沉默，也沒有人會感到不安。

（9）就算你說了一些聽起來粗暴，小心眼的話，大家也可以放開心胸來溝通，了解你真正的意思為何，不至於產生誤會。

（10）聊天過後，沒有人會特別追究或記下你的話（當然，特殊情況又另當別論）。

因此，日常生活的閒聊，讓人感到輕鬆，沒有約束，不需要擔心，沒有一個人會在聊天的時候，覺得緊張或壓抑。

在正式場合談話的特徵大致如下：

（1）先得注意討論的事情為何。

（2）要依照某些規定或約定來發表意見，且需符合時間和場所。

（3）不能隨自己高興任意發言，也不能隨便沒完沒了。

（4）必須在限定的時間內，把該說的話說完。

（5）自己要盡量把所有的話以最準確簡潔的方法說出。

（6）不能隨意使用方言。

（7）要注意自己的用語。

（8）不可使用不常用的代表性符號或暗號，應考慮到所有的人。

（9）在公開場合所說的話，常會被記錄下來，所以應盡量避免重複。

（10）說話之前要多考慮，以免讓人誤會你所隱含的意思。

（11）必須對自己的言論負責，如果引起別人的反駁或質問，要能加以補充或說明。

（12）有時候，你所說的內容會被留作記錄，被「文字化」或「印刷化」。

（13）不宜含有含糊不清的語言，不負責任的說法以及不實的傳說或笑

話。

可見，在正式場合談話前要花大力氣做許多準備工作，而在一般情況下，人們都來不及準備，或者即使準備了，自己也很難感到滿意，於是往往說話前沒有把握，這樣就必然產生緊張、恐懼心理，並出現喉嚨乾澀、呼吸急促的現象。

所以，用什麼樣的方法，說什麼樣的內容，也就是如何組織演說或公開發言的內容，是我們在發言之前所必須先要想到的。很多人都為此感到過困惑，不知從何著手進行組織。其實，並沒有什麼好怕的。只要我們牢記了正式場合談話的特徵，並靈活自如地運用它們，就一定能取得令人滿意的效果。

哈囉演練法：

總之，對一般人而言，在人前發表談話，最好的態度就是：不要太估高自己，不要在乎別人，就算獻醜，又何妨？如能這樣大膽地放下包袱，放鬆自己，就一定能消除緊張、恐懼的不健康心理，大膽地說話。

三、樹立自信

1. 勇氣和信心的準備

有的人在家裡說話泰然自若，談笑風生，滔滔不絕，可一到眾人面前說話就期期艾艾，惶惶恐恐，好像連嘴巴也不聽使喚，手也不知怎麼放。其實不過換了個環境而已。

美國第十六任總統林肯可謂世界著名演說家，他也曾有過這樣的情況。下面是他的同時代人對他的一段回憶：

「他好像是不知所措，很吃力地去使自己適合情景，在過分憂慮和過敏的感覺中掙扎片刻，因而更使他難堪了。這時，我很同情他，他開始講話，聲音尖銳難聽，古怪的姿態，黃皺的面孔，疑慮的動作，好像一切都在與他為難似

的，好在這僅僅是一會而已。不久，他鎮定了，他的才能也開始了。」

這段回憶說明，初登講壇的人總不免會有一個由恐懼到鎮定的過程。

跟眾人說話與跟家人說話有什麼不同呢？無非是跟眾人說話，場面大些，生人多些。面對這種場面，說話人內心往往會產生膽怯的心理，怕講得不好被人恥笑，怕講錯了要負責任……諸如此類的壓力，都會造成說話者的恐懼心理。

美國著名心理學家艾伯特‧威根也是廣受歡迎的演說家，然而在他成功的背後也有一段如何克服恐懼的生命歷程。多年後，他在寫下這段經歷時，提到他的高中時代，如何一想到要上台致詞五分鐘就寢食難安的情景：

「隨著那致命的一日步步逼近，我幾乎嚇病了。每次一想到這恐怖的事，我就頭暈目眩，兩頰發熱，必須躲到教室的後面，把臉貼在冰涼的牆上，希望冷卻那燙人的臉頰。一直到上大學，老毛病還是沒改。有一次，我仔細地牢記了一篇演講詞的開端：『亞當斯和傑弗遜不要重現。』當我面對台下一張張仰起的臉孔時，我的頭又開始暈了，暈得我自己不知置身何處。我努力想要說出第一句話，結果說成『亞當斯和傑弗遜已經去世』，然後我就說不下去了，所以我就低頭一鞠躬，在掌聲中沉重地回到我的座位。接著主席起立說：『哦，艾伯特，我們很遺憾聽到這個悲哀的消息，不過我想我們會節哀順變的。』一語未終，可以想像全班的哄堂大笑，當時地底如果有個洞，我就會鑽進去，一輩子再也不出來了。」

這些歷史上的巨匠尚且如此，普通人又何嘗不是這樣呢？所以，我們沒有理由希望自己一鳴驚人，從懷胎裡掉下來就是演說家。魯迅先生早就告誡我們：「不論怎樣的天才，生下來第一聲仍然是哭，而不是一首詩。」想想這些，也就不覺得奇怪了。相反，那種從未對公眾講過話的人，一上場便鎮定自若，談吐自如，倒是令人奇怪不已，甚至難以置信。

既然我們承認緊張、恐懼心理是初學說話者和演講老手都會碰到的問題。那麼，下一步就應該針對其產生的原因而採取行之有效的措施克服它了。

怎樣克服緊張、恐懼心理，羅馬大將凱撒當年統帥雄師渡海踏上英國土地時，使他的軍隊百戰百勝的方法，值得借鑑。當時，凱撒命令全軍站在海邊的

懸崖上，俯瞰兩百英呎以下洶湧的巨浪。

士兵們發現來時乘坐的船隻已被大火燒毀，這正意味著完全斷了退路，唯一求生辦法只有努力向前征服敵人，打敗敵人。士兵們建立起了必勝的決心，結果攻無不克，所向披靡，取得了輝煌的戰績。

凱撒的這次巨大成功，關鍵在於他的軍隊最大限度地拿出了勇氣，樹立了信心。

哈囉演練法：

同樣道理，要克服自己緊張、恐懼說話的不健康心理，也很需要這種勇氣和自信心，建立必要的勇氣，樹立必要的自信心，是克服說話者膽怯心理的關鍵，是提高說話信心與魅力的第一步。

2. 見多還要識廣

有些會議，在主要發言人講完以後，非得下面的幹部一個個表態。有些明明沒有什麼好講的，也要來那麼三五句。除了會風不正之外，從說話的角度講，也是違反說話基本要求的；既然沒什麼說的，硬憋幾句，除了浪費時間，引起聽眾反感、煩躁之外，還有什麼效果呢？因此，沒有話說寧可不講。

要有話說首先要有內容，「練」才有依據。我們力求每一句話都實實在在地表現一定的思想。

為了充實我們的思想，這就要千方百計加強觀察與記憶。

我們生活在社會之中，要處處觀察、研究社會，因為人的認識依賴於實踐，來源於實踐。既然人的認識總是透過自己的感官從客觀世界取得感覺經驗開始的，而感覺經驗又必須接觸了某種事物才能產生，所以實踐活動越多越深入，直接接觸的事物越多，能提供我們說話的材料就越豐富。我們常常看到一些學歷不高、但生活閱歷廣泛的人，談天說地滔滔不絕，就是因為見識廣，說起話來就有了充分的內容了。

但不是凡閱歷廣的人都善於講話，閱歷廣只是一個基礎，還必須要有一定

的條件。

哈囉演練法：

口吐蓮花並非易事，冰凍三尺非一日之寒，要想說話時候信心白倍，

底氣十足，平時的知識積累不可少。

3.學會觀察一切

　　發明電燈的大科學家愛迪生，有二十七個助手。這群助手每天在從燈泡廠到研究室的路上來回。有一次，愛迪生說要出一道基礎題，要大家準備一下，助手們廢寢忘食準備了幾天，應考時，愛迪生問的不是課文知識，而是問路上有一棵什麼果樹，居然沒人能回答得出來。

　　為什麼這些助手在此時無可奉告呢？原因只有一個，就是沒有留意觀察。光看不行，還要想，否則許多擺在眼前的事物會視而不見。《紐約時報》名記者迪姆士·泰勒初當記者不久，去採訪某著名女演員的首場演出。到了劇場以後，才發現演出已取消。於是空手而歸，回家安然大睡。半夜時分，泰勒被電話鈴吵醒了，編輯氣沖沖地在電話裡斥責他，其他報紙的頭條新聞都報導這位女演員自殺。編輯說：「像這樣一個名演員的首場演出被取消，本身就是新聞，它的背後，可能有更大的新聞；記住，以後你的鼻子不要再被感冒堵塞了。」

　　過去英國《泰晤士報》總編要求，每個初來的記者向他報到時，第一件事要說出上辦公室前爬了多少階梯。對方若回答不出的，要下樓重數。然後，總編告訴記者：「你要想成為有出息的記者，就要從樓梯級開始學會觀察。」如果我們對周圍的各種人和事不注意觀察，如一團煙霧，渾渾沌沌，即使硬要說，也只能影影綽綽，不會有鮮明感。那麼還會有什麼話說呢。

　　保持敏銳的觀察力，要向兒童學習。魯迅先生說過：「孩子是可敬佩的，他常常想到星月以上的境界，想到地面下的情形，想到花卉的用處，想到昆蟲的語言，他想飛入天空，他想潛入地穴……」兒童們豐富的幻想，無休止的好奇心，無窮無盡的疑問，對一切都想進行探求。永保童心就是保持探索客觀現

實的激情、興趣、專注和豪放的思想，開闊的意境，對紛至沓來的新事物都執著進行細心的觀察與思考，刨根求源。許多有重大價值的事實往往在細緻的觀察中發現，否則，再有價值的事實你也會視而不見，聽而不聞了。

哈囉演練法：

讓你的眼球每天多運轉三百轉，相信，這個世界會豐富三千倍，腦海中的話語細胞會隨之增加三萬個。

4. 在勇氣面前，口吃也會好

前日本首相田中在《我的履歷表》中曾作過記述：他小的時候有過嚴重的口吃，因為說話困難常常被同學歧視、捉弄。有一次，他不小心把幾個新買的燈泡打碎了，情不自禁地發出「啊！」的一聲，從此他知道生了氣就可以情不自禁地發出聲音來。

「口吃是個奇妙的東西。」他回憶道，說夢話，唱歌以及同妹妹說話時就不結巴。跟自己的狗說話也絕不口吃。可是一旦同長輩說話就莫名其妙地結巴起來，越緊張越厲害。讀了不少矯正口吃的書，也沒有見效。後來便經常提醒自己：『我不口吃』，從而得到自信，我認為有意放聲唱、放聲朗讀大有益處，因此到了深山就練習發大聲。

「在當年的學藝會上，我演飾《弁慶安宅之關》中的弁慶。老師知道我口吃，要我當『導演』。但老師看到我的熱誠，終於讓我擔任扮演『弁慶』主角的重要任務。

當天，戲剛一開始，我掛了金剛杖，打扮成和尚就上場了。大家要看口吃的田中究竟演什麼樣的弁慶，所以全場鴉雀無聲。……我帶著演唱腔調開了頭，結果意外順利地說出了頭一句台詞。

由此得到了勇氣，難講的《勸進帳》台詞也能順利地唸下去了。戲一結束，全場發出暴風雨般的掌聲。

「其實，我為了完成這個重要任務，想出了兩種辦法，第一是台詞裡帶上

調子講；第二是在演戲的時候加上音樂伴奏，使戲和音樂配合起來。這時候，成功地演出了弁慶角色，使我對克服口吃增添了莫大的信心。」

口吃的田中，固然有先天的生理缺陷。但他發現自己並非絕對的口吃，進而分析自己在某些場合下並不口吃，如同妹妹等小輩說話。這就是說，環境變異，才誘發他口吃的出現。其實，我們身邊一些所謂不會說話的人何嘗不是如此呢？在家說話從容自如，侃侃而談，一到了大場面，到了正式發言，就顯得張口結舌，既然這種恐懼在一定場合下才產生，那它就並非一成不變。適應了各種場面，這種恐懼就可以克服。

恐懼心理往往還來自頭腦中各種雜念，如說錯要負責任，講得不好人家會恥笑，甚至會害怕聽眾虎視眈眈的目光，諸如此類的恐懼和猶豫，都會干擾自己說話能力的正常發揮。所以，說話前應當對可能出現的問題作一番清理，掃除思想障礙，才能無拘無束地把話說下去。

田中把克服口吃的第一關鍵立到舞台上，這有著得天獨厚的益處。在舞台上表演，雖然台下眾目睽睽，但也很有利益。相反，因為上台不是一般講話，而是念台詞，所以必須事先把要講的話準備爛熟至融會貫通，越是爛熟，講得越流利。因此，一個初學者要在眾人面前鎮靜地開口，事先應有充分的準備，說話中心、層次、遣詞、用句都要打個腹稿，否則臨場時心中無底，就好像一個盲人領著　群盲人，如履薄冰，前瞻後顧。因此有人說，沒有準備的上場就像衣冠不整地站在眾人面前那麼狼狽。

哈囉演練法：

連口吃的人都會說好話，可見，那些在大眾場合語無倫次的「假口吃」者們得醒悟了。

5. 記憶的需要性

有個沒有真才實學的人，喜歡賣弄自己的聰明。一次他告訴別人：「我看過一首詠老虎的詩，做得實在妙極了。雖然只有四句，卻把老虎寫活了。」

人家請他念來聽聽。他搖頭晃腦地說：「第一句好像是什麼虎，第二句大概是什麼苦。」人家見他兩句都沒念出來，有些不耐煩，讓他說後兩句算了。那人歪著腦袋想了大半天，才說：「第三句真的忘了，好在第四句話記得清楚，是厲害得很的意思。」

聰明的讀者一定可以在捧腹之餘，得到某些啟發吧。這說明，記憶是把話說好的一個條件。

在我們閱讀知名政治人物對外賓談話時，常常被他那驚人的記憶力所折服。有人由於記不住，便總想借助講稿。其實，除了一些鄭重的政治場合外，說話使用講稿並非一個好辦法，它不但阻礙你和聽眾之間可貴的接觸和感情交流，而且多少給人以生硬造作之感。甚至使聽眾認為你對自己的講話缺乏自信而減少信服力。

但是，盡量不帶講稿並不等於不必準備，不等於可以臨場信口開河。對一些必要的數字及事實，可以事先進行記憶。如果預先寫一個大綱，把它記熟，講起來就有了脈絡，即興發揮也不致於離題太遠。前日本首相田中很能說話，這與他極強的記憶力分不開，他主張必須記住的東西，要全部死記硬背。對《廣辭林》也是撕下一張揣在口袋裡，全部記住了才撕掉，再撕下第二張。

他又說：「讀了書要記得，聽了講要懂得，如果讀書或聽講都不能記住，那就什麼用處也沒有。啟發式的教育，自學的教育，看來的確是很好的，但是如果對原理、定理、方程式或者衡量事物的尺度等，都不下苦功把它記住，就不能得到新的進步和發展。」

馬克‧吐溫演說，總是帶講稿。後來，他想出一種幫助記憶的妙法，他在一家刊物上這樣介紹：

「最難記憶的是數字，因為它既單調又沒有顯著的外形，如果你能在腦海中把一幅圖畫和數字聯繫起來，記憶就容易多了。如果這幅圖畫是你想出來的，那你更不會忘掉了。我曾經有過這種經驗，在三十年前，每晚我都要演講一次，所以我每晚要寫一個簡單的演說稿，把每段的意思用一個句子寫出來，平均每篇約十一句，有一天晚上，忽然把次序忘了，使我窘得滿頭大汗。由於這次經驗，於是我想了一個辦法：在每個指甲上依次寫上一個號碼，共計十

個，第二天晚上我再去演說，便常常留心指甲，並為使不致忘掉剛才看的那個指甲，看完一個便把號碼揩去一個。但是這樣一來，聽眾都奇怪，我為什麼一直望著自己的指甲。結果，這次的演講又是以失敗告終。」

　　「忽然，我想為什麼不用圖來代表次序呢？這使我立刻解決了一切困難。回家我用筆畫了六幅圖畫，用來表示六個話題。然後我把圖畫拋開，但是那些圖畫已給我一個很深的印象，只要我閉上眼睛，圖畫就很清晰地出現在眼前。」

哈囉演練法：

在日常說話中，最大量的是即興的講話，現想現說，要有內容就更加依靠平時的積累，沒有記憶的大量資訊儲存，要把話說好更是不可想像的。

社交力
從會哈囉開始

第二篇　社交口才實戰

社交力
從會哈囉開始

一、和陌生人說話

1. 別說話太多，也不要打斷別人

　　當一個人比較緊張時，常常會說個沒完沒了，不讓別人有機會插嘴。要是你發現自己口若懸河時，就趕緊閉嘴。要想獲得積極的光環效應，自己滔滔不絕和打斷別人的談話都不是辦法，所以盡可能別這麼做。俗話說：「言多必失。」日常生活中，常常有人因言詞不當，或出語過直，使談話對象之間出現尷尬甚至不愉快的局面。改變這種局面的辦法就在於要善於運用婉轉。所謂婉轉，即從善意出發，對非我觀點的人和事物作出正確又不產生刺激效果的評述。生活當中所有非原則性問題，都可以用婉轉表述。其效果既可消除怨怒，促進尊重，又能夠使人與人之間充滿友好氣氛，還可以改善家庭環境、生活環境、工作環境。

　　與人交談時常會遇到一些難以正面回答的話題，完全迴避會讓人覺得你「滑頭」或缺乏主見，掌握一些應對技巧是相當重要的。

　　①迴避焦點法：即當你要回答好與壞時，你可以避開正面回答，而從側面婉轉說出你的意見。

　　②褒貶倒置法：即把批評性的話以表揚長處的形式表達出來。

　　③模糊主旨法：對於非原則性問題，當自己意見與他人不同且沒有必要引起爭論時，可以含糊其辭，一帶而過。

　　④揚長抑短法：閒談之中，對周圍的人宜褒揚莫貶低。

　　⑤求同存異法：多找共同點，以其盡可能多的共鳴，同時也適當保留自己的不同意見，使人際關係既親切又有發展的餘地。

　　⑥轉換生成法：在明顯相異的觀點、意見與氣氛中，設身處地理解、諒解對方，由負效應轉變為正效應。

　　⑦自我批評法：在朋友之間、夫妻之間尤需高姿態，由自我批評進而達到相互諒解直到溝通感情。

　　⑧婉轉期待法：對方的現狀也許不能令人滿意，於是婉轉說出你的嚮往與

期待，鼓勵對方共同努力，爭取達到理想境界。

哈囉演練法：

在與別人交談之前，先想想你想從對方身上得到什麼，然後再對症下藥，選擇一種最好的應對技巧。

2. 與陌生人「一見如故」

許多人同陌生人說話都會感到拘謹。建議你先考慮一個問題，為什麼你跟老朋友談話不會感到困難？很簡單，因為你們相當熟悉。相互了解的人在一起，就會感到自然協調。而對陌生人卻一無所知，特別是進入了充滿陌生人的群體，有些人甚至懷有不自在和恐懼的心理。你要設法把陌生人變成老朋友，首先要在心目中建立一種樂於與人交朋友的願望，心裡有這種要求，才能有行動。

這裡，以到一個陌生人家去拜會為例：如果有條件，首先應當對拜會的客人作些了解，探知對方一些情況，關於他的職業、興趣、性格之類。

當你走進陌生人住所時，你可憑藉你的觀察力，看看牆上掛的是什麼？國畫、攝影作品、樂器……都可以推斷主人的興趣所在，甚至室內某些物品會牽引起一段故事。如果你把它當做一個線索，不就可以由淺入深地了解主人心靈的某個側面嗎？當你抓到一些線索後，就不難找到開場白。

如果你不是要見一個陌生人，而是參加一個充滿陌生人的聚會，觀察也是必不可少的。你不妨先坐在一旁，耳聽眼觀，根據了解的情況，決定你可以接近的對象，一旦選定，不妨走上前去向他作自我介紹，特別對那些同你一樣，在聚會中沒有熟人的陌生者，你的主動行為是會受到歡迎的。

應當注意的是，有些人你雖然不喜歡，但必須學會與他們談話。當然，人都有以自我興趣為中心的習慣，如果你對自己不感興趣的人不瞥一眼，一句話都不說，恐怕也不是件好事。你可能被人認作是傲慢，甚至有些人會把這種冷落當做侮辱，從而產生隔閡。和自己不喜歡的人談話時，第一要有禮貌；第二

不要接觸有關雙方私人的事，這是為了使雙方自然地保持適當的距離，一旦你願意和他結交，就要一步一步設法縮小這種距離，使雙方容易接近。

在你決定和某個陌生人談話時，不妨先介紹自己，給對方一個接近的線索，你不一定先介紹自己的姓名，因為這樣人家可能會感到唐突。不妨先說說自己的工作單位，也可問問對方的工作單位。一般情況，你先說說自己的情況，人家也會相應告訴你他的有關情況。

接著，你可以問一些有關他本人的而又不屬於祕密的問題。對方有一定年紀的，你可以向他問子女在哪裡讀書，也可以問問對方單位一般的業務情況。對方談了之後，你也應該順便談談自己的相應情況，才能達到交流的目的。

和陌生人談話，要比對老相識更加留心對方的談話，因為你對他所知有限，更應當重視已經得到的任何線索。此外，他的聲調、眼神和回答問題的方式，都可以揣摩一下，以決定下一步是否能深入發展。

有人認為見面談談天氣是無聊的事。其實，這要以問題來具體分析。如果一個人說：「這幾天的雨下得真好，否則田裡的稻苗會缺水了。」而另一個則說：「這幾天的雨下得真糟，我們的旅行計劃全給泡湯了。」你不是也可以從這兩句話中分析兩人的興趣。性格嗎？退一步說，光是敷衍性的話，在熟人中意義不大，但對與陌生人的交際還是有作用的。

如遇到那種比你更羞怯的人，你更應該跟他先談些無關緊要的事，讓他心請放鬆，以激起他談話的興趣。和陌生人談話的開場白結束之後，特別要注意話題的選擇。那些容易引起爭論的問題，要盡量避免，為此當你選擇某種話題時，要特別留心對方的眼神和小動作，一發現對方厭倦、冷淡的情緒時，應立即轉換話題。

在與人聚會時，常常會碰到請教姓名的事，「請問您尊姓大名。」你要牢牢記住對方的姓名，對方說出姓名之後，你應立即用這個名字來稱呼，當你碰到一個可能已經忘記姓名的人，你可以表示抱歉，「對不起，不知怎麼稱呼您？」也可以說半句「您是——」，「我們好像——」，意思是想請對方主動補充回答，如果對方老練他會自然地接下去。

哈囉演練法：

盡量自然一點地說話，即使他不理睬你，你也可以大大地聳聳肩走升，但通常的情況是，你越自然，陌生人就會感到你越熟悉，這不就達到「一見如故」的目的了呢？

3. 快速「套近乎」的十六個訣竅

（1）了解對方的興趣愛好。初次見面的人，如果能用心了解與利用對方的興趣愛好，就能縮短雙方的距離，而且加深給對方的好感。例如：和中老年人談健康長壽，和婦女談論小孩和減肥以及大家共同關心的寵物等，即使自己不太了解自己的人，也可以談談新聞、書籍等話題，都能在短時間內給對方留下深刻印象。

（2）多說平常的語言。著名作家丁‧馬菲說過：「盡量不說意義深遠及新奇的話語，而以身旁的瑣事為話題作開端，是促進人際關係成功的鑰匙。」

一味用令人咋舌與吃驚的話，容易使人產生華而不實、鋒芒畢露的感覺。受人愛戴與信賴的人，大多並不屬於才情煥發，以驚人之語博得他人喜愛的人。

尤其對於一個初識者，最好不要刻意顯出自己的顯赫，寧可讓對方認為你是個善良的普通人。

因為一開始你就不能與他人處於共同的基礎上，對方很難對你產生好感。如果你擺出一副超人一等的樣子，別人也會用同樣的態度對待你。

（3）避免否定對方的行為。初次見面是建立良好人際關係的重要時期，在這種場合，對方往往不能冷靜地聽取意見、建議並加以判斷，而且容易產生反感。同時，初次見面的對象有時也會恐懼他人提出細微的問題來否定其觀點，因此，初見面應當盡量避免有否定對方的行為出現，這樣才能造成緊密的人際關係。

當然，這並不是讓你不提相反意見。你應盡可能地避免當著他的面提出，或者可以借用一般人的看法以及引用當時不在場的第三者的看法，就不會引發

對方反射性的反駁，還能夠使對方接受並對你產生良好印象。

（4）了解對方所期待的評價。心理學家認為，人是這樣一種動物，他們往往不滿足自己的現狀，然而又無法加以改變，因此只能各自持有一種幻想中的形象，或期待中的盼望。他們在人際交往中，非常希望他人對自己的評價是好的，比如胖的人希望看起來瘦一些，老人願意顯得年輕些，急欲提拔的人期待實現的一天。

（5）注意自己的表情。人的心靈深處的想法，都會形諸於外，在表情上顯露無遺。一般人在到達約會場所時，往往只檢查領帶正不正、頭髮亂不亂等問題，卻忽略了「表情」的重要性。如想留給初次見面的人一個好印象，不妨照照鏡子，謹慎地檢查一下自己的臉部表情是否和平常不一樣，過度緊張的話，最好先對著鏡中的自己微笑一番。

（6）留給對方無意識的動作。初次見面的場合中，如果有一方想結束話題，往往會有看手錶等對方不易察覺的無意識動作。因此，當你看到交談的對方突然焦躁地看著手錶，或者望著天空詢問現在的時刻，就應該早結束話題，讓對方明了你不是一個毫無頭腦的人。你清楚並尊重他的想法，必能留給對方一個美好的印象。

（7）引導對方談得意之事。任何人都有自鳴得意的事情。但是，再得意、再自傲的事情，如果沒有他人的詢問，自己說起來也無興致。因此，你若能恰到好處地提出一些問題，定使他心喜，並敞開心扉暢所欲言，你與他的關係也會融洽起來。

（8）坐在對方的身邊。面對面與陌生人談話，確實很緊張，如果坐在對方的身邊，自然會比較自在，既不用一直凝視對方，也避免了不必要的緊張感，而且會很快親近起來。

（9）找機會接近對方的身體。每個人都會在自己的身體周圍設定一個勢力範圍，一般只允許特別親密的人。如果你越界了，就會產生與對方有親密人際關係的錯覺。比如：推銷員往往一邊說話一邊若無其事地移動位置，直到坐在客戶的身旁，好感頓生。因此，若想早日建立起親密的關係，必須找機會去接近對方的勢力範圍。

（10）以笑聲支援對方。做個忠實的聽眾，適時的反應情緒，可以使對方摒棄陌生感、緊張感，從而發現自己的長處。尤其要發揮笑的作用，即使對方說的笑話並不很好笑，也應以笑聲支援，產生的效果或許會令你大吃一驚，因為，雙方同時笑起來，無形之中產生了親密友人一樣的氣氛。

（11）找出與對方的共同點。任何人都有這樣一種心理特徵，比如：同一故鄉或同一母校的人，往往不知不覺地因同伴意識、同族意識而親密地連結在一起，同鄉會、校友會的產生正是因此。若是女性，也常因星座、血型、愛好相同產生共鳴。

如果你想得到對方的好感，利用此種方法，找出與對方擁有的某種共同點，即使是初次見面，無形之中也會湧起親切感。一旦接近了心理的距離，雙方很容易推心置腹。

（12）表現出自己關心對方。表現出自己關心對方，必然能贏得對方的好感。

在招待他人或是主動邀請他人見面時，事先應該多少蒐集對方的資料。這不僅是一種禮貌，而且可以滿足他人的自尊，使他感受到你的誠意和熱忱。

記住對方說過的話，事後再提出來當話題，也是表示關心的做法之一。尤其是興趣、嗜好、夢想等，對對方來說，是最重要、最有趣的事情，一旦提出來做話題，對方一定覺得愉快。

（13）先徵求對方的意見。不論做任何事情，事先徵求對方的意見，都是尊重對方的表示。在處理某一件事中，身分最高的人握有當時的選擇權，將選擇權讓給對方，也就是尊重對方的表示。

而且，不論是誰，都希望得到他人的尊重，絕不會因此不高興或不耐煩。

（14）記住對方「特別的日子」。當你得知對方的結婚紀念日、生日時，要一一記下來，到了那天，打電話以示祝賀，雖然只是一個電話，給予對方的印象卻很強烈。尤其是本人都常忘記的紀念日，一旦由他人提起，心中的喜悅是難以形容的。

（15）選擇讓對方家人高興的禮物。俗話說：「射人先射馬」，饋贈禮物時，與其選擇對方喜歡的禮物，倒不如選擇其家人喜歡的禮物。哪怕是一件

小小的禮物給對方的妻子，她對你的態度就會改變，而收到禮物的孩子們更會把你當成親密的朋友，你將得到全家人對你的歡迎。

（16）直呼對方的名字。我們都習慣在比較親密的人之間才只稱呼名字。連名帶姓地呼叫對方，表示不想與他人太過親密的心理，所以，直呼對方的名字，可以縮短心理的距離，獲得意想不到的效果。

哈囉演練法：

「時間就是生命」，如果你不得不與陌生人交談，又不想浪費生命，那麼就不妨試試這十六種訣竅。

4. 不怕難下手，就怕不開口

社交中的沉默有兩種，一種是對社交有益的沉默；一種是對社交有害的沉默。對前一種沉默我們應學會使用和理解，對後一種沉默則應努力避免和打破。雖說沒有什麼打破沉默的訣竅，但是根據人們日常的社交習慣和心理，還是有些常用方法的。

打破沉默局面有兩個基本要求。一是深入分析引起沉默的真實原因。如張三因患急性咽喉炎而不願說話，你卻以為張三對你說話的主題沒有興趣，於是轉換話題想打破對方的沉默狀態，那肯定是難以奏效的。二是在打破沉默的過程中，不要給對方以壓迫感。只有巧妙地打破沉默，才能給雙方帶來語言溝通的熱情和感受到社交的樂趣。如，你的朋友第一次參加某社團的團體活動，會拘謹而沉默寡言，這時你可主動向他介紹有關的情況，並引見諸位，在輕鬆愉快的氣氛中，使你的朋友不知不覺地消除拘束感，沉默也就被打破了。

打破沉默局面，應該從許多方面著手。

（1）把架子放下來

如果是自己太清高、架子大，使人敬而遠之，而造成了對方的沉默，則主要應從完善自己的個性著手，在社交場合中主動些、熱情些、隨和些。

如果是自己太自負，盛氣凌人，使對方反感，而造成了沉默，則要注意培

養謙虛謹慎的品德，多想想自己的短處，在社交場合中適當褒揚對方的長處，並真誠地表示向對方學習。

如果是自己口若懸河，講起話來漫無邊際，無休無止而導致了對方的沉默，則要注意自己講話應適可而止，並主動徵求對方的看法和意見，讓對方也有機會表達自己的立場和觀點。不要讓人覺得你是在作單方面的「說教」，而應讓人覺得彼此在進行雙向溝通，讓對方產生你很重視他的觀點的印象，引起他的交談慾望，從而使談話不致陷於沉默之中。

（2）談別人得意的事

如果對方流露出對此話題不感興趣而不想開口的情緒，那最好是馬上轉移話題，選擇對方樂於談論的事情進行交談。或故意創造機會讓對方自己轉移話題。

如果對方事先沒有準備，對此話題有興趣但又不知從何談起，那麼應以簡明的、富有啟發性的交談來開闊對方的視野，活躍對方的思想，從而引起對方的談話興趣，消除沉默。

如果對方自我防衛的意識太重，不輕易開口，那麼，就要努力創造非正式的交談氣氛，支持和鼓勵對方無顧忌地坦率地交談，不馬上反駁對方的觀點，對其一些合理的看法給予讚許，促其進入交談。

如果對方過於謙讓而造成了沉默，則要增強交談的競爭氣氛，用熱烈、緊張而有趣的談話激發沉默者進入交談。

（3）多談共同點

如果是因為雙方互不了解，不知談什麼得體，那麼就應當主動作自我介紹，並使交談涉及盡可能廣泛的領域，從中發現雙方的共同話題。

如果因雙方過去曾經發生的磨擦或隔閡而造成了沉默，那麼就應該高姿態，求大同存小異，或者乾脆把過去的隔閡拋在腦後，彷彿什麼也沒有發生似的，熱情地與之攀談，增強信任和友善的氣氛。

如果是剛剛發生了爭論而出現了沉默，那麼就應當冷靜下來，心平氣和地談些無分歧的問題；如果局勢太僵，則可暗示在場的第三者出面積極調解，打破沉默。

（4）找合適的地方說話

如果對方覺得這個環境不適合他發表意見，那麼可以換個環境，也許他就願意敞開思想來談。

如果對方認為環境中的個別因素妨礙了交談，在可能條件下，可以排除這些干擾因素，使對方積極地參與交談。

哈囉演練法：

俗話說「沉默是金」「金口難升」這時候，只有你開口講出的是金，你才能引出別人的「金」來。

二、讚美他人

1. 洞察他人心——讚美他人的前提

俗話說：「到什麼山上唱什麼歌，看什麼人說什麼話。」除去其中溜鬚拍馬、見風使舵的消極因素，「看人說話」有其積極的意義，看什麼人說什麼樣讚美的話，更會令我們在交往中遊刃有餘，得心應手。

（1）什麼樣的山，你就唱什麼樣的歌

讚美別人，不單單是花言巧語、甜言蜜語，更重要的是根據對方的文化修養、個性性格、心理需求、所處背景、角色關係、語言習慣乃至職業特點、性別年齡、個人經歷等不同因素，恰如其分地恭維、讚美對方。

西元一八八九年，清廷任張之洞為湖北總督。新任伊始，適逢新春佳節，撫軍譚繼詢為了討好張之洞，設宴招待張之洞，不料席間譚繼詢與張之洞因長江的寬度爭論不休。譚繼詢說五里三，張之洞認為是七里三，兩人各持己見，互不相讓。眼見氣氛緊張，席間誰也不敢出來相勸。這時位列末座的江夏知縣陳樹屏說：「水漲七里三，水落五里三，制台、中丞說得都對。」這句話給倆人解了圍，都撫掌大笑，並賞了陳樹屏二十錠大銀。

　　陳樹屏巧妙且得體的言詞，既解了圍又使雙方都有面子。這種讚賞就充分考慮了聽者的心理和當時的境況。

　　話要因人而異，必須考慮幾點因素：

　　①聽者的文化知識水平。文化知識水平不同，對說話的接受能力是不同的。

　　比如要表述對社會嫉賢妒能現象的認識，聽者為知識分子，可說「木秀於林，風必摧之；堆高於岸，流必湍之；行高於眾，人必非之。」但這就不能再照搬講給教育程度不高的群眾，而可以說「棒打出頭鳥」、「出頭的椽子先爛」這樣的俗話，對方會更容易接受，講話才會有效果，讚美人同樣如此。

　　②聽話者的個性性格。對方性格外向，透明度高，可以多讚美他，他會很自然接受；如果對方比較內向、敏感、較嚴肅，你過多地讚美他，會使其認為你很輕浮、淺薄。因此，在讚美對方時要注意這一點。

　　③聽話者的心理特點和情感需求。交談雙方各有慾望，要迎合對方的需求講讚美的話。一個不喜歡淑女型，喜歡個性鮮明，男孩子氣的女子，你誇她如果長髮披肩，長裙搖曳，定會娜婀多姿，美麗迷人，她也許不會感激你，還有可能罵你多管閒事。如果了解她的心理，誇她短髮看起來又精神又有活力，她一定會開心。

　　十九世紀的維也納，上層婦女喜歡戴一種筒高檐寬的帽子。她們進劇院看戲，仍然戴著帽子，擋住了後排人的視線，對劇院的要求女客脫帽的規定她們不予理睬。劇院經理一日靈機一動，在台上說：「女士們請注意，本劇院要求觀眾一般都要脫帽看戲，但是，年老一些的女士——請聽清楚——年老的女士，可以不必脫帽。」此話一出，全場的女性全部自覺把帽子脫了下來：「誰願意承認自己年紀老呀！」

　　這位聰明的經理正是利用了婦女們愛美愛年輕的心理特點和感情需求，使原先頭痛的問題迎刃而解。

　　④聽話者的性別特徵。與不同性別的人講話，應選擇不同的方式。對體胖的女子，你說她又矮又胖，一定會令人反感；但你誇她一點不胖，只是豐滿，她會得到幾分心理安慰。不會因為自己胖而自卑。對同樣體型的男子，你說他

矮胖子，他也許會置之一笑。

⑤聽話者的年齡特徵。你若想打聽對方的年齡，不同年齡要採取不同方法。對小孩子可以直接問：「今年幾歲了？」對老年人則要說：「今年高壽？」對年齡相近的異性不可直接問，要試探著說：

「你好像沒我大？」對年紀稍大的女性，年齡更是個「雷區」，問得不好討人厭。一個四十歲的中年女子，你開口道「快五十了吧」，對方一定氣憤不已，你小心地問「三十出頭了吧？」，她一定會心花怒放，笑逐顏開。

⑥聽話者的心境特徵。俗話說：入門休問非榮事，觀看客顏便得知。在誇讚別人時，要學會察言觀色。一個為事業廢寢忘食的年輕人，一夜未睡，便可以稱他「以事業為重，有上進心」；一個為了債務焦頭爛額，心緒不寧的企業家，你誇他「事業有成，春風得意」，對方也許會認為你是在講「風涼話諷刺」。這種讚美便會造成適得其反的效果。

除了以上因素，還要考慮不同職業，不同宗教信仰等因素。列寧說：「對馬車伕講話應該不同於水手，對水手應該不同於對排字工講話。」陳毅某次出訪東南亞，一宗教界人士送他一尊菩薩，他見機謝道：「有了菩薩保佑，我更不怕帝國主義了。」這裡陳毅借用宗教術語，顯示了對宗教的尊重，對宗教界人士的謝意，有深意而不乏風趣幽默。

（2）「拍馬屁」別拍在馬腿上

每個人在生活中都扮演了多重角色，角色關係不同，說話方式就不同，讚美的方式也就不同。

對朋友可以真心誠意地誇他，對主管要含蓄適度的讚美，否則會認為是「拍馬屁」，對愛人要甜言蜜語地稱讚，對長輩要恭恭敬敬地討好，對小孩可以和藹可親地誇獎他。

有一個故事：朱元璋做了皇帝以後，他從小一起玩的苦朋友來向他求救。

一個見了朱元璋後說：「我王萬歲！當年微臣隨駕掃蕩盧州府，打破罐州城，湯元帥在逃，拿住豆將軍，紅孩兒當關，多虧某將軍。」

朱元璋聽後，心裡十分高興，就封他做了御林軍總管。

另一位苦朋友聽說此事以後，也想到朱元璋那裡討個一官半職。他見了朱

元璋，竹筒倒豆子似的說了起來：「我王萬歲！還記得嗎？從前你我都替人家放牛，有一天我們在蘆花叢裡，把偷來的豆子放在瓦罐裡煮，還沒煮熟，大家便搶了起來，結果罐子打破，撒了一地的豆子，湯潑在泥裡。你只顧滿地撿豆子吃，不小心連紅草葉子送到嘴裡。葉子便在喉嚨裡，苦得厲害。幸虧我出了個主意，叫你把青菜葉子吞下去，才把紅草葉子帶到肚裡去……」

朱元璋在大殿上聽了這些不顧體面的話，不等說完就喊道：「推出去斬了！」

兩個窮朋友，敘述了同一件事，一個做了大官，一個丟了性命。歸根究柢是前者注意了角色關係，而後者卻忽略了這一點。以前他們是一起玩耍的夥伴，但如今一個是皇帝，一個是貧民，怎麼能同日而語呢！

話語交際中的角色關係，按關係來源可以劃分為六類：

婚姻緣角色之間的人際關係。如夫妻關係，妯娌關係，連襟關係，媳婦關係，女婿關係等。

血緣角色之間的關係。以血親連結在一起的兩個角色之間的關係。如母女關係、父子關係、姐妹關係、兄弟關係、兄妹關係、姐弟關係等。

感情緣角色之間的關係。因感情的緣故而連結在一起的兩個角色之間的關係。如戀愛關係、朋友關係等。

事業緣角色之間的關係。以職業的緣故而連結在一起的兩個角色之間的關係。如同事關係、同行關係。

地域緣角色之間的關係。即以地域為連接鈕帶。如同鄉關係、鄰里關係。

學校緣角色之間的關係。如師生關係、同學關係、師兄弟關係等。

在交流中我們應當注意人與人之間的這些關係，判斷自己與交談對象是否存在以上關係。又要注意判斷面對的幾個交談對象之間是什麼關係，還要判斷交談對象如交談中所涉及的人物的關係，只有準確、清楚地判斷這些關係，才能使交談進行通暢。

《紅樓夢》裡人物繁多，關係複雜，因此許多人的話語都能針對不同的心理狀態和人際關係而掌握分寸、區分對待。如第五十六回寫總管賈府內務的王熙鳳因病休養，王夫人只好讓探春、李紈料理家事，由薛寶釵協助。探春提出

了加強修理節約開支的主張，大家都贊同。這時平兒該怎麼說呢？

作為王熙鳳的心腹，不能不維護主子的威望，也不能不讚美探春的能幹；既要附和說好，又要考慮實行新規定的困難和矛盾。若不多一層考慮，怎能說明自家主子為何沒想到這個好主意呢？平兒於是說：「這件事須得姑娘說出來，我們奶奶雖有此心，未必好出口。此刻姑娘們在園裡住著，不能多弄些玩藝兒陪襯，反叫人去監管修理，圖省錢。這話斷不好出口。」平兒確實有心計，有口才，怪不得寶釵稱讚她：「遠愁近慮，不卑不亢。」

（3）切忌「哪壺不提提哪壺」

俗話說：牽牛要牽牛鼻子。讚美同樣要抓住關鍵來讚美，這就需要洞察對方心理，了解對方的心理需求。切不可「哪壺不提提哪壺」。

古代一位財主中年得子，非常高興，擺了酒席宴請親朋好友。親戚朋友見了小孩都揀好聽的話說，有的說這孩子大福大貴，將來一定會做官，有的說這小孩一臉福相，將來一定家業興旺。財主聽了心裡喜孜孜的，偏偏這時一個人說：「這孩子將來一定會死。」此話一出，財主的好心情也沒了，酒席草草結束。

此人講的確是真話，生老病死，誰也逃脫不了，但他不掌握財主的心理需求，冒冒失失講出這句話，讓人又氣又惱。

有一次，相聲演員侯躍文對他父親侯寶林說：「爸爸，我最近聽到一些反映，說商店裡某服務員的態度，常給顧客冷麵。我想寫段相聲諷刺一下。」

侯老聽了，沉思了一會，說：「你想諷刺服務員，可你了解他們嗎？工資不高，上班一站就是八九個小時，多辛苦！再說，誰家沒有不順心的事？誰能老有笑模樣？又沒吃『笑素』！顧客裡頭也有搗亂的，遇上那些人，你樂得起來？我不是說服務員有缺點就不能諷刺得先去做些調查研究，了解他們的工作和生活，體諒人家的難處，那才能寫出感情，批評得入理。」

侯老的一席話，充分體現了對他人的關心與理解。只有理解他人的心理，了解他人的喜怒哀愁，才會把握好說話的內容與分寸，才會知道如何抓住對方的心理讚美對方。

那麼人的心理需求究竟是什麼呢？較全面、有影響的研究要屬美國心理學家馬斯洛的「需要層次論」。馬斯洛認為人的需要如慾望是多種多樣，具有全

面性和複雜性的，歸納起來有五個層次：（1）生理需要，這是人類最原始、最基本的需要，包括吃、睡、性及其他生理機能的需要；（2）安全需要。包括工作、身體、老年生活的安全保障，要求生命財產不受損害；（3）群屬需要，也叫社交需要。指希望親友、同事關係融洽，希望自己歸屬到某個群體或集團，或為其中一個吶喊，有所依靠，得到照顧；（4）尊重需要。人人都希望自己的個性、能力和成就得到別人的尊重和讚賞，得到社會的承認；（5）自我實現的需要。希望實現自我的理想和抱負，最大限度地發揮個人的才智，得到全面而自由的發展。對尊重需要的滿足程度，決定自信心和自我價值感的程度。因此，對他人的尊重和讚美也許是微小的，但取得的效果卻是巨大的。

曾有心理學家做過這樣一個實驗：他們從一班大學生裡挑出一個最平庸自卑，最不招人喜歡的女孩，特意安排她的同學對她改變看法，對她表示喜愛和讚美。於是，從這天起這個女孩周圍充滿了讚美和熱心的幫助。有人誇她，有人說她心靈手巧，有人送她禮物，有人每天與她一起回家……奇蹟發生了，一個月以後，這個原本默默無聞，自卑感很強的女孩變得活潑開朗，有說有笑，她的學習成績和儀態風度和以前比也大有改善，像是換了個人。

讚美和鼓勵就有這樣的魔力，只要你懂得一個人最需要什麼。

如上面的那個女孩，她以前是那麼卑微、膽怯，這樣的人需要、渴望別人的理解和尊重，那麼是否人人都渴望得到尊重？一個位高權重、不可一世的人呢？

這樣的人同樣也需要，並且會時常為之感動，除了那些每月總在他左右極盡奉承的人。

在日本歷史上身為攝政大臣的豐臣秀吉，權傾一時，不可一世。這樣的人還需要別人的關懷嗎？然而以下這件事就體現出他與一般人同樣的心理需求。

有一年，他聽說松茸大豐收，便突然提出要親自去採松茸。但那時時令已過，哪還有松茸的影子。家臣不得已，只有在他要去的那塊地前一天插上松茸。第二天秀吉來了，看到滿地松茸，不僅讚歡道：「太好了！」這時，有位善於投機的家臣告訴他這些松茸都是臨時插上的。其他家臣得知有人告密，個個嚇得魂不附體，因為他們知道秀吉這個人對不忠誠他的人向來是嚴懲不貸的。但

這次秀吉笑著說：「這是大家為了滿足我的願望才做的，是一片好心。好久沒見到這樣的松茸了，又勾起我對往昔農村生活的回憶，我很高興。」

看來，「大人物」也需要別人的關懷和讚美，並非都是不可一世的。而那些「小人物」，尤其是一些言行放蕩，不大正派的人，其實也需要尊重的。

幾個不三不四的人攔住了一個漂亮的女子，領頭的一伸手摘掉了女孩的帽子，顯然不懷好意。

女孩沒有破口大罵「流氓」，也沒有驚慌失措。而是冷靜地說：「你……喜歡我的帽子，是嗎？」

「當然，帽子和人一樣漂亮。」帶頭的戲弄道。

「那最好給你的女朋友也買一頂。我想她戴上也會很漂亮。你不會隨意戲弄人的，對吧！」女孩沉著地說。

帶頭的臉有些臉紅：「當然，當然是。」

「那麼，你可要保護好她，省得帽子也被人摘去。」

「對對，這……還給你。」這一群人灰溜溜地走了。

這位女孩擺脫了這群人的糾纏。因為她給予他們尊重，讓對方在沒丟臉時趕快收場。

因此，任何人都需要尊重，需要讚美，正如馬克・吐溫所說：「一句美好的讚美話，能使我們不吃不喝活上兩個月。」

（4）細微處入手，潤物細無聲

了解他人的心理不僅要抓住對方大致的心理波動，而且要於細微之處下功夫，利用細小的刺激來影響特定情形下的心理，使讚美既收到「潤物細無聲」的效果，又有極強的針對性。

哈囉演練法：

不要以為好話人人都會講，「馬屁」萬一拍在馬腿上的話，只會自討沒趣呢！

2. 如何讚美成功的人

事業有成，也就是一位男士可以得到最多讚美的本錢。無論一位男士相貌有多醜陋或者性情有多怪癖，只要是事業有成之人士，他就有資格接受多種多樣的讚美，也會有不斷的讚美來左右他的生活。因此，讚美事業有成的男士是衡量你是否會讚美的基準。

說一個男人事業有成，那則表明此人一定有別於常人的洞察力、智力和認知自我等能力。他們比任何人都更了解自己，清醒地明白自己的長處與短處所在，也就能很清楚地判斷你對他的讚美是否言過其實，有阿諛奉成之嫌，或是否真正像他本人所說的那樣對自己有一定的認識，而不是途中道聽塗說。面對這些情況，你要對事業有成的男人進行讚美，可能要處處小心了。

說到這裡可不要心懼恐慌，覺得還是少惹事為妙。其實，只要你抓準了機會，用對了方法，還是可以肆無忌彈地讚美他人的。關鍵就在於你要真正地了解到對方。

《孫子兵法》說：「知己知彼，百戰不殆。」正是這個道理。既然，對方事業有成你就要緊緊地咬住這一點，把他的業績、長處牢記在心，可以隨時都能用於談話中。給對方一種你對他很了解，對他的讚美是由心底而冒出來的感覺，自然會對你產生好感。而這時，你可千萬不要誇大其辭，這種人一般是很注意實事求是的。

除了讚美他的業績之外，你也可試試讚美此人的其他方面。事業有成之人，有很多在其他生活細節方面也很優秀的，只要你能抓住這一點，你就比其他讚美他的人有優勢多了。畢竟屢聽不鮮的稱讚是很難長時間地吸引一個人的。創出新意，在其他意料外的方面讚美其人，肯定會有收益。

如讚美他的獨特本領。比如說他一工作起來就廢寢忘食，可以達到忘我的境界，或注意力非凡，過目不忘，還有預感能力強啦，判斷一個人的能力強啦等等。這些超常人的能力，讓你點化一下再說，定會使對方興奮不已。

也可以讚美他的興趣、喜好、特長。如書法、畫畫、音樂、釣魚、收藏、旅行等等，這些都能成為你讚美的話題。正因為這些純屬個人的愛好，也就會

受此人絕對的關心與興趣，又怎會不注意到你呢。

還可以稱讚他的性情品質。看他是否富於同情心，責任心，是否意志堅強，性格果敢，是否有進取心，好勝心，這些也都可進行讚美。因為男人是十分重視這種人生價值或對精神世界的昇華需求的。

他的私人生活，如妻子、孩子、家庭也是進行讚美的好對象。一般都說「成家立業」，先「成家」，後「立業」，看來對一個男人來說，家庭的含義也是非常重要的。讚美他的妻子美麗漂亮、賢慧明理，讚美他的孩子聰明可愛，有前途都是常用的稱讚方法。

上述幾點，講的都是一些正當的，直接的讚美法。那麼，在稱讚一位事業有成的男人時可不可以使用間接的，不算十分正當的讚美法呢？當然也可以。

就是前面也提到的俏皮話。要讚美的人事業非常忙，你可以誇他：「您真是太勞累了，總統都沒您忙呢。」等，若此人書法頗有成就，也可說：「咦，王羲之跟您比一下，肯定會自感不如。」等。

這些話雖略帶有拍馬屁的性質，但也不能不承認會使對方十分開心。因為諸如此類的話，並不給人一種很虛假的感覺，讓人第一個想到的就是他在讚美自己。

第二種方法就是投其所好。經常與對方講關於他的事業方面的話題，問問近況如何，運作怎樣，有何前途等等。提起對方的濃烈興趣達到不言而讚的目的。而且只要是有關對方事業的就不要太堅持自己的觀點，要做到妥協讓步。讓對方產生自我滿足感，也是你間接讚美的成效了。

還有種方法就是要不斷請教。若是在對方說話時，你也時不時插上一兩句，佯裝自己也很明白，不比對方差，弄不好會讓對方覺得你是在向他示威。多多請教對方，讓對方多多指點自己，在二人認識的對比中突出對方的優勢，滿足對方的成就感，便是對你又一次讚美成功的表現了。

要讚美事業成功的男人並不難。既然他已經有事業有成這一先提條件，你就不怕無話可讚。

上面已經講了多種直接讚美法和間接讚美法，還有要讚美的範圍，大家不妨借鑑一下。

> **哈囉演練法：**

該出口時就出口，讚美他人有何錯？！

3. 怎樣讚美自負的人

何為自負？就是自己絕對地相信自己，認為自己絕對有能力？有資格得到他人的稱讚。自負，也可稱之為虛榮心，虛榮心是在他人的評價中得到滿足的。而男人，正是喜歡自負、願意自負。因此，他們也及其渴望每時每刻都得到他人的讚賞。

自負的男人經常對他人對自己的讚賞表現出很不屑的樣子。認為這樣才更能表現自己的真正能力，才更夠酷。他們認為自己就是那麼的優秀，別人就是應該稱讚自己，而自己所獲得的多少稱讚都是理所當然。自負的男人總覺得別人都不如自己，自己說的，做的都是對的，因而也就需要別人及時的附合，即稱讚。

正因為一個自負的男人有這樣的思想、心態，這可給我們讚美別人時帶來了很多的不便，自負的男人正是因為本身有可自負的條件才自負的，所以他們的確會有他的過人之處。然而，自負的心態會使他們內心的成就感遠遠超出了自己本身實際的成就。而他們又偏偏看不清這一點，總想使人們依照自己心裡的天秤來衡量自己。而當你在讚美他時，即使滿足了他的虛榮心，也只會得到他不屑一顧的表情，認為別人就是應該迎合他，自己沒被打動不說，還會傷害到讚美人的自尊心。

因此，在你要讚美一個自負的男人時千萬不要張口就誇，沒有考慮到前因後果，一定要經過你的深思熟慮，用詞恰當。不僅要有高度的深度，深刻的見解，還要有絕對的說服力、震撼力。

讚美自負的男人，目的不僅在於要取悅他要他對你產生好感，更重要的是要征服他，從而從他那學到你所不知道的，增長你的知識面。也讓對方了解到自己同樣也有這份能力，不必在自己面前太過驕傲。

先舉個例子看看。甲是某機關幹部，他有個愛好就是中國畫，他的中國畫

得過許多大獎，在市內展覽館屢屢展出。也得到許多人的好評，在機關內聲望頗高。這就使甲越來越自滿，開始還對稱讚他的人點頭一笑，現在卻理都不理。某一次，他在工作之餘，又揮筆畫了一幅畫，主要背景是一棵樹，以及一隻孔雀。大家對色彩鮮豔，栩栩如生的孔雀讚不絕口，甲卻不以為然，自顧自的擺弄著筆絕。這時乙走出來，說了句：「孔雀畫得固然是漂亮，但是最關鍵的還是樹畫的棒，襯出孔雀的美麗。」聽了這話，甲頓時一愣，定眼瞅了瞅乙，說：「你算看懂了。」以後二人也成了好朋友，甲每次畫完畫都主動拿給乙看，乙也把自己的觀點一一發表出來，之後同事們都說只有乙的話甲才肯聽。

其實，乙也不一定會畫中國畫，關鍵就是他有很好的鑑賞力。他在讚美時往往能切中要害，無論是好壞，他總能找出它好在哪裡，它壞在哪裡，這樣就與對方產生了共鳴。對方把你當成他的知己，覺得只有你才夠了解他，才有資格評價他的東西，而在你的評價中他能獲得更多的滿足感，取得更大的進步。他會認為你與他同樣的優秀，也會對你進行讚美，這種情況下你不僅成功地獲取了對方的好感，也獲取了相應的讚美，你的目的不是達到了嗎？

上面講到的那種讚美方式，完全脫離了阿諛奉承的形式，既沒有貶低自己來提高對方的身分，也沒有誇大其實地昧著良心去稱讚一個人。對方對你的看法不是覺得你很庸俗，而是覺得你很有品味。相應的，有時貶抑也會得到這種效果。

但要切記，貶抑對方時千萬不要太過火，不要刺到自負的人最感到自傲的那一方面，不然結局可就不堪設想了。

另外，讚美自負的人還有一種方法。就是在前節裡談到的用其他人沒有發覺到的優點來進行讚美。前面也提到自負的男人心裡的成就感往往高於實際的成就，所以他們希望別人能多多地發現出自己的優點，甚至是自己也沒發掘到的。

某大學生張君是校園裡出了名的「歌星」。每次晚會或娛樂活動都少不了他出來亮亮嗓子，有不少的「歌迷」擁護著他，甚是得意。在一次野餐會上，他又成功地唱完了一首歌，迎來了一片喝彩聲。回到觀眾席後，一個師弟對他說：「師兄，您跳舞也很棒吧？剛才看您搖身子的姿勢，覺得您肯定也很會跳

舞。」張君聽了自然很高興，就故作謙虛地說自己並不會跳舞，只會唱唱歌而已。這時，這位師弟馬上轉換話題說：「對呀，您的歌喉真是不錯，有空教教我吧。」張君欣然答應。這位師弟也就順利達到了「拜師」的目的。

但每事都有他的不同之處。你在誇讚一人時一定要根據不同人的不同特點。不能盲目稱讚，不然弄不好會適得其反。如一個人打籃球本來很差，但你偏要說他打的像喬丹就不好了。即使他是很自負的人也會感到你的話是在譏諷他。

哈囉演練法：

自負的人本來就傲，再讚賞人一下，豈不令他更傲？這就得看你的本領了，能令自負的人服你，你的讚賞術也就學到「家」了。

4. 博紅顏一笑

人，因人而異。女人也不例外。因為受著家庭背景、受教育程度、人生經歷等外界環境的影響，她們會有不同的性格、愛好、品味。也就對每個事物的看法不同、重視程度不同。不同的女性因為對各種事物重視情況不同，這就需要你對不同的女人進行不同的讚美。然而，女性又作為一個整體，根據世界是普遍聯繫的原理，她們之間必然有著天性上的共同點。

只要知道其共同點是什麼，抓住這個共同點進行讚美就可以了。那麼，這些共同點都是些什麼呢？我們可以大致分為容貌、修養、性格、能力四方面。

只要是女人她必定愛美，愛美是女人的天分。她們喜歡美麗的環境、美麗的事物。如見到美麗的風景會驚嘆不已，見到漂亮的蝴蝶又或者是可愛的飾品會愛不釋手。由此，也總是希望自己在別人的眼中同樣也是美麗照人的。

當然，女人的確是美麗的。無論是先天還是後天，她總有她的美麗之處。先天之美首推容貌，然後有皮膚、頭髮、身材等等；後天之美首推服飾、然後有化妝、首飾等等。沒有一個女人不喜歡別人讚她漂亮，她們以為只要漂亮就擁有了征服男人及世界的本錢，從而對未來充滿了希望。

切記，男人眼裡的女人應當是總有美麗動人之處的。或者是眼睛大而明亮，或者是皮膚光滑細膩，或者是頭髮烏黑亮澤，又或者是身材阿娜多姿，還有服裝新潮得體，再加笑容燦爛迷人，這些都能成為你讚美的對象。對一個女人而言，她不可能沒有一點優點，她的舉止，她的氣質都可能有吸引人之處。只要你善於去發掘她，去捕捉她，並讚美她，定能取得女人的賞識與青睞。

讚美一個女人的漂亮也有很多的學問。一般的女性不管多美，對自己都會有所懷疑，對一些小小的問題也會耿耿於懷，自卑不已。所以要讚一個女人漂亮時，不要用太過籠統的詞，如「你很美麗」、「你很漂亮」等。最好是選出一些具體的地方，用「你身材真棒」、「聲音真迷人」等等比較好。

當然，要是對方是一個真正的美女，那麼就另當別論了。還有要注意的是女人總不會希望只有你一人讚美她漂亮，她們希望大眾都讚美她，從而十分在意別人在背地裡如何評價她。所以，你在讚美一個女人時，說：「聽別人說你非常迷人，今天見來果真名不虛傳。」或「聽同事說這裡來了位俏佳人，我猜得沒錯的話就是你吧？」這些用語，肯定在女人心裡特別受歡迎。

現在談一談女人的修養問題。有很多女人，她們雖然外表漂亮，卻在日常生活中表現出毫無修養，俗不可耐。沒有內涵的女人是不可愛的，即使因漂亮受到過不少稱讚，但時間一久這種讚美就會逐漸減退，不能經長時間的考驗。因此，對一個女人而言對他修養的讚美也是非常重要的。因為女人本身也了解這一點，從而覺得這個男人有思想、有深度。

下面再談一談女人的性格。通常女人的性格中最值得稱讚的就是善解人意。女人憑自己敏銳的直覺，能察覺出男人的心理活動，從而做出適當的反應，或是行動上的或是語言上的，男人從而得到感情上的安慰就心安理得地成為女人的「俘虜」。因此，女人們都以此為榮，也都認為只有做到善解人意就能體現女人對男人的價值。所以，多讚一個女性善解人意吧。她一定會十分高興。

除了這個之外，你也可讚她溫柔、活潑、熱情等諸如此類的話。

而現時代注重個性，誇讚一個女人有個性已成了一種時尚。固執的性格可當人有個性來讚，孤傲的性格也可以有個性來讚，像男人一樣不拘小節，有些潑辣的女性也能用有個性來讚。只要是稍稍區別於大眾的性格，你用個性二字

來讚她，無論是哪種女性，她都會覺得你這個人很有品味。

最後呢，該談一談女人的能力了。現代社會，在各種事業中女人都表現出了她非凡的能力。她們不僅能把自己分內的事完成得十分得體，還會憑她們細心的洞察力去發掘工作中出現的問題，把各部門的事情都安排的十分妥當，有時的工作能力大大地超越了男性。而女人在取得很大的成就時，她是需要被這個社會所肯定的。她們希望這個社會能認同自己，肯定自己的能力，也希望在男人眼中她們不再是處處依附於男人。而是能夠獨當一面，把事情處理得完好無瑕。於是，她們就需要男人的讚美，希望自己所做到的，也同樣得到了男人的認同與賞識。如果，你是她的老闆，上司，或是同事，更不用說下屬，你可千萬別忽視她的業績，常常激勵她、讚美她、換取她更大的工作積極性吧。

除此之外，生活中女人們的能力也值得你讚賞。日常家務，如煮飯做菜，收拾房間，照顧孩子，這些雖是一些細小得不能再細小的事情，但都能表現出女人的動手能力，審美能力，教育能力。只要你在日常生活中也不忘記讚美一下女性，你定會得到女性們一致的好評。

哈囉演練法：

都說「男追女隔層山；女追男隔層紗。」其實女孩有什麼難追的呢？
只要多博紅顏幾笑，你可能就得到其心的暗許了。

5. 春風得意，錦上添花

很多人在事業有成，春風得意的時候，更喜歡聽到讚美的話語，但是如何去讚美一個正春風得意的人呢？說好了是錦上添花，說不好就是阿諛奉承了。

一般來說，異性之間的讚美會更有力度，更使人有成就感，尤其是女人的青睞、好感、稱讚，會使男人產生極大的價值感。同樣的話，他們會更樂於從女人的嘴裡聽到。對男人來說，事業順利，生意興隆，職位升遷，有社會地位，有名譽，有鮮花和掌聲往往意味著他們在男性世界中的成功，這是最基本的，可大多數男人更看重他們在女人眼中的地位，因為這也意味著他們在女性世界

中的地位，這是一件讓人興奮又愉快的事情。

可是不管一個男人有多成功，多得意，他內心最深處最渴望的還是別人的理解和關懷。一般的理解和關懷都是無可厚非的，可一定要注意把握「度」的原則，過猶不及，說的太誇張、太過分，太直白了，就會被人當成追逐名利，愛慕虛榮的女人，會成為男人心底討厭的勢利女人。因此，即使是讚美，也要掌握分寸，通常如果從以下幾個方面入手來讚美別人，是比較容易被接受，而且會收到預其效果的。

（1）在讚美人的同時，注意表達關心與體貼，關心與體貼是女人善良天性的表現，也是女人細膩溫柔的體現，女人的關心，有如拂面而過的柔和的春風，又如沁人心脾的淡淡花香，會在不知不覺中悄悄滲入男人的心靈之中，融入他們的心懷。男人們最喜歡的是那種會關心、會體貼、善解人意的女人，女人的關心和溫柔會讓男人從心底感激和欣賞。以前，曾有人這樣讚美過別人：

「張老師，您那本書寫的真好，沒少花工夫吧，您可得注意休息了，瞧您現在比以前瘦多了。」

「劉總，這麼大的工程，您一個人給搞定了，可真了不起，不過您可要注意身體呀，別光為了工作，累壞了自己。」

「趙哥，你把那事談成了？怎麼談的？以後您可得教教我，我要拜您為師，向您學藝。」

這些又溫馨又充滿敬仰與關切的語句，怎麼能讓男人不動心，不打心底感激，不視女人為自己的好友呢？

（2）在讚美男人的時候，恰當地表達出崇拜的思想，不管男人還是女人，都希望有人崇拜自己，都希望被人用尊敬，仰視的眼光看待，這也是人之常情，被人崇拜是無法拒絕的，這崇拜意味著對「自我」的肯定，是一種人生價值的體現，對一個春風得意的人來說，他最自豪的是「自我」，也就是他的成功之源。

（3）別忘了在讚美的同時予以鼓勵，一個女人鼓勵一個男士，既是對他過去成熟的肯定，對他以前創業生涯的一種肯定，又是對他未來充滿信心的一種表現。人在任何情況下都是希望有支持和鼓勵的，人不僅對自己有信心，更

需要別人對自己有信心。現在的社會，競爭這麼大，壓力那麼大，成功中碰到的牽絆也越來越多，一個成功的，春風得意的男士，即使在一定程度上達到了自我價值的體現，但也還是需要鼓勵的，尤其需要別人對他有信心。

還有一些男士，春風得意的時候，往往會在別人的一片頌揚聲中沾沾自喜，自高自大，忘乎所以，而女性的委婉的激勵，有時就像一劑良藥，給頭昏腦熱的春風得意者一點不動聲色的提醒，進一步激發起他的冷靜和投入下一次競爭的熱情。

鼓勵對方其實就是替對方著想，期待對方有更大的成就，聰明的男士會認為你是他真正的朋友，而不是那種愛慕虛榮的小女人，因此他也會把你當朋友來看待。

在讚美一個春風得意的男士的時候，有一點特別忌諱的是，不要當這位男士的面大肆指責他的競爭對手，這樣做也許當時能讓這位春風得意的男士十分高興，但過後，他就會清楚地意識到這種以貶低一個人來襯托另一個人的手法是多麼的笨拙，並且讓人感到的只是巴結和恭維，所以，建議那些想要在錦上添花的朋友，一定注意，添花要小心，要把握好分寸，不要搞出笑話來，反而遭人反感。

哈囉演練法：

「錦上添花」固然好，但可別成為一個人人厭的馬屁精喲！

三、批評他人

1. 打一巴掌不忘揉三揉

指出別人的缺點，因可能與對方意思相違而傷害到對方，又怕對方態度蠻橫傷及自己，這時，需要用讚美的話語做中和劑，令對方反駁不是，發怒也不是，批評的有理有據，令其心悅誠服地接受。

　　首先必須設想一個限度，否則你的忠告也許會適得其反。當你要指出別人的缺點時，必須先認識到人類的脆弱及不完美，且抱持著自我反省的心態。而且要抱持著與對方一同背負過失的謙虛態度，讓對方發覺自己的缺點和錯誤。其次，為了免於引起對方的反抗心理，必須要事先準備些讚美的話，在批評他人之前，先將這副「靈丹妙藥」給對方服下，然後再轉入正題。當對方因你指出的缺點或難過或難以接受時，讚美就起了很大的中和作用。

　　我們經常有一些歌唱比賽、辯論賽。在專家評論時，他們經常用這幾乎是無往不勝的妙招：先指出選手的優點，然後再根據具體情況指出不是。比如對方是名歌手，就先指出他音質不錯，台上表演力很強，再指出他缺乏經驗，細節處處理不夠好；如果對方是位辯手，可以先讚美他頭腦靈活，才思敏捷，再指出他的一些失誤。不僅是在這些比賽，在談判桌前，在工作中，在生活中，在一切與人相處中都會用得著這一招「先揚後抑」法。老師為了不打擊學生的自信心和學習積極性，總會先分析這位學生的優點，進步的地方，然後再慢慢道出他的不足之處。這種方法使人在心理上能夠接受，面子上也過得去。既達到目的，又保住自己而不傷害別人，何樂而不為呢？

　　某機關辦公室的主任有一天一大早見到他的一位女性行政人員，便誇她，「你今天穿這身衣服很漂亮，更顯年輕美麗了。」那位行政人員聽了受寵若驚，很高興。這位主任又不急不忙地接著說：「可是，我說這句話的目的，不僅是要你心裡高興，還希望你今後打字的時候多注意一下標點符號唷。」

　　這位主任的話未免太露，但方法值得效仿。就像一種很苦的藥丸，外面裹上糖衣，先讓人感到甜味，容易一下子吞到肚裡。於是藥物進入腸胃，藥性再發生作用。病人既不會感到藥苦，難以下嚥，又把病治好了。如果主任直截了當指出，「注意標點符號」，那位行政人員可能會覺得羞愧、難過，難以接受，或者還要反駁幾句。這樣，主任的規勸就失去了效果，還可能引起下屬的不滿，令雙方不愉快。

哈囉演練法：

在講究說話藝術的今天，良藥未必苦口，批評也要講究方法，不顧時間、地點、對方心理，直接了當、劈頭劈臉的一陣冷言惡語，達不到批評的目的，反而會適得其反，學會和風細語地指出別人的錯誤和缺點，好處多多！

2. 釜底抽薪，批評有術

人人都喜歡表揚、稱讚，批評總是令人難堪的。但是「人非聖賢，熟能無過？」如果我們發現別人的錯誤而不能指出，甚至還要隨聲附和，那會是件多麼令人難過，不安的事情。

因此，要擺脫「說」還是「不說」這種左右為難的尷尬局面，需要掌握批評的技巧，批評是交際中最難把握的一種表達方式。要考慮時間、地點、對象等多種複雜因素，其宗旨是要照顧對方的自尊心，力求不傷害對方。

我們經常會看到這樣的場面：一位主管不分場合對其下屬大聲斥責，以為這樣就可以樹立威信，下屬才會服從他；一位家長不顧孩子的感受嘮嘮叨叨不停指責孩子的缺點，以為這就是對他們的愛；一位老師一臉嚴肅在學生的考卷上指指點點，厲聲訓斥，以為這樣他就會發憤學習；同事之間、鄰里之間、朋友之間不顧方式地指責對方的缺點、過失。他們的作法對嗎？且不評判，看一下實際效果吧。這種批評方式往往事與願違，即使對方感到自己的錯誤，也會強詞奪理，甚至拂袖而去，弄得不歡而散。

如果我們換一種方式，私下與其交換意見，委婉表達自己的想法，並與他擺事實，講道理，分析利弊，他就會心悅誠服，真正接受你的批評和幫助。

可見，批評的方法是關鍵，方法不同，效果當然也不同。批評成功的條件，基本概括起來有三條：一是心；二是有徹底，中肯的分析；三是運用恰當的批評方式。下面具體學習一下批評的方式吧。

（1）啟發式。要使對方從根本、從內心認識到自己的錯誤，需要批評者從深處挖掘錯誤的原因，曉之以理，動之以情，循循善誘，幫助他認識，改正

錯誤。

（2）幽默式。幽默式批評就是在批評過程中，使用富有哲理的故事、雙關語、形象的比喻等，以此緩解批評時緊張的情緒，啟發批評者思考，從而增進相互間的感情交流，使批評不但達到教育對方的目的，同時也創造出輕鬆愉快的氣氛。

伏爾泰曾有一位僕人，有些懶惰。一天伏爾泰請他把鞋子拿過來。鞋子拿來了，但布滿汙泥。

於是伏爾泰問道：「你早晨怎麼不把它擦乾淨呢？」「用不著，先生。路上盡是汙泥，兩個小時以後，您的鞋子又要和現在的一樣髒了。」

伏爾泰沒有講話，微笑著走出門去。僕人趕忙追上說：「先生慢走！鑰匙呢？食櫥上的鑰匙，我還要吃午飯呢。」

「我的朋友，還吃什麼午飯。反正兩小時以後你又將和現在一樣餓嘛。」

伏爾泰巧用幽默的話語，批評了僕人的懶惰。如果他厲聲喝罵，命令他，則就不會有這麼好的效果了。

（3）警告式。如果對方犯的不是原則性的錯誤，或者不是正在犯錯誤的現場，我們就沒有必要「真槍實彈」地對其進行批評。可以用溫和的話語，只點明問題。或者是用某些事物對比、影射，做到點到為止，造成一個警告的作用。

春秋時期，秦國準備襲擊鄭國，走到魏國時，這個消息被鄭國的商人弦高知道了。弦高原打算到周圍做買賣，但他不忍自己國家蒙受損失，但打算勸秦國主將改變主意。

弦高如果以硬對硬，肯定會適得其反。於是他帶了千張熟牛皮，趕了百頭牛作禮物，犒賞秦軍。

他故作恭敬地說：「國君已經聽說您將行軍經過敝國，已準備好糧草招待。還特地派我來犒勞您的隨從。」

秦將一聽這話便了解到鄭國已對他們有所防備，不易攻擊。便打消了攻擊鄭國的念頭。

弦高「釜底抽薪」對秦國的警告收到了最佳的效果，即未動一兵一卒，又

保全了自己的國家。

警告式的批評在這裡發揮了極大的作用。但如果對方自我意識差，依賴性強，不點不破，不明說不行，則可以用嚴肅的態度、較尖銳的語言直接警告他。

（4）委婉式。委婉式批評也稱間接批評。一般採用間接的方法，聲東擊西，讓被批評者有一個思考的餘地。其特點是含蓄蘊藉，不傷被批評者的自尊心。

有一次宴會上，一位肥胖出奇的夫人坐在身材瘦小的蕭伯納旁邊，帶著嬌媚的笑容問大作家：

「親愛的大作家，你知道防止肥胖有什麼辦法嗎？」蕭伯納鄭重地對她說：「有一個辦法我是知道的，但是我怎麼想也無法把這個詞翻譯給你聽，因為『工作』這個詞對你來說是外國話呀！」

蕭伯納這種含蓄委婉，柔中帶剛的批評方式，效果極強。

總之，批評的方法應以教育為主，用事實教育人，用道理開導人，用後果提醒人，從而使對方心悅誠服地接受批評。

哈囉演練法：

釜底抽薪，柔中帶剛，明者自明，不明時，再直接給他說明，還是人聰明！

3. 忠言逆耳利於行

人常說批評是「忠言逆耳」，卻是「利於行」的。其實批評自己的人，一般都是真心對待自己，希望自己能改正缺點，朝著好的方面發展的，對被批評者可謂是一片坦誠。

可以說，人的一生是在批評中長大，成熟起來的。當一個人還是小孩子的時候，父母、家人透過批評來告訴他們，什麼是對的，什麼是該做的。回想一下我們的童年，誰不曾常聽到這樣的批評：

「不要把手放在嘴裡，髒得很。」「吃飯前怎麼不洗手？」「你太調皮了，

真不聽話。」而長大一些又會聽到諸如「不要只關心自己，要關心一下別人」「別老是遲到」等等來自老師、同學、家長的批評。幾乎沒有人能做到從不批評別人，也幾乎沒有人會從不受到別人的批評。

批評是能使人更加成熟和完善的良方，是使人成功的階梯。從批評中可以認識到自己的缺點、錯誤，從而修正自己的言行、思想，慢慢形成自己正確的處世方法和對待生活的態度，而若視批評為別人對自己的諷刺、打擊，一聽就如坐針氈、暴跳如雷，則無論如何也是無法進步的了。

從前，郭國的國君出逃在外，他對為他駕車的人說：「我渴了，想喝水。」車伕把清酒獻上。又說：「我餓了，想吃東西。」車伕又送上乾肉和乾糧。

郭君問：「你怎麼準備的？」

車伕回答：「我儲存的。」

又問：「你為什麼要存這些東西？」

車伕又回答：「為您出逃路上充饑解渴呀！」

又問：「你知道我將要出逃嗎？」

車伕說：「是的。」

「那你為什麼不事先提醒我呢？」

車伕回答說：「因為您喜歡別人說奉承話，卻討厭人家說真話。我想過規勸您，又怕自己比郭國滅亡得更早，所以我沒有勸您。」

郭君一聽變了臉色，生氣地問：「我所以落到出逃的地步，到底是為什麼呢？」

車伕見狀，連忙轉變了話題，說：「您流落在外，是因為您太有德了。」

郭君聽後又問：「有德之人卻不被國人收留而流落在外，這是為什麼呢？」

車伕回答說：「天下沒有有德之人，只有您一個人有德，所以才出逃在外啊！」

郭君聽後喜不自禁，趴在車前橫木上笑起來，說：「哎呀，有德之人怎麼受這等苦哇？」他覺得全身勞累，就枕著車伕的腿睡著了。

車伕用乾糧墊在郭君頭下，自己悄悄地走了。後來，郭君死在田野裡，被虎狼吃掉了。

　　郭君在窮途末路之時，仍不能體會對自己忠心耿耿的車伕的一片赤誠之心，仍改不掉喜歡聽奉承話的毛病，由此可知，他的失敗不是偶然的了。

　　不過有良苦的用心還需有用心良苦的表現，讓對方知道批評者實際是打心眼裡欣賞自己，喜歡自己，支持自己或是為了自己著想的等等，才能讓對方心悅誠服地接受批評。所以批評者首先就要考慮，該批評是否是於對方有益的，能否讓被批評者相信按照批評語的要求改進之後，於自身有益。

　　不能誘之以「利益」的批評，會使被批評的人覺得自己改正行為是為了批評者的利益。於是對批評會有更多的牴觸情緒，使原本的一片好心也因方法不當而遭人誤會。

　　就心理學而言，一個批評與被批評的過程是批評者與被批評者在思想、感情上的相互交流與認同的過程。人在批評過程中越是尊重、理解對方的處境，就越能夠獲得對方對自己批評意見的重視與接受。在發表批評意見時，尊重使人懂得愛護他人的自尊心，維護其面子，不出語傷人，不逞口舌之快；理解使人學會設身處地地去替別人思考問題，講話不自以為是，不強加於人。在接受批評意見中，尊重使人竭力認同別人批評意見中的有益部分，並予以積極的肯定。人們越是能夠尊重理解人，就能越能夠冷靜，客觀地面對別人的批評意見。從此意義上講，尊重、理解是使忠言不逆耳，聞過不動怒的轉化條件。

　　師經是魏國宮廷裡的一位琴師，經常給魏文侯彈琴。

　　一天，師經彈琴，魏文侯隨著樂曲跳起了舞，並且高聲說道：「我的話別人不能違背。」

　　師經拿起琴去打魏文侯，沒有打中，卻把帽子上的穗子撞斷了。文侯問手下人說：「身為人臣卻去打他的國君，應該處以什麼樣的刑罰？」

　　文侯手下的人說：「應該燒死他。」於是把師經帶到堂下的台階上等候。

　　師經說：「我想在死之前說一句話，可以嗎？」

　　文侯說：「可以。」

　　師經說：「以前堯舜作國君時，只怕他講的話沒有人反對；桀紂作國君時，只怕他講的話遭到別人的反對。我打的是桀紂，不是我的國君。」

　　文侯聽後，說：「放了他吧！這是我的過錯。把琴掛在城門上，用它作我

的符信；不要修補帽子上的穗子，用它來時常告誡我自己。」

正是師經從文侯的長久統治來考慮，批評文侯不該學桀紂獨斷專行；而文侯也從批評中聽出這是文師對自己的忠心與關懷，所以才能最終將逆耳忠言接納下來，並免了師經的死罪。

哈囉演練法：

俗話說：「禍從口出，病從口入。」口可出「禍」，也可救命，萬萬不可看口舌之利啊！

晏子是齊國一位善諫的大臣。晏子死了十七年後，齊景公有一次請大夫們喝酒。景公射箭射到了靶子外面，滿屋子的人卻眾口一詞地稱讚他。景公聽後變了臉色，並嘆了口氣，把弓丟在一旁。

這時，弦章進來了。景公說：「弦章，自從我失去晏子到現在已經有十七年了，從來沒有聽到別人對我過失的批評。今天我射箭到了靶子外，他們卻眾口一詞讚美我。」

弦章說：「這是那些大臣的不好。他們本身素質不高，所以看不到國君哪些地方不好；他們勇氣不夠，所以不敢冒犯國君的尊嚴。但是，您應該注意一點，我聽說：『國君喜歡的衣服，大臣就會拿來替他穿上；國君喜歡的食物，大臣就會送給他吃。』像尺蠖這種蟲子，吃了黃顏色的東西，牠的身體就要變黃，吃了綠顏色的東西，牠的身體就要變綠，做為國君大概總會有人說奉承話吧！」

弦章的話在景公聽來頗有道理，明白了奉承者不過是投自己所好，如果自己對奉承話深惡痛絕的話，就很少會有人來自討苦吃了。弦章雖未直接進一步批評景公喜歡聽奉承話才造成如此局面，但景公已深刻領悟到了這一點，事實上，若弦章再畫蛇添足地批評景公一番，效果反而不會有僅點到為止好。

當人們發表批評意見時，還要注意不要滔滔不絕講個不停，使當事人沒有時間與機會來思考你所提出的意見。這種言語囉嗦的行為，不僅沖淡了主題，而且也是對當事人不尊重的表現，是值得人們重視的。

在心裡諮詢當中，諮詢者常常在講話中有意地停頓幾秒鐘，以觀察對方是否有話要說。同時，他還會不斷地運用沉默來暗示對方思考自己講過的話，並提出問題。這種手段不單給來諮詢者以充分說話和思考的機會，還可促進諮詢者與來詢者之間的相互共鳴和理解。

卡內基把說話囉嗦當作影響人們接受批評意見的因素之一。他指出：「我們每說一句話，都應顯示出其說話的價值與力量。沒有力量的話就是沒有價值的話，等於沒說一樣。不能達到說話目的，那就是廢話，廢話就意味著囉嗦。所以，批評的藝術還在於言語簡明扼要，給人以豐富的聯想。

反之，話講得多了，會造成相反的作用，對方會對你產生反感，反倒產生事與願違的結果。這就是『物極必反』的道理。」

發表批評意見，還應忌擴大事端，將一些不相關的事情也扯進來，使得當事人越聽越不耐煩，增加其對批評的牴觸情緒，特別是對於要面子的人，在發表批評意見時不斷擴大批評範圍，無疑是逼他不認同批評意見。

在日常生活中，夫妻之間、父母子女之間常見的問題就是嘮叨。本來是出於對彼此的愛與關心，但因其不是就事論事，而是一件事做錯了，將其以前做錯的也牽扯進來，進行一番批評，使得對方不但不能心甘情願地接受當前的批評，反而還不得不為自己以前的行為進行辯護。

就心理學而言，在批評當中擴大事端，等於改變兩個人原有的認知對象及其認同條件。這正如前面舉例中說明的那樣：當丈夫因一天不做家事而受到妻子指責他從來不做家務事時，他會本能加以反駁，因為其批評話題已產生了本質性變化，即雙方認同的基礎已不是談論今天這一具體事件，而是把以前所有錯或不錯的事合在一起，難怪丈夫會感到委屈不服了。

另外，一個過錯進行一次批評。要想對一個已知過錯引起注意，一次提醒就足夠了。批評兩次完全沒有必要，若多一次就成了嘮叨了。如果總把過去的錯誤翻出來並嘮嘮叨叨地沒個完，對於批評者來說完全是愚蠢和無效的。

哈囉演練法：

「妙語精言，不以多為貴」，批評人，話不在多，而在精妙，所謂「言貴精當」，言語精練，往往能一語中的，使聽者在較短的時間裡獲得較多的資訊；一語道破，使對方為之振動，幡然醒悟，如果拖泥帶水，東扯西扯，反而使人不得要領，讓人不知所云，甚至產生急躁情緒，也就達不到批評的目的了。

4. 恰到好處，妙處生花

戰國時候，秦國攻趙，趙國向齊國求援。齊國要趙國送太后的小兒子長安君為人質，方肯發兵。但趙太后執意不肯，雖然滿朝文武都極力勸諫，仍無濟於事。最後趙太后乾脆宣布：「誰要是再來勸我，我就吐他的臉。」

後來左師觸讋求見，太后知道他也是來規勸的，於是滿臉怒氣地等他來。觸讋慢慢地走到太后面前，請罪說：「我的腳有點毛病不能走快，因而好久沒有來看太后，卻心下惦念，故今特來拜望。」

太后見此便說自己現在也得靠車行車。觸讋又問了太后飯量等其他一些情況，這段家常話使太后的怒容全消。之後，觸讋又求太后允許他的小兒子在王宮衛隊裡當一名衛士。太后滿口答應，並問觸讋兒子多大歲數了。觸讋答曰：十五歲，並說要在死之前為兒子安排好立身之處。太后見此便問男人是否也疼愛孩子。觸讋曰：比起女人有過之而無不及。此時，觸讋順便問太后疼愛燕后（趙太后之女）是否甚於長安君。太后答曰：比不上長安君。由此，觸讋強調說父母疼愛孩子應為他們的前程著想，並舉例說趙太后自己當年與燕后分別，難捨難分，依依惜別，但每次祭祖的時候，卻禱告讓燕后留在燕國，不要回來，以使其子女世世代代為燕王。講究這番話，觸讋反問太后：您這樣做，不正是為燕后的長遠著想嗎？太后點頭稱是。此時，觸讋話鋒一轉，向太后道：自此三世之前，自趙國內大夫升諸侯以來，每一代國王的子孫凡是封侯的，其後期還有嗎？太后搖搖頭，觸讋又問：不光是趙國如此，其他子孫受封的後代還存在嗎？太后又搖搖頭，由此觸讋評論道：這是因為他們的地位顯貴卻沒有功勳，

待遇優厚卻沒有功績所致。如今您給長安君以顯貴地位，膏腴之土，卻沒有給他為國立功的機會，這樣一旦太后不諱，長安君又何以使趙國自立呢？因此老臣認為你愛長安君卻沒有替他的長遠考慮，愛長安君不及愛燕后深。

　　至此，太后完全接受了觸龍的批評與勸說，便回答道：「好吧，就按你的意思辦吧。」之後為長安君準備了一百輛車子使齊，齊國隨即發兵救趙，從而退了秦國之軍。

　　在這一事例中，觸龍之所以能夠使趙太后改變初衷，同意將長安君送往齊國做人質，就在於他巧妙地運用了父母疼愛兒女的人之常情為契機，批評趙太后不為長安君的長遠著想，會因疼愛一時誤了一世。由於觸龍深刻地體會到趙太后愛子心切，於是從聊家常開始，請示太后將自己的小兒子安排在宮中當衛士，到評論太后愛燕后與長安君的差別，到最後建議愛長安君應使其有為國立功的機會，始終未探討送長安君質齊與退秦軍的利害關係，恰到好處地既順了太后的心意，又使太后接受了批評意見，不愧為忠言不逆耳的典範。

　　秦漢之際，劉邦率兵攻破函谷關，入咸陽，滅了秦朝。他進入秦朝皇宮，見宮室帷幕富麗堂皇，美女珍寶不計其數，於是流連忘返，想留在宮中，享受一下做皇帝的快樂。跟隨劉邦出身草莽的樊噲，知此，氣沖沖地責問：「沛公，你是想得天下，還是想當富家翁？此室中所有，皆秦所以亡天下也，沛公趕快回霸上，千萬別留在宮中。」劉邦聽了，大為反感，臉上露出不悅之色，不予理睬。不一會，張良也來對劉邦說：「只因秦王貪暴，不得人心，你才取得了今天的勝利，我們既然為天下除去暴君，理應以儉樸為本，現在剛進咸陽，若又像秦王一樣享樂，豈不等於助紂為虐？況且！良藥苦口利於病，忠言逆耳利於行，希望您能聽從樊噲的勸說。」他們終於說服劉邦還軍霸上，揭開了楚漢戰爭的序幕。

　　張良與樊噲同為批評劉邦，但因兩人說話的方式不同，而效果也大相逕庭。劉邦率先破秦入關，正功成名就，志得意滿之時，逆耳忠言是很難聽進去的。而出身草莽的樊噲全然沒有意識到這些，一陣反詰中含譏諷，令劉邦反感，故而對他的意見置之不理。而張良的批評則從分析秦為何滅亡和劉邦為何得勝入手，然後總結說明貪圖享樂的後果，最後再肯定了樊噲意見的合理性。張良

的分析恰到好處地扣住了劉邦的心理狀況，強調劉邦所關心的成敗問題，再加上語氣委婉動聽，雖是批評意見，劉邦也欣然接受。

《說苑・正諫》記載了這樣一個故事：

春秋時期，吳王準備攻打楚國，他知道這個計劃會遭到很多大臣的反對，於是對左右的人說：

「誰要是對我攻打楚國發表反對意見，我就讓他去死。」因此很多大臣都不敢來指出這個計劃的錯誤：攻打楚國會給吳國帶來很大危害。吳王的宮廷近侍少孺子為了勸諫吳王，想了一個辦法。

一天，吳王早朝時發現少孺子渾身濕漉漉的，就問他是怎麼回事。少孺子說：「我帶了彈弓，在後花園閒逛，想打點飛鳥。突然我發現了一件讓我不能忘懷的事情：一隻蟬在樹上淒厲地鳴叫，喝著露水。蟬不知道有一隻螳螂正在牠的下方悄悄地向上爬，正想把牠作為自己的早餐呢！那螳螂伏屈著身子，張著足爪，沿著濃密的枝條，一步一步地接近了蟬。可螳螂哪裡知道，這時有一隻黃雀正藏在不遠的一根樹枝上，正要展翅飛來啄那隻螳螂！黃雀伸著脖子以為很快就可以將螳螂吃到嘴裡，哪裡會想到這時我正用彈弓瞄準牠，牠也完蛋了！這三個小東西，都是只顧前，不顧後，牠們的處境真是太危險了！……而我呢，則因為看到這麼精彩的場面，時間久了，讓露水把衣服都沾濕了！」吳王聽了少孺子的話，心中猛然警醒，同時也明白了少孺子的一番用心良苦，於是決定放棄攻楚的計劃。

少孺子本來就是要批評吳王錯誤的計劃，但鑒於吳王的威嚴和其下的命令，不能直接進行批評，於是連用三種動物，比喻其做事只圖眼前利益，不知禍害就在後面，從而使吳王醒悟，接受了他的批評。正是因為少孺子懂批評的藝術，將批評意見寓於故事中，才既保住了自己的性命，又進了忠言，可見恰到好處地運用批評之言，是能否達到批評效果的決定要素之。

哈囉演練法：

其實比小節前面的「點到為止，死海復生」都是告訴人們這樣一個道

理：話多不如話少，話少不如話好。

5. 用事實來說話，蠻漢也得三低頭

有時候批評他人，無需迂迴曲折，繞山繞水地暗示一番，只需要用事實輕輕一點，就能夠達到效果，也不失為一個好方法。

一個病人在和醫生約定的時間準時到達，可等了十五分鐘後醫生才到。他非常氣惱，覺得醫生這種不守信用的行為實在是無禮，他必須提出批評，否則心裡感到不平衡：自己受到了輕視，自尊心受到了傷害。於是他透過以下的方式來表達自己的批評意見。

他進入醫生辦公室後，先用手指了指手錶，然後冷笑了一聲說：「現在是兩點十五分。」醫生似乎沒明白他的意圖，敷衍說：「是嗎？」醫生的回答更激怒了這位病人，可他仍是說：「現在是兩點過一刻。」儘管他內心是非常憤怒，可臉上仍保持平靜。他在克制自己，試圖用暗示讓醫生明白自己的意思。可醫生仍裝糊塗：「兩點過一刻又怎麼樣？」這下病人忍無可忍了，終於指出了醫生的錯誤：

不該遲到，浪費了自己的時間，不守信用。醫生這才向他道歉。

這位病人開始想用迂迴的暗示法將自己的批評資訊傳遞給醫生，讓醫生接受批評，並為自己的錯誤道歉，可醫生並不願意坦然接受。這位病人因此更加惱火，最後直接了當地將醫生遲到，耽誤了病人時間的事實說出來，醫生才接受了批評。

現實生活中確實會常常遇到這種情況，有時需要直截了當地提出批評意見，「擺事實，講道理」，令對方醒悟，否則你採用委婉的或迂迴的辦法，對方並不能領會你的批評意見，或者是故意迴避、裝糊塗，有時還會引起對方的誤解，雙方產生新的矛盾。

德皇威廉二世設計了一艘軍艦，自以為得意，便請國際上著名的造船家來進行鑒定，一位造船家對皇帝的設計提出下述意見：「陛下，你設計的這艘軍艦將是一艘威力無比、堅固異常、速度超群、裝備上乘、十分美麗的軍艦。但看來它有一個缺點：那就是只要它一下水，就會立即沉入海底，如同一隻鉛鑄

的鴨子一樣。」這位造船家的批評站在事實的基礎上,即船雖然設計得很堅固,裝備又精良,但卻缺乏作為船最重要的特點——能夠航行。這樣的批評,一語中的,一下子就使德皇幡然醒悟,取消了實施造船的計劃,避免了損失。

戰國時期的「農家」學說的代表人物許行主張人人自食其力,一切東西都自己做,萬不得已才進行交易,根本否定了社會分工。因此他和他的弟子數十人,都穿著粗布衣,靠打草鞋、織蓆子來維持生活。有一個叫陳相的人本來信奉儒家思想,但一見到許行,便改換門庭,信奉「農家」學派了。

有一次,陳相遇到孟子便竭力宣揚農家思想,他說:「我認為許行先生的觀點很有道理,凡是賢明的君主都應該與百姓同耕作,自己親自做飯吃,同時兼理朝政;如果不能自給自足,怎麼能稱得上是賢君呢?」孟子於是問道:「那麼許先生是否必定自己種糧食然後自己做飯吃呢?」陳相回答說是的。

孟子又問:「那麼許先生一定是自己織布做衣服了?」陳相說:「不是,許先生穿的粗布衣服裡用麻做的粗布衣服。」孟子又問:「許先生戴的帽子是他們織布做的嗎?」陳相回答:「不是,是用糧食換來的。」孟子又問:「許先生為什麼不自己織布做帽子呢?」陳相說:「怕對耕種有妨礙。」孟子又問:「許子用鍋做飯,用鐵具耕地,這些都是他親自做的嗎?」陳相說:「不是的,也是用糧食換來的。」孟子因此說:「如果許先生用糧食去換鍋、農具,這不能說對陶工和鐵匠有所妨礙,那麼陶工和鐵匠用器具去換糧食,又怎麼能說他們對農夫有所妨礙呢?況且許先生主張自給自足,那他又何不自己親自做陶器和鐵具,一切東西只是自己家裡拿來用?又為何忙忙碌碌地拿糧食與別人交換呢?」

孟子用設問誘導的方法,一步步地擺事實講道理,將許行的觀點駁得體無完膚,卻又合情合理,讓陳相在不知不覺中就接受了孟子的批評意見,毫無孟子故意打擊自己信奉的學派的感覺。

世界上的事情往往如此,捷徑總是最短的路,最有效辦法常常是最簡單、最基本的,其實有時候直接將對方的缺點、錯誤指出來,反而是避免傷人自尊心、避免雙方誤會、避免使人產生反抗心理等的最好方法,往往能達到批評者預期的效果。

　　批評也是一種讚美，有人批評自己，表明對方在某些方面很欣賞自己或對方很喜愛、關心自己，否則，誰也犯不著冒著得罪人的危險去批評別人；批評也是種讚美，它從側面反映出你在許多方面是做得不錯的，缺點錯誤僅存於某些小的方面，否則就用不著批評，而應該懲罰，興師問罪了。

　　所以，當一個人受到他人批評時，應以積極的態度去對待，心平氣和地聽取對方的批評意見，看到批評對自己進步、成熟的重要性，勇敢面對別人的批評，對於合乎情理的地方進行積極肯定並確實改正，對於不合情理的意見，須保持冷靜頭腦，使之對自己造成防微杜漸的作用。

哈囉演練法：

　　對於蠻不講理的人，話再多也等於是廢話，不如開門見山，針鋒相對，讓他自己去反省。

四、說服的力量

1. 順水推舟

　　預設一圈套，然後順水推舟，把人置入其中，雖君王不能察也，可見其圈套之高明。請看孟子巧諫梁惠王。

　　齊宣王向孟子道：「別人都勸我拆掉明堂，是拆呢？還是不拆？」

　　孟子答道：「明堂是國君接見諸侯、發布旨令的殿堂，大王如要實行王政，就不要拆。」

　　齊宣王說：「要怎樣去實行王政呢？可以聽聽嗎？」

　　孟子說：「從前周文王治理歧周時，對耕地的農戶只抽九分之一的稅；對做官的人賜給世代相承的俸祿，關卡和市場只稽查不收稅；池沼魚塘不掛禁止捕魚的禁令。對犯罪的人，刑罰只施及他本人，不牽連他的眷屬。年老獨身或死了妻室的男人叫鰥夫，年老死了丈夫的婦女叫寡婦，年邁而膝下無兒無女的

人叫獨老，死了父母的孩童叫孤兒。這四種人是社會上窮苦無依的人。文王發布政令施行仁政時，一定要優先撫卹這四種人。《詩經‧小雅‧正月》說：『富人享樂，歡樂融融，孤獨受罪，窮苦飄零！』」

齊宣王說：「這話說得好！」

孟於說：「您既然認為好，那為什麼不去實行？」

齊宣王答道：「我有個毛病，我貪錢愛財。」

孟子答道：「從前周王朝的創始人公劉也貪錢愛財，《詩經‧大雅‧公劉》篇說：『聚糧於庾，儲糧於倉；包裝攜帶熟食乾糧，熟食乾糧，裝滿橐囊，周民和睦，為國增光。張設弓箭，全副武裝，干戈戚揚，扛在肩上，開始出發，遷徙遠方。所以，要做到留下的人倉裡有積穀，走的人橐囊裡裝有乾糧，然後才可以出發，要是大王貪錢愛財，與百姓一同享用，對於實行王政又有什麼困難呢？」

齊宣王說：「我還有個毛病，我貪愛女色。」

孟子說：「從前周王朝的先人太王也貪愛女色。非常寵愛他的妃子。《詩經‧大雅‧綿》篇裡說：『周人先祖，古公亶父，策馬疾馳，早早趕路。從那分西水濱出發，急急忙忙來到岐下。古公亶父偕同姜女，察看地勢，籌建房屋。』在那時，家中無找不到丈夫的怨女，外面無找不到妻子的男人。

大王如若貪愛女色。但以能滿足百姓在這方面的要求，那對於實行王政又有什麼困難呢？」

孟子的「仁政」（或曰「王政」），其內容是什麼？本故事具體地告訴人們，他是要國君仿照周文王的做法，實行薄徭、輕賦、寬刑，對鰥寡孤獨者進行撫卹，然而，這就勢必要影響到執政者的收入和享受，故而齊宣王只是說好卻並不想實行，並近似無賴地說自己「貪貨」、「貪色」以為推託，孟子則順水推舟，並不正面批駁，還是運用《詩經》，勸說齊王學習周朝開國君主，與百姓分享「貨」、「色」，滿足平民的基本生活需要。孟子所謂「明堂是國君……」其實就是預設的圈套，齊宣王心氣平和地鑽了進去。

哈囉演練法：

要說服帝何其難？！然，你只要順著他們意思說下去，再巧妙地轉移到自己的主張上來不就行了？

2. 假借九鼎

請看顏率假借九鼎之圈套，怎樣讓齊王上當的。

秦國派軍隊進逼周朝都城，索取國寶九鼎。

周王很是擔憂，臣子顏率說：「大王不必憂愁，我東去齊國請救兵。」

顏率到了齊國，對齊王說：「秦國不講道義，竟派兵要逼周天子交出九鼎。周朝群臣認為，與其把九鼎送給秦國還不如將它送給齊國。大王若能出兵救援周天子，不但能在諸侯間博得好名聲，更可獲得周朝國寶九鼎，豈不一舉兩得？所以懇請大王出兵救援。」

齊王聽了大喜，便派兵五萬馳援周都，秦軍只好退兵。於是，齊國便倚功向周天子索取九鼎，周王又擔憂了。

顏率說：「大王不必憂心，我自有妙計解決。」

於是，顏率又來到齊國，對齊王說：「周朝靠了齊國的道義，君臣父子都保全了性命，因此，很願意兌現諾言，獻出九鼎，只是不知從哪條路運到齊國為好。」

齊王說：「可從韓國借道而過，運到齊國來。」

顏率說：「不可。須知韓國君臣想得到九鼎已謀劃了好久。九鼎到了韓國，一定會給扣留的。」

齊王說：「那向楚國借道。」

顏率說：「不行，楚國君臣也想得到九鼎。」

齊王說：「那我應該走哪條路才好？」

顏率說：「這正是我為您大傷腦筋的事，九鼎不是酒壺醬瓶，可以拎著到齊國來。當初周朝替換商朝時，動用了八十一萬人來牽拉九鼎，今天即使有這麼多人，但又應從哪條道路運輸才安全呢？」

齊王懊惱道：「原來，你從頭到尾都在騙我，你就是不肯把九鼎給我。」

顏率道：「我不敢欺騙您。只要您從速決定從哪條道路上運輸，我們的九鼎隨時等您來拿。」

齊工嘆了口氣，只好罷休！

古人說：「胸中有甲兵十萬。」是說智慧運用得當，運籌帷幄可制勝千里。秦國派重兵進犯周朝索取九鼎，可謂志在必得，顏率早就謀劃在胸，憑三寸不爛之舌誘得齊王派出五萬兵馳援解了周天子之危。而對齊王的索取，顏率又強調借路扣留九鼎的危險以及道路、運輸的種種困難，使得秦國想得到九鼎的願望落空，等於白白為周朝出了一次兵，顏率的智慧加上善於表達的口才，豈不是勝過甲兵五萬？齊王威震一時，想不到卻被顏率所騙。真是圈套的力量啊！

哈囉演練法：

顏率心聲：你縱有甲兵十萬又如何？還不如我三寸不爛之舌！

3. 巧循善誘

在巧順循誘的圈套之下，殘暴無道的秦始皇也逃脫不得。

秦朝有個長得矮小的宮殿演員，名叫優游。

一天，秦始皇嬴政大擺宴席。時值大雨，大臣們喝得十分高興，而站在外面台階上的衛士們卻被雨淋濕了，凍得直發抖。

優游就對衛士們說：「如果你們想要得到休息的話，一會我喊你們時，你們只要齊聲喊『有』就是了。」

衛士們說：「好。」

一會，雨下得更大了。優游站在欄杆上對衛士們大喊道：「衛士們！」

衛士們並聲答道：「有！」

優游對衛士們說：「你們雖然長得很高，卻沒有得到什麼優待，還要在雨中站立著，苦不堪言；我雖然生得很矮小，卻能在屋裡得到很好的休息，比你們福氣多了。」

秦始皇聽了，醒悟到：優旃是在替衛士們求情，於是就發下詔令讓衛士們一半一半輪換休息。

秦始皇死後，第十八個兒子胡亥在奸臣趙高同李斯的陰謀策劃幫助下篡奪了皇帝寶座。

由於連年勞役，百姓苦不堪言，國家危機四伏，他也日益覺得江山不穩。他忽想個漆牆禦敵的餿主意，即在京城的城牆上抹上油漆，賊定往上爬，自然會滑落下來。群臣覺得滑稽可笑，但礙於君威不好直言相諫。

優旃便在胡亥面前拍手吟唱道：「城牆漆得溜光光，敵人來了不能上；城牆漆得油搭搭，敵人一爬準黏上！」

過了一會，他又裝出十分為難的樣子悅：「只是油漆過的東西不能曝晒，只能加以陰乾，這樣油漆才不會脫落。陛下還是先建築一座能把整個城市都罩起來的大屋子，再來油漆城牆，這樣才能確保品質啊。」

秦二世胡亥聽了，哭笑不得，只能搖搖手道：「算了，算了，不漆了，不漆了。」

秦始皇曾經召集群臣商議，想要擴大畜養禽獸的苑囿，東面到函谷關，西面到雍和陳倉。優旃說：「很好！多養些禽獸在裡面，敵從從東面攻過來，使麋鹿用角撞他就夠了！」秦始皇因此就停止了擴大苑囿的計劃。

秦始皇對屬下和百姓素以殘暴無道聞名，像衛士們在雨中淋雨為他的酒宴做守衛工作，在他眼裡不過是芝麻綠豆般的小事。如果對他直言「舌戰」，就要觸犯龍顏，就要性命不保。虧得優旃想出了一個表面嘲諷衛士實際為他們說話的妙法，才使得喝酒喝得正高興的秦始皇網開一面，特別施恩於衛士。

靠策劃政變上台的秦二世胡亥，在趙高的縱容下，一味追求享樂。油漆城牆就是他不顧秦朝人、財、物的承受能力而異想天開的荒唐命令。要不是優旃又一次巧妙而高明的「舌粲蓮花」，真不知道胡亥的荒唐之舉又要弄得多少人家破人亡，妻離子散啊！

哈囉演練法：

優旃真不愧為具有正道、善良品格而又很有口才的古代宮廷御用演員。

4. 亦莊亦諧

亦莊亦諧的說服方式，正是屬下對上級應用的絕妙圈套。

同光元年（西元九二三年），由於莊宗皇帝自幼喜愛戲劇並精通音律，所以，演戲的優伶（即今天的演員、戲子）大多受到器重與寵愛，常常奉侍左右。莊宗自己有時也粉墨登場客串，與藝人一起表演，以討得寵妃劉夫人的歡心。他的藝名自稱為「李天下」。

一次。莊宗在扮戲時自己呼喚道：

「李天下，李天下。」

一個名叫敬新磨的優伶便跑上前打了他一記耳光，莊宗大驚失色，優伶們也都十分驚慌。

這時，敬新磨卻不慌不忙地說：

「治理天下的只有一個人，還喊誰啊？」

莊宗聽了十分高興、便重重賞賜了他。

又一次，莊宗到中牟縣打獵，不慎坐騎踏壞了田裡的莊稼。

中牟縣令到馬前諫阻道：

「陛下是百姓的父母，怎麼能糟蹋他們的糧食作物，以致使他們輾轉流亡，餓死在曠野山溝裡。」

莊宗勃然大怒，喝令他滾開，還要讓人誅殺他。

敬新磨見狀便追了上去，把那個縣令捉到皇帝面前，斥罵道：

「你身為一縣百姓的父母官，難道不知道我們的天子喜愛打獵嗎？為什麼還縱容、慈惠百姓耕田種地，妨礙我們天子縱馬馳騁呢！真是罪該萬死！」

說完，便請求皇上將這個縣令施以重刑，莊宗釋然大笑，令手下赦免了縣令。

在舌戰中，有時正話反說比正話正說更具雄辯力量。優伶敬新磨在令人發噱的嘻笑「表演」中，運用智慧和口才，先是打莊宗皇帝一記耳光，後又運用反諷法嘲弄、抨擊了因打獵而踏壞百姓莊稼的莊宗。這個在五代時期懂用兵之術、還稱賢明的後唐君主莊宗反而中了他的圈套，先是重賞他，後又赦免了因馬前進諫而惹怒龍顏的中牟縣令。優伶在古代如同娼妓一樣，社會地位是很低微的，等於是為天子皇親、達官貴人、富貴人家提供娛樂的玩物，然而，在他們之間就蘊藏著許多俊傑之才。敬新磨高妙的舌辯之才再一次證明：卑踐者往往聰明，高貴者往往愚蠢！

輕鬆幽默的話題，往往能引起人感情上的愉悅，莊重嚴肅的話題會使人緊張慎重。古代諫臣只要有可能，常把莊重的話題用輕鬆幽默的形式說出來，這樣君王可能更容易接受。

《晏子春秋‧內篇諫下》載：齊景公下令要士兵搏泥做磚，正趕上嚴冬臘月天寒地凍，士兵們又冷又餓，任務完不成。齊景公生氣地說：「給我把他們殺掉兩個。」晏子答應說：「是」。工夫不大，又說：「從前我們先君莊公討伐晉國時，那次戰役有四名士兵被殺，如今下令殺兩名士兵，這是那次戰役的一半啊！」齊景公聽了之後說：「啊，這是我的過錯啊。」下令停止殺士兵。

齊景公因為士兵沒有按時完成做磚坯的任務，就要殺人，晏子一席話亦莊亦諧，立時把齊景公的滿腔怒火化為清醒的理智，救了無辜的士兵。劉熙載說：「敘事有寓理，有寓情，有寓氣，有寓識。無寓，則如偶人矣。」晏子僅僅一句話，其潛台詞之豐富，諷刺之尖銳，勝過千言萬語。

莊話諧說，最為緊要的是恰到好處。

有一年伏天，漢武帝下詔賜給東方朔等侍從人員每人一塊肉，可是，負責分肉的大官丞卻遲遲不來。東方朔就拔出佩劍割下一塊肉放在懷裡，轉身回家去了。第二天，漢武帝問他：「昨天朕賜肉，先生你為什麼不等大官丞來，就擅自割肉回家呢？」東方朔連忙拜了兩拜，自責起來：「東方朔，東方朔！接受賜肉，不等大官丞來分，自己拿起，是多麼無禮啊！私自拔劍割肉，是多麼豪壯啊！割肉不多，又是多麼廉潔啊！把肉拿回去送給妻子，又是多麼仁義啊！」

漢武帝被東方朔逗樂了，說：「朕讓你自責，你反倒自誇起來了。」於是又賜給東方朔一石酒，一百斤肉，讓他帶回家交給妻子。

如果按照常人來進行自責，東方朔就該檢討自己錯在哪裡，就沒有幽默可言。然而東方朔除了「多麼無禮」一句，表面上像是自責以外，其餘全是自誇的內容。戲謔大官丞遲遲不來分肉，意在向武帝進諫，這樣的官員不遵旨令，不關愛部下，應該受到懲罰。

莊話諧說，可使深刻的思想表達淺白，更富於想像，不但發人深省耐人尋味，而且增強說話的生氣，活躍聽者情緒，比一本正經的言辭蘊含感染力。

據說，唐太宗在御花園遊樂，一時心血來潮，命人將伴隨的樂師高崔嵬扔到荷塘裡。高崔嵬掙扎著爬上岸，渾身像落湯雞似的。太宗笑嘻嘻地問道：「你在水下見到了什麼？」高崔嵬笑著抬起頭，說：「我見到了屈原，他對我說：『我逢楚懷王無道，乃沉汨羅江，你逢聖主明君，為何也到這裡來了？』」太宗無言。

唐高宗出外打獵碰上天下雨，就問諫議大夫谷那律說：「怎樣才能使油衣不漏水？」谷那律答道：「用瓦來做就不漏了。」高宗醒悟，從此不再出獵。

南唐時，官府規定的賦稅名目繁多，而且很重，商人們為此紛紛叫苦。有一年京城大旱，烈祖李昪在北苑大宴群臣，對他們說：「京城外邊都下了大雨，唯獨不下到京城裡來，這是為什麼呢？」有一個樂工叫申漸高，他回答說：「大雨不敢下到京城，是害怕抽稅呀！」烈祖李昪大笑，於是減免了一些賦稅。

《古今譚概》載：南朝宋的江夏王名叫劉義恭，本性酷愛古物，經常在朝臣當中普遍求取。有個叫何勖的侍中已經向義恭送去了古物，然而義恭仍然向他徵求索取不止。何勖心裡很不平，有一次出門在外行在路上，看見了有人扔掉的拴狗的破項圈和一條破短褲，就令僕人撿起來。回府後他把二物放入裝飾盒裡，給義恭送了過去，並在信上寫道：「承蒙大王多次登門向臣索取古物，現在奉上秦代李斯拴狗用的項圈，漢朝司馬相如賣酒時穿過的短褲，望笑納之。」

言不在直，達意則靈，語不在快，切理則明。莊話諧說，既可產生愉悅感，又可產生威懾力，正義與邪惡，讚賞與貶斥，盡顯其中。

三國時，魏太祖曹操剛定都許縣（許昌），國事紛雜，所以用刑非常嚴酷。魏太祖的馬鞍掛在馬廄的柱子上，被老鼠咬了個大窟窿。管馬廄的官吏很害怕，擔心會因此被處死。鄧哀王曹沖知道後故意用刀將自己穿的單衣劃破，像老鼠咬的一樣。然後裝出一副愁眉苦臉的樣兒。魏太祖問他為什麼憂愁，他說，依照風俗，老鼠咬破衣服預示著不吉利。太祖說瞎扯，一會管馬廄的官吏膽顫心驚地前來報告，馬鞍被老鼠咬破了。太祖笑著說：「衣服就在身邊還被老鼠咬了，何況馬鞍掛在外邊柱子上呢？」結果，魏太祖沒有追究那人罪責。

蜀先主劉備時，氣候乾旱，先主下令禁止百姓私下釀酒。一天，官吏在民家搜出釀酒的器具，準備定罪處罰。簡雍與先主出遊，看見一對男女在路上行走，於是對劉備說：「他們準備通姦，為什麼不拘押起來？」劉備說：「憑什麼說他們會如此？」簡雍一臉正經地回答：「他們各有可以通姦的器官，與要釀酒的人情形相同。」劉備聽了大笑，就釋放了因有釀具而被拘的人。

哈囉演練法：

人的生活已經夠沉重的了，說話時，輕鬆一點又何妨？

5. 亦褒亦貶

孟子巧諫齊宣王，用的便是亦褒貶的勸說圈套。

我們還是從前面曾提到過的「牛羊之急」的故事說起吧。

齊宣王問孟子：「春秋時齊桓公、晉文公稱霸天下的事先生您能不能講給我們聽聽。」

孟子說：「孔子的學生從沒講過他們的霸業，後世沒有流傳，因而我沒聽說過。還是講講王道吧。」

齊宣王問：「要具備怎樣的品德才能施行王道統一天下呢！」

孟子答道：「一切作為都是為了使人民能安居樂業。以此去統一天下，任誰也難以阻擋。」

齊宣王說：「像我這樣，能使人民安居樂業嗎？」

孟子答：「可以。」

齊宣王問：「你何以知道？」

孟子說：「我曾聽胡　說起一件事：有次大王坐在堂上，有人牽了一頭牛從堂下走過，您問他：

『你要把牛牽到哪裡去？』那人說：『把牠殺了祭神。』您說：『放了牠吧！看牠那發抖的樣子，無罪卻把牠送在屠宰場，我於心不忍。』那人便問：『那就廢除祭神的儀式吧？』您說：『怎能廢除，拿隻羊去吧！』不知有此事嗎？」

齊宣王說：「有。」

孟子說：「憑您這樣的好心就可以統一天下了。但百姓卻都因為此事而認為您吝嗇，但我知道您是於心不忍。」

齊宣王說：「對啊！齊國地方雖然不大，但我也不至於連頭牛都捨不得。就因為不忍看牠那發抖的樣子，毫無罪過卻被送往屠宰場，所以才叫拿羊去換牠。」

孟子說：「您不必責備百姓說您吝嗇。拿隻小羊去換一頭大牛，他們怎麼知道您的用意呢？你可憐牛無罪被送往屠宰場，那麼牛、羊之間有何區別呢？」

齊宣王禁不住尷尬地笑道：「這如何說是好？我並不是因吝惜錢財才拿羊換牛的，但……難怪百姓說我吝嗇。」

孟子說：「沒關係。大王這種仁義之心正是仁愛之王道，因為您只見到牛沒見到羊。一個具有仁愛之心的人，對於家禽家畜，看到牠們活著就不忍看牠們死去；聽到牠們悲慘的叫聲，就不忍吃牠們的肉。因此，君子總是將廚房建築在遠離自己住所很遠的地方。」

齊宣王聽了，高興地說：「《詩經》裡說：『別人有想法，我就能猜到。』您真是了解我的心。」

「我自問為什麼要這樣做，卻說不出所以然來。但經老先生您這麼一說，我心裡就豁然明亮了。但我這種心理能與王道結合，這又是什麼道理呢？」

孟子說：「如有人向大王報告：『我能舉起三千斤重的傢伙，卻拿不動一

根羽毛；我能看清秋天獸毛的末梢，卻看不見一大片柴草。』您贊同他的說法嗎？」

　　齊宣王說：「不贊同。」

　　孟子緊接著說：「現在大王您一片仁心能使牛一類的家畜得到恩惠，而百姓卻一無所得，何故？看來，一根羽毛都拿不動，只是不肯用力吧；一片柴草都看不見，只是不肯用視力吧；老百姓得不到安定的生活，只是國君不肯施恩罷了，所以大王不用仁政統一天下，是不肯實施，不是不能實施。」

　　齊宣王：「不肯實施與不能實施有什麼區別？」

　　孟子說：「要一個人將泰山挾住了跳過渤海，他說：『我做不到。』這確實做不到，叫一個人替年老的人折根樹枝，他說：『我做不到』。這是不肯做，不是做不到，而大王您行王道統一天下，正是屬於替年老人折根樹枝一類的事情。」

　　這段極為有趣的著名對話，充分體現了孟子勸說齊宣王採納他「仁政」主張的用心良苦，也集中表現了孟子善於運用比喻、巧於辯論的口才。齊宣王令人用羊換下牛去祭神，明明是吝嗇，卻硬說是不忍看著牛去死，孟子故意以「君子遠庖廚」來為他開脫，說他具有仁義之心、有實行仁政王道的基本品德。緊接著，又以「挾泰山以超北海」和「為長者折枝」的比喻進行對比，誘說齊宣王實行王道，也不過是如舉手之勞、類似「為長者折技」一類的事情。

　　孟子此番言談，中心就在於勸服齊宣王實行「仁政」，而齊宣王卻似乎有點顧左右而言他，孟子從讚美入手，析之以理，這才打動了齊宣王。這有點類似推銷術中的——「巧解藉口」。

　　我們知道，推銷就是和「拒絕」作戰。對於「沒錢」——實際上只是一種藉口，推銷員最好採取迂迴戰術，不能直攻猛攻。要因人因地因事而異，戰術上要靈活多變。

　　下面舉一實例，以使讀者從中受益。

　　業債非凡的化妝品推銷員 A 君介紹經驗時說：「我的前輩常教導我說，推銷化妝品，首先要了解化妝品的本質。一般說來，化妝品算不上生活必需品，甚至可以把它歸入生活奢侈品之列。所以，在推銷時就要狠下功夫，多利用一

些讚美之詞，讓顧客產生愛美之心，從而心甘情願地掏腰包。」

　　有一次，Ａ君向一位社交型的太太推銷化妝品，她一開始就拒推銷員於千里之外。這時，Ａ君突然發現她家門廳裡有一顆女用高爾夫球，Ａ君立刻計上心頭，便話鋒一轉說到：「這球袋是您的嗎？」

　　太太：「是啊！」（態度開始有所好轉）

　　Ａ君：「呵，您的球袋真漂亮。」

　　太太：「噢，這是我去年到歐洲旅遊時在巴黎買的。」

　　Ａ君：「您是高爾夫球的愛好者呀？」

　　太太：「可不是，為此我可花了不少的錢呢。」（流露出自豪的神情）Ａ君：「是啊，高爾夫球是富裕階級的娛樂活動。」

　　太太：「你說得不錯，在國外，高爾夫球是上層社會人物喜愛的高級娛樂。」

　　當這位太太眉飛色舞地談論時，Ａ君不失時機地說：「是的，這種化妝品不是便宜貨，的確貴了一點，所以用它的女士均是高收入者，而且，使用這種化妝品就如玩高爾夫球的一樣，能顯示您的身分！」

　　這句話正中了這位太太的下懷，為了使自己不失面子，她無法再說出「沒錢」的藉口了。

　　在推銷過程中，聽到「沒錢」。千萬別洩氣。的確，錢是成交與否的關鍵性因素，但是應該相信，「沒錢」卻是極富彈性的，很可能只是一種藉口罷了。所以，我們要避免與「沒錢」這個藉口做正面交鋒，應採取迂迴戰術，在顧客還沒有藉口沒錢時，就預先堵住這個「缺口」，讓他說不出「沒錢」，只有掏腰包。

哈囉演練法：

　　褒是貶時貶亦褒，無為有處有還無。

6. 妙喻說理

　　妙喻說理的勸說方式，也是一種高明的圈套運用，請看墨子是怎樣說服魯班與楚王的。

　　魯國陽文君將率軍進攻鄭國，墨子聽說後立刻加以勸阻，說：「如果魯國境內，大城邦進攻小城邦，大家族進攻小家族，殺人如麻，還奪取牛馬狗豬布帛糧食財物，您覺得怎麼樣？」

　　陽文君說：「魯國境內都是我的臣屬，對於無端進攻別人及奪取財物的人，我一定要重重地懲罰他！」

　　墨子說：「老天擁有天下，就像您擁有魯國的領土一般。今天您發兵攻打鄭國，老天就不應重重懲罰您嗎？」

　　陽文君說：「先生您為什麼要制止我進攻鄭國呢，我進攻鄭國，這是順應天意。須知，鄭國發生三代弒君的醜事，於是老天要懲罰它使它連續三年風雨不調，我出兵伐鄭是在幫助老天懲罰它呀。」

　　墨子說：「鄭國人三代犯上弒君，老天懲罰它使之三年收成不好，這個懲罰已經足夠了，今天您發兵進攻它，說什麼『進攻鄭國是順應天意』，這就好比有個強橫霸道的兒子，很不成才，父親鞭打他，鄰居也拿起木棍要打地，並說我打他是順應他父親的意志，這不是很荒謬嗎？」

　　公輸班（即傳說中的魯班）為楚國建成雲梯等兵器，楚國便準備用這來進攻宋國。

　　墨子聽說這件事，立即從齊國動身，走了十天十夜才到達楚國首都郢城，去見公輸班。

　　公輸班說：「先生遠道而來有什麼賜教啊？」

　　墨子說：「北方有人欺侮我，我希望您能替我，殺掉他。」

　　公輸班聽了很不高興。

　　墨子說：「不然，我送你黃金一斤，做為報酬。」

　　公輸班說：「我是個仁義者，我從不殺人。」

　　墨子站起來，拜了兩拜說：「我在北方聽說您正在楚國造雲梯，並準備用

它去進攻宋國。請問，宋國有什麼罪過，使得楚國非去征伐它不可？楚國的領土寬闊有餘而百姓人口不足，犧牲自己所不足的人民去侵奪自己已經有餘的土地，這稱不上聰明；宋國沒有罪過卻去進攻它，這稱不上仁義；知道這個道理而不據理力爭勸阻楚王，這稱不上忠誠；雖據理力爭卻勸阻不成，這稱不上有能力；根據道德不殺個別人卻去殺掉許多人，這是不懂得依類相推的道理。」

公輸班聽了不得不折服。

墨子又說：「那麼現在能不能請你們取消進攻宋國的計劃呢？」公輸班說：「不行，我已經建議楚王進攻宋國了。」

墨子說：「那能不能為我引見楚王？」

公輸班說：「好。」

墨子見到楚王后說：「現在有個人捨棄自己塗飾著色彩的好車，卻要去偷竊鄰居的壞車；捨棄自己的錦繡衣服，卻要去偷竊鄰居的粗布衣服；捨棄自己的好飯好菜，卻跑去偷竊鄰居的糠秕糟食。這是個什麼樣的人啊！」

楚王笑道：「這個人一定是有偷竊成性的毛病。」

墨子說：「楚國已擁有了五千里的領土，卻還要去攻占有一百里領土的宋國；已有珍貴的動物及豐富的水源、魚蝦，卻還要去攻占一個連兔子鯽魚都沒有的宋國；已有楠木、梓樹等好木材，卻還要去攻占連木材都不生產的宋國。這樣看來大王您就如那人一樣，患有偷竊成性的毛病。」

當兩種意見對立的時候，往往需要一種作緩衝的說法來調和，比喻就是一種很好的方式。它使用一些小故事，或生活中一目瞭然的道理，先與對方取得相同的立場。這既為下一步提出自己的意見打下基礎，又顯得比較含蓄，維護了對方的自尊心，比較容易奏效。在中國古代史籍記載中，有許多賢臣勸諫君主的著名比喻，如「狐假虎威」、「鷸蚌相爭」、「杯弓蛇影」等等。其實，這些小故事都是苦心積慮的「圈套」。

所以，你勸說時，不要急於說出不同的意見，寧願先動動腦子想一些人家已經相信的事理，去比喻你要讓人相信的事理。

哈囉演練法：

「磨刀不誤不砍柴功」，將話說得生動有趣淺顯易懂，不但聽者高興，

就是說者也會有一種成就感，不信？請試試看。

7. 無中生有

請看燭之武怎樣用無中生有的勸說圈套便秦王退軍的。

魯僖公三十年九月，晉國與秦國聯合進攻鄭國。晉軍駐紮於函陵，秦軍駐紮於氾南。

鄭國大夫佚之狐對鄭國君主鄭伯說：「國家形勢危急，如果請燭之武去見秦君，秦國必定退兵。」鄭伯聽了，便派人去請燭之武。

燭之武謝絕道：「我年輕力壯時，不及別人能幹；如今年紀大了，恐怕無能為力。」

鄭伯說：「我不能早早地重用你，直至今天因事情緊急才來求你，這是我的過錯。不過，鄭國如果滅亡，對你也是不利的啊。」燭之武終於答應出去遊說秦君退兵。

晚上，他被人用繩子吊著從城牆上落下，偷偷到秦軍兵營中去會見秦君，說道：

「秦國與晉國圍攻鄭國，鄭國面臨著滅亡的危險。如果滅亡鄭國對您有益，我就不會來干擾您了。隔著別的國家把鄭國作為自己的邊邑，豈不是用滅亡的鄭國來增加您鄰國——晉國的土地嗎？」

「鄰國增加了土地，相對地說，豈非意味著您減少了土地，如果不滅亡鄭國而讓它做東道主，您東行必須經過鄭國，鄭國不是可以把您當作貴賓招待嗎？至於貴國的外交人員，鄭國更可以供給他們必需的財物，對您完全有利而無害。再說，您對晉國國君有恩德，晉國曾許諾給您焦、瑕兩地作為報答，誰知晉惠公早晨離開秦國歸國，晚上就派人築起焦、瑕兩地的城牆來防備秦國接收它們，這種背信棄義的行為，您是知道的。可見，晉國是個忘恩背信、貪得無厭的國家。今天晉國向東面進攻鄭國，開拓了它的領土，必定也會向西邊開

拓其領土，如果不損害秦國，將從什麼國家取得呢？您攻取鄭國不是損害秦國而有利晉國嗎？您要深思啊。」

秦君聽了連連點，便同鄭國媾和，率軍返回。晉軍不久也只好撤兵。鄭國轉危為安。

燭之武從地理、利害與秦、晉兩國之間的歷史思想諸原因等方面，來分析亡鄭只能利晉而害秦的道理，邏輯嚴密，有強大的說服力，不由秦君不為之折服。燭之武一席充分顯示其辯才的話語，表面似乎沒有舌戰對象，只是他一人侃侃而論，實際上是以主張秦、晉聯軍亡鄭的人作假想論辯對象，其舌戰意味還是躍然紙上的。

哈囉演練法：

沒壓力就沒動力，沒人跟你辯論時也不妨設想出一個對手來，如此你才可以據理力爭。

8. 由此及彼

淳于髡諫文宣王的勸說之辭，使是由此及彼圈套的絕紗應用。

春秋戰國時期，淳于髡在一天之中，連續推薦了七個人給齊宣王。

齊宣王大為不滿，就對淳于髡說：「你過來，我有話對你說。我曾聽說過：『方圓千里，才出一賢者，百世才後，才出一聖人。』如今，你一天就向我推薦了七個人，這有識之士不也太多了點嗎？」

淳于髡答道：「所謂物以類聚，那鳥兒都是有相同翅膀羽毛的才同築一個巢兒居住，野獸都是有相同習性的才一起奔走。要想在沼澤潮濕之地去尋找柴胡、桔梗之類的藥材，那麼無論你怎麼找都找不到。但若到單黍梁父等山的北面陰暗之處去尋找，那這些東西就多得連大車都載不動。可見，各種物類都有自己所屬的範疇。如今，以我來說，我淳于髡就是賢者所屬的範疇。大王透過我訪求賢才，就好像到大河中去舀水，從火源中去取火，可說是取之不盡，用之不竭。我還準備將更多的賢才推薦給你，豈只七個？」

宣王於是笑著認了錯。

淳于髡的勸說之辭，真可謂是不急不躁，娓娓道來，謙和之中帶有不可辯駁的說服力，難怪齊王不得不承認錯誤。

我們每天說話，不僅是表達我們的意見，同時也是說服他人的一種方法。對於同樣的問題，由於人的思想和性格不同，因此對於事物的看法和意見也有不一致的。在平時我們所接觸的人，包括家人和朋友，以及一些不相識但和我們來往的人，有時只是閒談，有時卻是為了業務上的來往，我們除了互相表達意見之外，難免還得和別人爭辯一些問題。不少與我們觀點不同的意見，來自我們的父母、丈夫、妻子、朋友以及陌生人。

當我們面對一個反對意見時，自然而然地就發生爭辯。通常遇到有人反對我們的意見時，我們會感覺不安，認為是一種侮辱，這樣我們又會自然地想辦法反擊。不過我們所用反擊的方法，往往是很笨拙的，例如吶喊、嘲笑，甚至恐嚇，企圖使我們的意見要別人勉強接受。其實，要贏得說服上的勝利，不是靠狂叫、嘲笑、恐嚇等方法可以達到的，我們要取得爭辯勝利，必須是使人心悅誠服的，不是勉強的。

美國前財政總長麥克撲說，由於多年的政治經驗，他明白了用辯論折服無知的人是不可能的事，所以，他總是堅持溫和，向那些要同他辯論的人解釋。佛教有句名言：仇恨是不能用仇恨而應用愛來消釋的。一種誤會絕不是能用爭辯可以解決的，而需要用機智、溫柔以及對他人的同情心。林肯曾訓斥一位與同事發生衝突的青年軍官說：打算成大事的人，絕不消耗時間去同別人爭辯。你對於某件事物若沒有與人享有平等的權利時，應當謙讓一部分，你對於某件事物縱然享有全權，也應當謙讓一部分。和一條狗爭著走路而被狗咬了一口，還不如讓一步。而被咬之後，就算把狗宰了，你的傷口還是痛的。

心理學專家發現要贏得爭辯的勝利，必須避免訓斥對方，避免恐嚇或者任何強迫的方法，而應該平心靜氣地和對方講道理。專家們用試驗的方法，證明這是一個有效的步驟。他們利用牙齒衛生的演講會，來對三組學生作試驗。對第一組學生，採取強迫式的教育，向學生指出忽視牙齒保健的危險，說不講究牙齒的衛生，會使人的牙齒腐爛。對第二組學生則用溫和的態度，講述牙齒不

衛生的危險。對第三組的學生則直接提供有關牙齒衛生的常識，使他們知道保護牙齒的重要。在一週後，專家們對全部試驗的學生予以檢查，看看哪一組學生所接受的有關牙齒保健的知識最多、最深刻，結果第二組的學生分數最高，原因是他們是在心平氣和的氣氛下接受教育的，並無一點勉強的。

一般人開始企圖贏得一場說服時，所犯的毛病，是損害對方的自尊心。我們知道人人都有自尊心，當你對別人申辯時，應注意尊重對方，不導致破裂。否則失去爭辯的餘地，你將無法施展你說服的任何技術。

我們勸說別人時，不可直接指責對方的意見為愚蠢，必須替對方留點面子，直接申斥別人的意見是不對的，即使你的理由多麼充分，也無法使人心服。如果你嘲笑別人的意見，則往往會引起對方的反感，增加了你說服的困難。

人類有一個特性，也可以說是一種通性，那就是保護自尊心。一個人損害另一個人的自尊心，等於打擊他的生命。如果你這樣，不但永遠無法使你和別人的爭辯獲勝，同時你可能遭到更多的人和你爭辯。人與人之間爭論一件事情，在表面上看，似乎純粹是屬於理智上的事，但實際上，卻是與感情有密切的關係。要在爭辯中獲得勝利，除了自己有充分的理由，還必須懂得爭辯的藝術，要掌握、運用好爭辯中的口才。

哈囉演練法：

馬克思曾經說過，事物是普遍聯繫的，用某事物來證明一事物，總比用一事物證明它本身有力多了吧？

9. 避實就虛

下面，陳平巧妙解答漢文帝的問題，用的就是避實就虛的圈套。

漢孝文帝登上皇帝寶座後，以為太尉周勃率領士兵誅殺篡權呂氏家族大有功於漢朝，有意提拔他。當時擔任右丞相的陳平揣測皇帝的意思，也想讓賢給周勃，便告病在家。孝文帝很奇怪，自己剛登位，怎麼丞相就生病了，便追問他。陳平說：「高祖皇帝在位時，周勃的功勞不及我。但誅殺呂氏家族，我的

功勞卻遠不及周勃。我想讓出右丞相的位置。」孝文帝認為可以，便任命周勃為右丞相，位置第一，陳平則改任為左丞相，位置第二。

過了不久，孝文帝對朝廷政事漸漸熟悉。有一次上朝時詢問右丞相周勃道：「全國一年的官司案子有多少？」

周勃抱歉地答道：「我不知道。」

孝文帝又問：「全國一年錢糧的收支情況如何？」

周勃面紅耳赤，背出冷汗，答道：「不知道。」

孝文帝便轉而詢問左丞相陳平。

陳平答道：「這些事有主管官員負責。」

孝文帝問：「主管官員是誰？」

陳平答道：「皇上要了解案件，便要問廷尉；要了解錢糧，便要問治粟內史。」

孝文帝有些驚異，問：「如果這些事各問主管官員，那你們丞相做什麼事呢？」

陳平恭敬地答道：「皇上不嫌我無能，讓我擔任左丞相之重職，我很慚愧。我以為，做丞相的人，對上要輔佐皇帝做好調理陰陽、和順四時的大事，對下要撫育萬物，對外要治理諸侯及周邊民族，對內要讓百姓安居樂業，並讓文武百官各得其所，盡力盡職。」

孝文帝聽了連聲讚好。

周勃聽了卻大為慚愧，走出宮門便責備陳平道：「您為什麼平時不教我一些如何應對皇帝問政之道呢？」

陳平大笑道：「您擔任右丞相的職位難道不知道自己的工作任務嗎？再說，如果皇帝詢問長安城裡小偷強盜的數目，您能夠回答嗎？」

周勃回到家裡思量再三，覺得自己的才能遠遠不及陳平。過了不久，他便主動告病在家請求皇帝罷免自己的相位，皇帝同意了，陳平就成了唯一的丞相。

陳平是劉邦平定天下的得力助手，以巧設奇計，善出點子而著稱於世。此則故事一方面顯示了他善於應對的辯才。

即使不知道，他也能適當地表明自己的看法，並讓皇帝覺得言之有理，這比之周勃屢次簡單地回答「不知道」，實在是要巧妙委婉得多，這種方法，既不是強辭奪理，也不會讓皇帝產生失望或是輕視的情緒，真可謂是妙矣！

老師對學生最感失望的莫過於當他問道：

「你的看法如何？」卻得不到積極主動的回答。

許多人常常這樣回答：

「眼前面講的人一樣。」

這種回答方式令人失望。即便是意見相同，也應該用自己的語言把它表達出來。

一個人若不能回答別人提問，可能表示你沒有什麼意見，也可能是想不出適當的話來回答。對於上司的提問，如果你沒有自己的意見，就很難把工作向前推進。但若你表示出自己的意見，卻又不合上司的想法，則無法達到能受上司信賴的地步。這是兩難的局面，應付它的較好方法，莫過於平時注意培養觀察和認識問題的能力，並以適當的語言表達出來。

哈囉演練法：

誠實固然是好的，然，誠實不等於呆板，成功往往掌握在那些思維活躍的巧辯家手中。

10. 拋磚引玉

紀昀是清朝著名的雄辯家，請看他是怎樣使用拋磚引玉的圈套，說服嘉慶帝。

當乾隆皇帝駕崩，乾隆的兒子永琰親政後，大清王朝的政治、經濟形勢就顯得特別嚴峻。面對晚年乾隆留下的危局，嘉慶帝永琰一執政便首先逮捕了權奸和糰和尚書福長安，沒收了他們的資財以充國庫；並整治吏獄，挽救政治危機。在整頓吏治的過程中，嘉慶帝還決定為在乾隆時代被和糰之流打擊迫害的官員恢復名譽，平反昭雪。另外，又準備破格提拔幾位曾為父王作出突出貢獻

而因被和糰等人排擠的官員。

有一天，嘉慶帝想起了父王生前最寵信的重臣紀昀來，於是他便想就破格提拔官員一事徵求一下這位智謀過人的老臣的意見。當時紀昀任武會試的正總裁官，正在主持考試。嘉慶帝等不及考試結束，連忙派人從考場中請出紀昀，嘉慶帝把自己的想法詳細告訴了紀昀，紀昀聽後沒有直接對此事作可否的表態，只是對嘉慶帝說道：

「陛下，臣蒙先帝重恩，為官數十載，未有敢以禮賄我者，何也？但用臣生性並不貪婪。然，若親友有喪，臣為之點主、作銘，其所饋禮金，不論厚薄，臣無敢卻之。」

嘉慶聽畢，沉思良久方點頭一笑，心領神會到：紀昀所說表層語義是在感激乾隆帝對自己的知遇之恩，歌頌自己的清廉品質；實際上表層語義不過是個誘導刺激物、其目的在於拋磚引玉帶出語篇重音，暗示自己意欲破格提拔為先帝作出過突出貢獻的官員的設想，原來是在為祖宗推恩，不必顧忌什麼。這正如紀昀為別人點主、作銘收金而不卻，以讓死者後人為死者盡孝的道理是一樣的。

之後，嘉慶便大膽破格提拔了一批曾為父王作出過突出貢獻的官員，吏治整頓出現了新景象。

紀昀向來均以能言善辯而著稱，而在此則故事中卻是蜻蜓點水，點到為止。方式不同，卻是各有千秋啊。

「不是錘的打擊，乃是水的載歌載舞，使鵝卵石臻於完美。」（泰戈爾語）人是情感動物，所以在批評別人的時候既要醒心，又要甘心。

古人樂羊子外出求學七年不歸，家貧，樂母偷別人家的雞，宰了吃，樂妻卻不下筷子一起吃，而且掉淚了。樂母問她為什麼，她回答：「自傷居貧，使食有他肉。」樂母大慚，端著煮好的雞肉去失主家認錯賠禮。

在這裡：「道是無情卻有情，說話甘心又醒心。」

樂妻沒有當面指責婆婆，反而責怪自己不勤勞，以致家庭貧困。

然而在這當中她達到了批評婆婆的目的。

所以，她給了婆婆一把梯子。如果她只是一味指責，那家裡就不知是怎樣

的一種戰亂情形了。

以上兩則故事，其實就是很明顯的「圈套」，一不小心就會躲過，但也很有意義。

如果說站在人生高度回眸人生，會為自己的成長而自豪的話，那麼，當我們想起別人批評、拒絕我們時的一句得體的話，一個溫馨的舉動，不也會令我們倍感親切嗎？

哈囉演練法：

不是任何人「拋磚」都可以「引玉」的，關鍵是看你怎麼「拋」！

11. 變中明理

縱橫家蘇秦，以三寸不爛之舌贏得六國相印，其說服別人之圈套高明之極，請看他是怎樣說服燕王的。

一次齊燕交戰，燕國丟了十個城池。燕王使蘇秦出面遊說，把十個城池都要了回來。本來這可是個大功勞，可是燕國竟有人誹謗蘇秦的做法反覆無常，定會作亂。結果，弄得燕王反而和蘇秦疏遠了。

蘇秦感到必須面陳清白。他直率地說：「讒言說我不講信用，然這正是大王您的福份呀！」見燕王很驚詫，蘇秦又問道：「假如我像尾生一樣守信，像伯夷一樣廉潔，像曾參一樣孝悌，以此來輔佐大王，您看可以嗎？」

「當然可以。」燕王感到沒有什麼不對的。

蘇秦說，「我要是有這樣的品質，我就不在這裡事奉您了。以曾參之孝順，寧肯守護雙親，也不會不遠千里去事奉危難之君；以伯夷之廉，物慾淡泊的餓死首陽也不肯接受封侯，你怎麼能讓他去齊國要回城池？尾生為了守信用，在橋下與女子約會，女子不來，他被大水淹了也不離開，抱柱而死。這樣的人又怎能去齊國宣傳燕國的威風，嚇退齊國強兵呢？

況且，講信之人只是在自我保護，不是進取之道，可這三王五霸之業不是自我保護就能辦到的。

　　如今，我離別老母親事奉國君，本來就想積極進取，我不相信您是故步自封之君，而且，臣下是以忠信獲罪於您的。」

　　燕王剛才還聽得蘇秦把曾參伯夷罵得一錢不值，又聽蘇秦以忠信獲罪，大為不解，問：「忠信有什麼罪呢？」

　　蘇秦回答：「臣的鄰居有一妻一妾，其妻在男人出遠門時與人私通，男主人回來後，她讓侍妾端上毒酒。侍妾想，端上去男主人被殺，說出來女主人被趕。於是她假裝不小心把酒灑在了地上。男主人大怒打了那侍妾。侍妾對男女主人可謂忠矣，卻以忠信而獲罪。如今，我的遭遇就像這個侍妾，一心事奉燕國，又誠心說服齊國，結果呢，反落到今天的地步。我只恐怕以後事奉國君的人，都不敢盡力了。」

　　蘇秦這一番話，極言大信不信，詭即為信，氣度一張一合，正好摸準了燕王的心思。最後，燕王也禁不住叫起好來，從此恢復了對蘇秦的信任。

　　中國古人的哲學，「一陰一陽之謂道」，萬事萬物的千變萬化，其根本原因就在於陰陽消長，交替作用。它們既是對立的，又互為根據。如同父與子互為根據，沒有子也就沒有父，父親當得好不好，要看兒子表現得好不好。說服也一樣要遵循陰陽捭闔之道，要根據對方的具體情況，或開放或封閉，或屬陰或歸陽；或柔弱或剛強；或鬆弛或緊張；乃至或奇或正，或圓或方，或動或靜，或真或假，或明或暗，或主或客，或實或虛，或正或反，陰陽消長，如同圓環一樣開合環繞，開極而合，合極又開，往複變化以至無窮。「此天地陰陽之道，而說人之法也。」

哈囉演練法：

歷史上，申包胥哭秦庭是柔，唐雎力折秦王是剛；魏徵勸唐王是守直，西門豹治巫婆是用同；蒯通說漢高祖不殺是表真，劉備詆曹阿瞞驚雷是借假；樊噲鴻門闖宴，其聲遏雲，阮籍借醉辭婚，不發一言；孫權會鄧芝，陳兵設鼎，孔明勸吳王，談笑風生；郭子儀大開門，無時不傳，安纏陵擇妙機，三年一語；以及諸如馮諼說孟嘗君，甘羅說

張唐‧姜太公釣文王，諸此等等，無一不是或奇或正，或虛或實，乃至正詭交加，因為它們本身是互為根據、互相轉化的對立統一，猶如古人張網捕鳥，捕到鳥的只是網中之一孔，但只有一孔的羅網必定捕不到鳥，有無相生，難易相成，捭闔之道，渾成一體而無可抵拒。

12. 誘敵深入

誘敵深入圈套，也是一種高明的說服技巧，請看孟子是怎樣勸說宣王的。

孟子對齊宣王說：「在您的臣子中，有個人把妻室兒女託付給他的朋友照看，而自己則到楚國遊學去了，等到他回來時，假如他的妻室兒女在受凍挨餓，那麼，他應該如何對待他那個朋友呢？」

齊宣王說：「和他斷交。」

孟子接著問：「假若管刑罰的長官不能管好他的下屬，那麼應該怎麼辦呢？」

齊宣王說：「撤掉他的官職。」

孟子又問道：「一個國家假若沒有治理好，那又該怎麼辦呢？

齊宣王無話可答，只好回過頭去左張右望，把話題扯到別處去。

孟子在這則舌戰故事中，是採用「誘敵深入」的辦法，誘導齊宣王進入他的預設的「陷阱」中，致使齊宣王完全喪失了招架之力，只能「王顧左右而言他」，以求敷衍搪塞。這種辯論力量，比直接指責他沒有治理好國家，不知要強多少倍！

我們都知道「自相矛盾」的故事。事實上，其中包含著十分樸素又非常深刻的處世道理和勸諫方法。

以子之矛攻子之盾，就是抓住對方邏輯矛盾和論證破綻，巧妙地「誘敵深入」，使其觀點中的某些謬誤和蒙蔽之識的荒唐性和片面性得到再現，從而使對方能夠反觀自身，得以自悟。

因此，以主管的話作為你評價事物的標準，會使你在勸諫主管的過程中處於一種安全，有利的位置，因為主管絕不會反對別人引用自己的觀點的，而且，此舉還會激發主管的心理認同感和成就感，心生欣悅，或者至少不會有所

反感。這樣，再把主管的觀點加以引申，最後得出一個顯而易見的結論，就會使主管得以醒悟，同時也使你的觀點得以巧妙的表達。因此，聰明的下屬是不會忽視這種委婉卻十分有效的勸說方法的。

當然，雖然這種勸說術有很強的說服力，但它也是一柄「雙刃劍」，用不好也會自傷其身的，因此在使用時務必要注意以下幾點：

第一，要注意場合。以主管的話來批駁他的某些觀點，最好是在私下場合裡用，而不宜在公開場合或是有他人在一旁的情況下運用，因為在私下場合裡，即使你對主管有所觸痛，但如果言之有理，主管也會採取比較寬容的態度。而如果在公共場合，這就會演化為主管的尊嚴和權威問題，就會使主管的情緒壓過理智，面子壓過道理，這對下屬無疑是自找麻煩，好心難得好報。

第二，要注意語氣適當，措辭委婉。因為「自相矛盾」法就是要提醒主管注意自己的言行的不一致性，或者是對其論點作出某種程度的否定，這無疑會涉及主管的尊嚴與權威，尺度掌握不準，搞的不好就會有嘲諷、犯上之嫌，被主管誤以為心懷不滿，另有所指。所以下屬一定要注意使自己的口氣比較和緩，顯示自己的誠懇和尊敬之情。特別是在使主管明確地認識到，你的所作所為都是出於做好工作的動機，是為主管設身處地的著想，而不是針對領導者本人有何不恭的看法。

第三，盡量言詞簡短。俗話說：「言多必失。」因此下屬在功諫時，只要指明大意就已足矣，其中的推理不妨由主管自己來做，越是語言簡短，越是語意含蓄，就越能引起主管的深思，又不致於引起主管的猜忌。而且，言辭簡短不致於使你引用的主管的話淹沒在解釋論證的海洋中，要知道，正是這些引用極大地滿足了主管的成就感，當你的主管清楚地了解到，一句他本人也不曾在意的話卻被下用鄭重地記在心上，或者他十分重要的觀點的確受到了下屬的重視，他一定會增加對你的好感，多幾分欣賞和認同，少幾分敵意和對立，從而能夠仔細地傾聽你的建議，對你的相反的看法鄭重對待。因此，言簡意賅，不失為引起主管重視和好感的一個好辦法。

哈囉演練法：

說服一個人的方法有很多，在說服的時候應因人而異，因事而異，不可生搬硬套，不然就會造成相反的效果，所以，在說服中使用圈套時，應注意說服對象，圈套也不是隨意使用的，不然，別人會對你越加反感，說服中使用圈套，應以達到說服別人為目的，適可而止。

五、打破僵局

1. 以機智巧妙補充

話沒說好，出了難堪，又必須立即改正，可以靠機辯和才智把話再加以補充說明或者再巧妙地闡釋一下話的特定含義，使其具有極大的合理性和可接受性。

哈囉演練法：

這一招可不是隨便什麼人都可以學會，不過，試一試又何妨呢？

2. 尊重對方以禮相待

在莊重正式的場合，一些居心叵測的人常會向領導人提出一些涉及個人隱私或不便回答的問題誘使領導者作答。由於受場合、對象的限制，領導人不宜斥責對方無禮的行為，反而要耐心禮貌地對待他們。此時，可在充分尊重對方人格的前提下，婉轉拒絕回答，擺脫對方的糾纏，爭取人們的同情。

季辛吉在接受義大利著名記者法拉奇採訪時所說的一段話，用的就是委婉拒絕的手法。法拉奇問：「季辛吉博士，如果我拿一支手槍對著您的腦袋，問您是和阮文紹進餐還是和黎德壽進餐，您將如何選擇呢？」季辛吉說：「我不能回答這個問題。」法拉奇問：「我是否可以這樣回答呢——我想您更願意和

黎德壽一起進餐。」季辛吉再次拒絕說:「不,不……、我不願回答這個問題。」
法拉奇的這種非此即彼的提問本身就暗伏玄機,季辛吉不管如何選擇,都會給
工作帶來不利。因而精明的季辛吉拒絕回答,婉轉拒絕了記者的提問。

哈囉演練法:

　　俗話說:「伸手不打笑臉人」,最好的辦法莫過於不理睬他,我不說
　　話,你總不能強迫我說吧?

3. 嘲諷於反駁中回敬對方

　　「主管角色」的行為規範要求其表現得老練持重、親切有禮、和藹可親,
盡量避免聲色俱厲、出言不遜的情況。但這並不意味著領導人應該逆來順受,
不能表達自己內心厭惡、憤怒的恩想感情。

　　尤其是在對方主動挑釁或存心嘲諷的情況下,抓住對方話語中的漏洞與弱
點,融反駁與嘲諷於一體,反唇相譏,置對方於尷尬難堪的境地。

　　巴基斯坦的締造者阿里‧真納與被印度人民尊為「聖雄」的甘地由於政見
不同,兩人的關係並不和諧。在他們尖銳的對話中,常常存在互相嘲諷的情況。
一次,他們被一群新聞記者圍住,甘地對真納說:「你喜歡這一套,是嗎?」
真納回敬說:「不如你那樣喜歡。」真納在這兩句對話中,沒有就對方的指責
進行辯解和說明,而是運用反唇相譏的方法,把對方加給自己的責難回敬給對
方,有力地維護了自己的尊嚴。倘若進行辯解,則無論說得如何完滿,總是處
於下風和守勢。

　　「反唇相譏法」在運用時應掌握以下幾點。一是不宜多用,否則會給人以
心胸狹小、言語尖刻和無情無義的印象。二是要看對象。對有身分的存心挑釁
者,可用「反唇相譏」法,而對下屬、晚輩的無意冒犯,則可用別的方法來擺
脫尷尬處境,不宜濫加嘲諷,以免傷人。

　　詩人歌德到公園散步,不巧在一條僅容一人透過的小徑上,碰見一位對他
抱有成見並把他的作品貶得一文不值的批評家。狹路相逢,四目相對。批評家

傲慢地說：「對一個傻瓜，我絕不讓路。」

歌德面對辱罵，微微一笑道：「我正好和你相反。」說罷往路邊一站。霎時，那位批評家的臉變得通紅，進退不得。

從這裡可以看出，批評家的言行顯然是失禮而粗野的。然而，詩人既沒有氣急敗壞地加以謾罵反擊，又不想吃啞巴虧，而是接過對方的話頭，以禮貌的方式，給以巧妙反擊。既教訓了對方，維護了自己的尊嚴，又體現了高雅的風度，真是一舉兩得，令人叫絕。這就是最常見的一種回擊形式——反唇相譏。

這種對惡意的攻擊所給予的反譏，從性質上看是「被迫自衛還擊」，是「後發制人」，因此是正當的、必要的。從表達特點看，它是「接過石頭打人」，簡練而精巧，文雅且有力。這種反譏往往是抓住對方汙辱性話題，機智地加以改造，運用具有豐富潛台詞的話語，回敬給對方，達到「請君入甕」的目的。顯然，這是一種具有一定交際價值的以防衛為主旨的表達方式。其形式有：

（1）點睛式。就是針對對方的譏諷攻擊之詞，運用點睛之語，點明事物的本質、問題的要害，「撥亂反正」，使真相大白，將對方陷入不利境地。

前蘇聯首任外交部長莫洛托夫是一位貴族出身的外交家。在一次聯大會上，英國工黨一位外交官向他發難，說：「你是貴族出身，我家祖輩是礦工，我們兩個究竟誰能代表工人階級呢？」莫洛托夫面對挑釁，不慌不忙地說：「對的，不過，我們兩個都當了叛徒。」對方被駁得無言以對。在這裡，莫洛托夫的高明之處在於他並不與對方在現象上糾纏，而是抓住實質問題，指出了各自都背叛了原來的階級這一要害，畫龍點睛，一語中的，使對方搬起石頭打了自己的腳。

俄國學者羅蒙諾索夫生活簡樸，不太講究穿著。有一次，一位注重衣著但不學無術的德國人，看到他衣袖肘部有一個破洞，就挖苦說：「在這衣服的破洞裡我看到了你的博學。」羅蒙諾索夫毫不客氣地說：「先生，從這裡我卻看到了另一個人的愚蠢。」對方借衣服破洞，小題大作貶低人，反映了他的無恥和惡劣的品格。羅蒙諾索夫則機敏地選擇了與博學相對應的詞語「愚蠢」，準確地回敬給對方，使嘲弄人受到嘲弄。

上述事例的共同特點是：反譏者並不糾纏對方的不良動機和不實之辭，而

是以客觀事實為依託，著力選用精闢、準確、內涵豐富的詞語，回擊之。從字面上看這些詞語輕描淡寫，仔細思索卻「話中有話」，隱含著事實的本質和真相，對方一旦領悟已是猝不及防，只能敗北了。

（2）作比式。有些人常用不雅事物作比，譏諷、貶低別人的人格。如遇這種情況你不妨採用同樣的思路，以作比對作比，給以反擊。

達爾文提出生物進化論後，赫胥黎竭力支持和宣傳進化論，與宗教勢力展開了激烈的論戰。教會詛咒他為「達爾文的斗犬」。在倫敦的一次辯論會上，宗教頭目看到赫胥黎步入會場，便罵道：「當心，這隻狗又來了！」赫胥黎輕蔑地答道：「是啊，盜賊最害怕嗅覺靈敏的獵犬。」有力地回擊了對手。在這裡，雙方都「作比」，然而，赫胥黎巧妙地把兩個作比物聯繫起來，運用「盜賊怕獵犬」這一人所共知的常理，暗示宗教頭目與他的現實關係，從而揭穿了宗教頭目的醜惡本質和害怕真理的面目。

用作比方式反譏，往往是利用事物間的「相剋」關係，或相連關係，附會自己的思想感情，達到壓倒對手，批駁對手的目的。若用得恰當能產生強烈的諷刺意味和反駁效果。

（3）引入式。當對方蓄意製造出一種使人難堪窘迫的局面時，最好的解脫方法莫過於把對方也引入這一局面之中，讓其自食其果，作繭自縛。

一天，英國戲劇家蕭伯納正坐在沙發上沉思，坐在他旁邊的美國金融家對他說：「蕭伯納先生，如果您讓我知道您正在思考什麼的話，我願意給您一美元。」「啊，我的思考一美元也不值。」蕭伯納說，「我所思考的正是你。」金融家想以一美元來耍笑蕭伯納，蕭伯納「接過」這廉價的一美元，設計了一個圈套，把它與金融家串聯起來，使金融家成了被戲弄的對象。

「接過石頭打人」雖然是正當的，但由於它有較強的刺激性，用之要特別當心。首要的是要善於劃清用與不用的界限。這就要求我們對譏諷者的意向作出準確的判斷。一般要作兩層判斷：一是有意還是無意。若對方是無意的冒犯，是語失，或是開玩笑，那就不應反唇相譏。若斷定對方是有意時，還須作進一步的判斷，即是善意還是惡意。如果對方是為了你好，只是在批評指責時，語言尖刻，方式不當，對這種善意的譏諷，不應反唇相譏，即使人家說到了自己

105

的痛處，也不要一觸即跳，而應反省自己，感謝對方的直言利語。只有確認對方是惡意中傷、有意傷害時，才應給以恰當的反譏、這時的反唇相譏才具有揚正袪邪的正義性。

哈囉演練法：

能與人正面交鋒是勇敢的，但結果卻卻未必令人滿意，只有運用自己的機智使人心服口服，才是最棒的。

4. 對平常問題，作不平常解釋

巧釋法除了具有反駁的功能外，還能夠幫助自己解脫窘境，請看下面的例子：

某大學一次智力競賽搶答會上，主持人問：「『三綱五常』中的『三綱』指的什麼？」一個女學生搶答道：「臣為君綱，子為父綱，妻為夫綱。」她恰好把三者說顛倒了，引起了哄堂大笑。這位女學生意識到這一點後，立刻補充道：「笑什麼，我說的是『新三綱』。」主持人問：「何為『新三綱』？」她說：「現在，中國人民當家做主，是主人。而領導者不管多大，都是人民的公僕，豈不是臣為君綱嗎？當前，計劃生育，一對夫妻只生一個孩子，這孩子成了父母的小皇帝，這豈不是子為父綱嗎？現在，許多家庭中，妻子的權力遠遠超過了丈夫，『妻管嚴』、『模範丈夫』，比比皆是，豈不是妻為夫綱嗎？」

好一個「新三綱」！她的話音剛落，大家為這位同學的應變能力熱烈鼓掌。

這個女學生可能由於緊張，把「三綱」答錯了，但是，她後來對自己「新三綱」的註釋是非常巧妙的，使她不但擺脫了窘境，而且贏得了聽眾。

哈囉演練法：

「不平常」往往是欽佩與讚賞的學生姊妹，因為唯有不平常的人才能做出不平常的舉動，當然，不平常不等於不正常。

5. 化腐朽為神奇

　　生活中，由於事物的複雜多變性和人們觀察事物的角度及思想的深度不同，對同一事物常常會產生不同的認識。所謂仁者見仁、智者見智。情感昇華法則正是利用了這一點。當自己被尷尬的事情纏住後，盡力賦予這一事物以高尚的情感和積極的意義，化腐朽為神奇，不僅能使自己從尷尬局面脫身，還能在形象塑造上添上光彩的一筆。

哈囉演練法：

　　情感昇華法要求運用的人具有較高的思想水平和文化素養，還要有敏捷的思維能力和別出心裁的見解，因而並非人人都能運用。

6. 利用模糊語官巧妙脫身

　　在辯論和交際中，如果遇到窘境，可以利用模糊語言，機智而巧妙地擺脫出來。

　　不過，模糊語言雖然具有「委婉」的特點，但由於缺少準確性，也容易為人們帶來許多麻煩。在一些場合需要我們仔細辨認，從而明確是非。有這樣一則笑話：

　　有三個讀書人上京趕考，路過一處高山，聽說山上住著一位「半仙」，能推算出一個人的功名利祿，於是三人便上山求教。聽了三人說明來意，「半仙」緊閉雙眼，伸出一個指頭，卻不說話。三人不解其意，請示解釋，「半仙」搖了搖頭說：「此乃天機，不可洩漏。」三人無奈，只好下山而去。

　　徒弟悄悄問「半仙」：「師父，你對三人只伸一個指頭是什麼意思？」

　　「傻瓜，這個竅門還不懂！他們一共三個人，將來如果有一個考中，那一個指頭就代表考中的那一個；有兩個考中，就表示有一個考不中；如果都沒考中，這一個指頭就表示一齊落榜了。」

　　「半仙」的一個指頭代表三種意思，可謂「模糊」。它之所以能夠服人，

並且得到一個「半仙」的綽號，也許高明之處就在於他能運用類似「找著丟不了，丟了找不著」的模糊語言。

可見，模糊語言具有雙重功能，雖然它給我們明辨是非造成一定的障礙，而且一旦為論敵所運用，我們就很難辯駁。但是，它的存在也有一定的合理性，在特定場合，模糊語言用得合情合理，恰如其分，也能夠為我所用，令論敵陷入「迷魂陣」。但是，值得注意的一點是：不要為模糊而模糊，故弄玄虛，那樣會適得其反，使自己陷入輯混亂的泥坑之中。

哈囉演練法：

模糊語言的功能即「模稜兩可」，既不肯定也不否定，你說怎樣就怎樣，多好！

7. 因勢利導

這種方法要求面對難堪，煞有其事，順藤摸瓜。因勢利導，用委婉含蓄的語言使難堪自然而然地消失。

有位姓吳的青年教師，剛剛參加工作，他給素有「少林俗家弟子」之稱的「瘋狂四班」上第一堂課。這一班全是男生，鬼點子特別多，專愛變著法子為難老師。一進教室，他就覺得氣氛不正常，正想開始講課時，忽然發現講桌上放著一塊木板，上面用粉筆寫著「吳╳╳老師之墓」。對血氣方剛的青年來說，這無疑是個奇恥大辱。再看台下，有幾個學生正擠眉弄眼，像是在嘲笑他。一定是他們做的！他氣憤極了，但他沒有發作，也沒有退縮，而是小心翼翼地拿起那塊「靈牌」，一本正經地放到黑板前又恭恭敬敬地在旁邊豎起一枝粉筆，然後轉過身，輕輕地、緩緩地對學生說：「同學們，全體起立！」等大家都站起來，他又說：「讓咱們以極其沉痛的心情對吳╳╳同志的不幸表示最衷心的哀悼。現在，我提議，全體默哀一分鐘！」以往有好幾個老師面對類似情況，不是在班上大發雷霆，便是夾起書本扭頭就走。他的這一舉動使同學們大吃一驚，個個面面相覷，不再擠眉弄眼和偷偷嗤笑。接下來，他又故作吃驚地問：

「吳╳╳是誰呀？」聽了這話，同學們都睜大眼睛惶惑地望著他。

他指指自己的鼻梁說：「吳╳╳者，台上新任語文老師是也。他沒想到你們這樣敬重他，還給他立了『靈牌』，他在九泉之下得到消息很快就起死回生了，現在他就站在你們面前給你們道謝！」說完，他還真的向全體學生深深鞠了一躬。這一下，同學們都開心地笑了，笑聲是那麼甜美，充滿了深深的敬意和歉意。他用委婉含蓄的語言擺脫了難堪。

哈囉演練法：

當你看完這則小故事時，難道不會拍案叫絕嗎？難道不想向這位姓吳的老師鞠躬嗎？

8. 明修棧道，暗渡陳倉

這裡棧道借用作轉機修棧道之說，當失誤造成難堪時，將錯就錯，錯中設下轉機，暫時體面脫身，創造一個暗中糾正失誤的機會從而使難堪得以解除。

有個演員演「魯肅」上場時匆忙間忘了帶鬍子，他踏著鑼鼓的節奏，走了過場，來到「周瑜」面前，「周瑜」大吃一驚，但他還是按原台詞問了一句「你是何人？」「魯肅」照例一摸鬍子，糟了，沒戴！但他並沒有驚慌失措，而是靈機一動，把原詞「我是魯肅」改成了「我是魯肅的兒子」，「周瑜」也將計就計，說：「大膽！你小小年紀想來誆我，這還了得，快快回去喚你父親上來！」「魯肅」心領神會道：「遵命！」就這樣，他又從從容容地回去叫他的「父親」上場了，其實他是回去戴鬍子了。這樣，他們贏得了台下本來要喝倒彩的觀眾們熱烈的掌聲。這一段中「我是魯肅的兒子」，「快快回去喚你父親上來」就是設下的轉機，有了它，「魯肅」才得以順利地下台戴鬍子。

哈囉演練法：

由父親變兒子卻能贏得觀眾的掌聲，這都是智慧的功勞，正所謂急中

生智吧。

9. 側面運用對方的思路

在生活中有不少事情是一時講不清、說不明的。當對方利用這一類問題來設置圈套時，置之不理固然不行，但作詳細的解釋或過度的反應也會使自己被動。而順水推舟法則是順著對方的言語和思路，或作巧妙的閃避，或作荒謬的誇飾，在不正面反駁對方言語的同時，卻迂迴曲折地表明了自己的態度，否定了對方的發難。

一位記者問薩伊總統莫布杜說：「你很富有，據說你的財產達三十億美元！」這一提問針對莫布杜是否廉潔而來，是極其嚴肅、敏感和易動感情的問題，回答不妥，就會陷入尷尬。莫布杜聽後長時間哈哈大笑說：「一位比利時議員說我有六十億美元，你聽到了嗎？」莫布杜不從正面否定或解釋說明入手，而是舉了一個更大數字的例子，以此來表明記者提問的荒唐，間接地否定了提問。

哈囉演練法：

運用「順水推舟法」時要注意的是：當涉及到重大原則問題時，千萬要考慮仔細，並非任何問題都可以順水推舟，有時多費口舌還是必要的，只有當自己有十分的把握，能夠利用對方的言語「漏洞」時，才可藉機調侃嘲諷一番。

10. 以「褒揚」對方來緩解難堪

這種方法對對方的發難先是默認並按照發難者的旨意付出些行動，只是到後來再用隱含陡然逆轉意味的語言輕輕一點，順理成章地在「褒揚」對方的幌子下使對方陷入跟自己相同甚至比自己更難堪的境地，從而使自己的難堪得以緩解或解脫。

張樂平有一幅出名的漫畫《三毛叫媽》，畫的是一個貴婦人牽著條狗碰見

了三毛，那婦人調笑三毛說只要三毛叫她的狗幾聲「爸」，她就給三毛三十塊大洋。這真是極大的人格侮辱，可是聰明的三毛很快就想出了一條妙計：他如數地叫了那狗幾聲「爸」，那女人在眾目睽睽之下也只好如數把大洋給了三毛，三毛接過錢，不無感激地說：「謝謝您，媽！」這下子，就使那原本高高在上的對方陷人了比自己更難堪的窘境，而自己的機智、幽默又得以顯露出來。

哈囉演練法：

對於與自己為難的人，你要讓他比你更感為難，你以後的日子才能太平。

11. 仿攻

仿攻法主要是根據對方提出問題的思維方式、語言方式，將問題反「彈」回去。

俄國詩人馬雅可夫斯基不太注意儀表，有一次，戴一頂破帽子外出，幾個遊手好閒的人嘲笑他：「喂，你腦袋上的那個東西是什麼玩意兒？是腦袋嗎？」

馬雅可夫斯基模仿對方的語言形式，在回答對方的問題時，巧妙地把「腦袋」和「帽子」調換一下位置，就把對方汙辱又全部還給了對方。提問者嘲笑詩人的帽子破，而詩人利用仿攻法譏諷了對方的大腦貧乏。

利用仿攻法，不但要注重語言形式的「仿」，同時還要注重思考方法的「仿」。如：有一則故事，《阿凡提開染坊》：

阿凡提開了一個染坊，一個財主有意刁難他。地主拿來一匹布對阿凡提說：「阿凡提，你把這匹布染成不黑、不白、不紅、不綠……不是一切顏色的顏色。」阿凡提溫和地說：「可以，你放在這裡吧。」「那我什麼時候來取貨呢？」阿凡提仿照對方的口氣：「不是週一、不是週二、不是週三、不是週四、不是週五、不是週六、不是週日的那天來取貨好了。」

在這裡，阿凡提以對方刁難的方法來回敬對方，主要是在思考方法上的模仿。這種方法，關鍵是要把握住對方的思路，然後仿照它用另一類事物比喻，

使其荒謬顯現出來。

哈囉演練法：

仿攻法，要側重於仿，而且要仿得好，倘若對對方的問題理解不透，
或者對對方的語言形式、方式、方法抓不準，那麼「仿」起來就會弄
巧成拙，畫虎不成反類犬，常常會使自己陷入難堪的境地。

12. 利用對方語言引申發揮

領導者在其政治生涯中，常常遇到批評與指責。對於善意的批評，應該歡
迎；而對於惡意的挑釁，則要利用對方的隻言片語，巧妙地加以引申發揮，不
光自己得以爭取主動，還能加以回擊，使對方有苦難言，陷入被動。

「借題發揮法」雖較「反唇相譏法」來得溫和，但過多運用，會給人以囉
哩囉嗦、糾纏不清的感覺。

13. 適當運用明知故問

別人在講話，你聽著聽著，突然不懂別人針對你而說的話了。而以一種茫
然的神情，傻裡傻氣地問：「你在說什麼呀？我聽不懂。」

這完全是明知故問，而妙處就在於此。本來對方處心積慮要誘你說出某些
話，而你只需一句：

「你說什麼呀？」攻守位置立刻調換，由於你不懂，對方必須進一步解釋。
本來是他畫下編了號的小點要你去連成畫，現在變成他得自己把這幅畫連給你
看了。

例如：對方問你：「你昨天晚上到哪裡去了？」你回答：「嗯？」「怎麼
啦？」或是「你問這幹嘛？」對方不得不直接說：「我九點半打電話給你，沒
人接。」

又如，對方本來質問：「你喜歡那個女孩嗎？」你一裝糊塗，對方只得說：
「我每次過來，都見你和她在說話。」

　　以上兩種情形中引爆定時炸彈的都是對方，因為你裝了糊塗，本來隱含危機的一句話變成了一句比較容易應付的話，你也就不會被迫不打自招了。

　　如果對方來勢太凶，最有效的方法是《聖經》上所說的，別人打你這一邊臉時，你送上另一邊臉再讓他打。也就是拳王阿里所說的：「站穩了讓對方去打，等他打累了，他自然就會倒下。」

　　假如有人走到你的面前，指著你的鼻子罵你是「慣用暗箭傷人的小子」，你不妨說：「哦？一共有幾支暗箭？」有人罵「你是我所見過的最懶惰的人！」你可以回答：「真的？你什麼時候發現的？」

　　你先承認，然後誘導對方說下去，直到對方辭窮為止。但是使用這個方法的時候有一個要訣：

　　你要有足夠的自制力，耐心聽他說下去。如果聽到一半你就發脾氣，那就會前功盡棄。

　　如果你沒耐心也沒時間等對方說到無話可說的地步為止，有個速戰速決的方法，就是把他的棒子接過來，別強裝笑臉聽他罵你，改由你親自動口把自己罵個夠，叫他插不上嘴。

　　這時候，罵人的樂趣被你占去了，對方自然也就沒戲可唱了。

　　最後還有一個萬無一失的方法：沉默。如果你對如何應戰沒有把握，別忘記你還有不應戰的自由。你拒絕加入辯論，誰又能把你駁倒呢？再凶的人，遇見一聲不吭的人，就如同空中舞拳，只是比劃，幾招之後就感到索然無味了。

哈囉演練法：

　　對於那些無理取鬧的人，你不妨多多採用此法，這樣，與之交鋒過後，你會感覺痛快無比的。

　　①「像你這種人，我見得多了。」

　　說出這種話的人對你的性格、為人採取的是一種蔑視態度。他未必真的知道你是哪種人，不過是要借這句話來告訴你：他不欣賞你，他看你不順眼。

　　A. 完全同意他的話：

「經常見嗎？」

B. 表示像你這種人很不錯：

「算你運氣好！」

C. 故意誤解：

「真的，我是 AB 型的，你怎麼知道的？」

D. 慶幸他有這樣好的眼力：

「謝天謝地。你不知道好多人沒見過我這種人，害得我常常要作自我介紹。」

② 「你以為自己很聰明啊！」

這句話看似問話，又似指責，可以隨其說話的語氣表達不同的意思。同樣，聽者也可以按自己的意願來接受這句話。

A. 你可以把它當成命令，這樣回答：

「好，我照你意思做就是。」

B. 當它是一條建議，回答：

「你的話很有道理！」

C. 當它是一句問話，回答：

「不敢。不過說說看你為什麼這樣想，也許可以說服我。」

D. 當它是個事實，你說出其所以然來：

「碰到你，我就會有這樣的感覺。」

E. 回敬他一下：

「是啊，本來我以為你很聰明，可是實際上並非如此。」

14. 怎樣避免定時彈爆炸

你正在和別人說話，有人說了一句話，令你心裡不痛快，要怎樣才能避免這顆「定時炸彈」爆炸呢？

當然首先要看這顆炸彈定時的長短，爆炸力的大小。但是你基本上可以採用兩種對策：

① 想辦法在炸彈送到之時不當場接它；

114

②收到之後原樣退回。簡單地說，就是利用婉轉的方式和針鋒相對的方式予以反駁。有時最好能用婉轉的方式避開，有時則必須給對方以迎頭痛擊。選擇哪一種方式無關緊要，要緊的是你這種方式必須奏效。痛擊的目的是要挺身上前將對方搏倒；避開的目的是對別人的挑釁不予理睬。

下面介紹一些具體的例子，以飨讀者。

③「你不要太得意忘形了！」

既然他以一種高高在上的姿態告誡你，你也不必和他爭辯，索性讓他自以為是一番，過足其癮。

A.「有你在，我哪敢忘啊！」

「你教教我，怎樣才不會忘。」

「我不怕，我忘了，還有你呢。」

B. 熱心地說：

「你也別忘了。」

④「你怎麼能夠這樣？」

這句話的真正含義是：「你這樣做太不像話了！」

但是這話說出來時卻可以有褒貶兩種解釋。它本來不是問句，卻因為用了疑問句，所以，聽者可以故意曲解。

A. 當它是讚美之辭，就謙虛地回答：

「沒什麼難的，熟能生巧嘛！」

「因為我努力吧！」

B. 當它是個疑問句，你可以這樣解釋：

「方法很多呀！」

「失敗了再來，總會成功的。」

C. 或者故意調皮一點：

「別的樣也成，悉聽尊便，隨時候教。」

⑤「我沒打擾你們吧？」

你當然不能肯定地回答，因為他這樣問的時候已經有明知故問的嫌疑了。

A. 你權當他不存在：

「抱歉，我沒注意。」

B. 你被他煩得受不了，可以說話重些：

「以前都不問，怎麼今天問起來了？」

C.「還沒有。」

你答了之後，繼續和另一個人講話，不論他走開還是正糾纏著你，都已經是你占上風了。

⑥「我知道你在生氣。」

通常對方會在說了一些令你不悅的話之後，來這麼一句，他所持的態度可能屬於下列情形之一：（1）他有些不好意思，借這句話希望你否認在生氣，他的良心就可以安然了。（2）他在幸災樂禍，如果你已經生氣了（你確實生氣了），也不必裝作大度而辯解。

A. 鼓勵他再講，看他是否還能講下去：

「別扯到題外去，我正聽得高興呢。」

「別管我生不生氣，你再講呀。」

B. 故作否認：

「沒有呀！我在想，這兩者的差別你都看不出來嗎？」

C. 坦然承認：

「此時不氣，更待何時？」

⑦「你真的什麼事也做不好嗎？」

這是抱怨你的話，對方的不滿已經十分明顯了。其實，對方的態度越明顯，你就越容易對付他。

A. 進行一番推理：

「我要是什麼事都能做好，還會和你混在一起嗎？」

B. 請他指教：

「你呢？是假裝什麼事也做不好嗎？」

C. 立刻舉一兩件你做得好的事：

「當然不是！只要我高興，隨時隨地都可以惹您生氣。」

⑧「這樣對你好嗎？」

當你盡情享受過之後，有人拿這樣的話來掃你的興，你自然不耐煩了。

A. 裝作沒聽清楚：

「什麼對我好不好？」

B. 以比較的方式回答似乎更實在：

「嗯，比我預料的要好。」

C. 曲解他的意思。

「對我不好對誰好？」

D. 你不理他，沉默老半天，等他不耐煩了，正要再問你，你就說：

「噓！我正在想呢。」

⑨「我告訴過你，你卻偏不肯聽。」

這是嘮叨的人最喜歡說的一句聰明的話，然而這種話總是「馬後砲」事情發生後才說，如此除了責怪你做錯了事之外，還或多或少有罵你自作自受的意思。

A. 為他的一番苦心抱不平：

「問題就在這裡，你以後應該去告訴那些肯聽你說話的人。」

B. 責怪他沒有說清楚：

「我以為你是胡說八道呢。下次你在說正經話之前先講明白，我就會聽了。」

「你應該寫下來才對。」

C. 諷刺諷刺他：

「現在我知道為什麼有那麼多人排著長隊等著聽你的指教了。」

⑩「你在說什麼呀？連你自己都不懂！」

這確實是一句十分難聽又令人冒火的話。就算對方說的有理，也不該用這樣無禮的字句。可能你的言語有些不夠明了，但也絕不至於讓他說得這麼糊塗。如果有人對你說這種話，十之八九是冤枉了你，因為對方顯然是有了怒氣或不滿，所以才講出這樣的話。很可能是你所說的話觸及了令他不高興的事，他才不顧禮貌地要打斷你。

此時如果你馬上要他把這句話講清楚，那就大錯特錯了。如果你反問：「你

憑什麼說我不懂？」

或是：「你這樣說有什麼根據？」這立刻就顯出你心虛，也顯出對方的無禮指責似有幾分正確。最糟糕的是，話題馬上就會轉移到你懂或不懂之上。假如你的確懂得很多還不礙事，否則你將處在被攻擊的地位，就會不斷慌忙地為自己作出種種辯白。

其實，你應該把話題固著於對方的這一句話上，運用如下方法：

A. 如果對方語氣不很惡劣，你可用玩笑的口吻說：

「我以為你聽不出來我根本不懂呢。」

或是：「你真的那麼在意我懂不懂嗎？」

B. 如果你聽出對方的語氣帶有幾絲不解和憤怒，你可這樣回答：「你懂嗎？」

C. 如果你聽出對方的話含有輕蔑的意思，你的回答不妨尖刻一點：「你說對了。不過我覺得我懂不懂，你聽起來都一個樣。」

或是：「不錯，我們兩個本來就差不多，你也好不到哪裡去。」

D. 如果對方明顯是有意當眾羞辱你，而且講話的聲音特別大引來他人的注目，此時你可以保持鎮靜，面露微笑地說：「既然如此，那我來講出一件我一清二楚的事，就是你這個人的教養問題。」

⑪「你到底想不想回答我的問題？」

這是一句威脅的話，但是說話的人已經顯示了無可奈何的意味，目標主要不是指向你，而是指向他要求你回答的話，你當然不必把目標扯到自己身上。

A. 吊他的胃口：

「恐怕不想，不過現在還言之過早。」

「如果我說不回答，你是不是會被氣跑？」

B. 你也以威脅的口氣作答：

「為你著想，還是不答為好。」

C. 答應他的要求．但是不遂他的心願：

「當然要答，明天早上我就寫信答覆你。」

⑫「我真佩服你這麼看得開。」

其實，他是在罵你缺乏頭腦，不知思考，考慮不周……可你聽見的卻是這句貌似讚美的話。

A. 和他客氣一番：

「哪裡哪裡，你我彼此彼此。」

B. 不妨欣然接受他的讚賞：

「的確令人佩服是不是？我對自己的這個優點尤其引以自豪！」

「真的？那你再看看我這雙鞋怎麼樣？不錯吧？」

「你的這種態度是正確的，值得保持下去。」

⑬「你父母是怎麼教育你的？」

談話中突然牽扯到你的父母，這是最令人惱怒的事，但是千萬別因為父母受了指責而生氣。對方與父母無冤無仇，並不打算侮辱他們，他的目的是惹你發火。

A. 你可以這樣說：

「我是爺爺奶奶帶大的。」

B. 你默默地想一會，然後說：

「我記不得了，恐怕得麻煩你親自去問問他們。」

C. 作肯定的答覆回敬他：

「我記得他們教育我不可以問這樣無禮的問題。」

⑭「你有沒有考慮過後果？」

不管後果如何，需不需要考慮，這都是你自己的事，偏偏世上就有這種愛為別人操心的人，要不要接受他的好意，主權都在你。

A. 恍然大悟地說：

「我說嘛！好像忘了一件什麼事，原來就是後果！多謝你的提醒。」

B. 嚴肅些：

「我覺得還是由你考慮比較好。」

C. 煞有其事地說：

「我聽說只要有青黴素，什麼後果都不怕。」

D. 認為必須按部就班：

「還沒有，那是下一個步驟。」

⑮「你還拿自己出醜呀！」

馬克・吐溫說過，必須有兩個人合作才能傷害到你，那就是敵人和友人。敵人說了中傷你的話，朋友再把這話傳到你的耳朵裡。嘮叨的人則是身兼兩職，由他一個人當面把你的短處告訴你，自然又是為了你好。你可以拒絕接受這份好意，況且他雖然看出了你自己都未覺察的缺點，他的看法也未必絕對正確。

A. 保持幽默的態度：

「答對了，我是出醜。你再猜猜看我現在在幹什麼。」（然後你就走開。）

B. 「怎麼，這是你的專利嗎？別人偶爾做做都不可以？」

C. 說明你這麼做的原因。

「這樣總比出你的洋相好。」

「我本來是好心，怕你一個人出醜太孤單……」

⑯「我真不忍心看你糟蹋自己的身體。」

這種話和勸你多吃、少吃、少抽菸、少喝酒的話類似，許多人只是順嘴說說而已，並沒有什麼誠意，不過是想找個藉口掃你的興，數落數落你。

A. 「那你幹嘛要看呢？」

B. 「我也不忍心，所以我不看。」

C. 轉移話題：「怎麼，難道你還知道有什麼可以幫我來糟蹋的嗎？」「我不糟蹋自己的身體，難道去糟蹋別人的嗎？」

D. 幽默一點：「總比糟蹋衣服好。」

E. 乾脆拉下臉來：「我不忍心看你來。」

⑰「這種東西你怎麼吃得下去？」

對方問這句話通常是在你嘴裡正吃著東西的時候，你可以把東西慢慢嚼完，嚥下去，然後回答他的話。

A. 「很容易，你看，就是這樣吃。」（同時你再吃一口，作示範。）

B. 一本正經地說：

「我想到非洲有那麼多人挨餓，我就有胃口了。」

C. 告訴他一個不為外人所知的原因：

「因為可以治感冒呀！」

⑱「我怎麼從來沒聽人提起過你？」

這是有意藐視你的存在。他有沒有聽說過你是他的事，你自然沒有義務替他尋找原因。

A. 笑一笑再說：

「因為我的行蹤詭祕。」

「因為我的電視專集還沒有推出呢。」

B. 輕鬆地說：

「你都聽人提起過誰呢？柯林頓？」

C. 如果對方和你都是男性，可以這樣回答：

「因為我叫你太太不要告訴你。」（如果你和對方都是女性，可以改為「先生」。）

D. 最簡單的回答：

「我不知道。」

⑲「你不知道你這個樣子有多難看！」

嘮叨的人就是這樣，有許多事不用你說，你甚至還未覺察，他就忙不迭地告訴你。

A. 把這件事告訴他：

「我不用知道，反正有你告訴我。」

B. 再進一步徵求他的意見：

「我知道了對我有益嗎？」

C. 你知道他的用意：

「我幹嘛要知道？我知道了，你不就沒事做了。」

⑳「這話我不喜歡聽！」

這話也是威脅，意思是告訴你：「你說這話讓我生氣了，我警告你下次不許再講。」當然你不必自找麻煩去理會他的話外之音，僅回答字面意思即可。

A. 表示對他的好惡十分關心：

「一點也不喜歡嗎？」

「那麼你究竟喜歡聽什麼呢？」

B. 歸咎於他的挑剔態度：「你不試試，憑什麼就知道你不喜歡呢？」「這種興趣是需要培養的呀！」

C. 好心安慰他：「第一次聽難免不喜歡，慢慢就會習慣了。」

哈囉演練法：

對於想打擊你的人，你也不必對他謙虛，不妨故意「自大」點，讓他自討沒趣。

六、說「不」

1. 拒絕的表達方式

羅斯福神祕地向四周看了看，把身子向朋友移了移，壓低聲音說：「老朋友，你能保密嗎？」

他的朋友以為羅斯福要把機密告訴他，便非常肯定地說：「當然能！」誰知羅斯福也非常肯定地說：「我也能！」

語言包括有聲語言和非有聲語言兩種，其中有聲語言，又是語言交際的主要途徑。有聲語 g 是由聲音和語言兩種因素組成的，沒有聲音，也就沒有有聲語言，正所謂「皮之不存，毛將焉附」。而即使有了聲音，不同句式的選擇，結構的安排，表達的效果也大不一樣。況且，語音的輕重，語調的高低、語氣的抑揚，更是千差萬別，具有豐富的含義。據說，英語中的同一個單字「YES」，在不同的語境下，用不同的語氣，不同的語音，不同的語調來表達，竟然有二十多種不同的意思。因此，在不同的場合，說不同的話，用不同的語氣、語調、語音，就非常重要。俗話說：「良言一句三冬暖，惡語傷人六月寒。」「一句話可以把人說笑，一句話也可以把人說跳。」作為要想拒絕別人來說，

就更應該注意這方面的問題。因為，我們拒絕別人，本身就很容易讓人生氣，所以如果我們不注意表達方式，就會造成很壞的影響。

那麼，要拒絕別人時，說話應該注意哪些問題呢？

說客氣話

不能因為對方提出的要求、自己不能夠接受，就出言不遜、出口傷人。常言說：「買賣不成仁義在。」即使別人對你的要求，在你看來非常過分，你也應耐住性子，對人以禮相待。這樣，就給你拒絕別人鋪了一條好路；否則，你認為別人的要求非常不合理，使你難以接受，你就對他毫不客氣，臉紅脖子粗地大吵一頓，一下子就把你要拒絕別人的路子堵死了。以後，你無論怎麼說，他恐怕也很難接受你的拒絕。而且，你還會給人留下很不好的印象，以後別人就再也不願意與你接觸了。

所謂說話客氣，就是對人要有禮貌。既然自己要拒絕別人，對方一定也是很不願意的。因此就要給對方以安慰，多說幾個「對不起，請原諒」之類的話，這樣，即使你拒絕別人，他也容易接受些。

反之，你對之說話毫不客氣，不把別人放在眼裡，事情往往會被搞糟。如，雖然已是深夜十二點鐘，可隔壁的鄰居家裡仍然是音響震天響，而且又叫又跳，惹得四鄰不安。這時，如果你跑過去敲開門，對他們大吼大罵一通，試想該是什麼結果呢？恐怕很有可能發生爭執，甚至還有可能大打出手，使鄰里關係出現裂痕。

真正善於交際的人，是很少發火的，更不會出口傷人。唐宋八大家之一的蘇軾在《留侯論》中說，「匹夫見辱，拔劍而起，挺身而鬥，此不足為勇也」，「率然臨之而不驚，無故加之而不怒」才是有大智大勇的人。要想順利而成功地拒絕別人，就應該學會有忍性。即使在對方無理取鬧的情況下，也應該客客氣氣地拒絕別人，因為客氣本身就是一種無形的力量。

謙和的語態

在日常交往中，我們常有這種感覺，同樣是一句話，用不同的態度說出來，就會有不同的效果。

比如同樣是「謝謝你」三個字，如果你用謙恭的語態表達出來，別人會感

到很高興；而你要是用冷淡而生硬的語態表達出來，我想別人寧可讓你用愉快的聲音罵他幾句。

在拒絕別人時，究竟用什麼樣的語態更好呢？實際證明，謙恭的語態更能使對方容易接受自己的意見，促進雙方感情的融洽。俗話說：「感人心者，莫先乎情。」拒絕的話，誰都不願意聽，但又不能不說。這就要求拒絕者要在語言上下功夫，透過語言交流，增強彼此間的感情溝通，給對方以「自己人」的感受。如果能夠形成「自己人」的定勢，站在對方的立場上，從對方利益出發解釋問題，對方就會聽信，容易接受你的拒絕。反之，語氣生硬，不僅很難達到拒絕的目的，而且還會傷害對方的情感，很可能還會引發不必要的矛盾衝突。

比如：某儲戶對提前支取定期存款要持身分證的規定嫌麻煩，有意見。這時，如果儲蓄員說：「就這個規定，你不拿身分證就不給支，有意見找主管去。制度又不是我定的，跟我說有什麼用。」

我想如果儲蓄員向你說了這番話，你的心裡一定不會好受，準會氣鼓鼓的。但是如果儲蓄員換一種說法，比如說：「這是銀行的統一規定，到哪裡都一樣。因為我們得保證儲戶存款的安全，萬一存摺丟了，別人揀到也取不走。」其效果顯然就會大不一樣。儲蓄員從儲戶的角度出發，耐心地給予解釋，對方當然會願意接受。

同時，為了表現出語態的謙和來，最好不使用諸如質問之類的語氣。例如：你的上司某次把一項任務交給你做，你從心眼裡討厭這項任務，但你絕不能這樣說：「為什麼偏偏讓我做？你不會找別人嗎？」如果你確實為難，你就應該用和緩的語氣，把理由說出來，上司考慮到你的實際情況，一定會願意接受你的拒絕的。粗暴生硬的語態，無異於給本來已經很難進行的拒絕火上澆油，是應該避免的。

知道了拒絕別人的語言要求，還要採用靈活巧妙的方法，下面就為你介紹幾種常見的拒絕別人的語言技巧：

凡是學過宋詞的人都知道，宋朝的詞人大體上可以分為豪放派和婉約派兩類。豪放派講究直抒胸臆，氣勢磅礴，如蘇軾的「大江東去，浪淘盡，千古風

流人物」。婉約派的詞則比較細膩、溫柔，如涓涓細流，比如柳永的「楊柳岸，曉風殘月」。在拒絕別人時，採取豪放派的做法是不大行的，而最好採取婉約的手法，用委婉的語氣來說「不」。

古代的時候，皇帝擁有生殺予奪的大權，他手下的大臣經常有「伴君如伴虎」的感覺，不知道什麼時候就輪到自己掉腦袋。因此，一般情況下，誰也不敢惹惱皇帝，除非他是活膩了。但是，為了國家的興亡和百姓的安危，一些正直的大臣，還是經常捨生忘死地向皇帝和統治集團們進諫。為了不使統治者惱怒，而殃及自身，他們就經常採用委婉的方法提出自己的建議。中國史書上記載的這樣的例子很多，我們從中可以學到許多寶貴的經驗。

《戰國策‧齊策》中記載著這樣一個故事叫《鄒忌諷齊王納諫》。齊威王之相鄒忌，身高八尺有餘，儀表堂堂，風度翩翩。一天早上，他穿戴好衣帽，照著鏡子，問他的妻子：「我跟城北的徐公，誰漂亮？」他的妻子說：「當然是您漂亮了，徐公哪能比得上您呀！」城北的徐公，是齊國的美男子。鄒忌自己不相信，又去問他的妾：「我跟徐公比，誰漂亮？」妾也說：「徐公哪能比得上您哪！」第二天，有位客人從外邊進來，鄒忌坐著同他聊天。他問客人道：「你看我和徐公誰漂亮？」客人回答說：「徐公不如您漂亮。」過了幾天，徐公來了。鄒忌仔細地看他，自己認為不如。照著鏡子看自己，更覺得不如，相差很遠。晚上，他躺在床上左思右想，終於悟出了一番道理：「我的妻子說我漂亮，是因為偏愛我；我的妾說我漂亮，是因為怕我；客人說我漂亮，是因為有求於我。」

於是第二天，鄒忌進朝去見齊威王，說：「我確實知道自己不如徐公漂亮。可是我的妻子偏愛我，我的妾怕我，我的客人想求我幫助，都說我比徐公漂亮。如今齊國方圓一千多里，城池一百二十座。宮裡的后妃和左右侍候的人，沒有誰不偏愛大王的；朝廷上的臣子，沒有誰不怕大王；國境之內，沒有誰不向大王尋求幫助。從這點來看，大王受到的矇蔽可厲害啊。」

齊威王聽後，心覺有理，說：「好！」於是就下了一道命令：「文武百官和百姓能夠當面指責我的過錯的，受上等賞；寫信規勸我的，受中等賞；能夠在公共場所指責議論我讓我聽到的，受下等賞。」

命令剛下達時，群眾紛紛進諫，宮門口和院子裡像鬧市一樣人來人往。幾個月以後，要隔一些時候，才間或有人進諫；二年之後，雖然有人想說卻沒有什麼可以進諫的了。

讀了這則故事，我不僅對齊威王的善於納諫，接受臣下意見而喝彩，更為鄒忌敢於進諫和善於進諫而拍案叫絕。鄒忌在向齊威王進諫時，根據自己生活中的一件小事，透過委婉曲折的方式，逐漸把齊威王引到納諫的問題上來，使齊威王很自然地便接受了自己的主張，還連聲說「好」，為齊威王迎來了門庭若市的進諫隊伍。試想，齊威王開始時一定不太喜歡接受別人進諫，而鄒忌如果直接勸他納諫，敢於對國君說「不」，那後果一定是不堪設想的。他之所以能進諫成功，就是採用了委婉語氣的方法。

其實，委婉的語氣不僅適合於政治上對人的勸說、拒絕，更多地是用於生活之中。我們在生活交往中，所接觸的對象，不是家人，就是親戚朋友、同學師長，因此在需要拒絕別人的時候，更應該用委婉的語氣。

比如：在家庭中，幾乎每個青年人都可能遇到自己的意見、看法與長輩不同的時候。在這種情況下，均不可因年輕氣盛，與長輩發生頂撞。而應耐心地進行解釋，講明自己觀點的合理性，以委婉的方式拒絕他。長輩對晚輩一般都寄予厚望，出於愛護，他們往往對晚輩提出一些批評和建議，這時如果晚輩對他們尖銳地拒絕成反抗，往往令他們很難接受，也很傷心，雙方之間的關係也很可能因一件小事而導致破裂，因此必須妥善處理。

一位青年，專科畢業後，自己在一個團體企業找了一份工作，準備去應徵。這時，正好他父親託人在一家國營大廠為他找了一份職務，聽了兒子的意向以後，父親表示堅決不同意。面對這種情況，如果兒子與父親據理力爭，大發脾氣，肯定會在父子間產生隔閡。而這位青年對此事處理得卻非常好，他心平氣和地對父親說：「這個工廠我了解過了，很有前途，生產的是高科技產品，和我學的專業很對口。再說我想，國營企業好是好，可是人才濟濟，我一個專科畢業生，到那裡要想做出一番事業，恐怕很難。可是在這個小廠就不同了，我去那裡，廠長要我馬上把技術工作抓起來，這是多好的機會呀！爸，我從小就依靠你們，您常批評我沒有出息，沒有主見，希望我成為一個敢說敢為的男子

漢。我現在長大了，覺得您說得對，我這次的決心就是自己獨立想出來的，我想您一定會支持我的。這麼多年你們一直替我作主，您就讓我自己作一次主，行嗎？」

聽到這裡，父親還能說什麼呢？兒子說的話句句在理，他終於點頭了。一般說來，長輩都是很通情達理的，只要年輕人善於理解他們的苦心，能夠對他們進行耐心地說服，他們還是願意接受晚輩的意見的。

另外，對於夫妻間來說，雖然說是親密無間，但在拒絕對方時，也要注意尊重對方，不要以為「人熟不講理」，語言粗暴，不講說話技巧。其實許多家庭的破裂，就是因一些細枝末節的小事引起的。在拒絕對方時，採用委婉含蓄的表達方式，將會使您的家庭更加和睦，夫妻關係更加協調。

比如：有這麼一對夫妻，丈夫非常喜歡收集古玩。節假日經常一個人跑到古玩一條街上轉，見了什麼喜歡的東西，就想買到手。做妻子的對此非常反感，別人的丈夫一到節假日就陪妻子到處玩，而自己到節假日總是一個人獨守空房，面對的都是一些盆呀罐呀的古董；另外，由於兩個人均是工薪階層，每月的收入並不很多，而丈夫又拿走一大半去買古玩，因此生活上顯得很拮据。

面對這種情況，妻子幾次都想發火，但她都壓住了。最後，她找了個機會，借討論「投資升值」問題，對丈夫進行勸說。她說：「眼下股市不穩，經商咱又沒那時間和心理承受力，也吃不了那苦；買藝術古玩，一是你眼力不夠，二是財力還差，三是週期太長，玩『大』了，還有許多風險。我看，咱不如賺錢買套商品房，改善一下居住條件，就現在這一間半，你買了古玩也擺不開呀！」妻子的一席話，語氣委婉，又入情在理，說得丈夫開了「竅」，從此不再輕易花錢買那些缺邊少角的瓶瓶罐罐了。

模糊語言法

在社會交往中，我們會經常有這種感覺，就是我們對某人提出的要求，在不知不覺中，竟「被迷迷糊糊地拒絕了」。這時對方採用的就是模糊語言的方法，無疑這種方法也是相當高明的。在拒絕中，一方對另一方提出的問題，不做明確的肯定或否定，而採用模稜兩可，似是而非的語言給予答覆，搞得對方不知你是贊成還是反對，讓人抓不著頭腦；或者故意偷換概念，轉移話題，不

對問題正面回答，或乾脆置之不理。這就是拒絕別人的「模糊語言法」。

一般情況下，我們都認為，社交活動中語言表述應力求清楚明白，少用或不用模糊語言，這是對的。但是，在具體應用中，並不排除語言多種技巧的運用。適當而巧妙地運用一些諸如「大概」、「也許」、「可能」之類的模糊語言，有時會給你的講話提供巨大的幫助。尤其在需要拒絕別人的情況下，巧用模糊語言，可以造成化解對方壓力，提高自己主動性的作用，給人的感覺彷彿是吃了一顆「棉花彈」，不知不覺地便處在了被拒絕的位置。

在論辯語言中。模糊語言被看作是最神奇、最實用的語言。這是因為，在一場論辯中，雙方唇槍舌劍變幻莫測，不可能事先準備好稿子，也不可能像寫文章那樣地字斟句酌，還要進行嚴密的邏輯論證，對所引的數據進行考證等。論辯中只能臨場發揮，即興應答，根本沒有足夠的時間去仔細考慮，因此就需要經常地使用模糊語言。例如：「這個鄉的絕大多數農民均已脫貧致富。」這裡的「絕大多數」就是個模糊概念，究竟是指多少呢？占總數的百分之幾？雖然沒有說，但聽眾是可以理解的，也就沒有必要說出具體數字；否則，如果加上了具體數字，反倒給人不真實感，變得畫蛇添足。

模糊語言的適應性很強，而且具有很強的應變功能，靈活運用模糊語言，有時可以幫助我們擺脫困境。北宋著名改革家王安石的兒子王元澤小的時候，有一次有人把他領到一個裝有一獐一鹿的籠子跟前，問他：「你能說出哪隻是獐，哪隻是鹿嗎？」王元澤確實是分辨不出，他苦思良久，然後答道：「獐旁邊的那隻是鹿，鹿旁邊的那隻是獐。」那人聽後大為驚奇，對他的巧妙回答深嘆不已。

這裡，王元澤回答時所用的就是模糊語言，他的回答出語驚人，甚是巧妙，不僅別人無以辯駁，而且使自己擺脫了困境，顯示出模糊語言的神奇力量。

此外，模糊語言若是用得恰當，還可以兼具修辭的功能。例如：在一次記者招待會上，《紐約時報》的記者馬克斯·法蘭克爾向季辛吉詢問美蘇會談的「程式問題」：「到時，您是打算點點滴滴地宣布呢？還是來個傾盆大雨，成批地發表協定？」季辛吉巧妙地回答：「我明白了，你看，馬克斯同他的報紙一樣，多麼公正啊。他要我們在傾盆大雨和點點滴滴之間任選一個，所以我無

論怎麼辦，總是壞透了。」他略微停了一下，然後一板一眼地說：「我們打算點點滴滴地發表成批聲明。」於是全場哄堂大笑。季辛吉的回答，用形式邏輯和語法觀點都是難以解釋的，但是有模糊語言的觀點卻可以解釋。季辛吉的回答不是非此即彼的確定式，而是似是而非的模糊式。由於其中的奧妙留給了聽眾，所以又富有幽默感。他用這種模糊的回答方式，似是肯定了記者的觀點，但實際上卻對記者所提出的兩種觀點都進行了反駁。拒絕，從而充分體現出了模糊語言的妙用。

凡是跟上司或政府官員打過交道的人，大都有這樣一個感覺，就是他們很喜歡諸如「考慮考慮」、「研究研究」、「看看再說」之類的話。他們在這裡所用的就是模糊語言。一個人如果聽到上司或官員對你說出這樣的話，你確實就應該「考慮考慮」了，八成不是你求他辦的事毫無希望，就是他話裡有名堂，你恐怕要對他「意思意思」才行。

生活中，運用模糊語言拒絕別人的例子很多。比如：你遇到有人向你推銷電鍋，你雖然心裡不想買，但你又怕說出來傷人面子，於是你便可以說：「買不買我還沒想好，等過一段時間再說吧。」

這裡你雖然沒有直接地說出不買，但你給了人家一個模糊的答案，實際上也就等於把他拒絕了。又如，你到鄰居家去玩，鄰居家剛買來一台彩色電視，正在試看。這時他問了你一句：「你看我們家的彩色電視效果怎麼樣？」你看了一下，覺得不太好，但又不想掃他的興，你可以說：「造型還可以。」這裡你沒有正面回答他的提問，而是把問題稍作轉移，讓對方感覺不置可否，其實就是拒絕了回答他人問題。

另外，採用模糊語言，有時也指故意裝糊塗，或對問題支支吾吾，含含糊糊，或乾脆裝作不知道或沒聽到別人的問題。

例如：美國臭名昭著的「水門」事件中，眾議院舉行了許多聽證會，許多精明厲害的眾議員們，以如刀似槍的連珠炮似的追問，撬開了許多證人的嘴巴。唯獨有一位證人在眾多的眾議員面前，整整坐了兩天，被問了數不清的問題，但幾乎連一個問題也沒答出來。這個證人似乎一直無法完全理解眾議員提出的任何問題，從頭到尾都在答非所問，同時還傻乎乎地面帶一臉迷人的笑

容，所有的議員都拿他沒辦法。最後，對他的聽證是唯一沒有收穫的聽證會。這樣看來，關鍵時刻裝裝傻，說些令人迷糊的話，有多麼管用。在這種情況下，即使神仙都拿他沒辦法，這可真是「大智若愚」呀！

人際交往中，時常會遇到別人尋釁滋事，故意與自己或他人過不去。事實上，作為挑釁者，他們大多是蓄謀已久，或是有所依仗，因而才敢膽大妄為。因此，他們是滿心希望你與他針鋒相對，唇槍舌劍，透過這樣誘你入套，逼你就範，從而達到他們的目的。對待這種人，你不妨對他們的挑釁裝作不知道，讓他們的陰謀不能得逞。

例如：某大酒店有位姓張的小姐，人長得非常出眾，因此經常有些不三不四的小青年，對她出言不遜、但她總能靈活地予以對付，堪稱遊刃有餘。

有一次，又有幾位男青年找上門來，瞅著張小姐就說：「你就是張小姐嗎？聽說你長得挺漂亮，我們哥幾個特意來看看你。」對於這樣的事情，一般的服務員也許要麼破口大罵，要麼針鋒相對進行反擊。但是這樣一來，就會影響到酒店的生意，而且當面給他們下不來台，他們很可能以後經常來搗亂，對酒店的名譽也有影響。

面對此情，張小姐並沒有發怒，而是微笑著說：「你們是來喝酒的吧？別光說漂亮話，幾位吃點什麼？」幾位青年一見，面面相覷，反而不知如何是好，只好坐下來點了幾個菜了事。

這裡，張小姐對幾個青年的挑釁裝作不知道，反而笑臉相迎，熱切招待，對他們的話置之不理，而是單刀直入地問：「你們是來喝酒的吧？」這給幾名青年一個既貼切又不失禮貌，同時又隱含諷刺的招呼，意在把他們的氣焰化解掉。接著進行反擊道：「別光說漂亮話，幾位吃點什麼？」既暗示了對方語言的無禮，又彬彬有禮地盡到了服務員的職責；同時拒絕了別人無禮的挑釁，照顧了酒店的生意，從而贏得了老闆的好評。

幽默法

「幽默法」一詞，是個外來語，與中文的「玩笑」、「風趣」的意思有些相似。幽默，歷來都被人們所重視。培根說：「健談者必善幽默。」契訶夫說：「不懂得幽默的人是沒有希望的。」莎士比亞也說：「幽默和風趣是智慧的閃

現。」幽默是思想、學識、智慧的靈感在語言運用中的美麗結晶，是一瞬間的睿智和靈性的火花，被人們看作是有較高文化修養的標誌。美國的馬克‧吐溫，中國的魯迅、老舍以及錢鍾書等文學家，語言都非常幽默，被稱作文學上的「幽默大師」。

幽默之所以被人們這樣重視，是因為它能夠給人們的社會交往帶來許多好處。首先，它是人與人之間相互關係的潤滑劑，它可以使人們的交際氣氛變得更加和諧融洽，縮短人與人之間的心理距離，消除緊張感和對立情緒。一九六八年尼克森當選美國總統之後不久，訪問了倫敦。當時，英國首相威爾遜剛剛任命曾經批評過尼克森的刊物──《新政治家》的前任主編弗里曼為駐美大使，因此，在一次有弗里曼參加的國宴上，氣氛顯得有些緊張。尼克森見此情景，馬上站起來說：「大家現在都可以放鬆了，因為現在他是新大使，我是新政治家。」眾人聽了尼克森的話，全都哈哈大笑起來。

尼克森利用幽默把緊張的氣氛驅散了，整個宴會大廳立刻活躍起來。

其次，幽默還能幫助聽眾理解內容。幽默是把內涵形象化的一種方式，能夠使聽者更好地理解問題的實質。例如列寧在批駁德國政府的愚民政策時說：現在德國政府已經昏頭昏腦，當整個德國都已燃燒起來時，他還以為把自己的消防隊的水龍頭對準一幢房屋，就可以把火滅掉。在這裡，列寧把德國岌岌可危，而又自我欺騙的形象，利用幽默的手法，鮮明地展現在了人們的面前。又如魯迅在諷刺那些極端個人主義者時說他們：希望全世界的人都死光，只留下自己和一位心愛的女孩，同時還必須留下一個賣大餅的。魯迅對他們的批判可謂是淋漓盡致，入木三分。

另外，幽默還有助於顯示自身的力量。當你身陷窘境時，一句幽默的話，不僅可以使你化險為夷，而且還會體現出自己處亂不驚，臨危不懼的姿態，從而給對方以震懾。例如：一位生物學教師在講課時，突然有一個學生在下面學公雞叫，頓時惹得全班一片哄笑。這位教師鎮定自若地看了看自己的手錶說：「我這支錶誤事了，沒想到現在都已是凌晨。不過請同學們相信我的話，公雞報曉，只是動物的本能。」老師的一句話，使教室裡的哄笑立刻都停止了，人們的目光全都集中到那個學雞叫的學生身上，而他則臉上鮮紅，簡直感覺無地

自容。

幽默的語言，能夠為生活增添許多光彩，能夠使您在社交活動中更受歡迎，從而使您獲得更大的收穫。古羅馬的雄辯家西塞羅就曾這樣說過：「笑話和幽默令人愉快，往往還是極為有用的。」如果能夠把幽默用在對別人的拒絕上，也同樣會收到奇異的效果。

例如：美國前總統羅斯福在當選總統之前，曾擔任海軍部的高級官員。一次，他的一位好朋友聽說美國海軍在加勒比海祕密地建造潛艇基地，便問羅斯福有沒有這回事。羅斯福神祕地向四周看了看，把身子向朋友移了移，壓低聲音說：「老朋友，你能保密嗎？」

他的朋友以為羅斯福要把機密告訴他，便非常肯定地說：「當然能！」

誰知羅斯福也非常肯定地說：「我也能！」

他的朋友先是一愣，繼而哈哈大笑起來。不過，他再也不好向羅斯福問有關潛艇基地的事了。

羅斯福作為一名海軍高級官員，當然懂得保守軍事機密的紀律，但是面對好友的詢問，他又不好直接回絕別人。在這種情況下，他能夠運用幽默的語言，給對方以巧妙的拒絕，既不傷害朋友之間的感情，又避免了違犯軍紀，真是一舉兩得，堪稱社交活動的典範。

社會生活中，我們經常會遇到一些需要拒絕而又不好拒絕別人的時候。這時我們如果巧妙地運用一些幽默，往往會得到滿意的結果。實業家王光英在飛往香港，創辦光大實業公司的時候，剛下飛機，就遇到香港一位記者上前發問道：「先生，請問您這次帶了多少錢來？」王光英見是一位女記者，遲疑了一下，然後便答道：「對女士不能問歲數，對男士不能問錢數。小姐，你說對嗎？」女記者聞聽此話，自知失語，無言以對。王光英的一句話，既達到了迴避的目的，又有幽默感，比用支支吾吾，或僅以「哼哼」、「哈哈」聲來掩飾，不知強了多少倍。

幽默的方法，在拒絕他人的方面，確實有著獨特的優勢，它不僅能用幽默的語言反駁對方的錯誤觀點或無理要求，而且又不傷及對方的面子，不會損傷彼此的感情，是人們在社交中經常採用的方法。但是能夠很好地運用幽默，做

到恰到好處，也是很不容易的。這需要深厚的修養、豐富的社交經驗和靈活的應變能力做為堅強後盾，否則就會流於形式，起不到好的作用。

一九四六年春天，審判日本戰爭罪犯的遠東國際軍事法庭在東京開宣。梅汝敖法官作為日本投降的接受國之一的法官代表，參加了這次審判。

出席軍事法庭的 N 國法官齊聚東京後的第一件事，就是討論法庭上的座次排列順序問題。除庭長經盟軍的最高統帥長官麥克阿瑟指定，由澳大利亞德高望重的法官韋伯擔任外，其餘還有美、中、英、蘇、加、法、新、荷、印、菲的幾國法官的座次排列的順序問題。庭長毫無疑問居中而坐，庭長邊的第一把交椅屬於誰呢？法官們展開了激烈的爭論，因為這關係到法官所代表國家在審判中的地位。這實際上是一場政治談判。

帶有傾向性的庭長和某些國家的法官，有意把此座讓給英國法官。為了國家的聲譽和尊嚴，梅法官決心要爭取到這把交椅。當時的中國雖然號稱「世界四強」之一，但是國力不強，徒有虛名，沒有足夠的競爭實力。怎樣才能實現這一目標呢？梅法官想好一套談判策略。

談判開始後，他首先說：「若論個人之座位，我本不在意。但既然我們代表各自的國家，我還需要請示本國政府。」此言一出，滿座皆驚，因為各自一請示，來回反覆，勢必曠日持久，遠東軍事法庭何日開庭，則無法確定。

望著各國法官們的驚訝神色，梅法官說道：「我認為，法庭座次應按日本投降時各受降國的簽字順序排列才最合理。首先，今日係審判日本戰犯，中國受日本侵害最嚴重，而抗戰時間最久，付出犧牲最大，因此有八年浴血抗戰歷史的中國理應排在第二；再者，沒有日本的無條件投降，便沒有今日的審判，按各受降國的簽字順序排座，實屬順理成章。」

梅法官說到這裡，略作停頓，讓人家思考一會。然後又用「幽默法」來加強自己的觀點：「當然，如果各位同仁不贊成這一辦法，我們不妨找個體重測量器來，然後以體重之大小排座，體重者居中，體輕者居旁。」梅法官的話音未落，滿座均已忍俊不禁。庭長韋伯說：「你的建議很好，但它只適用於拳擊比賽。」

梅法官接著說：「若不以受降國的簽字順序排座，那還是按體重排好。這

樣，即使我被排在末座也心安理得，並可以對我的國家有所交代。一旦他們認為我坐在邊上不合適，可以調派一名比我肥胖的替換我呀！」話音剛落，又是一陣哄堂大笑。

笑完之後，又經過一番周折，最後只得按梅法官的建議排座。他代表中國，坐上了庭長左邊的第一把交椅。

在這裡，梅汝效法官利用他雄辯的口才和幽默風趣的語言，據理力爭，為贏得了一個較為理想的地位和尊嚴。在大國林立的世界舞台上，梅法官能夠把非常嚴肅的政治問題，用幽默的語言表達出來，敢於對大國說「不」，並寓莊於諧，用笑聲征服了所有聽眾，充分顯示出幽默語言的無窮魅力。

哈囉演練法：

常常覺得對人說「不」很難，其實，只要你懂得說「不」，就不會覺得難了，現在，你還覺得難嗎？

2. 用既定格式

在日本，每年到了公司補員招考的時候，使各公司傷腦筋的問題之一是，如何發不錄取通知。

各公司考慮到，前來報考的人至少是對本公司信任，有好感，因而本公司要對報考者表示心意，不能冷淡對待。但是，不能錄取就是不能錄取，必須表白得很清楚，以避免對方抱有幻想。如果報考者抱著無法實現的希望，產生再試一次的心理，打電話來或直接前來要求面談，那不就很糟糕嗎？

因此，許多公司的人事部門，寄出去的不錄取通知一般都是用印刷好的書信，內容都是老一套的話。這種做法，在心理學上是有根據的。因為老一套的話，一方面很有禮貌地表示尊重對方，用禮貌的言詞回報應徵者的好意，另一方面卻以公事公辦的明確態度，緊緊封閉了報考者可能產生的任何期待或遐想的餘地。

反之，有些不錄取通知，或者冷冰冰的，給人以不快的感覺，或者熱呼呼

的，使對方產生親密感，以致抱著期待的心理。比如：

「此次本公司招收職員承蒙應徵，非常感謝。經慎重審議，決定不能錄用，非常遺憾，特此通知。敬祝健安。」

「此次本公司徵募考試，您不及格，特此通知。」

「此次本公司招收職員，承立即前來應徵，非常感謝。您的成績相當好，不過，這次暫不予錄用，很為惋惜。他日可能還有機會，務請見諒。」

上面三種不錄取通知，措詞不同，差異很大。第二種太冷淡，第三種用「成績相當好」、「很為惋惜」、「可能還有機會」等感情化的詞大多，容易引發對方再試一試的心理。第一種用了「慎重審議」、「非常遺憾」、「健安」等老一套的詞語，既明白地拒絕了對方，又不致使對方不快或抱有幻想。

這種方法，不限於用於發不錄取通知，其實，在任何場合要說「不」時，同樣也適用。

哈囉演練法：

在社交中，有時，不冷不熱真不失為拒絕別人的最好的辦法。

3. 借用對方的邏輯

有個公司要請一位專家接受一項任務，但是那位專家手頭上有許多工作，如果按一般情形，他是不能接受的。不過，他又很熟悉那項工作，也很有興趣，因此他拒絕接受的理由只用了兩個字「太忙」。但沒有想到公司的經辦人員很厲害，他聽完專家拒絕的理由之後，便客氣地說道：

「正因為這樣，所以我們才拜託先生啊。」

聽了這句話，那位專家頓時啞口無言了。他想：是不是自己說的對這項工作有興趣的話，被他們過分重視了，因此便再次強調說：「不，我雖然對這項工作有興趣，但還有別的工作，我實在太忙……」不料，公司經辦人員卻這樣回答說：

「正因為先生很忙，所以我們才認為先生能很快把這項工作辦好，能者多

勞嘛！我們一向不去拜託那些並不忙碌的先生。」

這雖然是一種巧妙的恭維話，但卻使那位專家失去了反駁的依據，結果終於不能不把任務接受下來。

這個說「是」的例子，其實，也適用於說「不」的時候。例如：第二次世界大戰期間，日本的電影公司「大映」的社長永田雅一，反對政府以戰時體制為由，把原來的五家電影公司裁減為兩家，他主張保留三家。他說：「政府承認營利法人。因為是營利法人，所以三家公司比兩家公司在經營上更為有利，更能促進相互進步。正因為現在是戰時體制，國民如果沒有適度的娛樂，也無從產生全民戰爭的熱情。」

這就是借用對方的邏輯，堅持反對意見的例子。

哈囉演練法：

借用對方的邏輯，順水推舟，看你往哪逃？

4. 引導對方連連說「不」

希臘著名的哲學家蘇格拉底，同時也以善於說服人而聞名。據說，他無論對什麼人的錯誤都不加指責，而是一再從正面提出問題，使對方在不知不覺中，把原來被自己否定的問題，重新認識，重新評價。這種談話的方法稱為「蘇格拉底式問答法」，被認為是說服技巧的珍貴的要領，而如果把它倒過來運用，就可變成極其有效的說「不」的方法了。

「蘇格拉底式問答法」是先與對方搭起連心橋，然後說服對方的方法。而要說「不」時，可以把否定的連心橋搭起來，讓對方連連說「不」，這樣，即使你說了「不」，對方也能諒解。

日本作家山本周五郎有一則有趣的訪問。某出版社一位新來的編輯前去約請山本周五郎寫稿時，卻不知深淺大肆吹噓：「我實在走運，無論拜訪哪位先生，只要一提本出版社的名字，大都一口答應下來。因此，我從不為約稿而傷腦筋。這一點，實在是我的福氣。」

山本周五郎把頭搖了搖，和風細雨地教訓了他：「不。我年輕的時候也做過編輯，由於出版社小，約稿真難。每次約稿我都想，我一定要想辦法說服這位先生，於是，纏住他不放，而終獲成功。這樣的經驗有過幾次。當時我高興的心情，真是無法形容。你的情形不同，稿子來得太容易，我倒覺得是不幸。」

本來那個編輯為輕易得到稿子而高興，不料卻被說成了不幸，不知他當時表情如何。自己的想法被正面否定時，即使不能不承認其反對意見是正確的，但大多數人不免會想反駁一番。但山本周五郎拒絕為那個編輯寫稿。卻使那個編輯無法反駁，彷彿他不是去約稿，而是去接受拒絕的。

哈囉演練法：

一旦讓對方說出「不」以後，要讓他收回去是很難的，一旦說出「不」來，要加以推翻，是自尊心所不容許的，因此，對方一定會堅持「不」，我們就要乘著對方固執之際，也說出「不」來。

5. 表明愛莫能助

歌德的《少年維特的煩惱》的主角維特因為失戀而自殺。失過戀的人都能理解維特當時的心情，當然，並不是所有失戀的人都會自殺。失戀後的大多數人，儘管心靈受到了創傷，但不久這創傷是會平復的。在平復過程中，多半會尋找各種各樣的理由，如：「幸虧沒有和那樣的女人結婚」，「她果真是高不可攀的」等等，用以安慰自己。但很明顯，這時的任何理由，都不是怎麼重要的了。

這是心理學上所謂「合理化」的機能。它是防衛機能的一種，是為了消除內心的不安，給自己找一些理由來自我安慰。就像伊索寓言裡的狐狸。牠想吃葡萄，又吃不到，只好對自己說：「那葡萄太酸了。」這是典型的合理化的例子。所謂合理化，就是把自己的能力不足，把自己的責任，轉嫁到其他事物上，這樣，即使失戀了，也可以防止把自己逼到絕路上去。

利用這種合理化的機能，可以把對方遭到拒絕時的不愉快的感覺擦掉。

為此，要讓前來拜訪的對方，把話講完。讓對方感到他已把你逼到了盡頭。這時，你既有必要表現出已被對方的熱忱所打動，又必須保留作決定性答覆的餘地。經過幾次交談之後，說：「經過一番考慮，還是不便接受，實在對不起。」從而拒絕對方。

這種辦法，使對方有一種滿足感：我已盡力而為了。他不免會想：我這麼努力了。我還有什麼責任？並自然不會把責任推給拒絕的一方：「那位老兄不是不幫忙，是幫不了忙。」有了這種理由做藉口，被拒絕後的不愉快，也就會消失了。因此，如果能巧妙地使用這種方法，就如同有些失戀的男人對女方永遠有好感一樣，你也可以在拒絕對方後仍讓對方對你抱有好的印象。

哈囉演練法：

人的能力畢竟有限，不可能面面俱到，對方如果聰明的話，他應懂得這一道理，否則即便拒絕他，也沒什麼好內疚的。

6. 讓對方說是

有些有多年交情的朋友、同事，因為太親密，有些話倒還無法說出口。例如他嘴裡含著東西說話，或有口臭，或借去的錢和書沒有歸還，以及別人對他的批評等等，越是無話不談的關係，越是能隨意說出口的事，反而越是說不出口。

這是一種「心橋」過剩狀態所引起的現象。當兩個人關係過分親密時，會覺得否定對方就等於否定自己，因而很難否定對方。假若你能有意識地掌握對方的心理，能處於主動的一方，那麼，也是可以利用對方的心理來，拒絕他的要求或制止他的言行的。

例如：日本廣播電台記者鈴木健二便使用這種方法來封閉喋喋不休者的嘴。有時候，年老的職員會無休止地說一些枯燥無味的閒話。大家都聽得心煩，但因對方是長輩，不便直接地請他不要再說。這時，鈴木就提出了對方只好回答「是」的問題。

「你的意思是公司內咖啡座的女服務員態度不好？」「對，正是如此。」「應該想個辦法才對。」「是啊。」

這個方法是有意識地讓對方說「是」，努力拉近與對方的心理距離，使他們之間形成心橋過剩狀態，然後止住對方的話鋒。

要使用這種辦法，最好事先作好準備。準備幾個對方一定會回答「是」的問題。如果用應和的語句，如：「果然是……」「正如你所料……」「你也這麼想嗎？」等，則效果會更好。一旦把對方「趕」入「圈」內，就趕快結束，來一句「那麼好吧，再見」對方因正處於心橋過剩的親密狀態，因此沒有反駁的機會。

哈囉演練法：

有個成語叫「欲擒故縱」，這個方法卻可以說是「欲縱故擒」，你以為我是真跟你好啊！才不是呢！

7. 心理倒退現象

日本有句俗語說：「贏不了哭泣的小孩和地頭蛇。」小孩一旦哭起來，他的要求得不到滿足就會不停地哭。地頭蛇在當地有很大的權勢，不論他怎麼欺壓人也也敢怒不敢言。對這兩者講道理去說服，都是徒勞的。

要拒絕對方，就要想方設法排除對方的說服。當對方想要講道理時，最好不要去據理力爭，因為那樣會變成道理的高下之爭。對方是有準備而來的；他的道理肯定會占上風，所以用道理來論爭是贏不了「哭泣的小孩和地頭蛇」的。要讓自己變成具有勢力的地頭蛇是不現實的，但是「哭泣的小孩」則馬上做得到。你可以像一個淘氣的孩子那樣說一些不成道理的道理，使對方抓不到想用道理來說服你的頭緒。

這從心理學的角度來看，是有意識地運用了心理學上所謂的「倒退現象」。人當他的某種不滿足心理無法用正當的方法來消除時，可能會倒退到什麼要求都能獲得滿足的幼兒期或幸運的時候，想在那裡滿足自己的慾望。一個稍微長

大的孩子，當他在商店門前不能得到想要得到的東西時，便舞手踩足地號啕大哭。這個例子說明，他把自己倒退到什麼要求都能得到滿足的嬰兒時期了，他想以此引起父母的關心，滿足自己的慾望。

這種倒退的特徵，在於把幼兒那種以自我為中心的性格特徵充分表現出來，並與聽不進別人的話，如何表達拒絕的技巧，發生聯繫。這樣，你自然明白，變成「哭泣的小孩」是怎麼一回事。如果充分運用幼兒以我為中心的理論，把不成理由的理由說上一大堆，便可拒絕對方。比如以「因為不喜歡，所以不喜歡」、「因為討厭，所以討厭」。「因為不會，就是不會」等為理由。當別人託辦什麼事時，用「春天快到了，春天是不能辦的」之類不成理由的理由來拒絕對方，對方從這種理由當中無法找到反駁的道理，得不到說服的線索，於是自然而然死心了。

哈囉演練法：

因為愛，所以愛，沒什麼理由可講的，原來，這竟然是一種心理倒退的現象呢！看來，在愛情中的人，都是「哭泣的不孩」吧！

8. 表明盡力而為之意

當你的親友託你辦事沒有辦成，或者你要拒絕他們什麼要求的時候，你要設法讓對方得到某種補償，用以表示你的誠意。這種補償，對對方可能沒有什麼實際意義，但在心理上來說，卻是十分重要的。

美國人際關係研究者戴爾‧卡內基介紹過這樣的例子：他有一個朋友是著名的演講學者，有一次為了拒絕朋友的演講邀請，採用了下面的方法。首先，實話實說：「很遺憾，我的時間實在安排不過來。」緊接著，推薦別的演講者，並說，「這位先生說不定是更適合的人選哩。」

這種拒絕的方法，至少有三個優點：

第一，說了「不」之後，馬上給予「補償」，使本來因被拒絕而產生的不滿、失望的感覺得到補償，把對方的關心引導到那個第三者身上去。這時，你

如果能詳細介紹有關那人的情況，效果會更好，比如推薦演講代替者時，要將其姓名、通訊地址、聯繫人，以及他的專長等，逐一告訴對方。

第二，不是因為其他的原因而拒絕，始終體現了協助的姿態，讓對方了解了你的誠意。

第三，這表示受託的一方確實因為忙離不開，以致設法用補償的方法來表示拒絕，因此說「不」的理由更加充分有力。

當然，如果還能設法使對方相信，經你補償之後，他現在所獲得的比原來要求獲得的更為滿意，那麼，拒絕了原來的要求，反而可以使對方高興。但要注意，倘若這時你是在推薦代替者，絕不可以過分自謙。這一點很重要。假如你說：「我不是合適的人選，他才是。」這話很容易被認為是別有用心。你一定要始終強調，你有心協助，但現在實在是分身無術，力不從心。

補償的辦法，當然不一定只此一種，還有很多其他方式。你由此不妨回想一下：在以往的生活中，有哪些事情可以協助於人，而你卻沒有協助呢？

哈囉演練法：

如果你實在力不從心，乾脆讓對方明白：天涯何處無芳草，何必單戀一枝花？可能人人比我更適合你呢！

9. 預先表明否定的自我態度

每一個人都希望別人覺得他好。其實，別人的評價，卻因對方的第一印象不同而有差別。比如：你對於張三來說是個冷淡的人，但在李四印象裡你卻是一個熱情的人。這種現象屢見不鮮。正如英國社會心理家阿吉爾所說的：「人們並不是終年都把自己的形象留給別人。站在舞台上和不站在舞台上是截然不同的。在舞台上，人們會意識到觀眾的眼光，很注意自己留給觀眾的印象。」

不管品質如何，人們在舞台上扮演的角色，卻能給別人各種不同的形象。

日本精神科醫生奈田伊那田最近寫的一本書《歪理學入門》，書中寫他自己付出很多心血，為的是給別人留下一個不好的形象——他是一個難以應付的

人。他舉例說明，某雜誌社向他提出一個問題：被劫機者劫持的人質在精神上能支撐多長時間？他是這樣回答的：

「這個問題，有幾十個小時吧。這實在很難回答。不過，你認為我知道？」

「是的，所以我才打電話問你啊。」

「有道理，有道理……這可教人傷腦筋。」

「為什麼會傷腦筋？」

「因為我擔心，假如我無法回答你的問題，你也許會認為我是一個不高明的精神科醫生。」

「不會。不過，精神科醫生應該知道這種事吧？」

「你看，你還是認為我是精神科醫生，應該知道。」

「原來你真的不知道。」

把這種自我否定的形象應用到表示拒絕的場合時，你可能預先表現出你是一個冷漠的人，一個對金錢斤斤計較的人。只要給對方留下了你的否定性自我畫像般的印象，也就是對方對你的第一印象不好，這就為說「不」創造了條件，最後，「不」也就比較容易說出口了。在不得不表示拒絕的場合，你如果給予別人肯定的自畫像，這正是你非說「是」不可的第一步。奈田伊那田就是這樣給予對方「歪理專家」的自畫像，從而巧妙地擊退了令人厭煩的對方。

哈囉演練法：

「老好人」好的往往是別人，而一個人絕不可能永遠保持「老好人」的形象，所以，有時候啊，「酷」一點又何妨？

10. 掌握合適的時機

根據日本專門研究推銷的二見道夫的調查，顧客拒絕推銷員的理由，主要有下面幾種情況：

有明確的拒絕理由而拒絕的占百分之十八點七；

沒有什麼明確理由，而用身邊的瑣事為理由來拒絕的占百分之十六點九；

因為忙而拒絕的占百分之六點八；

拒絕的理由已記不得，只記得是一種條件反射性的拒絕的占百分之四十七點二；其他原因拒絕的占百分之十點四。

從以上統計資料可以看出，當一個人拒絕時，並不一定有什麼重大的理由，多半是條件反射性地說出「不」字的。是想不出什麼拒絕的理由才反射性地拒絕呢？還是雖然有理由卻嫌麻煩懶得說呢？這就很難得到正確的結論了。不過至少在數字上以條件反射性拒絕者占大多數。它表明這種拒絕法，成功的比例高。

這項統計資料還顯示，一個人要說「不」時，時機是非常重要的，不管要說的是什麼事，說服的重要條件之一，就是要抓住和對方交談的話題。如果不給對方談話的時間，而「反射性地」說「不」，這就成為拒絕對方的有效方法了。

由於是「反射性地」，對方不問「理由」如何，自己也根本不要去想什麼「理由」，速度第一，快速地利用身邊的人或物表示拒絕。如果你是男的，首先可以利用太太，以反射性的脫口而出的話來拒絕對方，這是最容易辦到的。比如：可以說「太太不在，我不清楚。」輕而易舉地表示了拒絕。如果你是女的，當然變成「先生不在」啦。還有的人曾經被別人這樣回絕過，那是拿「天氣」來做擋箭牌的。一見面對方就說「天氣不好，所以心情不佳，下次再說吧！」據說，這樣被拒絕所致的打擊，久久難忘。

「笨拙的思考等於白思考」。與其思考一陣之後說出一些不恰當的理由和藉口，倒不如抓住時機，反射性地說「不」來拒絕對方，使對方失去說服你的機會。用這種方法，可以在不少場合使你獲得成功。

哈囉演練法：

人每天需要思考的事情已經太多，能不思考的還不抓住時機偷一下懶？

11. 借助第三者表示拒絕

前面我們所介紹的拒絕他人的方法，無論是「巧用語言」、「巧用態度」，還是「使用道具」，大多都是自己是拒絕別人的直接實施者，下面就向你介紹一種自己不直接向對方說「不」，而是借助於第三方，即借人說「不」的拒絕方法。

在拒絕別人的時候，不僅要「善假於物」還要「善假於人」，就是在拒絕時善於利用第三者的幫助。這裡的「人」既可以指單個的人，也可以指某一個團體。

利用他人幫助我們拒絕對方，這樣的事在日常生活中其實用得很多。比如當一位年輕女孩在被她不太熟悉的男士邀請去看電影或吃飯時，她經常說的話就是：「對不起，我爸爸今天讓我早點回家，我不能陪您去。」這種說法，隱藏了自己的主觀原因，而是以他人的原因為藉口來拒絕對方，從而既減輕了對方的失望和難堪，也減輕了因拒絕別人在自己的心理上產生的壓力，真是兩全齊美的好事。

但是借用他人來拒絕對方，這裡選用的第三者，並不是隨便任何人都可以的，一般要選擇對方所尊敬的對象或具有權威性的人物，充當「第三者」，更有利於「不」的說出。

例如：在家庭中，難免會產生子女與父母意見不一的時候。這時，孩子所採取的方法，一般都是搬出爺爺、奶奶或外公、外婆來對付自己的父母。比如：上中學的女兒要和班裡的同學出去郊遊，母親害怕沒有大人領著不安全，所以死活都不同意。可是外公卻不這樣看，於是女兒就去請外公出山，幫助她說服母親。外公欣然從命，和外孫女一起唱起了「雙簧」。女兒先說明了自己的打算，然後不等母親反對，她就示意外公上陣。外公於是就對母親說：「還是叫孩子去吧。溫室裡的花經不起風雨，小孩子就應該讓她去闖蕩，從小就鍛鍊獨立生活的能力，這對她將來是有好處的。只不過要小心，注意安全就行了。」外公的話自然分量比較大，母親也沒有什麼好說的了，只得同意。

在政治和外交以及談判活動中，利用第三者來拒絕對方，也是人們經常採

用的一種手法。例如：當某政治家在面對記者的不斷發問時，就經常會說：「關於這件事的具體情況，我不太清楚。如果您想了解詳情的話，請問╳╳╳好了，相信他會給您圓滿答覆的。」這位政治家在此就是巧妙地運用了借人說『不』的方法，把球踢給了「第三者」。這樣就防止了記者的繼續追問，使自己從困境中解脫出來。

借用他人說「不」時，重要的是最好事先準備好第三者，而不要臨時著急。現在，凡是到街攤上買東西的人都知道，許多小販通常都有幾個「托兒」，就是在旁邊幫助說服你買東西的人。他們表面上好像也是顧客，但實際卻同賣主是串通一氣的。賣主抓住了顧客更相信第三者的意見的心理，便找些「托兒」來勸說顧客，往往都能見效。

時下，「無酒不成席」已成定勢，經濟的發展助長了喝酒之風。尤其是少數黨員、幹部，利用公款大吃大喝，引起群眾的極大不滿。世上流傳著這樣一個順口溜：「革命的小酒兒天天醉，喝壞了黨風喝壞了胃。」就是對這種現象的極大諷刺。飲酒，對於喜歡和善飲的人來說，當然是無所謂，而對於確實不會飲酒，不能飲酒的人來說卻不亞於是「一場災難」。因此，人們想出了許多拒酒的招數，其中有一招就是「三十六計走為上策」，在喝酒中途找個藉口「開溜」。具體做法就是，在喝酒之前事先安排好一個第三者，讓他在關鍵時刻來喊你：「某先生，你有緊急電話。」或說：「某先生，你家有急事，你愛人讓你馬上次去！」你便可做欲走還留狀，並連說：「對不起，各位！我去去馬上就來，馬上就來。」而只要一離開酒席就躲起來，到酒席完時再回來說幾句道歉的話，一般對方也不會太在意。利用第三者說「不」，可以把拒絕的責任轉嫁給第三者，從而緩解拒絕者與被拒絕者之間的矛盾衝突，因此經常被人們所採用。但是在運用此法時，一定要考慮周密，靈活掌握，不要因此而傷害了朋友之間的感情。

哈囉演練法：

哦，原來自己扛不起的擔子還可以扔給別人啊？真是妙招，妙招。

社交力
從會哈囉開始

12. 利用對方的下意識

　　對於夫妻爭吵總是逆來順受的妻子，有一個絕妙的方法能使你簡單地說出「不」來。那就是：「你母親不是說過不能這樣做嗎？」抬出一位讓對方不敢頂撞的第三者說「不」。據精神分析學的說法，每一個人的精神內部，都存在著超自我（Superego）——能對自己的自我賦予禁止或嚮往的道德機能。比如：父母對兒女而言，是超自我的存在。當幼兒做錯什麼事時，雙親會責罵說「不行」。然而，隨著幼兒的成長，即使未被直接責罵，「不行」也會經常以一種心理機能來支配他，所以，一旦被這種心理說了「不」，他就無力反抗了。

　　在日本，曾因連續強姦、殺人的案件而轟動一時的大久保清，據說，他後來之所以招認，是由於警方一再提到了他的母親：「你母親對你很失望，她在哭。」就是「超自我」在起了作用。

> **哈囉演練法：**

　　從內心經常監視著他，使他無法逃避的超自我，除了上述雙親之外，還有神明、良心等等，對於信仰虔誠的人，如利用神明菩薩來說「不」，往往更會發生意外的效果。

13. 借眾人之口

　　假定你的科長派你辦一件事，你本想說「不」，但又很難開口。這時，你可以拜託兩位同事，陪你一道去科長那裡。

　　這種三人戰術，決非倚眾仗勢，而是靠團體來掩飾自己，借用眾人之口說出自己的「不」的一種有效的心理戰。

　　首先，讓事先約定的贊成和反對的兩位同事，在科長面前展開爭論。當辯論幾將結束時，你可以來一句「原來如此，那恐怕很難辦了！」不著邊際地投向反對者一方去。僅只如此，你就可以不必直接向科長說「不」，而表明了自己的「不」。這樣做等於是造出了這麼一個印象：互相經過一番辯論，絞盡了

腦汁，多數的結論是「不」，這樣，包括科長在內的在座的全體成員，誰都不會感到傷害了自己的面子和感情。由於是三人關係，即使意見對立，也經常是二比一，「不」的意見本身也可以多數的方式表現出來，顯得比較溫和。

　　但如果僅是你和科長兩個人面對面，事情的進展就不會這麼簡單了。俗話說：「兩人旅行是不睦之本」，兩人相處，意見的一致與不一致都會顯得兩相對立，而且團體的總意見在這種情況下容易被忽略。

　　這種心理運用，其實就是基於心理學的集團行動理論。在心理學上，把兩人的團體叫做 diad（一對一），把三人的團體叫做 triad（三合一），「而在兩人團體的情況下，看上去很少表明一致或不一致，實際這種關係不知什麼時候會破裂。因此，彼此間的關係安定性極小。」

　　「然而，在三人集團中，彼此的關係常會是二比一，即使對某一個意見表明了贊同與否，也是多數意見的形態，很少有「對立破壞了關係」的危險性，所以「安定度極高」。這三者的關係，不是「支配兩者」、或「介入兩者中間」，就是「被兩者支配」。拿上面的例子來說，先讓兩個人辯論，自己則裝作「被兩者支配」的樣子。接著，「介入兩者中間」去支持否定的一方，最後，以總的意見得出否定的結論，從而「支配兩者」。

　　這種方法，不只限於三人團體，五人、七人的奇數團體也可以應用。讓大家進行辯論，自己則逐漸加入反對者的一邊。這樣會給人一種印象：你是尊重全體成員的意見，只當越辯越深入時，你才轉到反對者一方。並非你個人存心反對什麼。

哈囉演練法：

　　旁人都這麼說，你可不能怪我了吧？

14. 先肯定，再否定

　　美國的消費者團體，為了避免被迫買下不願意買的東西，印行了各種《如何與推銷員打交道》之類的手冊，其仲介紹了如何拒絕來訪推銷員的各種方

法。聽說其中以「Yes, But……（是，不過……）」法最有效果，如「你聞聞看，很香吧？」「Yes, But……」先承認對方的說詞，然後在緊要處，答以 But 敷衍過去。

因為一開始就斷然說「不」，推銷員一定會不甘心，絞盡腦汁想說服你。可是，「Yes, But」的空話，則如同沒說一樣，聽之無味，使對方失去了說服的慾望。

在紐約州的一個有四千人口的集鎮上，曾以一千家庭主婦為對象，實驗過這個方法。其結果，在實驗之前，同一個推銷員被拒絕而再來訪問的比率為百分之二十五，而實驗後，再來訪問的推銷員的比率，則降到了百分之八。這就是說，使用「Yes, But」法後，第一次訪問就判斷沒有希望的人，變得非常的多。

人同此心，被說「是」總比被說「不」要愉快得多。只要聽到一句「是」，心裡就會輕鬆許多。因此，為了說「不」，有時就有必要先用「是」來給對方以好感。也就是說，這時的「是」，發揮了把兩人的心連結起來的「心橋」功能。一旦在兩人之間架上了心橋，即使再聽到「不」也不會引起反感。

所以，先用「嗯，不錯」來肯定，再「然而」地一轉，最後予以否定的「Yes, But」法頗為有效。

在公司裡，當你和你的上級的意見有分歧時，不要正面反對，要用「是的，你說得不錯。不過，這樣一來，會不會……我想說說我的看法……」這樣以柔和的口吻說出反對意見，對方就比較容易接受。特別是你在同沒有好感的客戶打交道時，你更會動不動就脫口便說出「不」來，可是一下子說出了「不」，只會使對方不快，產生反效果。到你能夠牢牢地搭好「心橋」再說出有效的「不」時，你就將是一個如虎添翼的企業人員了。

間的這次對話就這樣結束。然而，後來山本周五郎卻在他的一篇隨筆《空空如也的衣櫃》裡寫道：「當時覺得身體好像被劈成兩半。」據說從那以後，他不再為了生活費用的事過分麻煩他的太太了。雖然沒有半句表示訴苦的話，但是賢內助琴女士一定知道不曉叨才是最雄辯的牢騷。

夫妻之間的訴苦不用言語也可以瞭然，但與別人之間恐怕就不行了。最好還是讓對方吐露實情，同時把自己的實情也毫無隱瞞地坦然相告，這才是不說

「不」而能達到「不」的效果的最佳方法。

> **哈囉演練法：**

　　你說的話誠然不錯，但我還是難以接受，「此恨不關風與月」，這該
　　行了吧！

15. 抑己揚他法

　　「對我來說，她真是太完美了，我不和能否配得上……」。

　　常聽說這樣的故事：鄉下來的純情學生愛上了風月場中的女性，到了談及婚嫁的時候，結果卻死了心，鄉下學生又專心原先的課業了。

　　這一類故事，大抵都是女性早已歷盡滄桑，深諳人心，她會對學生曉以大義，使其不致誤入歧途。這時，使那位熱情如熾的男子死心的話，多半都是這樣說法：

　　「你是一個在最高學府就讀、前途無量的人。怎麼可以被我這種既無教養也無正當職業的落魄女子連累呀。我愛你的程度，一定遠遠超過你愛我。可是，如果我要獲取我的愛情，可能使你目前的學業荒廢。正因為我愛你，所以不能不同你分手……。」

　　這話是否出於真心，並不是問題之所在。她的言詞之所以能擺脫那糾纏不放的青年，是由於她始終以謙卑的態度，喚起對方的自尊心，把對方因為遭受拒絕而產生的心理的不協和帶向協和的方向去。自己是被她看中了的，而且是被深深愛著的——只要這樣一想，對那男人來說，分離的痛苦就已減少到了最低限度，心靈不會受到多大的創傷。

　　人有這樣的一面：比起被拒絕而將失去的實質東西來，寧願不受精神的創傷，而只要求得到心理上的安定就好。因此，即使結果是要否定別人，也要盡力抬高對方，令其心理感到慰貼，然後順利地接受你的「不」。

　　要抬高對方使其心理獲得安慰的方法，就是把非說「不」不可的自己一方盡力貶低。有一句話叫做「我不勝任」，就是靠表達自己是多麼不適合對方的

要求，來相對地提高對方的地位，又相反的靠抬高對方的立場，給對方一種印象：我不勝任，我不敢當，我必須辭退……。

如要對介紹人拒絕時，若說「對我來說，她真是太完美了……」或者「她太好了，我不知能否配得上」，這樣一來不致傷害對方的面子，二來又可讓對方另外物色比自己更好的對象。

哈囉演練法：

哦，原來在拒絕別人的時候，還可以把話說得如此動聽，真是太妙了！

16. 道出自己的無奈

有的人每逢受託辦理什麼事情時，就會連續不斷地說「傷腦筋」、「怎麼辦呢」這彷彿是一句含有「很想接受你的委託」意味的話，但仔細一聽，他絕對沒有說出所以傷腦筋或不知如何是好的理由來。儘管交談持續了幾分鐘，他始終是「傷腦筋」，到最後你還是不明究竟，不得不自行告退：「那麼改日再來麻煩您吧。」使得你不但不會覺得不愉快，反而還會對他的「傷腦筋」引起一絲的同情。

據說，好萊塢的女演員安‧巴克絲達，便是這種以「傷腦筋」來拒絕的名手。她是位老練的女演員，而她那高明的拒絕方法也同樣老練，因為她是位難得的配角演員，所以每個星期都至少有兩部戲的劇本送到她那裡。製片人常常打電話向她發出邀請：「請看看劇本，倘若合意，就請參加演出。」

於是，她就在電話中不斷叫喊「傷腦筋」：

「那個劇本很好，不過我覺得傷腦筋的是……」

「而且那個角色也很富挑戰性，真是傷腦筋……」

「我的對手角色是誰？呵！是他？我真想和他共同演出一次呢，這就更叫我傷腦筋了。」

「導演非常屬意於我？真的？唉，傷腦筋，傷腦筋。」

真是不亞於銀幕上的演技。

在「傷腦筋」「怎麼辦呢？」等言詞裡，本身就有一種在自我的周圍架設心理牆壁的作用，因此，對方很容易一開始就被這一道牆阻礙，不得而人，在交談中越是連續不斷地重複這些句子，這道牆壁就越堅固，越使對方被迫放棄說服的念頭。

特別是由於只說「傷腦筋」「怎麼辦呢」，而又不說明理由，更使對方弄不清楚必須為你除掉什麼障礙。所以，這又能給對方一種錯覺，你之所以不肯點頭稱「是」，是對方不設法為你去排除障礙的不對。最後，反而弄得對方要說「對不起」，向你賠禮了。即令對方要盤根究底，追問你傷腦筋的理由，你也可以繼續說「這麼一再令我傷腦筋的理由，我也回答不出來呀，真是傷腦筋」，如此「傷腦筋」「怎麼辦呢？」下去就行了。

哈囉演練法：

看出來沒有？你這樣的回答，其實傷腦筋的不是你，而是那個找你辦事的人，這一招高明吧？

17. 反其道而行之

小孩子開口要東西，做父母的想說「不」時，為了讓對方順利地接受「不」，該怎麼辦？美國的教育心理學家海姆‧吉諾特博士在他的著作《親子之間》裡討論到這個問題，說有四個階段的「不」

的說法：

（1）首先承認小孩子的願望。比如：「你今天晚上想看電影？」

（2）明確地表示該願望能獲許可的範圍。「我們家有一個規矩，『上學日的晚上不能看電影』，記得吧？」

（3）然而，如要表示該願望能夠部分地得到實現：「星期五和星期六就可以了。」

（4）給予表達失望或生氣的機會：「我知道你討厭這個規矩」。「等你

長大了，我們來改變這個規矩」、「對你來說，最好是每晚都可以看電影，是吧？」

——到底是教育心理學家，智慧非凡！倘若一開始就給予全面的否定，就會失去共同的心理基礎。

所以，首先要承認小孩子想看電影的願望。也不妨加上這麼一句：「媽媽也想看呢」。這樣造成一種可以溝通的大前提，接著，依（2）、（3）的順序，表示這一共同領域更有限制，同時也有部分可以贊同之處。這時，如能利用「我們家的規矩」這一類的家庭感情當更好。如此驅退當前的要求，再用（4）來降低其不滿的情緒，則「不」就可以被順利接受而不產生任何不良後果。這個方法，當然不僅適用於小孩子，大人也可適用。因全面性否定而必然產生的抵抗，可以用部分性承認來巧妙地避開。

哈囉演練法：

原來小孩子也不是那麼容易對付的，你得學會怎樣去哄他才算厲害！

不過，現在你應該是挺厲害的了吧？

18. 把問題抽象化

被巧妙地拒絕時有一種形容，叫做「被迷迷糊糊地拒絕了」。意思是對方放了煙幕，在你看清真像之前，就已經被那煙霧矇騙而去了。

這煙幕，有一種是「論點的移動」還有一種叫做「抽象化」。話要說得非常具體、耗用很多時間方可拒絕，或找不到切實的拒絕理由時，可以將話題不斷抽象化，這乍看之下似乎談論的事比正題還重要，其實，已將對方誘入距離正題頗為遙遠的雲霧之外了。

有人舉過這樣一個拒絕婚事的例子：由於對方態度相當認真，所以要一本正經地跟對方講道理，問題會始終得不到解決。而要正面說出：「不能和你結婚的理由」，又勢必傷害對方的感情。所以，將「A 和 B 的婚事」這種具體的問題，故意提高到抽象的「一般的結婚」問題上去。

「被你求婚，我真高興。不過，我認為我們不能過於沉醉在感情之中。」

「不，我很冷靜。」

「我不是這個意思。我想好好地和你交流一下你我對結婚的看法。」

「很好呀！」

「結婚到底是怎麼一回事呢？」

一旦將對方引人抽象的領域，以後就再將這領域不斷擴大。「對男女的結合來說，結婚是不是理想的形態？」「究竟男人和女人是什麼呢？」

語意學學者 S.I. 早川舉出「佩西」例子，提出一個「抽象的階梯」概念：把名叫「佩西」的母牛抽象為「母牛」，再將牠抽象變成了「哺乳類」。

在邏輯上，「抽象的階梯」是一直連接不斷的。然而佩西和哺乳類的話題範圍就擴大多了。因此，話題的焦點，越是到階梯的上方越是模糊，那就成為煙幕了。

美國的超級市場對客戶抱怨處理部門使用的也是類似的方法。據說每當主婦們為了質量或價格的問題前來提意見時，他們就用一般人很難聽懂的營業語言，非常細心地予以說明。用抽象的專門用語，不斷爬上「抽象的階梯」，讓客戶們感到迷迷糊糊，終於認為店方的主張沒有錯。

哈囉演練法：

把問題抽象化，其實也是一種緩兵之計，既給自己一個回絕的機會，
也給對方一個反省的機會，真謂一箭雙鵰，何樂而不為？

19. 以是引非

戰國時代的韓宣王，有一個名叫櫻留的丞相。有一次宣王問櫻留，他的兩個部下，不知能否重用。櫻留回答說：

魏國曾因重用這兩個人，失去了一部分國土。楚國也因重用了這兩個人而失土庫國，我不知道這兩個人日後會不會使我國也遭到同樣的命運？」

之後，櫻留的結論是：「所以，最好不要重用這兩個人。」即使不聽這個

結論，被說到以上地步，宣王也會失去任用這兩個人的興趣了。

這個有名的故事，出自《韓非子》。這種說「不」的方法，之所以具有說眼力，固然由於過去這兩個的敗績是鐵的事實，但是擺留的說話技巧奏效，也不容忽視。

當宣王向櫻留徵詢意見時，他並沒有立即說出他的結論。首先，他把具體的事實單純當做事實敘述，然後用邏輯學上的歸納法，來加以判斷，這就具有了說服力。如果反過來，當國王徵詢他意見時，他一開口就說「這兩個人在不久的將來可能會把我國出賣」會怎麼樣呢？誰都會產生一種難以接受的「不」的心理——「這個人好武斷，他是不是對這兩個人有什麼怨恨？」之後，即使列舉再多的具體事實，也可能不會被當做純粹的客觀事實來接受了。

不要先作出否定的結論，而要採用誘導式的否定法；當你有必要說出很難令人接受的「不」時，這一點務必銘記在心。不說一句「不」，只要列舉說「是」時可能出現的所有負面的情形，對方不等你說出「不」的結論，也就不能不接受你的「不」了。

不是將「不行」、「討厭」之類的主觀的斷定逼對方接受，而是把說「是」之後，對自己會產生多大的不利或不便，盡可能客觀地一一披露於對方面前。這樣，將會把「不」更順利地浸透到對方的心中去。

哈囉演練法：

講了這麼多說「不」的技巧，其實，還是讓事實說話最具說服力。

七、幽默

1. 促進交流的幽默語言

人們常說，幽默是思想、學識、智慧和靈感在語言運用中的結晶，是一瞬間閃現的光彩奪目的火花。幽默是自覺地用表面的滑稽逗笑形式，以嚴肅的態

度對待生活事物和整個世界。幽默是具有智慧、教養和道德上優越感的表現。幽默感是人的比較高尚的氣質，是文明和睿智的體現。

有人說，當你同別人一起笑的時候，感情也就和他人之間得到了交流。在工作中需要保持輕鬆歡樂、坦率誠懇，有難同當、有樂共享的態度。其實只要稍稍留意，生活中到處可以發現許多不易為人感覺的幽默故事。一位警察在處理一起交通事故之後，坐下來填報告單，一乘客的反應一欄中，由於很難用簡單幾個字說清楚。於是他乾脆寫道：「他們像熱鍋上的螞蟻，急得團團直轉。」生活中只要你善於運用幽默，類似的例子還有很多，那些似是而非的怪事就會給你的生活帶來無窮的樂趣。

對於他人給予你的幽默，最重要的是用自身的幽默來接受他人的幽默。在一次施工爆破之前，有位新聞記者半開玩笑地向工人提出一個問題：「你們在爆破時準備如何處理那些碎石和灰塵？」

工人也幽默地回答：「我們到包裝公司訂做了一個特種塑膠袋，用直升飛機把袋子吊到上空，然後扔下來套在樓上。」記者聽了之後同工人一道哈哈大笑，關係馬上融洽起來。

又聽說有兩個保險公司職員發生爭執，雙方都誇耀自己的公司在支付保險金上速度非常快。

第一位說他的公司能在事故發生當天把保險金送到投保人手中。另一位則說：「那根本算不上快。我們公司在大樓的第二十三層，如果有一位投保人從四十層樓跳下來，當他經過二十三層時，我們就可以把保險金支票從窗戶裡交給他了。」

一個人不僅要幽默地調侃他人，也要能接受他人的幽默調侃。理解和接受他人的幽默對自己不無益處，因為任何人都處於社會關係之中，你可以拿別人開心，別人當然也就會拿你開心，這樣才能得到他人一起發自內心友好的歡笑。

哈囉演練法：

看來，幽默真不愧是好口才，你看，他在前面三番五次地出現還不夠，還要在這裡招搖，好像它真長得不錯，不讓人多看幾眼就不甘心似的。

2. 輕鬆幽默的勸解

如果我們想在社交活動中給人一個良好的印象，就必須運用幽默。不論是在做客或是待客，我們都要盡力以此待人。當我們進入室內，就要把幽默力量反映出來。一個面帶怒容或是神情抑鬱的人，絕不會比一個面露微笑、看起來健康快樂的人更受歡迎。

我們在社交場合裡已經看穿了他人的想法時，也不妨神色自然地發揮一下幽默力量。有位年輕人無所作為卻很仰慕大發明家愛迪生的名氣。一次，他問愛迪生：「先生，你為什麼有那麼多的發明而名揚天下呢？」

愛迪生猜出了他的心思，故意反問：「看來，你是天天都在想著出名吧？」

年輕人一聽，以為愛迪生要傳授祕訣給他，十分高興地說：「我連做夢都在想哪，我什麼時候能像你一樣名揚天下呢？」

「你死後就會很快出名。」愛迪生說。

年輕人驚異地問：「為什麼要等到死後呢？」

「因為你只希望怎樣才能占有一座高樓，而不是去動手建造這座高樓。那你終日想像的高樓是永遠不會自動出現的。可是如果在空想中度過一生，你死後就會因為那些空想而名揚天下了嘛？！」愛迪生這段融諷刺與告誡於一體的幽默，使年輕人的心裡受到了很大的震動。

又如一位熟人到門得列夫家串門，他喋喋不休地講個不停，最後還自以為是，並問：「我使你感到厭煩了嗎？」

「不，沒有……」門得列夫毫不介意地回答說：「你說到哪裡去了，請講吧，繼續講吧，繼續講吧，你並不妨礙我，我在想自己的事情……」

3. 自然平淡的幽默

　　為什麼只要卓別林等許多喜劇人物一露臉，他們一張口、一舉手、一投足，立刻便能把人們的心弦撥動，使千萬人為之捧腹、為之噴飯傾倒呢？這神祕的奧妙就在於：他們的一言一行、一舉一動都充滿了啟人心智、令人愉悅的幽默。

　　某君房屋漏雨，每次請求修繕都沒有結果。一天，單位主管視察民情，問及此君房子一事。人們以為他會大訴其苦，卻沒想到某君微微一笑說：「還好，不是經常，只是下雨時才漏。」妙語博得主管諸人一陣大笑。幾天後，修房問題妥善解決。

　　幽默具有神奇的魅力：可以使愁眉笑逐顏開，也可以使淚水盈眶的人破涕為笑；可以為懶惰者帶來活力，也可以為勤奮者驅散疲憊；可以為孤僻者增添情趣，也可以使歡樂者更愉悅。

　　幽默這個詞在家不算陌生，常常聽到有人掛在嘴上，似乎大家都知道是怎麼回事。可是，若有人提問「什麼是幽默」時，還真的不容易講清楚！

　　世界上沒有一個人不喜歡風趣幽默的語言。在傳統文藝晚會上，相聲小品之所以一直成為最受歡迎的節目之一，就是它的表現形式離不開幽默，那幽默的語言強烈地感染著觀眾的心，幽默的話能抓住聽者的心，使對方平心靜氣；也可以使一些深刻的思想表達得更加生動和形象。

　　心理學家認為，幽默是人的能力、意志、個性、興趣的一種綜合體現。它是社交的調味料。有了幽默的社交，便會把一顆顆散亂的心吸入它的磁場，讓別人臉上綻放歡樂的笑容。它是智慧的火花。

　　可以說這種交往是智慧的體現，是智慧者靈感勃發的光輝。

　　幽默的人往往是一個奮力進取的弄潮兒。美國發明家愛迪生就是一個善於以幽默來對待失敗，不斷進取而終獲成功的典型代表。幽默同時也能展示一種樂觀豁達的品格。巴爾札克一生寫了無數作品，卻常常手頭拮据，窮困潦倒。有一天夜晚，他正在睡覺，有個小偷爬進他的房間，在他的書桌裡亂摸。巴爾札克被驚醒了，但他沒有大喊大叫，而是悄悄爬起來，點亮了燈，平靜地微笑著說：「親愛的，別翻了。我在大白天都不能在書桌裡找到錢，現在天黑了，

你就更不用枉費精力！」

人生在世，不如意事十之八九。能淡然處之，正是超脫的高手，若能腐朽為神奇，化煩惱為樂趣，就更是一種新的超越，獲得的情趣非常人可比。

哈囉演練法：

知道嗎？世界上許許多多的事情都是在笑聲中解決的，不信？那麼不如留意一下。

4. 利用語言維護面子

生活中如何擺脫窘迫的處境，要根據情形而定。例如上司在你同事面前三番五次地責備你，使你感到形象受到侵害時，你可以心平氣和地聲明：「我們是否可以換個地方來討論這個問題？」

如果，傷害你的人是你的好朋友，你可以對他說明這樣對你怎樣不公平，這樣做遠比以牙還牙好得多。如果他繼續不分場合地使你難堪，你可以說：「我很懷疑你是否值得信賴。」

如果別人故意羞辱你，你必須制止這種羞辱。你可以說「你似乎有意要這樣，是不是我什麼地方得罪你了？」

無論如何，都千萬別發火。如果失去了理智，倒楣的只會是自己。再說，那些修養極差或別有用心的人根本不值得跟他生氣。

所以，解決這種情況的最好辦法是靠你的幽默感。有一位作家剛完成一本小說，大家都對他表示祝賀。另一個作家對他有些嫉妒，酸溜溜地對他說：「我喜歡你這本書，不過是誰幫你寫的？」他馬上回敬道：「我很高興你也喜歡，不過是誰幫你讀的？」

還有一個故事：一位老闆對一位女員工在工作時間總打電話感到非常不滿。於是她對這位女員工說：「你知道我對你打電話有什麼想法嗎？」女員工答道：「你大概是在想：怎麼總沒有人跟我打電話吧！」一句話把女老闆頂上了牆壁。

急中生智，柔中帶剛，幽默而又不失風度，這是擺脫窘境的最好辦法。不要為你受到傷害而自尋煩惱，不要怨別人老是對自己不友好。其實，有些人是故意使你難堪，因為他們覺得你是他的對頭，或者是想對你冒犯過他進行報復；還有人是以開這類玩笑為樂趣，他們不考慮也不知道你是否受到傷害。所以對於這些人，沒有必要去一一計較。

哈囉演練法：

心理學家巴里·舒蘭克說過：「沒有必要去追究一個人的所作所為是否別有用心。」很有可能他們壓根沒有意識到你會受到傷害，所以當你向他指出後，相信他們對你不會不友好了。

5. 幽默與語言的刪繁就簡法

幽默大師不僅有幽默的語言，還輔以幽默的行動，這樣能產生更理想的效果。據說，幽默作家馬克·吐溫等二十多人去參加道奇夫人的家宴時，宴會間出現了亂哄哄一齊講話的場面。馬克·吐溫不願大吼一聲破壞氣氛，便想了個辦法，開始給鄰座的一位太太講故事，故意把聲音放得很低，以吸引別人來聽。大家不知道他在做什麼，十分好奇，結果一個個地停止了說話，很快會場就靜下來了。馬克·吐溫採用的這種幽默的方法比叫喊的效果好多了。

林肯也是這樣一個幽默大師。有一次，林肯作為被告律師出庭。原告律師將一個簡單的論據翻來覆去地陳述了兩個多小時，聽眾都聽不耐煩了。待到林肯進行辯護時，只見他走上講台，先把外衣脫下放在桌上，然後拿起玻璃杯喝了口水，接著又重新穿上外衣，然後又喝水，一句話也不說，這樣的動作重複了五六次，逗得大家前俯後仰。林肯的幽默表演，實際是對原告律師最好嘲弄。這也為他辯護的成功奠定了基礎。當然，幽默表現也不能過度。許多時候，還可能要用自嘲來解圍，但不要嘲笑人。幽默語言尤其要精練，不能有太多的瑣碎的詞語，要刪繁就簡，點到為止以免影響理解和欣賞效果。要讓人們明白自己想法的含義，不要引起誤解。

所以說真正的幽默是詼諧而不失度，滑稽而不粗俗，精練而不繁冗。

許多善於使用幽默的人，他們把窘迫的情境恢復原狀，往往是易如反掌，這實在令人羨慕。例如有個議員發表演講，正當大家都傾耳靜聽時，突然座中有一個聽眾的椅子腿折斷了，跌了一跤。

在這種場合，往往會分散聽眾的注意力，而降低演講的效果。但是議員馬上急中生智，想出一個辦法來挽回這種頹勢，他緊接著椅子腿的折斷聲，大聲說：「諸位，現在都相信我說的理由足以壓倒一切異議聲了嗎？」

有一次，戈巴契夫為了準時趕到會場，要求司機開快車。司機既擔心他的安全，又怕違規，只好婉轉謝絕。戈巴契夫急了，命令司機與他調換位置，然後親自開車，疾馳如飛，片刻，車被交警攔住。警官命令警員將違規者扣留。警員到車前查詢了一下，然後向警官回報說，坐車的是一位要人，不好究辦。

「那人是誰？」警官很不滿意地問。

「我說不准，警官同志。」警員面露難色地說，「不過，戈巴契夫總統是他的司機。」

哈囉演練法：

在這種場合，還有比這位警員更巧妙的回答嗎？有趣，有趣。

6. 巧用情趣拆合字詞

有人把幽默藝術索性稱為「語言的藝術」，這是有一定道理的。因為日常生活中我們所看到的幽默十之八九都和語言本身的靈活運用有關。要是離開了語言，幽默的世界將會變成一個「無聲的世界」，那該是件多麼令人遺憾的事啊！

語言之所以能夠促成幽默，不外乎幾個特點：一是它往往有一語多義、一義多語的情況；二是語言中音同字不同、字同音不同的情況。諳熟幽默技巧的人往往抓住語言的上述特點，或是變換場合，或是強作扭曲，引人聯想，從而產生幽默詼諧的情趣。

　　字詞拆合幽默術與此有所不同，它雖然也是語言幽默的一種，但它是從語言的組合和結構特點入手，並兼用上面我們提到的語言的其他兩個特點，以個別字、詞的拆離或組合為手段造成歧義，從而構成幽默的技巧。

　　一位朋友對我講起過丈夫與她之間的一次爭吵。她對我說：他有很多優點，但有一個特別大的毛病，那就是懶。讓他做點事的時候，他總是滿臉痛苦的樣子。

　　有一天，我實在對此忍無可忍了，於是開始質問他：「你到底是懶，還是毛病？如果是懶，從今天起必須分擔一部分家務；如果有病，我寧願侍候你一輩子！」

　　他笑嘻嘻地回答了兩個字：「懶病」。

　　丈夫不願做家務，引得賢內助滿腹牢騷，終於決心給他一次「最後抉擇」的考驗。看上去兩人之間劍撥弩張，非大鬧一場不可了，但丈夫卻靈機一動，幽他一默，巧妙地化解了一場口舌之爭。

　　丈夫斷章取義，從妻子所提出的前後兩條「建議」中分別抽出了兩個字：「懶」和「病」，使其意義與原來截然不同了。

　　按常規處理辦法，面對妻子二者必居其一的要求，許多人為了挽回「一家之長」的「面子」，一定要跟妻子爭個上下輸贏來。但這是一種最不可取的做法，常言說得好，「家不是講理的地方」，的確，在家庭中應該講愛，講夫妻之間的體貼和關心。另外一些稍微明智一些的人立即會察言觀色，作出妥協，以換得夫妻感情上的融洽。

　　但最上策則莫過於上面提到的那位丈夫了，「懶病」二字道出一種令人無可奈何的狡點，讓火冒三丈的妻子一下子火氣全無了，這樣不是更進一步增強了夫妻之間的友好和默契嗎？

　　上面這位朋友的丈夫採用的就是典型的字詞拆合的幽默技巧。在運用中，拆未必一定要和合聯繫在一起進行，「一步到位」的簡單的拆離同樣可以造成幽默的效果。

　　周恩來總理就是一位運用幽默的語言的大師，他常常將談判中的對方駁斥得啞口無言，卻又莫可奈何，以至於那些談判對手在背後惡意地攻擊說：「跟

161

周講道理，簡直就像是在對牛彈琴！」

總理聽到這話時非常平靜，略思片刻道：「對，牛彈琴！」

哈囉演練法：

字詞拆合幽默術的運用是對一個人應變能力、文化素質等綜合因素的一種考驗，因則具有較高的難度，冰凍三尺非一日之寒，只要我們能不斷地從生活和書籍的海洋裡汲取知識，就一定會在看似平淡無奇的一字一詞中發掘出幽默的智慧！

7. 拉近距離，借題開場

借題開場幽默術是借助自己前面的人的某句話或周圍的某個事物作為話題，透過超常的發揮，從而開始你的講話的一種幽默技巧，俗話說：「萬事開頭難」，說話自然也不例外。特別是當你被要求演講時，當你路遇自己喜愛的異性，想打破僵局時，怎樣開講，總是一件很棘手的事，甚至是很難為情的事。不過，真正遇到這種情況，你不必緊張。靜下心來想一想，有沒有可借助的話題，周圍的事物，比如天氣、衣著、長相、姓名、動物等有沒有可借助的話題。借題開場幽默術就是幫你解決這種困難的，它要求你克服怯懦、找準話題、荒誕發揮。克服怯懦、急中生智是知識準備。荒誕發揮，產生幽默是最終的目的。一般情況下，當你的幽默效果出來了，聽眾發笑了，你的心理距離就與對方縮短了。這樣，再轉入正題，聽眾就會對你感興趣，放鬆心情，集中注意力去聽，所以接下來你的講話就會順當多了。

例如胡老師有一次被邀請到外地一所大學去講學。至於怎樣開講，胡老師心裡也沒譜，如果按照常規的開講：「老師們、同學們：大家下午好！很高興來到你們……」也未嘗不可。剛巧，聽到主持人介紹：「下面就請胡老師來給大家作報告。」胡老師靈機一動，拿過話筒，接著說道：「我不是來為諸君作報告的，我是來『胡說』的。」話音剛落，聽眾大笑。這個開場白既巧妙地介紹了自己，又體現了演講者謙遜的修養。而且活躍了場上氣氛，溝通了演講者

與聽眾的心理，一石三鳥，堪稱一絕。

　　胡老師的幽默在於巧借自己姓氏和主持人的介紹作題，反其意而用之，「胡說」一詞作為點睛之詞，幽默效果自然而出，那麼，我們再看看臺灣藝人凌峰是怎樣巧妙開場，介紹自己的：

　　一九九〇年中國中央電視台邀請臺灣影視藝術家凌峰先生參加春節聯歡晚會。當時，許多觀眾對他還很陌生，可是他說完那妙不可言的開場白後，一下子就被觀眾認同並受到了熱烈歡迎。他說：「在下凌峰，我和文章不同。雖然我們都獲得過『金鐘獎』和最佳男歌星稱號，但我以長相難看而出名……一般來說，女觀眾對我的印象不太好，她們認為我是人比黃花瘦，臉比煤炭黑。」這一番話戲而不謔，妙趣橫生，令觀眾捧腹大笑。這段開場白給人們留下了非常坦誠、風趣、幽默的良好印象。不久，在「金話筒」之夜文藝晚會上，只見他滿臉含笑地對觀眾說：「很高興見到你們，很不幸又見到了我。」觀眾抱以熱烈掌聲。

　　凌峰使觀眾由陌生到熟悉，由熟悉到喜歡基本上要歸功於他那幽默的開場白，借助自己的長相，不惜自嘲。但又自嘲得很有分寸，很有水平。自抑而不自賤，明貶而實為暗揚。也許有的朋友會說，人家凌峰是名人，我們學不了。其實不是那回事，在他前後兩次巧妙的開場白之前，他為我們所知道嗎？況且，我們也有自己的生活經歷，到處可以有隨手拈來的素材。讀者朋友不如找來些例子揣摩揣摩。

哈囉演練法：

　　總之，借題開場幽默術的關鍵在於找準話題後，展開想像的翅膀，敢於利用諧音、修辭等各種手法，往荒唐、虛幻的地方想，千萬別死心眼，傻乎乎，越是敢於「調皮搗蛋」，越是善於「胡說八道」，越是逗人喜愛。

8. 逆序漸進的語言

在以前對幽默技巧的分析當中，我們曾經指出過人類的思維與現實的不一致性。那就是說，有些事情儘管現實生活中絕無發生的可能，但在邏輯的推理上卻是很容易做到的。如果忽視了現實與思維的這種區別，就可能鬧出笑話，這樣也就與幽默的王國更加靠近了一步。

逆序推理幽默術就是指置現實中的事實於不顧，而單從邏輯思維本身入手，逆序而推以得出結論來否定現實的幽默技巧。

這種幽默術的目的還是在於透過謬論與現實本身之間的對比來營造幽默氣氛，自圓其說，擺脫困境。

某地方每年一度的徵兵工作正在緊鑼密鼓地進行著。一位五十多歲的老人也想去碰碰運氣，他來到新兵報名處。

「您的年齡？……」工作人員對他的意圖大惑不解。

「我五十二歲了。」老人輕快地回答。

「可是，按照徵兵的有關規定，你已經超過合適的年齡了。」工作人員解釋道。

「嗯！我當然知道，可是你們難道不需要人當軍官嗎？」老人反問道。

老人的行為本身是不合情理的，但是他卻善於見縫插針，「沒理找理」。他那種無理的要求是建立在這樣一種逆向推理的基礎之上的：年輕人是被徵去當普通士兵的，軍官一般來說都是由年齡比較高的人來充當的，我自己年紀挺高，所以有權報名參加。

事實上老人的推理不嚴密，得出的結論也是錯誤，但他的幽默之外正在於他試圖以似是而非的「道理」去駁斥現實中的事物，以虛駁實，所以不禁令人發笑。

我的一位同學參加完晚會誤了公共汽車，只好攔了一輛計程車回家。

二十分鐘後計程車把他平安送到了自己所在的那條巷子裡。

當他很滿意地對司機的服務表示感謝並準備付錢時，這才發現了一個問題：價目上打出了二十四元的數目，而自己身上只剩下零零散散的幾塊錢了！

　　「朋友,有個問題需要您來回答」,我朋友不無風趣地對司機說:「我犯了個小小的錯誤……要麼勞駕您把我拉回到原先的地方;要麼您費點時間等我上樓給您取錢下來——兩種辦法你更喜歡選擇哪一種呢?」

　　那位司機當時笑得半天沒喘過氣來……

　　像我朋友遇到的這種尷尬情況有時處理不當真教人大傷面子,進退兩難。與其直來直去道地出事情原委,我看還不如像朋友那樣靈活處理。生活不應當總是平淡無奇的,讓生活變得生動、充滿歡笑,這就是幽默藝術的生命力和主旨所在。

　　掌握逆序推理幽默的核心在於:一是順勢逆推,得出顯而易見的謬論;二是利用謬論與現實二者之間一虛一實的強烈反差來產生幽默效果,引人發笑,自我解圍。

哈囉演練法:

　　有一個現象需要大家注意的:幽默的小夥子一般都不愁找不到老婆,

　　你信嗎?——不信也得信。

9. 一線眾珠,出語不凡

　　為了達到說服人的目的,我們往往喜歡採用羅列材料和證據的證明方法,而且容易取得輝煌的「戰果」。那麼,在幽默的王國中,我們是否也可以採用類似的技巧呢?當然可以,我們在下面要向大家推薦的這種一線眾珠幽默術就是證明。一線眾珠幽默術是指為了做到說明自己、說服別人而針對自己所論述的主題羅列出一系列有關的理由,同時也引出幽默效果的幽默技巧。

　　一線眾珠幽默術的特點就在於,儘管羅列出一大堆結構類似甚至相同的論據,但它們都是圍繞著某個特定問題的。眾線串眾珠不算幽默,一線串一珠更平淡無奇,只有一線串眾珠才能夠稱得上是幽默藝術。

　　同事負責教育學院入學考試的面試部分,當他詢問一個考生:「為什麼你要選擇教師這個職業」時,一位考生回答說:「我小時候曾立志長大後要做偉

人的妻子。但現在，我知道我能做偉人妻子的機會實在渺茫，所以又改變主意，決定做偉人的老師。」

這位女生的回答博得在場人員的一片掌聲，結果她被錄取了。

坦誠地講，如果面臨這樣一種場合我一定會大談一番，也許有許多人會與我採取同樣的思維方式和講話方式。但實際證明，這不是一種最明智的做法，結果是有時你甚至會失敗得很慘！

這位考生的明智之處就在於打破了常規思維的表達模式，以幽默取得對方的好感，以真實感受去勝人一籌。她用的就是用「偉人」這個範疇來貫穿前後自己所立志向的「眾珠」的。一線眾珠幽默術，既表達清楚了自己的中心意圖，又出語精緻、新穎、不落陳套，因而是成功的幽默語言。

一位朋友在一家公司工作兩年了，但近來他又動了考研究生的念頭。於是一下子變得惜時如金，全身心扎入書海裡。

為了避免打擾，他在錄音電話中輸入了各種託辭，最後為了不誤「正事」，他還略加一點說明，全話如下：

「嗨，您好，我是大衛。如果您是電話公司，我已交了費，如果您是我爸我媽，請寄錢來；如果您是我朋友，那您還欠我的錢；如果您是為經濟資助來的，您還沒給足我的貸款；如果您是位小姐，請留個口信……別擔心，我有的是錢。」

朋友一方面想躲開令自己不快的打擾，一方面又怕耽擱了「正事」於是藉故取捨，企圖以幽默的方式達到自己的目的。

在他的論述中，錢的問題是「線」，種種打擾是「眾珠」，儘管醉翁之意不在酒，朋友還是將種種託辭在「錢」的名義下連綴了起來，這樣就構成了「一線眾珠」的思維模式。

可以這樣說，一線眾珠既是一種論辯技巧，同時也是一種幽默技巧。一線眾珠幽默術的掌握和運用首先要找出能夠把主題貫串起來的那一條「線」，「線」找得準與不準，對與不對直接關係到幽默的成功與否。另外，貫串主題的這條「線」往往並不直接是自己所要論證的對象。也就是說，為了達到說服他人，引出幽默效果的雙重目的，無論是「一線」還是「眾珠」都只是手段而

已。

生活中有的是伐和誅，讓你穿穿你還嫌麻煩嗎？

10. 邏輯對立，自相矛盾

自相矛盾幽默術就是透過言語或行為前後不一，言行之間相互牴觸，造成邏輯上相互矛盾的一種幽默技巧。

自相矛盾幽默術是一種重要的幽默技巧和常用的幽默手法，常常能產生強烈、鮮明的幽默效果。它一般適用於相互之間關係融洽、彼此信賴的熟人之間，例如朋友、夫妻、師生、上下級、同事等等。由於相互比較熟悉，彼此了解，對方往往能原諒你的「搞笑」，經得起你的笑話，理解你的幽默。

對於那些開不起玩笑的人千萬不可使用這種幽默術，以免他信以為真。不能理解你的玩笑，心存芥蒂，反而搞得雙方都不愉快。陌生人之間，就更不用說了，不知道對方脾氣，就貿然行事，即使對方很開朗，也會由於太唐突而接受不了。

大家都知道自相矛盾的故事，講話不能自相矛盾，言行不能自相矛盾。這是雙方思維得以順利進行的起碼的邏輯常識。但如果有意識地運用這種邏輯上的前後對立，卻能產生幽默的趣味。因為這種不通的邏輯能帶給人們一種意外，它能推動人們去思索這意外的內因，待明白真相後，往往會為這種故意的「自陷泥淖」而感到可笑。所以自相矛盾幽默術能產生很有哲理性的幽默。

平時在求職、求學期間，可以用一些隱性的自相矛盾幽默術讓對方明白你的真實想法，尤其是一些敏感話題。所謂隱性的，就是表面看不出自相矛盾，但仔細一想就可以看到其隱藏的真實相法。也就是句子的表義真義相對立。當你求職時，應徵者如果問你對薪水的要求時，你不妨這樣回答：「我不在乎錢的多少，我看重的是我的工作能力有所值。」瞧，多麼「冠冕」的話，前面說不在乎錢的多少，後面說看重自己的工作物有所值，但物有所值靠什麼體現，

不過是薪水多少！錢的多少！

　　所以它其實是一個自相矛盾的話，表面上卻能給人以「敬業」的精神感動！

　　在人際交往中，一般人都會有這樣的感受：越是生疏的，越是彬彬有禮，而越是關係親暱，越是可以開可怕而荒誕的玩笑。由於這類玩笑的自我矛盾性和非攻擊性，因而十分風趣可笑。

　　自相矛盾默術的關鍵是要造成一種意義上的對立，從而產生邏輯上的牴觸。它其實是一種「輕喜劇」式的幽默，不論是隱性的，還是顯性的；不論是諷喻他人的，還是自我暴露的，都能給你帶來舒暢的笑意。

　　反話正說幽默術是用肯定語氣表達否定意義的一種幽默。

　　也許大家記得幾年前美國國務卿奧爾布賴特上任前的一則幽默。當時，柯林頓想讓她出任美國駐聯合國大使。這職務要求必須會說法語。奧爾布賴特會講多種語言，且才幹非凡，柯林頓認為她是最佳人選。可奧爾布賴特對此職務並不熱衷，她感興趣的是國務卿的寶座。於是當柯林頓就準備任命她為駐聯合國大使的想法徵詢她的意見時，奧爾布賴特微微一笑，風趣地說：「我是會說法語」。

　　反話正說幽默術適用於許多場合，例如求職、求學、求愛、尋找幫助，打發客人等。「我能勝任那個工作」比「我不能勝任這個工作」強。說「你會成為詩人，因為我看過你的畫」比「你的畫畫得太醜」中聽。反話正說的幽默就是依靠具體的語言環境，把反面的意思隱含在正面肯定的話語中，使對方由字面的含義悟及其反面的本意，從而避免尷尬，產生幽默。

哈囉演練法：

比如說求愛，坦率地說「我愛你」，當然也無可非議，但若換成「你為何如此霸道天天晚上都跑我夢裡來？」或許更能獲得小姐芳心。

11. 透過正話反說產生幽默

朋友好久不見，突然見面，發現他長胖了。你可以這樣調侃：「你越來越來漂亮了！」這帶點戲謔性的幽默似乎不太難。如果換成正話反說：「啊！你怎麼越來越苗條了！」幽默的表達令你的朋友嗔怪地笑起來。

從字面上講，這似乎荒誕不經，但從深層次上理解，它傳達出另一層意思，雖不明言，卻瞭然於心。二者一對照，反差很強烈，諧趣就形成了。

還有一種是反話正說，表面是肯定，實際是否定，形褒實貶，形成大起大落的語言變化，透示出詼諧之樂趣。

這些方法被廣泛運用於相聲、小品之中。有一篇名為《擠車的訣竅》的諷刺小品，正兒八經地說著反語。

朋友，你可知北京乘車之難？……上下班乘車都成了一門學問。

先說上車，車來時，上策為「搶位」——猶如球場上的搶點。精確計算位置，讓車門正好停在身邊，可先據要津之利。當然，必須頂住！此中訣竅是：上身傾向來車方向。穩住下身，千萬莫被隨車來的人流沖走。中策則貼邊。外行才正對車門，弄得擁來晃去，上不了車，枉費心力。北京人不同於外地人，哈爾濱人上車是「能者為王」，上海人多少會顧及顏面，但動輒大呼小叫，使你無心戀戰。

北京人又想講點風格又想早點上車，但絕不會在車門前上車。最好的辦法是貼住車廂，裝出一副泰然自若的樣子，一點一點地把「無根基」者拱開。只要一抓住車門，你就贏了。老北京都精於此道，所以售票員洗車，從來無須擦車門兩邊——那全是老北京的功勞。下策呢，可稱為「搭掛」，將足類嵌入車門（萬勿先進腦袋），而後緊靠車門，往裡「鼓擁」，只要司機關不上車門，他就得讓你上車。

這裡反話正說，表面教人不守秩序，實際是諷刺不守秩序之士。由於這些以肯定語氣講的話是明顯荒謬的，因而才是可笑的。

生活中，很多人善用此法諷刺醜惡，鞭撻罪行。宗先的《於無聲處》中的一個角色在評價他不以為然的人物時說：「我告訴您了，根據報紙上官方介紹，

他是天底下頭等大好人，渾身上下毫無缺點，連肚臍眼也沒有。」

反語一般運用於輕鬆活潑的場景，但在美國，人們甚至可以從那些嚴肅認真的交通指示牌上發現反語，在美國西海岸一條公路的急轉彎處有一幅標語牌是這樣寫的：

「如果您的汽車會游泳的話，請照直開，不必剎車。」

哈囉演練法：

提醒人們剎車卻反說成不必剎車，這則反語絕無諷刺嘲弄的意思，這只是給人一個別具一格的警示。

12. 使用錯別字製造幽默

錯字是指用錯的字，別字是指用混的字，使用者一般是知識貧乏者或一時失誤者。這些人如果堂而皇之，打起腫臉充胖子，使用起錯、別字來臉不改色心不跳，反而儼然學者風範，勢必產生怪異，形成幽默。

從前，有一個縣官不大識字，這天坐堂問案，師爺遞給他條子，上寫了三個人的姓名，一個是原告郁工來，一個是被告齊卞丟，一個是證人新釜。

縣官看了郁工來的姓名，喊道：「都上來！」

三人聽到「都上來」，急忙都跑到堂前聽審。

縣官生氣地說：「我是喊原告，你們做什麼一起上來？」接著，他看了齊卞丟的姓名，又喊：「齊下去！」

三人聽說「齊下去」，都急忙退到堂下。

縣官更生氣了，說：「我喊被告，你們幹嘛一齊下去？」師爺聽了，知道縣官讀了別字，但又不敢直說，因此故意說：「原告姓名，另有一種唸法：叫郁工來，不叫『都上來』；被告姓名，也另有一種說法，叫齊卞丟，不叫『齊下去』。」縣官說：「那個證人的姓名，另一種唸法叫什麼呢？」

師爺道：「叫新釜」。

縣官說：「我估計他另有一個唸法，要不然，我就喊他『親爹』了。」

縣官斗大的字認不了幾筐，還故裝文雅，結果錯字疊出，產生笑話。

一家副食品店門口，服務員剛在牌子上寫完「現在另售」四字，旁邊一位顧客說：「零售的『零』，你寫的是別字。」服務員瞪了他一說：「得了吧，『別』字還有個立刀旁呢？」

服務員錯用文字不懂裝懂，令人好笑。

哈囉演練法：

孔子老先生早就跟我們說過：知之為知之，不知為不知」，可有的人就是不聽，大概他從沒讀到這句話吧，此小節中舉的是反例，不過我們可以有意借錯別字來製造幽默。

13. 巧用同音異義詞幽默

巧用同音異義詞，充滿調笑又常含隱喻，可發人雅興，令人捧腹。這是一種典型的戲弄、調笑言辭。

清朝智辯家紀曉嵐和和坤當然分別擔任侍郎和尚書，有次兩人同席，和坤見一狗在桌下啃骨頭，問紀曉嵐：「是狼（侍郎）是狗？」

紀曉嵐馬上次答：「垂尾是狼，上豎（尚書）是狗。」

說實在的，兩人都在罵人，但都深藏不露，謔而有度。特別是紀曉嵐，急中生智，巧用諧音，以眼還眼，以牙還牙，令人稱快。

無獨有偶，在狗啃骨頭上做文章的蘇東坡也有一絕。

這天，蘇東坡與友人、承天寺參蓼泛舟赤壁，見一狗在河灘上啃肯頭，馬上靈機一動，說：

「狗啃河上（和尚）骨。」

參蓼一聽，覺得話中有話，馬上次敬一句：

「水流東坡詩（屍）。」

兩人聽罷都哈哈大笑。因為，表面聽來，是吟詩寫實，頌揚風雅，實際是相互戲弄，相互嘲笑。

生活中，很多場合由於同音詞或是聽不明白的，或是理解錯誤，無意中套上了另外一個同音異義詞，由此引出笑話。如下例：

顧客：「請問這裡有巴金的《家》嗎？」

同時，也可透過諧音構成對比產生幽默。

清朝末年，李鴻章有個遠房親戚，不學無術卻參加科舉考試，試卷到手，不能成文。焦急之餘，想在試卷上寫上「我是當朝中堂大人李鴻章之親戚。」他因不會寫「戚」字，竟寫成「我是李中堂之親妻。」主考官閱後，批道：「所以我不敢取（娶）。」

由於主考官取考生的「取」與「娶」同音，就把兩件風馬牛不相及的事扯到了一起。也正是這聲音的巧，讓人感到妙不可言。

哈囉演練法：

由「親戚」變「親妻」，不是無術之人要引以為戒啊！

14. 他山之石，可以攻玉

「他山之石，可以攻玉」，引石攻玉幽默術就是借用另外的人或物，透過類比、誇張、擬物（人）等各種手法，擺脫當前的困難，藉以創造強烈幽默的一種應對技巧。

引石攻玉，用談判語言來說，叫「引起競爭」，是談判者可資運用、行之有效的基本謀略。像《圍城》中三閭大學中文系的汪主任給假洋博士方鴻漸出的主意，就是如此。華陽哲學系是否真要方鴻漸，無須考證，只要讓高校長知道華陽哲學系在跟他爭方鴻漸，就已達到目的。作為一種幽默技巧，引石攻玉，不一定要引起競爭，只要能用引來的「石」將「玉」攻開，就已達到目的。它的幽默體現在攻「玉」的方式及借用的「石」上。而所借用的「石」一般決定你的運用方式。因此運用引石攻玉幽默術的關鍵是選好自己所需的「石」。

生活中都有這樣的經驗，引石攻石，以玉攻玉，不但效果不佳，而且還會導致正面衝突，產生惡化，心理對抗，毫無一點幽默性可言。如果引石攻玉，

借用他人（或物）給對方以鮮明的攻擊，不但可以巧妙地擺脫困境，避免正面衝突，而且也會產生強烈的幽默情趣。

例如：一位顧客走入美容品商店，問那位禿頭胖腦的老闆：「你這裡的美容霜真的能使人永保青春嗎？」老闆眉頭一皺，拉過旁邊年輕的小姐，大聲說「媽，她居然懷疑我們的美容效果，讓她看看你的皮膚。」

這位老闆運用了就是引石為攻玉的幽默術。借用旁邊售貨員小姐，透過誇張荒誕的方法，向她喊「媽」，回答了那位顧客的疑問。「石」是旁邊年輕的售貨員小姐，「玉」是那位顧客。運用引石攻玉幽默術，這位禿頭老闆既迴避了和顧客的正面爭論，又巧妙地推銷了自己的產品。它的幽默性就在於這種運用方式的誇張、荒謬性。售貨員小姐本來是很年輕的，年齡也肯定比老闆小，可禿頭禿腦的老闆居然向她喊「媽」，把她的年齡反而提升到自己之上。而她的皮膚沒有隨之「提升」，虛假的年齡與真實的皮膚形成了巨大的反差，幽默風趣使從這種巨大的反面效應、荒謬和誇張中躍然紙上。

還有一則例子更從前後對比中說明了引石攻玉幽默術的妙處和它的可笑性。

李先生是一家公司的銷售總經理，工作很繁忙。每天深夜他回家時，他妻子和一歲半的兒子早已進入了夢鄉。

有天晚上，他把鑰匙忘在了辦公室裡，所以到了家門口他只得按門鈴叫妻子，可是過了好久都沒有動靜。李先生只好走到二樓臥室的窗戶下，大聲喊叫妻子的名字，可還是喊不醒。最後，他沉思了一會，然後學著小孩子的腔調說道：「媽媽，我要尿尿！」儘管他說得很輕，可他妻子還是馬上就醒了。在看清楚樓下的人確實是自己的丈夫時，她才下樓把門打開。

門鈴叫不醒，喊聲喊不醒，可一聲小孩似的「撒尿」聲，卻把妻子「澆」醒了。這就是引石攻玉幽默術的妙處。借用小孩的要求撒尿的腔調，使妻子為自己開了門。各種直接的方法均不能將妻子叫醒，而一句平淡的小孩子的夜間常用的話卻使妻子帶來笑聲的同時，也啟示人們在生活中最平凡的東西也是最容易忽略的東西，而這些東西往往會給你帶來意外的幫助，甚至成為你信手拈來的幽默素材。

引石攻玉幽默術必須有一個引來的「石」作為創造幽默的「工具」，有了巧妙的「工具」再輔以各種荒誕的方法，在笨拙、荒謬中歪打正著，攻玉為開。引石攻玉的幽默就呈現出來，所以引石以後常用的方法是攻玉，即使成功也不是幽默。只有巧攻，妙攻，才能讓人在苦惱之餘發出舒心的笑聲。

哈囉演練法：

你發現「他山之石」嗎？你會以「他石之石」「改玉」嗎？如果會，那麼，你的生活中還愁沒有笑聲嗎？

15.體裁衣，製造風趣

量體裁衣幽默術，是指當遇到他人不正當的要求或詰難時，借用其思維模式或語言結構上的有關特點去反駁對方。

量體裁衣幽默術的特點在於明知謬誤而不直接揭露，而是照貓畫虎，使對方哭笑不能。所以該幽默術運用的一個前提條件是對方論點的荒謬性，自己將這種荒謬作為一種前提接受下來，並推出新的結論，施之於對方，令其自作自受。

一個吝嗇鬼的公司老闆叫祕書去為他買酒喝卻不給他錢。

「先生，沒有錢怎麼買酒？」

老闆說：「用錢去買酒，這是誰都能辦得到的，但如果不花錢買到酒，那才是有能力的人。」

一會，祕書提著空瓶子回來了。老闆十分惱火，責罵道：「你讓我喝什麼？」

祕書不慌不忙地回答說：「先生，從有酒的瓶中喝到酒，這是誰都能辦得到的，但如果能從空瓶裡喝到酒，那才是真正有能耐的人呢！」

買酒需要錢，這是誰都明白的道理，可是老闆卻故意刁難祕書，給他難堪。事實上，不用錢又想「買」到酒本身已說不通，更不用說它到底能否作為判斷一個人有沒能力的標準了。照常規的做法，很多人可能礙於情面，打掉牙往肚

子裡吞，自認倒楣；有些人則可能要跟老闆講一番沒錢何以能買酒的道理。其實兩種方法都不如祕書所採用的那種方法來得明智機巧、詼諧有趣，這就是量體裁衣法。

祕書依照了對方的思維模式，即用某種絕不可能達到的要求可以考驗出一個人的「能耐」來，並將它與老闆喝酒這件事結合起來，形成一個新的結論，即：有酒喝酒不算有能耐，沒有酒而能喝酒才算真正有能耐。當然，這也是一個謬論，但由於它是根據老闆本人的荒唐邏輯推理出來的，所以老闆不能對它矢口否認。

這樣就輪到老闆難堪了！

有一位享譽甚廣的作家出身於木匠家庭，但他對此並不隱諱。

有次碰見一紈褲子弟，後者對他十分嫉妒，高聲問道：

「對不起，請問閣下的父親是不是木匠？」

「是的。」作家回答

「那為什麼沒把你培養成木匠？」

作家略加思索，笑著問道：

「對不起，那閣下的父親想必是紳士了？」

「是的！」對方高傲地回答。

「那他怎麼沒有把你培養成紳士呢？」

按照紈褲子弟的邏輯，什麼樣的父親應該培養出什麼樣的兒子，這顯然是一個謬論。作家敏銳地抓住了他這個錯誤，卻不加正面揭露而是量體裁衣，如法炮製，使其太阿倒持，碰一鼻子灰。

哈囉演練法：

一般說來，量體裁衣幽默術比一般幽默技巧富於論辯色彩，有時甚至具有很強的攻擊性，因而在使用過程中有一個「度」的把握問題，若在以牙還牙，以眼還眼的同時，更能緩和雙方關係，便符合幽默藝術的宗旨了。

16. 同詞反解，鮮明對比

同詞不僅可以活解、異解，且可「反解」，對比鮮明，引人入勝。

同詞反解幽默術就是對變化方式相同的詞或字根據情況需要作出意義直接相反的解釋，以達到自我解脫，說服對方的幽默技巧。

同詞反解與我們所熟悉的一語雙關有相同之處，它們的區別在於：一語雙關是用不同的意思來泛泛地引開話題，出人所料；同詞反解的特點在於針對同一字詞所作兩種解釋在意義上針鋒相對，相互矛盾。所以可以說同詞異解幽默術是一語雙關術的一種特殊例子。

小夥子傑里在路上遇到幾個月前給他主持婚禮儀式的牧師。

傑里問牧師：「在舉行婚禮的時候，您不是代表上帝宣布，我和我的妻子的一切煩惱都到頭了嗎？可是我現在正煩惱得很哪！」

「對，我是這樣說過。」牧師不慌不忙地回答：「煩惱有開始的一頭，還有消失的一頭；當時我可沒說明你們是到了哪一頭。」

按道理來說，結婚儀式上牧師講話充其量只是對一對新人的良好祝福而已。至於他們在婚後的生活中能否幸福如意，則直接取決於自己。夫妻關係處理得不如意，傑里反過來質問牧師，這無異於無理取鬧，苛求於人。牧師對此看在眼裡，明在心裡，卻沒有予以反唇相譏。

他抓住小夥子詰問中「到頭」這個詞巧作解釋，駁倒對方。「到頭」這個詞兒可以作兩種意義完全相反的解釋：一是苦盡甘來，至於究竟採用何種解釋，則要視具體情況而定。牧師表示自己當初並沒有確定地宣布傑里是苦盡甘來，言外之意是很明顯的：自己不能對傑里婚後生活的不幸福承擔責任。其實這是用幽默的方式告訴對方一個人生道理：婚姻的幸福只有靠自己的努力才能把握，上帝和牧師是不能幫助自己的。

一位婦女正在醫院待產。

劇烈的陣痛來得越來越頻繁了，這位婦女痛苦地向護士說：「小姐，最難過的時候是不是馬上就要過去了？」

「親愛的，在你出院以後的十八年，才是最難過的時候呢！」護士小姐回

答說。

　　這位婦女問話的本來意思是說自己的疼痛是不是會早些結束，顯然是想從護士小姐那裡得到一些安慰。護士小姐不是按常規方式給予對方以口頭上的鼓勵。因為，如果是那樣做倒很可能適得其反。她巧妙抓住對方問話中的「難過」二字進行發揮，幫助對方減輕痛苦。「難過」一詞可作兩解，一是指人在肉體上的痛苦，比較具體；二是指較廣泛意義上包括精神痛苦，肉體痛苦在內的複雜感受。在不同的場合下，二者各有其強調的內容。

　　就是透過這種巧妙的同詞異解，護士小姐不僅道出一個為人母者在撫育子女的長期過程中的含辛茹苦，另外也活躍了氣氛，給痛苦中的產婦帶來了一縷歡笑。

哈囉演練法：

　　同詞反解幽默術關鍵在於巧妙抓住詞與具體環境下的相關性，這樣才
能自然得體，妙趣橫生！

17. 反覆無常出爾反爾

　　首尾兩端，白食其言，保持之，誰能奈我何！是為「出爾反爾」。一般意義下的「出爾反爾」一詞是指人做事或說話反覆無常，不講信義或者自食其言。沒有人會樂於同一個以出爾反爾為能事的人推心相交，這是很自然的道理。

　　但在幽默王國中則與此有所不同，有意思的是恰恰相反，幽默語言中的「出爾反爾」非但不會遭到人們的冷眼，這還能有助於我們化解矛盾，擺脫困境，增添生活的樂趣呢！出爾反爾幽默術就是當一個人說話、做事不慎，被他人抓住「辮子」時，馬上對自己的行為進行否認，並找出其他藉口來開脫自己的幽默技巧。

　　出爾反爾幽默術的特點在於面對自己所犯的差錯「勇於否認」，並巧找藉口，造成幽默氛圍。

　　這一點是與我們所熟悉的將錯就錯，順水推舟等各種幽默技巧有所不同

的。

狄更斯有一次到一條小河邊釣魚，一個陌生人走到跟前問他：「怎麼，你是在釣魚嗎，我的朋友？」

「是啊，釣了半天也不見一條魚。」狄更斯漫不經心地回答，一動不動。

「可你怎不問問我是什麼人呢，我的朋友？我的職業是檢察官！你難道不曉得這裡是不准釣魚的嗎？」陌生人嚷了起來，並要罰狄更斯的款。

狄更斯不慌不忙地站起來，微笑著對著那人說：「你不能罰我的款，你怎麼不問我是誰？我是作家狄更斯，像你有自己職業一樣，我的特長是虛構故事。」

狄更斯違反規定在禁漁區釣魚，而且還鬼使神差地自己承認了，誰料到對方「真人不露相」，一口咬定作家應受懲罰。在生活中我們也不乏類似經歷，我們會怎樣去應付這令人大傷腦筋的事喲？許多人可能會立即低頭認錯，乖乖地將罰款交上，說好聽的都怕來不及呢，哪裡還敢巧辯！另外一種人則可能會自恃有所依賴，跟對方硬對硬地計較上一番。

平心而論，違章罰款雖然是天下通理，但上述兩種做法都不算是盡善盡美。我們看這位大作家是怎麼出爾反爾，機智巧辯的。他顯然是利用了自己的特殊身分——大名鼎鼎的作家——來巧做文章的：否認了自己所說的是事實，因為「我的特長是虛構故事」。這樣就等於推翻了自己的論述，從而使落在對方手中的把柄像空氣一樣不可思索，自己虎口脫險，對方痛失「口實」，不禁要哈哈大笑一番！

出爾反爾幽默術往往還可以使使用者反客為主，變被動為主動，不僅文飾了自己的過失同時以咄咄逼人之勢倒打一耙，叫對方一時反應不過來，略思之後，才驚呼中計，然已悔之晚矣！

小李走在街上，看見前面有個很像他的朋友，上前重重拍了一下他的肩膀，才發現自己認錯了。

「對不起，我以為你是我的朋友老王。」小李不好意思地說。

「即使我是老王，你也不該拍得那麼重呀！」那人摸著生疼的肩膀咕噥道。

「豈有此理，我重重拍老王一下，跟你有什麼相干呢！」小李不服氣地頂了回去。

小李因為誤會錯拍了對方，連忙道歉，這本身並無幽默之處，幽默之處就在於他巧借了對方的一聲埋怨當前，出爾反爾，首鼠兩端地質問對方，形成與常理的強烈反差。實際上，小李事先承認自己拍錯人了，但聽到對方的抱怨之後便轉口否認了這點，所以他最終反而聲稱自己拍的是老王，而不是別人，這就是出爾反爾了。當然，小李的詭計在於概念上的玩弄遊戲，事實則是無法否認的。

小李的出爾反爾不僅不會引起對方生厭，反而會使這場誤會在一場歡笑中冰釋，幽默的力量真是神奇而偉大！

哈囉演練法：

如果我們能將「出爾反爾」運用於幽默，而將幽默揉合於我們的生活，

人生的苦惱不是會減少許多嗎？

18. 風趣自然集錦妙語

（1）時刻表的用途

火車站擠滿了要回家的旅客，一列又一列的火車不是誤點，就是被取消。一位旅客生氣地對車站服務員說：「我不明白鐵路部門何苦費事印時刻表呢？」

服務員說：「我也不知道。不過，要是當真不印時刻表的話，你就無法說出火車究竟誤點多少了，對嗎？」

（2）稱呼

女郎：「車伕，請送我到火車站！」

出租汽車司機：「你怎麼叫我車伕？」

女郎：「那些趕馬的叫馬伕，你是開車的不叫車伕叫什麼？」

司機：「照你這樣說，如果我是記帳的或是打仗的，你不就叫我『丈』夫了嗎？」

女郎一時語塞。

（3）請勿抽菸

「先生，請不要在店裡抽菸。」

「那你們店裡幹嘛要賣菸？」

「我們這裡還賣尿布呢！」

（4）你怎麼辦

有一次，一位紀委書記（甲）發現一位商店經理（乙）犯有嚴重的違法行為，為了教育其本人迷途知返，他不露聲色地發起了一場心理戰：

甲：假如你家裡養了一隻貓，只會偷魚吃肉睡懶覺，從不抓老鼠，還常打破盤碟，你怎麼辦？

乙：把牠趕出門去。

甲：假如你商店裡有個售貨員遲到早退，不負責任，短斤缺兩，還把商品偷回家去，你怎麼辦？

乙：開除他。

甲：假如他的經理知情不報，還與他暗中勾結，偷賣商品，中飽私囊，索賄受賄，你怎麼辦？

乙：這……

（5）第一次打針

患者：「護士小姐，我很緊張，我這是第一次打針。」

護士：「不用緊張，我也是第一次打針。」

（6）剛好滿十歲

「老闆先生，我在貴店買這隻金絲雀時，你曾說這種鳥能活十年，可是，我買回去的第三天，牠就死了……」

「先生，可能您買回去的第三天，牠剛好滿十歲吧。」

（7）還是殺人好

有一人大談輪迴報應說，警告人們不要輕易殺生，凡是殺一牛一豬，來生便作牛和豬，所以，哪怕螞蟻之類亦要仁慈對待。當時的許文穆便反駁說：「那最好是殺人。」眾人問為什麼？他回答說：「按這種說法，哪怕來生報應也還

是在作人呀！」

（8）經理制服賴帳女郎

一位穿著華貴的女郎在一家高級餐廳吃完飯後，對餐廳經理說她把錢包忘記帶上了。

「沒關係，賒帳好了。」餐廳經理平靜地說：「我相信你，但是為了預防遺忘，請將你的姓名和欠款記在黑板上。」

「那樣誰都可以看見我的名字了，多丟人。」

「不必擔心。」經理說，「你的皮大衣可以把黑板遮住的。」

女郎無奈，只好乖乖地付錢離去。

（9）母雞下蛋

一位作家對廚師說：「你沒有從事過寫作，因此你無權對我的作品提出批評。」

「豈有此理。」廚師反駁道：「我這輩子沒有下過一顆蛋，可是能嘗出炒雞蛋的味道。母雞能嗎？」

（10）稱稱你的兒子

一個婦女怒氣衝衝地走進一家商店，責問售貨員說，她的兒子在這家商店買了一磅果醬，可是分量很不夠。售貨員沒有強詞相辯，只有輕鬆地回答說：「太太，請你回家正秤秤您的兒子吧。」

（11）討價還價

商店裡來了位顧客，他要給老母親買一個血壓計作生日賀禮，但覺得價格有點高，便和老闆討價還價。

老闆抓住他買「壽禮」這點，說：「送老人的東西那能專挑便宜的，關鍵是要有孝心。」

顧客馬上答道：「確實重要的是孝心，但如果我以這個高價買回去，她老人家的血壓可能也降不下來了。」

老闆聽後莞爾一笑，生意終以八折成交。

（12）不敢加倍侮辱

某餐廳服務員有意向顧客索取小費，顧客給了她幾毛錢。她不滿地說：「只

給幾毛錢的小費，簡直是在侮辱人嘛！」

客人問：「那麼我應給你多少才好呢？」

服務員：「起碼一兩元才是。」

顧客挪揄道：「實在對不起，我怎敢加倍侮辱你呢？」

（13）半斤八兩

一個被指控酒後開車並被判拘留一週的司機在法官面前申訴說：

「我只是喝了些酒，並沒有像指控書上說的那樣喝醉了。」

法官一聽微微一笑，說：「正因為如此，我們才沒有判處你監禁七天，而只拘留你一星期。」

（14）鳥有佛性

一位姓崔的相公在寺廟裡看見鳥雀在佛像頭上拉屎，便故意問這個寺廟裡的大師：

「這些鳥雀有佛性嗎？」

這位大師根據佛學的基本原則，當然肯定地說：「有佛性。」

於是這位崔相公緊緊抓住這一點繼續發問：「既然這些鳥雀有佛性，為什麼還在佛像上拉屎？」

這個問題提得非常尖銳。

大師鎮定自若地回答：「牠們為什麼不在老鷹頭上拉屎？」

（15）從容作假

一家餐館以「鴨全席」馳名歐美，一位旅遊者慕名而至。

服務員上菜時，每端來一盤菜總要解釋：「這是鴨翅」，「這是鴨胸」，「這是鴨腿」……得意之色，溢於言表。

最後一道菜端上來了，旅遊者看出那是一盤雞，便問：「這是什麼？」

「鴨——」服務員只尷尬片刻，但從容作答：「牠是鴨的朋友。」

（16）難以從命

愛發牢騷的老頭布朗先生老是抱怨他的髮型，憤憤地指責他的理髮師。一次剛理完髮，他說：

「我要我的頭髮從中間分開。」

「我不能這樣做，先生。」理髮師說。

「為什麼？」布朗先生咆哮道。

「因為您的頭髮是奇數的，先生。」

（17）無理的抱怨

兩人在吃飯，只有一碟菜：兩條魚，一大一小。一位先生先把大的那條魚夾了，另外一個勃然大怒。

「多沒規矩！」這人叫道。

「什麼事啊？」他的朋友覺得奇怪。

「你吃掉那條大魚了。」

「假如你是我又怎麼樣？」

「我當然夾那條小的。」

「那好哇，你抱怨什麼呢？那條小魚還在那裡呢！」

（18）經驗之談

有些人總愛自以為是，凡是別人跟自己看法或做法不一致，不管別人是否有理，往往喜歡「詛咒」幾句。有一次，一位自以為是的人輕蔑地對一位年輕人說：「你這樣子，遲早要倒楣！」青年人不客氣地反駁他說：「你怎麼知道？是經驗之談嗎？」

（19）誰的臉皮厚

一位小姐貶損一位先生說：「你的鬍子一定是世界上最鋒利的，它居然能在你的臉皮上破皮而出。」

先生回答說：「小姐，恐怕我難以跟你相比，就連尖銳、鋒利的鬍子也無法鑽破你的臉皮。」

（20）魚小眼睛大

有個人很吝嗇，一天招待客人，自己吃大魚卻給客人吃小魚，不小心把大魚的眼睛弄到小魚的盤子裡，客人一看就明白了，故意問：

「你有這魚種嗎？我要帶回去培養一點。」

主人連忙說：「這種小魚有什麼好的。」

客人笑道：「魚雖小，難得這雙大眼睛。」

（21）豬尾巴不長

甲說：「豬糞離莊稼近，便於莊稼吸收，莊稼肯定愛長。」

乙說：「讓你這麼說，應該莊稼種到豬圈裡，一定更愛長！」

甲說：「你這是不講理！」

乙說：「怎麼不講理？你不是說離糞近莊稼愛長嗎？」

這時，一位農民湊過去說：「我看你們倆誰說得也不對，豬尾巴離豬糞最近，沒見過豬尾巴長得多長……」

（22）上帝說的

一個牧師聽說一位年老的教徒虔誠地信仰上帝，就想出一個主意，要占老頭的便宜。一天早晨，他趕著自己的大車，來到老頭的小屋前，說道：

「昨天夜晚，上帝在夢裡告訴我說，要我來這裡拉一下玉米。」

老頭手持長槍走出門說道：「你說得對。可是上帝改變了主意，今天黎明時，他在夢中告訴我，不要讓你拉走我的玉米。」

（23）驢找朋友

從前有位智者騎著驢，到某城去找法官。法官見了他，就大聲招呼道：「歡迎你們兩位一同光臨！」

面對出口不恭的法官，智者答道：「我的驢叫個沒完，看樣子是要找牠的朋友，我就決定帶牠來找您了。」

（24）村婦斥惡少

有個公子少爺外出遊玩，見一年輕美貌的村婦在木橋旁淘米，便心生邪念。於是湊到跟前，嘻皮笑臉地說：「有木便有橋，無木也念喬；去木添個女，添女便為嬌；阿嬌休避我，我最愛阿嬌。」說罷，眼睛直勾勾地盯著村婦的胸前，淫蕩地笑著。

村婦聽了這些挑逗言詞，非常生氣，回敬道：「有米便為糧，無米也念良，去米添個女，添女便為娘，老娘雖有子，子不敬老娘。」

那位花花公子沾花不成反碰上了刺，灰溜溜地轉身便走。

（25）「秀」與「禿」

蘇州太湖龜山有個叫天靈的和尚，博學通古。有一個秀才有意嘲弄他，特

地問：「禿驢的禿字如何寫？」這個和尚回答道：「把秀才的秀字屁股略去彎彎再掉轉就是。」

（26）頭有幾斤

有個地主在年終時問長工：「我的頭有幾斤？如果答不出來，就扣發一年的工資。」

「你的頭正好是兩斤七兩！」

地主臉色一變：「不對，是兩斤八兩！」

長工拿著刀和秤說：「你的頭就是兩斤七兩，一點不多，一點不少。不信就砍下來秤一下。」說著舉起刀準備往地主的脖子上砍去。

地主趕緊說：「別砍，別砍！是兩斤七兩。」

（27）該詛咒

有個漂亮女人嫁給一個醜陋的男人。當這個女人懷孕時，她對丈夫抱怨道：「要是孩子像你，你實在是該詛咒的。」

丈夫回答說：「要是孩子不像我，你才該詛咒的呢！

（28）夫妻對白

有一次，市長和夫人去視察建築工地，一個頭戴安全帽的工人衝著市長夫人叫喊起來：

「夫人，還記得我嗎？讀高中時咱們常常約會呢！」

事後，市長揶揄地說：「你嫁給我算你運氣好，本來該是建築工人的老婆，而不是市長夫人。」

夫人反唇相譏：「你應該慶幸和我結了婚，要不然，市長就該他當了。」

（29）嫁給希特勒

有一年，香港選美進入決賽階段。主持人向參賽的楊小姐提了一個問題：

「假如要你在兩個人中選擇一個作你的終生伴侶，你會選擇誰咧？這兩個人，一個是波蘭大音樂家蕭邦，一個是德國法西斯頭子希特勒！」

「希特勒」楊小姐毫無猶豫地回答。

「為什麼？」主持人追問。

「我希望自己能感化希特勒。如果我嫁給希特勒，肯定不會讓他發動第二

次世界大戰！」

哈囉演練法：

生活猶如大海，幽默就是浪花，你還能說生活中缺乏幽默麼？

八、新聞口才

1. 如何克服說話緊張症

不少人在眾多的人面前說話時，表情十分不自然，除了容易怯場，還常常說出幾句自己也沒想過的難聽的話或詞彙，這令他們自己也大為吃驚。其實，導致這種現象出現的原因是缺乏心理準備和實際訓練，透過下列訓練完全可以克服：

（1）努力使自己放鬆。在人前說話緊張的人大都是想要說話時呼吸紊亂，氧氣的吸入量減少，頭腦一時陷於痴呆狀態，不能按照所想的詞語說出來。

在某種意義上說，「呼吸」和「氣息」是一個意思，因而調整呼吸就是「使氣息安靜下來」。

說話時發生不正常情況通常都是這樣的順序：怯場——呼吸紊亂——頭腦反應遲鈍——說支離破碎的話。因此調整呼吸會使這些情況恢復正常。

說話時全身處於鬆弛狀態，靜靜地進行深呼吸，在吐氣時稍微加進一點力氣。這樣一來，心就踏實了。此外，笑對於緩和全身的緊張狀態有很好的作用。微笑能調整呼吸，還能使頭腦的反應靈活，話語集中。

（2）練習一些好的話題。在平時應酬中，我們可以隨時注意觀察人們的話題，哪些吸引人而哪些不吸引人？為什麼？原因是什麼？自己開口時，便自覺地練習講一些能引起別人興趣的事情，同時避免引起不良效果的話題。

（3）訓練迴避不好的話題。哪些話題應該避免呢？從你自身來說，首先應該避免你不完全了解的事情。一知半解、似懂非懂、糊裡糊塗地說一遍，不

僅不會給別人帶來什麼益處，反而給人留下虛浮的壞印象。若有人就這些對你發起提問而你又回答不出，則更為難堪。其次是要避免你不感興趣的話題，試想連你對自己所談的都不感興趣，怎麼能期望對方隨你的話題而興奮起來呢？如果強打精神故作鎮靜，只能是自受疲累之苦，別人還可能看出你的不真誠。

（4）訓練豐富話題內容。有了話題，還得有言談下去的內容。內容來自於生活，來自於你對生活的觀察和感受。我們往往可以從一個人的言談看出他豐富的內涵及對生活的熾烈感情。這樣的人總是對周圍的許多人和事物充滿熱情，很難想像一個冷漠而毫無情致的人會興致勃勃地與你談街上正流行一種長裙。

（5）訓練自我評價語言方式。詞意是否委曲婉轉？話題是否恰到好處？言談是否中肯、把握要領？口齒是否清晰明白？說話是否不犯嘮叨瑣碎的毛病？說話音量大小適度、說話速度不疾不緩、話中是否不帶口頭禪？說話是否簡潔有力？措辭是否恰如其分、不卑不亢？話中帶多餘連接詞？說話是否真實具體？是否能充分表達說話目的？言談時是否能設身處地為對方著想？說話是否心無旁騖、專心一志？話中是否含有自我吹噓成分？是否一人滔滔不絕地說個不停、出口傷人？

是否能真誠地與人寒暄客套？說話是否能參酌量情？是否能掌握說話技巧？是否能巧妙掌握說話分寸？

雖然，我們在和人應酬交談當中，不可能時時都能使對方感到既愉快又有趣，但是訓練有素的談話的確能幫你贏得社交給人留下好印象。在公共場合與人交談是一種社會行為，像其他社會行為一樣，談話也有一定的規矩，每個有教養的人都應該遵從。與人談話，哪些可說，哪些不可說，也都有很多講究。

這些，有專家將其歸納為以下幾項：不談對方深以為憾的缺點和弱點；不談上司、同事以及一些朋友們的壞話；不談人家的祕密；不談不景氣、手頭緊之類的話；不談一些荒誕離奇、黃色淫穢的事情；不詢問婦女的年齡、婚否、家庭財產等事情；不訴個人恩怨和牢騷；不談一些尚未明辨的隱情是非；避開令人不愉快的疾病詳情；忌誇自己的成就和得意之處。

哈囉演練法：

如何克服說話緊張症？——培養自己的膽識。

2. 健談者應具備哪些能力

你是個健談者嗎？如果你只是能夠與人交談，既不相互提出疑問或反對意見，又不能讓人各抒己見，暢所欲言，那麼你絕不能被稱為健談者。

真正的健談者正如古人所說：必須是善於聽取、把握事物的規律秩序；善於思考而有所創見；眼睛明亮能看出事物的變化之機；言辭豐富能表明自己的意思；反應敏捷能迅速抓住對方的錯誤；防守嚴密能抵禦對方的攻擊；進攻力能摧毀對方的防線，駁斥對方能靈活使用各種方法的人。兼有這八種能力的人，就可以通曉天下的道理。而通曉天下道理，就能成為全才，就可以完全說服別人。

不能兼備這八種能力，只具備其中一項的人，就不能取得多方面的成就。

因此，善於聽話的人，是善於鑑別事理的人才；思有創見的人，是善於發明創造的人才；明能見機的人，是通達而又機敏靈活的人才；辭辯豐富的人，是能說會道的人才；迅捷捕捉失誤的人，是機變敏捷的人才；守能待攻的人，是善於堅持自己論點的人才；攻能奪守的人，是善於進攻的人才；進攻能靈活變換方法的人，是善於機謀權變的人才。

有的人口出敏捷，這種人反應迅捷，能準確分析自己處境的優劣並迅速找到巧妙言辭為自己開脫。這種人如能再有忠厚之性，則是大將文臣之才。

也有的健談者講話嚴謹，從不出漏洞，他們面對別人的激烈言辭時，能臨危不亂，穩住陣腳，並一一駁擊對方，絲毫不亂，守得嚴密，再見機捕捉對方漏洞反擊。這種人辦事嚴謹穩當，不輕易冒險，凡事先求不敗，再求勝機，是能夠一步一步往上走的成功人士。

3. 怎樣提高說話的技巧

每一種談話，無論怎樣瑣碎，總要保持中心點，這也是所謂談話目的，其

目的就是能夠促進你和對方的關係。你必須使他覺察你是一個有思想有觀點的人，絕非是個糊塗蟲。單單無聊的空談，是絕不能使對方對你有一點良好印象的。

當你們談話正用閒語來進行時，你必須要不失為「虛心」者，不可自傲。

你如果具有豐富的一般知識，你可以拿出來隨時應付。一個人既然是社交的人，每天在生活當中，須與他人頻繁發生接觸，所以對於世界上的形形色色，自己應當努力去獲得各方面的知識。

怎樣可以得到這些知識，以便在你談話之時有所幫助呢？我以為唯一的最好方法，便是每天閱讀報紙。還有一個方法，是隨時留意你周圍所發生的事，雖然只是極瑣碎的事也不要輕易放過它。

另外還有個方法便是時常和人談話。你和別人閒著無事時談談天，次數越多，不單腦子裡可以儲藏起許多知識來，可當成下次談話的資料，而且也可以使你談話有膽量，有興趣，甚至談話的技術因而會更加熟練起來的。

世界著名的談話藝術專家卻司脫·費爾特先生，曾經教人談話時應該注意下列一些問題。他說道：

「你應該時常說話，但不必說得太長。少敘述故事，除了真正貼切而簡短之外，總以絕對不講為妙。」

「和人談話，同時也要注意到態度。切不要拉住別人的衣袖，手腳亂劃地講話，應當和順一些，切忌妄自尊太高，平常的話要避免爭論。談話最好要一般化，勿作自我的宣傳，把自己捧上天去。外表應該坦白而率直，內心應該謹慎而仔細。」

「談話的時候，姿態可以表現你的誠意，所以要正面向著人家，不要隨隨便便，不要模仿他人。」

「和人家開口賭咒，閉口發毒誓，是既壞又蠢而且粗鄙俗劣的事。高聲的哄笑，是文化素養不高的表現，真實的機智和健全的理性，絕不會引人哄笑的。此外，沒有再比咬人耳朵，像蚊蟲叫似的談話態度，更教人難受的了！」

這位談話藝術專家以上列的各條教育人家的談話藝術，除開「禁止人家哄笑」這一條外，大多是都可以同意的。因為粗聲喧鬧固然失卻常態，但是出自

情感挑動的大笑，是不會妨害到任何人的。

哈囉演練法：

在任何談話之中，必須記住，切不可以說到會觸怒他人的話題上去，因為凡是在你面前聽你談話的人，一定會從你的談話上窺測你的個性，同時也在留意你日後是否會說他本人的許多壞話。

4. 怎樣掌握說話節奏

口才出色的人，與他談話簡直是一種藝術的享受。他們說話時引經據典，抑揚頓挫，詼諧幽默，引人入勝。就像一個出色的鋼琴家，將語言的節奏當做鋼琴的琴鍵而隨意指揮，彈奏出一曲動人心弦的高山流水。他們對語言的節奏掌握得確實是隨心所欲了。

下面六種語言節奏是口才高手們所經常運用的，若能有效地掌握就能造成打動人心的效果。

（1）高亢型。高亢的節奏能產生威武雄壯的效果，聲音偏高，起伏較大，語氣昂揚，語勢多上行。用於鼓動性強的演說、敘述一件重大的事件、宣傳重要決定及使人激動的事。

（2）低沉型。這種節奏使人得到低緩、沉悶、聲音偏暗的效果。語流偏慢，語氣壓抑，語勢多下行。用於悲劇色彩的事件敘述，或慰問、懷念等。

（3）凝重型。這種節奏聽來一字千鈞，句句著力，而深意省人，蘊藉盡出。聲音適中，語流適當，既不高亢，也不顯低沉，重點詞語清晰沉穩，次要詞語不滑不促。用於發表議論和某些語重心長的勸說，抒發感情等。

（4）輕快型。輕快型節奏是最常見的，聽來不著力，而多揚少抑。日常性的對話，一般性的辯論，都可以使用這類型的節奏。

（5）緊張型。緊張型節奏，往往顯示迫切、緊急的心情。聲音不一定很高，但語流較快，句不延長停頓。用於重要情況的匯報，必須立即加以澄清的事實申辯等。

（6）舒緩型。舒緩型節奏，是一種穩重、舒展的表達方式。聲音不高也不低，語流從容，既不急促，也不大起大伏。說明性、解釋性的敘述，學術探討等宜用這種節奏。

以上這六種節奏分別用於不同的場合，不同的環境，但又互相滲透，有主有輔，只有適當把握才能造成打動人心的效果。

哈囉演練法：

沒有節奏的講話就像一潭死水，難以引起聽者的興趣，說話掌握節奏，就為了讓你的講話如高山流水，有起有伏，地時扣動聽者的自心弦。

5. 怎樣體現自信

自信是需要在每時每刻的生活中訓練出來的，如果熟練的專業技能和得體的妝扮，仍然無法帶給你足夠的自信，那就需要更多的自我表現。

以下有幾個小技巧，可以多加練習，直到自信流露在你的舉手投足之間為止。通常失敗感和沮喪感是由於受到打擊或害怕承擔風險所導致的。而人性中普遍存在著冒險的「動力」本能，在正確發揮作用時，它能驅使我們信賴自己，並利用機會發揮我們自己的創造潛力。在我們有信心有勇氣地行動時它才有機會發揮出來。因此，那些拒絕創造性地生活，拒絕勇敢地行動，而使這種自然本能遭受挫折的人，過去曾是那些賭博成性、整天沉溺在牌桌上的人。有的人不能坦率面對自己的弱點，所以一個不願意親自試一試的人只好拿別的東西當賭注。一個不願意勇敢地行動的人則往往靠酒杯來壯膽。此時要喚醒你那內心的信心和勇氣是人的自然本能。記住，當你認同自己的專業能力、聰明智慧時，別人也會以同樣的態度對待你。具體方法是：

（1）想像自己是完美的化身

這是許多名模、影星在表演之前慣用的技巧。同樣適用於工作場合，面對大客戶或提案，先靜坐，從心中默想曾有的愉悅感覺，比如曾經聆聽的悠揚樂

章，越具體效果越好。

（2）以擁有者的態度走入每間屋子

走路的姿態常不自覺地洩漏你的祕密，昂首闊步，抬頭挺胸，彷彿一切都在你的掌握中。想像你擁有這個空間，當你舉步時，回想過去曾有自信滿足的感覺。

（3）仿效偶像

學習你所仰慕的人具有的美好特質，可以是影星張曼玉或鐘楚紅，也可以是政治家或外交家柴契爾夫人，只要她具備你所希望擁有的特質，均可模仿。

（4）練習大膽表現自我

把自信心視為肌肉，需要定時持之以恆地鍛鍊，如果稍有懈怠，它很快會鬆弛。和不期而遇的人進行一對一交談，是很好的開始，從和水電工、超市收銀員接觸開始吧！

（5）以得體的妝扮來加深留給他人的印象

選擇適合氣質的服裝、髮型、化妝，甚至香味，展現完美精確的專業形象。特別在顏色上多注意，不同的色彩有不同的語言，可以善加運用，深色系代表權威信賴；亮色則引人注目；暖色系則傳達溫柔且易於親近的資訊，如果你想增加自信與親和力不妨選擇深色服裝，搭配淺色絲巾或圍巾等。切忌穿著過於暴露或大膽的服裝，例如緊身短裙或Ｖ領低胸上衣，不僅容易讓人想人非非，也會使你因怕穿幫而分心。

（6）莫向你的焦慮妥協

掌握害怕的根源。害怕時會有生理反應，此如冒冷汗或呼吸急促。當你知道所有可能會有的徵兆時，就可以透過一些放鬆的小技巧克服它。

（7）說話時語氣要堅定

大部分女人都有說話過於急促、輕聲細語的毛病。說話的訣竅在於音量適當、語調平穩、速度不緩不急，此舉顯示你對說話的內容信心十足，利用呼吸換氣時斷句，可以避免許多不必要的嗯啊等語病，內容顯得流暢有條理。切忌以疑問句結束陳述事實的語句，以免影響語氣的堅定。

（8）以恰當的態度接受恭維

大部分女性都有所謂女性自我貶抑傾向，總是習慣性地將別人的讚美向外推拒，如此一來，很容易將自己由主動參與轉換成被動接受者，這是很不明智的。下次當有人恭維時，記得以謝謝來代替「你太客氣了」或「那其實很簡單」這類的客套語，太謙虛也會有損你的自信。

（9）要準備犯幾個小錯誤

為了得到你想要的東西，有時可能要稍微受一些痛苦。但不要自輕自賤。如果有把握之後再去行動，就什麼事情也做不成。你在行動時隨時都可能犯錯誤，你所作的決定也難免失誤。但是我們絕不能因此而放棄我們追求的目標。你每天都必須有勇氣承擔犯錯誤的風險，失敗的風險和受屈辱的風險。走錯一步總比在一生中『原地不動』要好一些。你一向前走就可以矯正前進的方向；大部分人不知道他們實際上有多勇敢。事實上，很多潛在的男女英雄一生都在對自我的不信任中度過了。如果他們知道自己潛在的能量，那將有助於他們產生解決問題甚至克服巨大危機的自信心。記住你有這種能量，但若不付諸行動。不給它們釋放出來為你服務的機會，永遠不會發現這些能量。

（10）另一項有益的建議是，處理「小事情」也要鼓足勇氣、採取大膽的行動。不要等到出現重大危機時再去當大英雄。日常生活也需要勇氣──在小事情上鍛鍊勇氣，才能培養出在更重大的場合勇敢地行動的力量和才能。

哈囉演練法：

一個人如果連自己都信不了，又怎能讓別人相信你呢？所以，若想讓人聽你講的話，那麼，你可別苦著一張臉。

6. 良好的心態不容忽視

我們通常總是說要調整你的心態，但實際上心態有著奇怪的性質，心態不是坐在家裡讀讀關於它的書就能夠想出來的，也不是躺在床上，從早晨到黃昏，鎖眉沉思就能生出來的。當然，也許會有那樣領悟到心態真諦的人，不過，

那只是極少數。

那麼，要改變心態，「如何做」就成了一個問題。必須練習，練習思考的同時也鍛鍊行動。心中充滿善意，你在和其他人共同行動中，就能得到肯定的反應。你應該會想到這樣做的好處：你的人生將成為更美好的東西，你比以前更樂觀。對自己充滿信心，你和周圍的人一道分享快樂。那麼，究竟應該怎樣調整自己心態，回歸健康的標準呢，可以參考下列六個標準：

（1）自我廣延的能力。健康成人參加活動的範圍極廣，他們有許多朋友、許多愛好，並且在政治、社會或宗教活動方面也頗為積極。

（2）與他人熱情交往的能力。健康成人與別人的關係是親密的，但沒有占有感，無嫉妒心。這種人也有同情心。他們能容忍自己與別人在價值觀與信念上的主要差別。

（3）情緒上有安全感和自我認可（自我承認）。健康成人能忍受生活中不可避免的衝突和挫折，經得起不幸遭遇。他們對自己也具有積極的意象。

（4）表現具有現實性知覺。健康成人看待事物是根據事物的實際情況，而不是根據自己的希望那樣來看待事物。這種人看待情境及順應情境都是極為明白的，是「聰明人」，不是「糊塗人」。

（5）具有自我客觀化的表現。健康成人對自己的所有和所缺都十分清楚和準確。他們理解真正的自我與理想的自我之間的差別。他們也知道自己如何看待自己和別人如何看待自己之間的差別。

（6）有一致的人生哲學。健康成人需要有一種一致的定向，為一定的目的而生活，有一種主要的願望。這種定向的性質不一定是宗教性質的。意識、哲學、信條，生活的預感或前景都能對人的一切行動產生創造性的推動力。

哈囉演練法：

如果你真能夠達到上面六個標準的話，你所做的事情是多麼了不起啊！為改變行動，你掌握了新的心態，思考的方法也隨之改變，心態和思考是無法分開的，思考和行動，心態和行動，它們常常形影不離，

如果一方改變了，另一方也要改變，但是，可以這樣認為，在處理人際關係中，改變行動要比改變思考容易得多。

7. 什麼是非語言表達

當我們講話之時，也應時時留心他人對自己講話所作出的反饋。所有一切細微的線索都告訴我們，對方或觀眾是否懂得我們所說的內容，或者對我們所說的內容是否表示歡迎。例如：如果他們看起來疑惑不解，那說明我們必須講出更多的內容；如果他們端坐在前、保持機警或注意力，或者身體朝你前傾，而不是迴避你的眼神，那說明我們已經吸引了他們的注意；如果他們無精打采，十分厭倦，或者空空地看著窗外，那我們必須調整自己的講話。這時，如果我們增加一點微笑，或許有所幫助，因為這本身就是一種十分重要的訊息。

讓我們看一下樸實純真的語言表述。如果我們只需要用一些不受阻礙、不加重音的詞語來直截了當地表達出某一事實和訊息，如火車幾點幾分離站等，我們可以做到這一點，因為我們所說的每一個詞都具有一個通用的含義。尤其是當這些詞就如「桌子」、「床」等一樣簡單，不可能讓你產生任何歧義和誤解。而當我們使用像「無窮大」、「人類精神」、「情愛」等抽象的詞語時，則問題就變得更為複雜了。我們會自動地對他人所用的詞和詞語的組合而在腦子裡加上理解。儘管這樣，我們仍能理解他人說了些什麼，因為心理學家認為，我們出生以來，就具有一種言語獲得功能，它能夠讓我們學習和吸收這些語言訊息。

除此之外，在一些友好親近的人之間，只需一個詞、一個短語，就完全可以表達出一個重要的訊息，如在一個辦公室裡，工作在一起的同事就經常使用一些眾所周知的簡略語言。一個「完了嗎？」

就能表達出一個互相明白的訊息。當然，這種簡略語或者完全靠表情來傳遞訊息的方式大多只適用於某一組織，以交流一種內部的訊息。例如：僅僅「你遲到了」幾個字，如果輔之以各種不同的表情，最後表達出來的含義就截然不同。說者可能是一種生氣或發怒（「你遲到了！」），可能是對你的遲到表示驚訝，也可能是對你遲到表示疑問：「你遲到了？」等。

社交力
從會哈囉開始

　　自從孩提時代起，我們在學會說話的同時，就開始懂得如何去「讀」懂他人的意思。如，當我們做錯了某一事情而看到父母滿臉怒色，我們會趕緊避而遠之。而當我們成年以後，我們需要的是人類的相互作用，透過一些錯綜複雜的詞語和手勢，我們就能明白他人所示之意。為了說服、勸說他人，為了與人交流，僅僅靠我們所用的語言還遠遠不夠，我們還必須借助於自己的臉部表情、手勢、姿體運動，以增強我們的口頭表達效果。有時，我們會將這些東西與語言結合起來使用。在我們說話時，可能會伴隨著點頭、皺眉、聳肩或豎起大拇指。我們碰到困境時會迫使自己保持冷靜，我們有時會表現出自己的激情與幽默。當我們極度緊張、害怕或充滿愛慕之情時，我們有時想盡力掩蓋自己的感情，但事實上，我們無法控制的身體語言卻將我們的內心表露無遺。

　　根據心理學家的研究，眼神的效果在人際交往中起著重要的作用。一個從來不敢正眼去看他人的人，要麼是因為什麼事躲躲閃閃，要麼是對什麼都不感興趣。如果一個人眼睛緊盯著他人不放，那一定會令他人窘迫不安，迫使他人不惜一切去迴避他。如果一個人患有緊張不安的毛病，或者出現緊張時，就表現出一些身體特徵，如使勁撓著身體，或者咬著指頭，這樣勢必會影響自己的形象。有時，我們還可以看到其他一些信號，如握手時感到顫抖，或者一直用手臂抱著雙肩，這樣會使我們感到不安，也不能很好地與這樣的人交流。讓我們試想一下這樣一個人，由於近視的原因，他離你太近，或者不停地用手和手臂與你接觸，他可能還認為自己正在建立一種良好而親密的人際關係呢！而事實上，其效果卻截然相反。在與人交往的過程中，我們每個人都需要保持一個安全的空間和距離，一旦受到侵犯，我們會自然而然地作出一些反抗。

　　人們的普通臉部表情、他們開口講話的方式，也能很好地說明他們要講的內容。專家進行的實驗結果顯示：當我們接受外界訊息時，有百分之九十的訊息是透過視覺方式獲得的。因此，當我們輕鬆愉快地看著某人講話時，他一定會因你對其講話深感興趣而發出一些積極的信號，如果我們不能正常地給出信號，在他人講話時不時地低頭、皺眉、翹嘴，那他們一定會感到難受。

　　除了這些視覺形象，如外表、臉部及身體語言之外，我們在交流時也使用輔助語言來表達自己的意思。我們說話的語音、語調、節奏、停頓、音量、呼

吸、速度、強度等影響著我們所表達的含義。

　　透過我們的輔助語言，我們可以表達出各種各樣的情感，如生氣、高興、幽默、敬仰、掩飾、擔心、恐懼、悲哀、不耐煩等。任何一名演員都深知自己必須把握好這些內容，以再現和創造一個真實而生動的形象。

　　正如臉部表情可以向他人告知你的喜怒哀樂一樣，如果你試圖以一種單調乏味的聲音說出自己要表達的內容，並且毫無臉部表情，那聽者一定會感到厭煩，而且你所傳遞的訊息可能不會讓他人真正理解。專家們做過一次實驗，當我們以一種與實際訊息相反的非語言方式發出訊息時，非語言表達的效果是語言效果的五倍。如果以敵意的方式給出一種友好的訊息，那讓對方留有印象和保持記憶的不會是你所說的內容，而是你的表情。因此，當我們要表達出一種十分準確的訊息，而又擔心會以一種不當的方式令人產生誤解時，一定要對自己表現出來的表情和神態特別注意。

　　當我們皺眉，作怪相，微笑，目光呆滯時，都會給他人傳遞一種相關的訊息，我們的身體語言如聳肩、揮手、跺腳等對我們的語言談話都有著極大的影響。當你俯首傾聽或身體面向講話者前傾時，說明你對他人的講話一定深感興趣。如果他人講話時，你故意背對過去，那說明情況與此相反。

哈囉演練法：

　　所謂非語言表達，就是除口裡發出的聲音之外的其他一切動非。

九、主持人口才

1. 出色的語言表達能力訓練

　　什麼叫綜合，主要是指把口語表達的各項基本功緊密聯繫起來，形成一體，使其具有一定的藝術性，能夠比較準確生動地傳情達意。

　　口語訓練主要是個人自覺進行的綜合訓練，在訓練中依然可以以改變自身

某種弱點為重點，但同時也要注重比較全面地掌握表達的技巧。

在綜合訓練中，最好能請人輔導，或與別人交流，甚至採取對手賽的方式進行，但還要以個人訓練為主，因為個人訓練比較方便，不受某些條件的限制，可以隨時隨地進行。

綜合訓練的方式方法有許多，可以自由選擇，也可根據需要調整交換。其大體上有這樣幾種方式：

（1）效仿複述即透過模仿接受示範的訊息，再經過複述練習，提高自己的口語表達意識和能力。比如：選擇幾段精彩的演講、朗誦或播放的錄音反覆聽，從重音、停頓、語調、節奏和語音的運用等各方面充分感受、反覆思索，並跟隨練習。

這樣「耳聽嘴跟」地練習一個時期，你的口語表達就能變得流暢、生動了。

（2）口頭評述這種練習方式內容很廣泛。與人初次見面，作一番自我介紹；對親友或同事講述某個人或某件事，比如對某部影片或電視劇加以評述；想說服別人，先在口頭上做文章，試講幾遍；囑託別人辦什麼事，把事情、目的、要求、困難和意義等各項一一交代清楚，以及練習給別人講故事等等。

（3）練習演講是一種練習口才的重要而有效的方式。演講練習最好是事先寫好稿子，然後像朗誦一樣在口頭表達上反覆推敲，最後利用一切可能的機會當眾脫稿演講。如朋友聚會致詞、開會發言、主持儀式和活動等，都可以當做演講練習去做準備。這樣既可以促進練習，又能發揮口語訓練的實際作用。

（4）快速感應快速感應是訓練語感和口才時不可忽視的一種方式。因為實用的口語藝術需要具有即興構思、隨機應變和對答如流的能力。這是一種對手賽的方式，其特點是在短暫時間裡訓練快速感應的能力。如智力測驗搶答、臨時出題即興演講、與對方就某個論題論辯等等。

哈囉演練法：

總之，這種快速回答和論辯的訓練，是在較為緊張的情境和氛圍中完成，能激發思維，訓練即興演講的能力。

2. 積累說話的材料

語言是具有藝術魅力的，靠技巧是不夠的。如果一味地追求技巧而忽略了自身和素質培養，只能是捨本逐末。

有人說：在這個世界上，我們唯一可以依靠的人就是我們自己。而好的口才，也在於平時我們自己的積累和鍛鍊。所謂「厚積薄發」是有一定道理的，因為言語是以生活為內容的，有生活，有實踐經驗，才有談話的內容；有豐富的生活內容，有豐富的實踐經驗，談話的內容才能豐富起來。因此，對於家事、國事，都要經常關注，以吸取對我們有用的東西。對於所見所聞，都要加以思考、研究一番，盡量去了解其發生的過程、意義，從中悟出一些道理。這些都是學習和積累知識的機會。在日常生活中，要隨時計劃、安排、改進生活，不能隨意性太強，讓機會白白流掉。你若不安於做一個井底之蛙，就應靜下心來努力地學習，拓展自己的視野。你若不想說話空洞無物，就應下決心積累大批的、雄厚的、扎實的本錢，武裝自己的頭腦，讓自己說話的內容豐富起來。

說話積累素材可分為十一種

（1）多讀書多看報

日常生活中，我們每天都離不開報紙、雜誌和書。在讀書看報時，備一枝筆、一些卡片紙和一把剪刀，把所見到的好文章或讓自己心動的話語劃出來，或者剪下來，或摘抄在卡片上。每天堅持做，哪怕一天只記一二句，也是很有意義的。日積月累，在談話的時候，會不經意地用上曾抄下來的語句，也許它們會隨時隨地從你的頭腦裡冒出來，讓你盡情地談吐，給你一個意外的驚喜。

（2）積累警句、諺語

在聽別人的演講或別人的談話時，隨時都可以聽到表現人類智慧的警句、諺語。把這些話在心中重複一遍，記在本子上，久而久之，你談話的題材、資料就越來越多，你的口才就越來越成熟了，你就可以說起話來條理清楚，出口成章。

（3）積累談話素材

對於談話的題材和資料，一方面要認真地去吸收，另一方面要好好地去運

用。懂得如何運用，一句普通的話也可以帶給你驚人的效果。學習吸收的目的是為了很好地應用，不能應用的吸收毫無意義。

（4）提高觀察問題、思考問題的能力

你只要有觀察問題、思考問題時的敏銳的眼光，有豐富的學識和經驗，有大大增強的想像力、敏感性，就能提高自己的口才。

隨著口才的提高，你的生活也將豐富多彩，整個人的個性品質和各方面的能力都會提高，從而成為一個社交能手。

哈囉演練法：

天下沒有白吃的午餐，一切的成功皆來自於你的辛勤和努力。

3. 提高自己飛揚跋扈的語言能力

一個人只會說話是不夠的，提高自己飛揚跋扈的語言能力，才是成功的關鍵。概括地講，說的能力包括說、寫、聽、讀，由於四者的關係密切，因而需要集體的提高。

（1）說的技巧。說話能力和技巧的培養通常不是在學校裡能學到的，而要靠自身的努力，在實踐中磨練。如果一個人缺乏說話技巧，那麼他就有許多不利處，如果你不能把自己的情況說清楚，你就會被認為是一個發牢騷的人。由於說一些不相干或很愚蠢的事情，使自己看起來像個庸才。

如果不能提出機智的問題，你就得不到重要的訊息。如果你不會表達自己的情況，就要失去重要的爭辯機會。你會被認為是讓人討厭的人。正式的說話行為具有公開性，如演說、做報告、會議發言都要面對公眾，但大都數人在公眾面前說話會感到害羞和緊張，這些傳播障礙可以透過練習加以排除。

（2）寫的技巧。說的技巧固然重要，但寫的傳播技巧，也能影響到說，寫作需要一套完整的技巧，語言思維能力、語言修辭水平、表達能力、書法等對寫作都具有重要作用，要想寫好必須勤於動筆，經過艱苦、長期的磨練才能達到「下筆如有神」的境界。

（3）聽的技巧。要聽得多說得少，聽是說的開始，要會說就要更加有效地聽，需要一些語言的技巧。

（4）讀的技巧。當今社會是訊息爆炸的時代，各式各樣的出版物、書刊以不同語言出版發行，數量迅暴增長，訊息要靠書面形式才不可缺乏技巧。如邊讀邊做筆記，對重點、有用的內容可做出摘錄，以備查閱。邊讀邊記憶，有些人看過的內容會很快忘記，這可能與他閱讀時，沒有開動腦筋來記憶有關。重讀重點先讀目錄、摘要、前言有利於找出重點、劃出重點；對於重點的內容，再讀一遍。

跳過不重要的內容。精讀與泛讀結合。採取點面結合的方法。注意閱讀姿勢、一般說來坐直閱讀容易使思想集中，臥讀易眠，走讀易分散精力。掌握閱讀環境，一般在圖書館、教室和書房裡閱讀比在寢室裡好。

哈囉演練法：

飛揚跋扈，原指人驕橫放肆的態度，此指傲視群雄的口頭表達能力。

4. 讓自己語言獨具風格獨樹一幟

培養自己講話的風格對你是特別有利的。

如果你想成為談話高手，那麼，你必需有某種獨特的地方，以便引起人們的注意，或者使人們容易記住你。你可以利用自己的長相，如棕色鬍鬚或者紅鬍子，但是這遠遠不夠的，那只能幫助你引起人們的注意。除非你碰巧是有偉大人物的那種超凡的魅力，否則你必須培養自己講話的風格，這才是使你讓別人永遠不忘的最好方法。

在美國的愛荷華州，該州錫古尼市的凱歐庫克旅館是方圓幾十里的流動推銷員最愛去的地方，他們不管遠近都想到那裡去投宿。為什麼呢？因為那裡的店老闆，人稱「快樂的韋勒」是一位笑口常開的人。他對誰都能說上幾句好聽的話，自從人們認識他這麼多年以來，從來沒有聽到他對誰說過一句不順耳的話。韋勒有他與眾不同的地方，說話有他自己獨特的風格。後來他成功了，成

為當地有名的富翁。

記住你談話的風格，你與別人交談的方式，都能為你的名聲和你的成功做出重大的貢獻。如果你對下屬講話趾高氣揚，甚至有鄙視的口吻，那下屬就會怨恨你。如果你對上級講話過於謙恭，他們就可能認為你缺乏能力或者沒有骨氣，不敢委你以重任。你講話的風格，不僅僅是你使用詞彙的問題，而且是你使用詞彙的方式方法的問題，從中也能反映出你的態度和修養。但欲達到這一點，你不要試圖去模仿別人，也不要試圖去表現不屬於你的風格的東西。常常有人總想模仿別人，尤其是想模仿那些所謂的成功者或知名人士的舉止行為，那就是為什麼生搬硬套者失敗的原因。學習別人是件好事，但不能去模仿別人的風格或說話的口吻，這種道理是很簡單的，不用多解釋誰都會明白。就像那種喝了大量酒的人。他隱瞞不了自己喝了酒的事實，因為人們一聞就明白了。你在談話的時候，表現出自己自然的風格是上策，要努力發展你自己的獨特風格，而不是去發展別人的獨特風格。有些人，當他們與別人談話時，認為自己有必要裝腔作勢，或者戴上一副假面具。有些人試圖表現得過於友善，有的時候甚至表現出媚態。有些人急功近利，就像做電視商業廣告一樣。

這些人的失誤在於他們表現的都不是他們自己的本色，這樣，別人自然不會買他們的帳。你要記住我就是我，我看到的我是什麼樣就是什麼樣，不管你喜歡不喜歡，但你總會相信同你談話的那個人是真實的我，不是假冒的。無論對也好，錯也好，你總會真誠地對待每一個人。

哈囉演練法：

在這個性飛揚的時代，你還在考慮怎樣才能成為劉德華第二嗎？

5. 說話既清晰又流利

說話不僅是一個人的外在形象，更體現出一個人的內在修養。

那些講話跌跌撞撞的人很少能夠打動我們，這樣的人幾乎說不出什麼值得我們去注意的東西。

只有意志蓬勃而剛毅的人，才會有活躍的思維。

當然，恰當的停頓不屬於不流利，因為我們經常利用停頓展開新的思路，或者從一個要點過渡到另一個要點，或者重複某個詞以期給聽眾留下更深一層的印象。

如果提高流利水平呢？

首先應該盡量地熟悉主題。當我們的思考不發生任何遲疑不決的情況時，要說的話也自動地到了嘴邊。充分的準備可以增加流利程度，因為這能增強自己的自信心，從而更加堅信自己要講的東西。另外，熟悉主題會使講話者有更大激情，這種激情便會使講話者的整個身心都投人到其演說的境界之中。這樣，流利也就不成其問題了。

準確的咬字是流利的第二種手段。發音含糊不清是猶豫的一個原因。如果講話者連續幾個地方都有遲疑不決的現象，他便會感到什麼地方搞錯了，於是他頭腦中力圖想山哪裡出了毛病，結果又更加影響流利。因此，如果我們有意識地在流利方面做出一些努力，我們會收到很大成效；反之，如果我們在演說的其他方面下功夫，而認為到時候自然會流利起來，那你得到的將只有失望。

充滿熱情也是提高流利度的一種手段。我們注意到，人們激動時，聲音變高，而語速變快，此時，語言似乎更加流利。所以，在演講時，要用你的熱情感染他人，要大聲地講話！如果你的情緒已經紊亂不堪，如果當你站在聽眾前面怕得發抖，你就特別要大聲地講話。

除此之外，迅速地講話也能提高流利程度。當你迅速講話時，你的心理便能更快地發揮功能，如果你能集中精力快速閱讀，那麼，在你只用於讀一本書的時間內，你就能讀兩本書。並且獲得更透徹的理解。

哈囉演練法：

除了啞巴和口吃者，人們很難容忍一個正常的人說話結結巴巴，而一個正常的人應該都不會喜歡自己是一個令人討厭的人，這樣一個事實吧？！

6. 怎樣使自己的聲音更完美

無論你談論什麼樣的話題都應保持說話的語調與所談及的內容相配合。

（1）注重自己說話的語調——語調能反映出你說話時的內心世界，你的情感和態度。當你生氣、驚愕、懷疑、激動時，你表現出的語調也一定不自然。從你的語調中，人們可以感到你是一個令人信服、幽默、和藹可親的人，還是一個呆板保守、具有挑釁性、好阿諛奉承或陰險狡猾的人。你的語調同樣也能反映出你是一個優柔寡斷、自卑、充滿敵意的人，還是一個誠實、自信、坦率以及尊重他人的人。

（2）注意你的發音——我們所說出的每一個詞、每一句話都是由一個個最基本的語言單位組成。然後加上適當的重音和語調。只有清晰地發出每一個音節，才能清楚明白地表達出自己的思想。

（3）不要讓發出的聲音尖得刺耳——我們每個人的音域範圍可塑性很大，有的高亢，有的低沉，有的單純，有的渾厚。說話時，你必須善於控制自己的音度。

有時，當我們想使自己的話題引起他人興趣時，便會提高自己的音調。有時，為了獲得一種特殊的表達效果，又會故意降低音調。但大多數情況下，應該在自身音調的上下限之間找到一種恰當的平衡。

（4）不要用鼻音說話——當你用鼻腔說話時，發出的聲音讓聽者十分難受。在日常生活中，我們經常聽到「姆……哼……嗯……」的發音，這就是鼻音。如果你使用鼻腔說話，第一次見面時絕對不可能引人傾慕。你讓人聽起來似在抱怨、毫無生氣、十分消極。有些人將「嗯哼」這種鼻音視為一種時髦的說話方式，但如果你想讓自己所說的話更具吸引力和說服力，如果你期望自己的語言更加富有魅力，從現在開始就別再使用鼻音！

（5）控制說話的音量——當你內心緊張時往往發出的聲音又尖又高。

其實，語言的威懾和影響力與聲音的大小是兩回事。不要以為大喊大叫就一定能說服和壓制他人。聲音過大只能迫使他人不願聽你講話而討厭你說話的聲音。與音調一樣，我們每個人說話的聲音大小也有其範圍，試著發出各種音

量大小不同的聲音，並仔細聽聽，找到一種最為合適的聲音。

（6）充滿熱情與活力——響亮而生機勃勃的聲音給人以充滿活力與生命力之感。當你向某人傳遞訊息、勸說他人時，這一點有著重大的影響力。當你講話時，你的情緒、表情同你說話的內容一樣，會帶動和感染你的聽眾。

（7）注意說話的節奏——節奏，即說話時由於不斷發音與停頓而形成的強弱有序和週期性的變化。在日常生活中，大多數人根本不考慮說話的節奏。而說話時不斷改變節奏以避免單調乏味是相當重要的。

節奏的重要性可以從以下事實看出：每一種語言都有其自己獨特的重音和語速。法語不同於德語，英語不同於西班牙語。漢語又不同於英語。人們容易認為，詩歌與散文的節奏有很大差別，其實兩者的相對區別則在於一種規則與不規則的重讀上。詩歌具有規則的可把握的重音，散文的形式則是不規則的。當人們處於一種壓力之下時，他們便不由自主地使用一種比散文更自由的節奏講話。

（8）注意說話的速度——在語言交流中，講話的快慢將不同程度地影響你向他人傳遞訊息。

速度太快如同音調過高一樣，給人以緊張和焦慮之感。如果你說話太快，以至於某些詞語模糊不清，他人就無法聽懂你所說的內容。

在說話時，如果速度太慢，則表明你不領會遲鈍，或過於謹慎。努力保持恰當的說話速度，不要太快也不要太慢，並在說話時不斷地調整。當你想和別人交談時，選擇合適的速度以引起他人的注意。任何情況下都不能吞吞吐吐。如果這樣，你除了被冠以「思維遲鈍」之外，也許還會被認為是個傻瓜。偶爾的停頓無關緊要，但不要在停頓時加上「嗯」或緊張不安地情一下嗓子。

哈囉演練法：

對於一個主持人來說，完美的聲音就是他全部的資本，就像甜美的歌喉源於歌唱家。

205

7. 說話時手勢的妙用

　　手的動作對說話的效果也有很大的影響。由於手勢有具體、鮮明、形象、動作幅度較大的特點，所以在輔助表情達意、增強演講的吸引力、使聽眾得到美的感受等方面，具有特殊的功能。瀟灑的手勢，最主要的標誌是協調、適度，給人以美感。但有的演講者不重視手勢的運用，上了場彷彿石人一般站立，兩手對褲縫無力下垂，或後背，或雙手一直按住講台，不做一個動作。有的雖然用手勢，但不瀟灑，無變化，講了一陣後機械地胡亂比劃幾下，或一直重複一個習慣動作。有的動作過多，兩句一招，三句一式，令人眼花繚亂，不得要領。有的手勢過於誇張，讓人感到滑稽、彆扭、不自然。這些不規範、不具美感的手勢，對演講起不到積極作用反而會使聽眾厭煩，分散注意力，有的甚至會起消極作用。

　　手勢的使用是加強說話感染力的一種輔助動作，但絕不能代替說話。說話時，身體應自然地坐著或站著，手自然放好，必要時用臉部表情配合你的語調，真正要加強語氣和引人注意時，才讓手幫你的忙。總之，不要以為把手靜放不動是笨拙的事情，真正的笨拙倒是說話時無節制地揮手。有人統計過：說話時無須動手動腳的。

　　一般來說，亂動手出於兩種理由：一是下意識的舉動，如搔首弄姿、拉耳掰手，或甩甩鉛筆、擺弄鎖鏈之類，無非是掩飾一下內心的不安。另一種情況，是有些人主觀上為加強語氣而特意採取的手勢動作，但他們用得不適當，雙手無規律地亂擺，手勢使用太多，成了無意義的舉動，這是一個人輕浮或狂妄的表現，在社交上極不得體。不隨意亂動，充分顯示穩重、誠實、溫雅，反而令人敬慕。

　　感情與手勢是一致的。演說時兩臂垂直，手掌向後，手指半彎，把大拇指觸在大腿上等動作，會弄得笑話百出，無法體現說話人的精神和活力。

　　那麼，正確的手勢又是如何呢？有人把常見的手勢分為以下４種：

　　（1）情意手勢．主要用來表達談話者的情感如在演講中說道「我們一定要把改革開放堅持下去！」配合有聲語言舉起右手掌，由右上方向左下方劈

206

下，並在句尾的「去」字順勢握成拳頭（在「去」上握拳），顯得有力而果斷，給人以信心和力量。

（2）指示手勢，用於指明要說的人、事、物、方向等。

（3）田形手勢，用來描摹、比劃具體事物或人的形貌如「什麼是愛？愛不是索取，而是奉獻！」

配合有聲語言，雙臂在胸前平伸，臂微彎，手心朝上，模擬獻物狀，會加深對方對愛的理解。

（4）象徵手勢，用來表達抽象概念如「同學們，讓我們到建設最需要的地方去！」配合有聲語言，右手向前方伸出，象徵邊疆、農村、礦山等最需要的地方。

手勢可以根據手的動作範圍分為三個區域：上區為肩部以上，多表現宏大、積極、張揚的、有氣勢的、鼓舞似的內容和感情，在演講、辯論中應用較多。中區為肩部至腰部，多用於一般性的敘述事物和說明事理，表現坦誠、平靜、和氣等中性意義，這是用得最多的一個區域。下區為腰部以下，多表示憎惡、不悅、不屑、不齒、排斥、否定、壓抑等貶義。

手勢的動作場合很多，在日常的實際運用中，手勢包括握手、拱手、招手、揮手、擺手、搖手、伸出手臂或手指等動作。

以上各種手勢動作，不管是哪一種，都要做到有感而發，準確、自然、優雅而不生硬，一定要從實際出發，使動作恰當而簡明地說明問題，表達感情。

手勢動作還應精當，那種自始至終手舞足蹈的做法會分散聽者的注意力，也容易引起聽者的反感，也不會有好的表達效果。頭部動作雖然簡單，但運用得當也能傳遞一定的訊息。如點頭表示肯定、讚許；搖頭表示否定、拒絕；歪頭表示懷疑、深思或撒嬌。

腳的動作除了表達強烈的感情時有跺腳的動作以外，一般不宜使用。腳站立時不應抖動，這樣給人不穩重或不耐煩的感覺。

哈囉演練法：

說話時輔以動作，就像給漂亮的衣服加上花邊，加得好是錦上添花，
加得不好是畫蛇添足。

8. 你願做哪種類型的主持人

才情型

一個節目要想收視率高，既要辦得有聲有色，又要有一定的特色，要想做一個節目主持人就須學會在電視電台的「酷刑」下求生存，這是一個競爭最激烈的行業，競爭激烈的程度只怕比體育運動的競技項目還有過之而無不及。當你走進轉播室時，你應該很清楚，在轉播室隔壁的休息室裡，有多少人正在等機會取代你。老闆也正瞪大了眼睛在背後盯著你，他隨時可以炒你魷魚，你面對麥克風，只能成功不能失敗。你也許是個幸運兒，許多觀眾，喜歡聽你甜甜的聲音，愛看你漂亮的臉蛋，可是你不能不懂做主持人的竅門，否則不是「塌」了場，就是搞得亂糟糟的。

主持中學生的節目或知識型的節目，那麼作為一名主持就要具備一定文化素養，要充滿朝氣熱情幻想。要用美麗的激情代替那些毫無感情色彩的純客觀的字句，在描述具體的事實時，要把美好的善良的願望滲透到事物中，要會「觀場」。主持男女雙方都參加的節目時：

（1）你應當鼓勵他們公開支持別人的意見。

（2）用身體的姿勢表明你對他們的講話感興趣。

（3）希望他們能面對面地直接辯論。

（4）別讓他們打斷別人的講話。

（5）鼓勵她們與他們發生「衝突」。

研究表明：男孩表示不贊同或反對意見的次數往往是女孩的兩倍，而且他們還會多費口舌加以解釋，與女孩相比，男孩在作決定時，更為徹底和直接。所以，為了節目「一團和氣」就要控制男孩發言，多讓女孩發言，為了讓節目熱烈起來，就要鼓動男孩「唇槍舌劍」。

參加女性成員居多的討論的男性，你應該希望他們少一些：

（1）公開的反對。

（2）動輒插嘴。

（3）冗長的發言。

（4）咄咄逼人的追問。

（5）指責別人的錯誤。

要求他們多一些：

（1）表示建設性和公正性的與別人一致的意見。

（2）支持別人的觀點。

（3）用集合詞（如用「我的」「他們」）。

（4）對別人的觀點加以認真分析和具體發揮。

（5）以非語言的身體姿勢表明對別人發言的興趣。

（6）把壞話題變成好話題。

（7）了解他們的觀點與他們打成一片。

（8）讓他們了解你的願望。

（9）要懂得如何暗示他們。

老練的主持人都善於「對他們的聽眾施行催眠術」，這是一手過硬的技巧，這個方法完全靠以下三種法寶：

（1）反覆的斷言。

（2）堅定確信的口吻。

（3）利用他們對你的信任。

這會增強你的控場能力。成功地操縱話題，以便集中心思設想最後的主題的邏輯的解決方法。

或者是為下一個主題作準備。

（1）在節目中設置「高潮」。

（2）要讓 方稍占上風贏得勝利。

（3）要和他們之間產生「友情」。

通俗型

社交力
從會哈囉開始

普通百姓最關心的話題就是衣食住行，生老病死，而可以給他們帶來快樂的話題，就是一些關於豐富的飲食、流行的時裝、影星歌星的個人生活、名人偉人的夫人的衣著款式，和世界上最迷人最溫柔的女人的愛情，這種純粹的娛樂節目總是能吸引大量的觀眾。由於娛樂並且觀眾有時還能參加節目活動的特性，它給主持人提出了更廣泛的要求，以滿足觀眾各種各樣的願望，這就提請主持人：

(1) 先把最好聽的話說出口。

(2) 可以正話反說。

(3) 可以來一點自嘲。

(4) 追求簡單問題不要搞複雜。

(5) 對聽眾採取「近交遠攻」。

(6) 要會渲染，繪聲繪色。

(7) 激發他們的爭強好勝心理。

(8) 可以借助方言和鄉土關係拉攏聽眾。

(9) 要討得女性的喜歡。

(10) 故意製造機會，動作要誇張。

(11) 可以適當地故弄玄虛。

(12) 說話要像放連珠炮，詞藻要華麗。

(13) 說話要優美，抑揚頓挫，包括正確的發言，適當的速度，豐富的語句。

(14) 讓觀眾接受「好」「妙」「太棒了」這些詞，經常重複。

(15) 假裝做出驚人之舉。

最後一個問題就是要學會表揚別人。在節目過程中，盡量安排觀眾參與活動。討論愛情、家庭、婚姻各色各樣的問題時，不管是誰發言，不管對方是多麼偏激，你都要說「好好好！」「好的……」

「完全正確……」「說得對……」等等，然後再去撫慰不同意見的觀點。回答別人提出的問題時，要給人對答如流的印象，不要求完全正確，但要絕對投觀眾口味。

雜家型

如果你是「東方之子」的節目主持人或是「實話實說」的節目主持人那你不僅僅需要絕好的口才，崇論同議，妙語解頤。善於化解尷尬的局面，最關鍵的還要能推銷自己的觀點，因為你很可能面對的都是各個學科、各個行業裡的專家學者，他們頭腦清醒，思維敏捷，如果你稍微沒引導好話題，你的電視節目就變成了他們的學說講壇或行業論壇，而電視機面前的觀眾，都是缺乏耐心的，人們都會把各種不滿的矛頭指向你。你要時刻掌握討論話題的分寸，別讓它離題太遠，為了便於他們展開話題，你又得預備一些專業的知識，以便拋磚引玉。但是如果你多講了一句話，在這些專家學者面前就有可能露淺，甚至是謬誤，在這種節目裡，運用技巧讓對方開口就是最明智的選擇。

這裡介紹幾種主要的提問方式。

其一，開門見山直接提問：

「您是怎樣成為一個社會學家的？」

「你能給我們解釋這種現象嗎？」

這類問題具有明確的方向性，因此，回答也會是理解的。

其二，投石問路，一般性提問：

「你持什麼樣的觀點？」

「你為什麼會這樣做？」

這類提問沒有限制，因此，回答的範圍也很廣。

其三，轉換角度，誘導性反問：

「事實不正是這樣的嗎？」

「這難道不是公平合理的嗎？」

這種問題常常迫使對方說「是」，正是這種手段，讓討論回到你事先設計好能正面回答的問題上來。

其四：發現事實的提問，用來開拓新話題：

「這件事發生在什麼時候？」

「那些現象說明了什麼問題？」

提出問題，應事先讓對方知道你想從引導話題中得到什麼。如果對方明白

了你的意思，便可有的放矢地作出回答。從而讓聽眾獲得最大的滿足。千萬別讓特邀佳賓信馬而行，否則會讓你「翻船」下水，所以問話是關鍵。下面的句子，你也要好好思索思索：

「為什麼會……」

「你認為如何才能……」

「依你的看法是……」

「你如何理解……」

「你能舉例說明……」

總之，「如何。為什麼。為何」是問話的三把鑰匙，這是因為問話不但希望對方表達一個明確的態度，而且透過這三個詞進一步作了深入具體的解釋。

在不問錯的前提下，你問的越多，可供選擇的餘地就越大，越容易得到令你滿意的回答，取得現場直播或專題節目的滿意效果：

以下的方式，可供你參考。

（1）假如事情的結局完全相反那會怎麼樣呢？

（2）如果不是遇到一個善良的人是不是會更不幸？

（3）你相信惡人永遠是惡人嗎？

（4）如果我們聯合起來對付邪惡勢力？

（5）你認為政府能做到這一點嗎？

（6）你怎樣理解，要人們的集體墮落？

（7）這種事情將來還有可能會發生嗎？

（8）我們是勇敢的人們，還是懦弱的一群？

（9）如果你是當事人會怎麼想？

另外還要學會換個方式問話。掌握讓對方開口的技巧，讓對方補充你的話等等。還有許多常用的句子，有助你積極地表現。

「為了……你打算怎麼辦？」

「你如何解決這個問題……」

「你怎樣評估……」

「關於……你同意我的意見嗎？」

「關於……符合實際情況嗎？」

「對……你認為可能嗎？」

「我可以向你再提一個問題嗎？」

「為……有保證起見，你將採取什麼措施？」

「你現在可以向大家證實這個問題嗎？」

「你認為……可想像嗎？」

最後一個是質問的技巧，這種提問不是為了導出情況，而往往是為了逼迫對方說出對自己不利的回答，是要把事先瞄準過的核心暴露出來。請看下面的實例：

一九七四年一月，美國電視台「主張」的節目在以原子能為主題的現場轉播中，肯達爾教授對拉夏。

拉夏：據說不久以前，漢福特（華盛頓州）設施儲槽有相當於十五萬加侖的放射性廢棄物外泄。

雖然不是原子能發電廠一般的商業設備，但是同樣有放射性廢棄物外泄到地面。結果發生怎樣的事態呢？

肯達爾：這個嘛，我不知道會發生什麼樣的事態。

拉夏：等一下。肯達爾博士，您弄錯問題了，我所問的是「發生了」怎樣的事態。對不起，我並不想聽您的推測，說「可能會」這樣，或者不知道會怎麼樣。總之，發生了什麼樣的事態？

肯達爾：關於放射性廢棄物的處理，引起了人們對原子能事業的高度關心。這是第一件發生的事。

拉夏：還有呢？

肯達爾：調查引起這種廢棄物外泄的操作上的問題。

拉夏：然後呢？

肯這爾：結果判明不僅儲槽腐蝕，而且新的尖端設備也有機能上的缺陷。

拉夏：其他還發生了什麼事？

肯達爾：我不太了解您質問的意思。反正，有過詳細的調查……？

拉夏：得了吧！如果有十五萬加侖的放射性廢棄物外泄到地面上，根據您

的證言與傑里先生所談的事，您會估計有什麼不良的事態發生？

　　肯達爾：拉夏先生，那種東西不會突然出現在表面上，而是潛伏著的。將來可能會引起意想不到的災害……」

　　拉夏：我了解「可能性」的存在，但是……」

　　肯達爾：而且無法預測何時會出現在表面上

　　拉夏：總而言之，我可以認為您的回答就是沒有發生什麼值得一提的事吧？

　　肯達爾：那怎麼行！

　　拉夏：那麼這一回事可不就像名偵探福爾摩斯那一隻半夜不叫的狗了？

哈囉演練法：

　　並不是你想做哪種類型的主持人就可以做，這往往由你自身的才能及
所主持節目的性質和具體內容所決定的。

9. 東方脫口秀──綜藝節目主持人

　　電視電台節目就你一座五彩繽紛的花園，裡面的主持人就像園丁，他們用各自的智慧培育出了一朵朵美麗鮮豔的花。下面就讓我們到花園裡去看看那些花吧。【黃金時段‧情景對話】

　　葉惠賢：再見吧，媽媽！

　　在一次主持卡西歐盃家庭演唱大獎賽初賽時，有一位女婿和丈母娘一起登上賽台。不料，這位擔任獨唱的女婿臨時改變了原定的參賽曲目，另選了一首《再見吧，媽媽》。對於這突如其來的變化，葉惠賢不僅沒有慌張失措，反而抓住了這一契機，生動有趣地說道：

　　哦，這就是你的不對呀。可不能有了好丈母娘，就《再見吧，媽媽》。

　　由於葉惠賢能巧用參賽人員的關係和參賽歌曲名稱的「矛盾」，對這位女婿進行嚴肅的「批評」，一下子把全場的觀眾逗樂了，場上的氣氛頓時活躍了起來。等到這位女婿在掌聲中唱完了這首動人的《再見吧，媽媽》，葉惠賢又

抓緊機會補了下面一句：

看來，你對媽媽還是很有感情的。好！

一句話，又將這位歌手的演唱效果與他對母親的感情聯繫在了一起。葉惠賢真是「搞笑」的高手，話音剛落，全場爆發出雷鳴般的掌聲，氣氛達到了高潮。

張在權、蔡淑英：四十歲女人一枝花

張在權、蔡淑英為「四十歲女人的魅力」討論結束時的說話：

張：正像康老師說的，四十歲的女人一枝花，但這枝花需要營養，需要陽光。

蔡：這個陽光和雨露來自我們每個女人本身，那就是面子、自信、自強，同時也來自一個非常和諧的家庭和整個社會的薰陶。

張：願四十歲的女人生活得更加美好、更加幸福。

蔡：願每個婦女姐妹們都擁有一個溫馨的家。

節目主持人張在權為四十歲的女人作了一個形象的比喻，兩位節目主持人並在「營養」與「陽光」上都做了文章，這文章做在了每個女人的身上，也做在了每個男人身上。這樣的話，女人要聽，男人也自然愛聽。因為哪個男人不希望自己的女人永遠保持著青年時代的魅力？

倪萍：聲情並茂

《綜藝大觀》一百期倪萍就有過以下一段十分精彩的獨白：在我眾多的電視觀眾朋友當中，有這樣一位小朋友，她叫趙迎，是某中學的學生。我們的節目，她每次都看，場場不漏，一邊看一邊還錄了像。我們第一次見面是獲悉她得了晚期癌症的那一天。當我開車趕往小趙迎家，推開虛掩著的房門，我驚呆了，牆壁四周貼了數十張自己在不同時期的照片。我發現在房子一角的床上坐著一個臉色蒼白但十分清秀的少女。不一會，小女孩像見了久別的親人那樣，猛地撲在我懷裡，「哇」的一聲哭了起來，淒厲的哭聲像一把鋒利的尖刀刺在我的心上，我緊緊摟住小女孩，眼中的淚水禁不住地往外流。

儘管我還沒有做母親的體會，但此時此刻凝視著懷裡不斷哭泣的小女孩，著實感到自己應該像母親那樣盡一份職責。我真不能想像一個普普通通的主持

人竟會對這個小女孩產生這樣的影響。大約過了十多分鐘，小女孩慢慢地平靜了，她仰起脖子目不轉睛地看著我說：「倪萍阿姨，我會死嗎？」我心中頓時一陣酸楚，強忍著悲痛佯裝笑臉，輕輕拭去臉頰上的淚水慢慢地說：「放心吧！倪萍阿姨一定會救你的。」

在以後的幾個月中，我四處奔波，訪遍了京城的名醫，找來了各種冶療癌症的偏方，甚至還召集了一些聞名透過的氣功大師。但這一切仍無濟於事，殘酷的病魔使小女孩一天比一天衰弱。當小女孩病得不能動彈時，我正好在南方錄製節目，一時無法聯絡。小女孩躺在病床上喘著氣，斷斷續續地對她母親說：「媽媽，我……可能……、再也見不到倪萍阿姨了，你一定要……代表送一件黃毛衣……給她……因為……倪萍阿姨……在電視上……穿米黃色……最……漂亮！」

等到我在南方得知小女孩病危，星夜兼程趕回北京時，小女孩已經匆匆走了，只留下給我的那件黃毛衣。……倪萍的主持受到了廣大觀眾的喜愛，有些專家認為她的長處，就是能將話劇演員的語言功底不露一絲痕跡地運用在節目主持人的語言上。以上大段獨白的主持語言，絕對是「說」出來，而不是讀，或者是誦出來的，但它又不像日常口語那樣隨便，那樣「冰」，所以聽來會讓全場及電視機前的觀眾凝視屏息，感到潛然淚下。獨白的單向傳遞，主持節目時像這樣大段的一人獨說情況雖不常見，但用得恰到好處，自然也會給整台或整檔節目增添光彩。

凌峰：幽默自嘲

臺灣著名節目主持人凌峰在一九九〇年春節晚會上的這段獨白：

在下凌峰，我和文正（臺灣影星）不一樣，雖然我們都得過「金鐘獎」和「最佳男影星」稱號。但是我是以長得難看而出名的（掌聲）。兩年多來，我們大江南北走了一趟——拍攝幾千里路雲和月，所到之處呢，觀眾給予我們很多的支持，尤其男觀眾對我的印象特別好。一般說來，女觀眾對我的印象不太良好：有的女觀眾對我的長相已經到忍無可忍的地步（笑聲、掌聲），她們認為我是人比黃花瘦，臉比煤球黑（笑聲）。但是我要特別表明：這不是本人的過錯，實在是家父母的錯誤，當初並沒有徵得我的同意就把我生成這個樣子

（笑聲、掌聲）。

　　時代在變，潮流在變，審美的觀念也在變。如果你仔細地歸納一下，你會發現，現在的男人基本上分為三種：第一種——你看上去很漂亮，看久了也就那麼一回事，這一種就像我的好朋友劉文正這種；第二種——你看上去很難看，看久了以後是越看越難看，這種就像我的好朋友陳佩斯這種；第三種——你看上去很難看，看久了以後你會發現，他另有一種男人的味道，這種就是在下我這種（笑聲、掌聲）。鼓掌的都表示同意了！鼓掌的都是一些長得和我差不多的（笑），真是物以類聚啊！接下來按規矩迎接挑戰，帶來了一首歌曲，叫做《小醜》。在我的人生觀看來，我認為每個人都在扮演許多次的小醜：有的時候是在愛人面前；有的時候是在主管面前；有的時候是在孩子面前；有的時候是在父母面前。我呢，是在鼓掌面前，給大家帶來一首《小醜》——掌聲有沒有就我無所謂啦（笑聲、掌聲）！

　　宋世雄：眼明口快

　　宋世雄是著名的體育節目主持人，他的快口解說，讓觀眾十分欽佩。下面是他在一場足球賽現場主持時說的話：

　　……十二號彭偉國在回傳，胡志軍一腳長傳到了對方的禁區裡面，蔡最快速推進被對方封堵住了，三號黎兵跟上把球停住，一腳——九號郝海東頭球攻門——進了！中國隊全場結束前幾秒鐘又攻進了一顆球：三比零……」

　　宋世雄的口快是建立在眼明的基礎上的，以上一段話，從隊員的名字到號碼，從隊員的腳法到奔跑的方向，從隊員的速度到球的落點，宋世雄一一仔細看在眼裡，表在口中，準確無誤地作了介紹。

哈囉演練法：

　　剛才帶你參觀的這座花園還不錯吧？各有姿色、各顯風采。

十、面試口才

1. 面試時有哪些應答技巧

應答是面試的主要形式。高明的應答技巧能提高面試成績，獲得勝利。

（1）有問必答。不管是什麼問題，都要作出回答。這是最基本的原則，對於考官的問題，有的雖然刁鑽，但可能是測試你的應復技巧、反應能力，不管你反應能力如何，總得有一個答案，如果拒絕或者說：「這個問題很難回答……」那麼，你獲勝的機會可能不大了。

（2）坦率不掩飾。有些涉及到專業性很強的問題，而你又確實不懂，你就坦率承認，千萬別說「我想想……。」，再怎麼想也沒有結果，會給考官留下不懂裝懂的印象，有時考官出這一類的問題純粹是想驗證一下你是否誠實，如果你坦率承認自己不懂，就正好透過了考官對你在這方面的測評。

（3）「外交辭令」。有些問題如果硬要回答會漏洞百出。比如：考官問你「如果把這個職位交給你，你有什麼樣的工作計劃？」如果你有很熟練的相關工作經驗和對這個單位狀況的分析，也許能說出個 ABC 來。否則，你就回答：「我只有在接手這個職位後，才能根據實際情況制定相應的工作計劃。」會給考官留下你不尚空談，比較注重實際的穩重型人才的印象。

（4）側面回答。有些問題要想正面回答等於是否定自己，因此要設法將可能否定自己的話，轉化成肯定自己的話。例如：考官問你是否曾在食品廠工作過，然而你卻只在酒廠工作過。如果你據實回答這個問題，答案只能是「沒有」。你可以這樣說：「沒在食品廠工作過。但我在酒廠工作多年，我認為酒廠與食品廠在某些工藝上有相似之處，而且企業管理應該是相通的。」這等於變否定為肯定的回答。

（5）奮力一擊。有些問題太過刁鑽，而且實在無法回答，不妨奮力一擊，反問對方，也能造成意想不到的效果。例如：某主考見一位朱姓考生知識淵博，思維敏捷，各類問題對答如流，突發異想，拋開原定題目，出了一道偏題：「國父的遺言，請你回答一共多少字？」這下可真把朱某考住了。他暗想，主考出

此題目未免脫離常規，既然有意刁難，錄取必然無望，就不管一切，大膽反問：「主考官的尊姓大名，天天目睹手寫，也已爛熟，請問共有幾筆？」主考官想不到應考者竟會如此反問，一時愣住。事後，主考官十分賞識朱某的才能和膽識，於是親自錄用。

（6）「小題大作」。考官有時會問一些「很大」的題目，比如問「說說你自己」，至於說「你自己」什麼，並沒有限定，但他要的答案並不是「你自己」事無鉅細的全部，因此，你必須「小」作，不要沒選擇、沒目的地說起來。一般說來，「大」題目「小」作的技巧是，圍繞你應徵的職位來談，以「說說你自己」為例，「小」在與應徵崗位相關的知識、技能、經驗方面即可，考官如果有興趣再了解你的其他情況，他會發問的。這樣的問題往往出現在面試開始時，考官等於不出任何問題，而讓你先打開話匣子，因此，你必須有意識地把話題拉到你的能力、性格、優點、學識、經驗等方面來，不能錯過這樣的好機會。

哈囉演練法：

　　如果你曾經參加過某次面試的話，你應該會對文中所提技巧深有同感的。

2. 如何回答面試中的難題

面試時，主考官有時會針對應試者的心理，提一些較為難以回答的問題，其特點是：攻勢凌厲不留情面，一針見血，而且你難以拒絕回答。如：「你是不是看中我們公司待遇高？」「之前的公司為何解僱你？」「你的缺點是什麼？」「你原本公司不論規模、聲譽、效益，還是工資待遇都比我們強，你為何要來我們這裡？」「你認為你的能力能勝任這個職位嗎？」

這些難題，回答不好，等於把自己逼上了絕路，即使前面有較佳的表現，可能也會沖淡許多。回答得好，不僅能表現你的靈活機智，還可以再次給自己提供展示才華，陳述成績的機會，大大加深考官們的印象。

對難題回答的原則技巧是：避其鋒芒；話鋒一轉；暗渡陳倉；避重就輕。其中關鍵是：要變被動為主動，把問題轉向可以主動操縱的方面來。例舉說明：

（1）「你是不是看中我們單位的待遇高？」比如回答：「對職工來說希望效益好，效益好來自科學的管理體制。待遇好的單位不難找，但真正管理有方的單位並不太多。」──暗渡陳倉：極其巧妙不露痕跡地讚美了該企業。

（2）「之前的公司為何解僱你？」比如回答：「不是解僱，是我辭職。因為我認為之前的公司用人唯親，我不想在那裡虛度光陰。」──話鋒一轉：引出別的話題。

（3）「你原本公司在規模、聲響、效益、待遇方面遠勝於我們，你為何要來我們這裡？」比如回答：「一個人的價值不僅僅體現在工資待遇上，一個人的成功靠的不是樹大好乘涼，只要有用武之地，不管在什麼地方都能體現自己的價值和成功。」──避其鋒芒：未直接回答，卻表明自己的自信和抱負。

（4）「你的缺點是什麼？」比如回答：「我有很多缺點，但我相信我的一些缺點不會影響自己的優點。」

哈囉演練法：

類似巧妙機智的回答，每個人都可以根據實際情況臨場發揮。

3. 如何對付不同的考官

不同主考官注重的方面也不同。如果主考官是技術幹部，他就可能注重專業知識和技能，如果是人事幹部，就會注重應試者的社會意識和處世能力，若是主管幹部，則注重合作精神、辦事能力及處理緊急事件的應變能力。在面試時要學會察言觀色，注意主考官更加注重哪一方面，在他感興趣的方面充分表現一下。

如果你碰上個囉哩囉嗦的主考官，最好是當他忠實的聽眾，洗耳恭聽，並表現出對他的講話極有興趣。有的應試者由於一心想著面試，一聽這些不著邊際的話，煩躁與不安就顯現在臉上，這會挫傷對方的自尊心，導致他的反感。

其實只要稍安勿躁，認真傾聽他講的每句話，不時插幾個「啊」，或點頭示意，像聽故事一樣聽他講，或許還未談及與崗位有關的問題，就對你表示滿意了。

如果主考官是年輕人，切莫輕視。他會更了解應徵者的心理，因而往往比年長的更難對付。他既然主持面試，說明他有一定的地位和能耐，此時能無所顧忌，有的甚至與其發生爭論。在爭論中，面試者特別是比主考官年齡大些的，可千萬不能無所顧忌，很多弱點就會在不經意中暴露出來，這是一些熱門單位慣用的手法。所以對年輕主考人員應重視你的禮貌言詞，表現出尊重對方的態度，同時還要盡量展示自己的優點，給對方留下好印象。

一定要注重考官對你的觀點所流露出來的反應。若讓主考人員產生共鳴，不妨多加闡述，如果一旦發現對方不大贊成自己的觀點，或意見有分歧，則不必堅持自己的觀點，或反駁對方的觀點。

一旦傷害了主考人的自尊心，再有理由，人家也聽不進去，對你產生明顯的敵意。最好的辦法是，要學會同意對方的觀點，並引用他的某些結論然後講述自己的意見。這樣就容易獲得對方的認同，因為你滿足了對方的自尊心。如果對方實在有違常理，也不要反駁，置之不理即可，因為面試不是論辯會。若對方講的有些道理不是什麼原則問題，不妨表示贊成，點頭示意，若不能苟同，敷衍過去就行了。

哈囉演練法：

此所謂具體問題具體分析，對於不同的主考官當然也須採取不同的態度或措施。

4. 面談時如何介紹自己

為了使用人單位全面、具體了解你自己，應主動、如實地向對方介紹自己的情況，即介紹與求職有關的、最主要的情況。與此有關的要介紹清楚，不要遺漏；與此無關的則不必介紹，以防眉毛鬍子一把抓，反而沖淡了主要內容。

介紹自己的情況時一般包括以下幾方面：

（1）一般情況。如姓名、年齡、性別、籍貫、健康狀況、工作、學歷、家庭住址等。

（2）學歷及工作經歷。如小學、初中、高中、大學、自學內容；在哪些單位做過什麼工作，應按時間順序排列，中間不應有空白時間，若有一段時間既未學習也未工作，如在家待業、養病，也應有所交代，如實說明。

（3）職業情況。將所從事工作的內容、時間、職務、效果、評價一一說清。

（4）其他情況。凡不屬以上三方面的內容而又有必要加以介紹，都可分小項介紹，如家庭成員、與本人的關係、經濟收人、住房情況等，也可專門介紹你的愛好和特長。

另外，如果對求職有什麼要求，也可以單項專門介紹。

為了使錄用單位更全面地了解自己，將自己的基本情況整理好，介紹出來，是一項重要的、必不可少的工作，不可等閒視之。

除了介紹自己的基本情況外，還可以適當地將自己的能力和才幹表現出來。

求職者總要想方設法把自己的能力和才幹表現出來，讓應徵者了解自己，然而，表達自己的能力和才幹也是一門藝術，如果一味地平鋪直敘，大講特講自己比他人如何如何好，恐怕會給人自吹自擂不謙虛的印象，所以，在說出自己的能力後應作些補充說明。例如當你說了「朋友們都說我是個很好的管理者」之後，還要再補充說明，以支持這句話，你可以舉例證明，或者簡略介紹一下你的管理方法。另外，如果有條件的話，即使不補充，也可以讓事實來說明問題。

有這樣一個例子，一家公司在應徵考試時，發現一位應試者在校成績不太好，主考者問道：「你的成績不太好，是不是不太用功？」應試者回答說：「說實在話，有的課我認為脫離現實，所以把時間全花在運動上了，所以身體特別好，還練就一身的好功夫。」主考者很感興趣，讓他表演一下，應試者脫下衣服，一口氣做了一百多個伏地挺身，使主考者大為吃驚，立即錄用了他。

有時稍稍抬高自己也是必要的。面談者當然知道你不會「自道己短」，但別扯得太遠，「吹噓自己」時只要談談有關工作方面的內容即可，而且千萬要

用具體的例子。比如說，你說「我和其他工作人員關係很好」時，別說到這裡停止了，還要舉一些具體事例來加以陳述，如：「我總是和我的工作夥伴和屬下有著相當融洽的關係，而且我也和從前每一位上司都成為好朋友。」此時應注意以下幾點：

(1) 只講正面性的事。

(2) 用證據來支持你的陳述。

(3) 陳述的內容要集中在工作所需的資歷之上。

(4) 簡明清晰——不要超過三分鐘。

(5) 說完之後，可問對方是否還想知道得更多一些。

哈囉演練法：

總之，一個原則是：讓對方了解你的優點，從而錄用你。

5. 創造良好的印象

如果你是個來應徵的求職者，不妨從考試者的角度來考慮一下你應該表現的東西。並引導對方也能從我的角度來考慮你的條件。

電報發明者摩斯，對白己的繪畫技巧非常自豪。有一次，他請一位醫生來鑑賞他的一幅表現死亡掙扎的畫。這位朋友看了幾分鐘還是一言不發。摩斯忍不住問道：「你覺得怎麼樣？」

「肺炎。」醫生回答道。

由此可見，你必須試著找出對方需要的東西，然後表現出你正好具備這種東西。這和演員試角色的道理一樣。

在百老匯演了第一部戲之後，凱倫渴望能爭取在《瑪德蘭娜》中扮演那個哥倫比亞的印第安少女的角色。這是艾德・李斯特編寫的一部音樂劇，艾德是洛杉磯市立輕歌劇團的團長，她曾經同他合作進行過演出。該劇的音樂由韋拉・羅布所作，曾經改編過《挪威頌》的鮑勃・萊特和吉特・弗瑞正在給音樂配器和安排歌詞。

她說：「我從紐約打電話給艾德告訴他我希望得到那個角色。一小時後，他給我回了電話，失望地通知我說萊特和費瑞認為我的形象不合適。他們曾在百老匯看過我扮演的羅薩琳達，那是個成熟的金髮女郎，他們想像不出我怎麼能扮演一個印第安農家女。」

「可是，艾德，我扮印第安人的造型很好啊！」

「給他們拿出些證明來。」他說，「寄幾張照片給我，我好拿給他們看」。

於是，我打電話給哥倫比亞領事館，詢問他們的農夫該穿什麼樣的衣服，要不要穿鞋。電話另一端傳來一個男人憤怒的聲音：「小姐，我們沒有農夫，而且當然穿鞋！」

後來，一家出租公司租給了一套熱帶服裝，顏色鮮豔，圖案繁雜，那是影片《漫步在陽光下》用過剩下來的。我把皮膚染黑，戴上一副棕黑色的假髮，梳成瓣子，穿上襯衫和裙子，赤著腳，擺出姿態，準備拍劇照。

我的老朋友，大都會歌劇院的導演狄諾‧耶諾布利指導我進行拍照。他讓我雙腿交叉坐在露天的市場的地上……拿起蘋果大嚼……，肩扛水壺走向井台……等等。

這些照片看上簡直就像《生活》雜誌上登的作品。我們給艾德寄去了幾張，他把照片拿給他的同事看，但沒有說照片上的模特兒兒是誰。「你們認為這個候選人怎麼樣？」他說。回答是：「完全符合要求。她是誰？」當艾德把實情告訴他們後，他們說：「請向杜夢西致歉，再附上一份合約。」

她成功的祕訣在於：讓萊特和弗瑞在她身上看到他們所追求的特徵。當你和一位未來的僱主進行晤談時，也應該如此。

哈囉演練法：

給出他們希望得到的東西，你就贏了。

6. 準備求職晤談

盡可能詳盡地了解你準備應徵的那家公司的性質和背景，了解一下其中哪個部門的工作與你的資歷相符合。可以借助電話、新聞報導、雜誌文章和各種書籍來尋找資料。其次，爭取熟悉一下你的主試者。他有怎樣的背景？你與他之間有什麼共同的東西？

對於自己，可以提出這些問題：

我是否已了解了這項工作的要求？

如果對方問：「你為什麼要到我們公司來工作呢？」我能否予以有力而理想的回答。

我要不要坦率、愉快地回答主試者的各種問題？

除了展示我的資歷和背景之外，我能否讓對方相信我具有發展的潛力？

要試著從主試者的角度來考慮問題。你所具有的專業經驗、資歷及興趣之中有哪些符合他的要求，並能說明你正是他所尋求的對象？把這些有條有理地做好準備。

盡可能考慮到可能會被問到的所有問題，給每個問題一一找出滿意的答案。這個辦法連總統也不例外。舉行記者招待會前，尼克森總統的幕後人員將為他提供一份資料，上面列出了可能被問及的各種問題，還有一些資料摘要，以便於總統準備對答。總統一直要看到把這些資料消化為止，甚至他進行對答的語言都要事先做好安排。當然，你未必能擁有像總統那麼豐富的資料來源，但還是應盡你的力量在面談前把一切準備妥當。

哈囉演練法：

磨刀不誤砍柴功，多前的準備工作永遠不嫌多，千萬別打沒準備的仗。

十一、電話溝通

1. 看不清對方的樣子及狀況

有時還沒有確認對方是誰，只是把他當成平常交易的負責人，事實上，偶爾真的主管剛好巡視到那裡接到電話，也會被弄得莫名其妙——也許不至於如此，但是由於看不到對方，所以必須特別小心。

例如：看不到臉孔，所以不知道表現，微弱緩慢的聲音卻被聽成厭惡的語調，打電話的時候，要用活潑生動的語氣。

相反地，聽到這邊的電話訂貨，對方好像哈腰鞠躬般愉快地承諾下來，事實上，說不定他牙痛得整個臉的表情就像苦瓜一樣呢！

哈囉演練法：

這種事情也需多加留意。

2. 只能依賴聲音

必須注意類音字、同音字。例如：獸醫——壽衣、甜食——輾死、毒藥——獨要、馮先生——洪先生、大哥——大個兒、房子——幌子……等，由於看不見，有時必須對容易聽錯的字加以解釋，或換另一種講法。

「明日一時，懷特來訪」盡可能說成「明天下午一點，懷特來拜訪」。

哈囉演練法：

能說明白的話就盡量別讓人產生誤會。

3. 留下記錄

電話很難留下記錄，偶爾會為一句話是否講過而爭得臉紅脖子粗。所以，

作記錄及複述是必須的要求。

人只要一有成見，就容易疏忽過失。就發音而言，嘴巴的開合，影響很大，必須相當用心，多複習以求證無訛。

說話的人站在聽者的立場來講，聽話的人也尊重說話者的立場洗耳恭聽，但是，這樣還是會有傳達的失誤。

哈囉演練法：

這裡講的是不留下記錄的結果，所以，你應明白該怎麼做了吧？

4. 音量適中

想像你手裡的電話是一隻耳朵，而不是大鼓，只需用適當的音量對它說話就可以了，因為畢竟不是面對整個劇場做講演。

第一次世界大結束後有段時間，美國流行一句有趣的話——「格漢打電話」——格漢正在用一台很差勁的電話機講話，他試圖向房東說明房子被暴風雨損壞的程度。「不對！不對！」他拚命吼叫道。「我沒有說讓你閉嘴！我說的是風把百葉窗給吹跑了！」

在那個年代，他確實有理由大聲咆哮。從今天的標準看，當時的電話設備的確很不完善。現在，農莊裡的妻子們也不再有公用電話線可供閒聊了。同時只有在洲際電話中才能偶爾聽到電波雜音的干擾。今天，你需要打個電話到美國各個角落或者打到加拿大就像到隔壁鄰居家敲門一樣簡單易行。電話中的電波以及兩端的儀器會自動替你處理好一切事情，你再也不需要提高音量大喊了。

保持活力——即使在最為心平氣和的電話交談中，你也必須用呼吸幫助聲音，可以採用伊麗莎·多麗在二十五點四公分之外的地方練習吹熄希金斯教授的蠟燭時所用的那種呼吸助力。同時還必須記住：要保持活力和熱情，否則，你的聲音會顯得十分疲倦、禿喪和消極。

如果你打電話時聲音變得越來越高，可以採用「鉛筆法」，手握一枝鉛筆，

舉到距離你約二十五點四公分的地方，然後對著它說話如果感到你的聲音在這個距離內顯得過高，就把鉛筆放在低於電話聽筒，或與茶几同高的位置，並提醒自己降低音調，運用共鳴。

保持生動和關注——某些鳥類在牠們對異性發生興趣時，會改變身體顏色來傳達愛意，螢火蟲則是用閃動的螢光來表示牠求偶時刻的到來。你是否想過你在電話中說的「喂」傳遞了什麼樣的訊息？它很可能包容了你電話交談中的全部基調，它能表現出你的情緒：可能是隨意而鬆弛的，說明你正閒著；也可能是友好而活潑的，表面似乎是說：「我很忙，不得不立刻掛掉電話。」其實可能非常粗魯無禮，預示著接下來是一場暴風驟雨。

要讓這聲「喂」真正傳遞出你所希望傳遞的意思。有些人說這個字時，顯得十分傲慢、冷淡，甚至帶有敵意，其實他們自己並不知道會這樣。因此，我們在電話中要特別注意「喂」的聲調和感情。

哈囉演練法：

人生無聊的事情已經夠多，還有必要讓聲音來破壞自己的形象嗎？

5. 電話也可以傳神

儘管電話線另一端的人實際上看不見你，但你的聲音卻能為他描繪出你的形象。如果你愁眉苦臉，電話中的聲音也不可能溫暖熱情；同樣，如果你說話時面帶微笑，那麼電波就會把微笑傳遞過去。電話這種傳遞身體表情的能力相當驚人。你在電話中的聲音能夠清楚地告訴對方：你的嘴角是在向上翹，還是向下撇。你越是態度友好，你的聲音聽起來就越親切。而友好的態度，無論在社交界還是在商業場合中，都是有效的交流工具。請把鏡子放在電話機旁，一面打電話一面觀察自己的表情。

過去，美國電話電報公司總是建議我們使用「微笑的聲音」。但奇怪的是，這樣的聲音越來越難以聽到，以致當我們聽到這樣的聲音時更感到珍貴。我們現在常常聽到的是一種「咆哮的聲音」。試想，當你在旅館中一覺醒來，拿起

電話點早餐時，回答你的是一個洋溢著笑意的聲音該是多麼愉快！你發現對方把為你拉開窗簾、召喚陽光當作自己的職責，而且似乎十分關心你要煎雞蛋老一點，還是嫩一點，這一切當然會讓你感到心曠神怡！

　　無論是在私人談話還是商業會談中，電話能傳送你的形象——可能是令人愉快的、也可能是招人反感的。因此，你應隨時保持聲音的活力、熱情和真摯。

　　打電話和你在董事會作報告一樣，姿勢也會影響聲音的清晰、音量和活力。打電話時不要縮在椅子裡。如果身體下陷佝僂、聲音也會跟著下沉。坐直身體，使你的呼吸動力中心緊張起來。

　　有時進行這種漫無目的卻又必要的電話交談是有益的，至少對女人們來說是如此。它可以代替你親自去慰問病中的朋友，可以幫助他或她消磨寂寞的時光。但是，電話交談對於交談的雙方來說，通常都應該是簡單明瞭的。要自覺限制你的電話時間，甚至也要限制對方的時間。想像那是需要花錢的，事實上，那的確需要花錢。

　　康丁·雷諾有一次在白宮富蘭克林·羅斯福總統在一起時，恰好遇到邱吉爾從英國打來一電話。一會，雷諾驚奇聽到總統在說：「好了，溫斯頓，你的三分鐘時間到了。掛了吧，否則你要付超時的費用了。」一九六九年，尼克森總統和月球上的太空人透過一次電話之後說道：「這筆電話費肯定很可觀，我希望是由對方來付錢。」

　　婦女們不妨假想自己是在公共電話亭裡打電話，而不是在自己家裡，而且設想自己剛好已把最後一枚硬幣投進了電話機。採用這種辦法來限制自己沒完沒了的叨絮。

　　作為接電話的一方，態度當然要親切有禮。但這並不意味著你只能做電話閒聊者的犧牲品。

　　如果某個電話已經持續了好久，而你正要作一些需要集中精力的事情——如正要煮飯做菜，或者寫一篇文章，接待一位客戶——那你大可直言不諱地告訴對方你目前沒時間閒聊。「瑪麗，等會忙完了再打電話給你，現在我實在脫不開身。」或「我忙得不得了，要不我明天早上九點到十點之間再給你電話，好不好？」

　　如果你是打電話的人，請記住你正占用對方的時間，因此如果你的目的只是為了隨便聊聊，那就立刻告訴對方這一點。

哈囉演練法：

何止是電話可以傳神，人與人交往的任何一種方式都可以傳神，然，只要你心地坦誠，那麼，你也就無所懼。

6. 介紹自己

　　在電話中應先介紹自己，說：「我是×××」。或「你好！我是×××。」如果接電話的不是你要找的人，可以這樣說：「我叫×××，可以請王先生接電話嗎？」

　　對於下面這樣的開場白，你是否一樣感到不願回答。──「你今天晚上打算做什麼？」可能你恰好沒事，正等待他來邀請，但是，也許你正希望今晚不受打擾，或者想做些事情，可不是和他一起做。所以，在你打聽對方的計劃之前，應該先把自己的意圖直接說出來。「你能不能和我們一起吃頓飯？有位日本客人也要來，我想你可能會感興趣。」請給對方一個接受、拒絕、想想藉口，或跟丈夫商量的機會，同時要讓對方確切了解你的計劃。

哈囉演練法：

自以為是的人最惹人厭──你以為你是誰，所以，做任何事之前先謙虛一下是最保險的，除非你們之間是親密的關係。

7. 善於傾聽

　　夏米爾‧羅傑斯一向以尖刻狡黠聞名，他的朋友耐耐能說會道卻不善於傾聽。當有人把耐耐即將失聰的消息告訴羅傑斯時，他說：「這全怪他的耳朵缺乏練習和使用。」

許多人打電話時不注意傾聽，有時簡直故意裝聾。即使在面對面的談話中，有身體動作和手勢的幫助，要確切了解對方的意思也不那麼容易；在電話交談中要做到這一點就更難，因為這時你只能依靠傾聽。

所以，絕不可滿足於一句半解，手邊要常備鉛筆和本子，隨時可以記下要點。（這在商業性電話中尤其必要。）聽的時候，不僅是聽他說，而且還要聽他是怎樣說的，他的聲調是否意味著什麼其他的意思？二次世界大戰時，威廉‧謝勒在柏林對外廣播，他說的話要經過官方檢查，但他聲音中所包含的警告卻是刪不掉的。

注意地傾聽對方，能使你對對方外觀和情緒有一個驚人準確、細緻的了解。

哈囉演練法：

如果你不是一個勞碌命的人，相信你不會拒絕傾聽，更何況善於傾聽
還有許多你意想不到的好處。

8. 用電話請託

電話中你看不到對方的臉，所以有所請求時，總是較容易被拒絕。所以，重要的請求，不要只依賴電話。有很多例子，電話裡只是隨便的寒暄，至於細節，則留待日後見面再詳談。

不要讓人覺得那只是一廂情願。要進一步讓人感到親切的談話，簡短詳盡的說出相託之事，這樣人家才更願相助。

稍事寒暄表示感謝平時照顧之情。

有用的情報及相關的會談。

請求之事的概要或暗示。

根據他的回答，商定面談的時間。

有些時候，接到電話後就馬上想幫他料理一下，沒想到重要的電話一通接一通進來，不經意間就忘得一乾二淨，而且這種事還相當多。雖然他並沒有惡

意，但是，電話中的請求，也就被拋到九霄雲外了。

哈囉演練法：

總之，光用電話請求就能萬無一失，這種事大概僅限於打聲招呼即可的那種吧！承諾的事項再用書面加以確認，就可以防止日後人家說「沒聽說過有這種事！真麻煩。」

9. 用電話道謝

要求的文件郵寄、收到禮物、受人照顧、久別重逢……等，以電話傳達的謝詞，日常生活中實在很多。

「勿忙間，暫且用電話道個謝吧！當然，見面之後再鄭重道謝。」電話上的道謝，很多都是存在這種心理。

當然，有些場合只要用電話就可了事，那就不必覺得電話太草率。目前大家都很忙，就像做生意一般，一通電話即可的例子日增。

如果對方地位顯赫、輩分很高或有功同再造的恩惠，一通電話覺得太草率時，可以在打過電話之後，再以書函道謝。此外，如確實有無法傳達到他本人之意時，再用書信就就可以放心多了。

哈囉演練法：

只要打個電話就能給人家留下好印象還可省去日後再請人家相助時費許多口舌，何樂而不為呢？

10. 七秒鐘電話戰術

掌握電話通話的 7 秒鐘談話時間，開發客戶，開啟智慧對談的大門。對於從事安利事業的人是成功的開始。

在開始的七秒鐘，若無法切入對方需求，電話總會被草草的結束掉。以下

將教導你如何被他人接受與了解的電話技巧。

（1）靜候觀望　應付冷淡電話

「首先」，我告訴約翰，「在你以積極態度面對一連串冷淡電話之後，能夠說出你沮喪感受這一點看來，是十分可喜的事。」靜候觀望是應付冷淡電話能成功的最重要因素之一。確定名單之後再依次計劃，你就會有正確的方法了。

首先，讓我們來聽聽你潛在客戶的說話方式：「我沒興趣。」

沒錯，這句話聽起來就像在拒絕，但是有效嗎？

我經常留意冷淡電話的拒絕方式。如果我的潛在客戶一開始就說：「我沒興趣。」那麼，我想他會打電話給我，同時表示他不了解我和我的公司；而很快的說「不」，他也就沒有機會拒絕我的產品和服務了。

（2）整理電話名單

到目前為止，尚未發生因我說得太多太快，而使潛在客戶想草草結束談話的情況。

把電話名單做一次整理，開始寫一些對事業有所助益的電話對白。你要自在地和潛在客戶談話，在前七秒裡，當他聽到陌生人在電話中扼要地談論及回答他心中所有的問題，在訪談結束後，會有以下的疑問；

這個人是誰？

他為什麼打電話給我？

他想做什麼？

還會繼續談多久？

現在，你會了解到電話前七秒的對談要領：

①不要只說：「你好嗎？」因為這樣只會令你感到不舒服。在冷淡電話的對談中，你需要的是實質的幫助和正確的方向；在一般的對談中問「你好嗎」是正確的，但在冷淡電話上卻是不含任何意義的。

②不要變成無禮的訪問者。這只會使潛在客戶立刻防備你，還會帶來更多的爭執，如此一來勢必會動搖在前七秒鐘所奠下的基礎。

與其說「我想我可以……」，不如試著說「也許我可以幫你……」；與其

說「假如我在這個月內幫你儲蓄一萬元，那麼你有興趣嗎？」，不如試著說「我應該可以替你儲蓄一大筆錢——這是我打電話給你的主要原因」。我確信這是軟性銷售和強迫推銷的不同點。

切記，通電話的第一性是建立信任感和良好關係。

③不要自唱獨角戲。在前七秒的談話裡，潛在客戶不可能聽進你所說的每一個字。以明確的陳述開場，好讓潛在戶有興趣了解更多，你應該說：「你我各有特色，或許我們可以一起工作……」

好讓他對你產生同感。以下是一段對話：

「我是××，這幾年拜讀您的雜誌使我受益不少，我知道您是談及××一事的作者，對××事也許我能幫上忙，不知是否有機會能和您一起討論，現在方便嗎？」

哈囉演練法：

你要讓自己以誠心的對白開場，你的電話訪談技巧從現在起會漸漸被接受，只要按部就班，放輕鬆，在你了解之前，你已開始一段偉大的對談了。

十二、提問

1. 發問的技巧

為怎麼樣的提問方式，目的是得到我們需要的回答。提問者應當是個心理專家，對不同的人，不同的需要，有時以單刀直入，有時以迂迴曲折，有時可以步步緊逼，有時又可以聲東擊西，不但要讓自己有問題發問，還要讓對方有話可談。

（1）循循善誘，採取不同的提問方式

在現代社會生活中，許多時候為了了解情況，更需要視對象而採用不同的

發問方式。著名的演說家李燕傑在做思想工作中，就十分注意發問的方式。

一天晚上，他剛在夜校上完課回家，有位青年從他後面跟上來，要和他談心。

李燕傑一看這個青年，身穿大紅襯衫，肩上掛著西裝背帶，胸前還掛個耶穌像的十字架，心裡對這個青年的思想現狀明白了七八分。青年誠懇地要拜李燕傑為師，表示要學好文學和外語，李老師見他真誠，就和他談起心，於是，一連串的發問開始了——李：你為什麼要戴這個（十字架）呢？

青：你是搞中國古典文學的，還懂這玩藝兒？

李：你真把我看扁了，我要連這個問題都答不上來，今個我不就栽倒了嗎？

青：（笑）

李：你不是在學外語嗎？我問你，「聖經」這個詞，英語怎麼說？

青：……

李：BibleBible

李：你掛十字架，會念祈禱詞嗎？

青：不就是阿門嗎？

李：不對。（從頭到尾把祈禱詞背了一遍）你讀過聖經嗎？聖經都講了些什麼呢？

青：不知道，沒讀過。

（接著，李老師把《舊約全書》和《新約全書》的主要內容給青年講了一篇，轉而又談到美的含義……）

李：比如：有個女孩長著一雙水汪汪的大眼睛，笑起來還有兩個小酒窩，表面看，還挺美。可是有人告訴你，她就是愛在電車上做這個的（做一個扒手的功作），你還認為她美麼？

青：內外不一致，不美。

李：有這麼一幅油畫，一個修女，外表穿得很肅穆，內心對耶穌很虔誠，胸前掛著一個十字架，你覺得美嗎？

青：內外相和諧，對基督徒來說，還是美的。

李：那麼閣下，既不懂耶穌教，又不信耶穌教，胸前掛著十字架，你是美

在哪裡呢？

青：……李老師，我以後保證不戴了，要再戴就是孫子！

李：你以前為什麼要戴它呢？

青：我看外國人戴。外國人能戴，我幹嘛不能戴？

李：你的主管沒有批評過你嗎？

青：他們不讓戴，我偏要戴，要是像你這樣給我講清道理，我早就不戴它了。

可以看出，李燕傑的提問是一種循循誘導。開始，他採用發問，以便了解情況，知道青年不懂耶穌，摸清了青年的思想脈搏。以後仍然是問，但已經是有意識的引導青年往深處思考那種盲目追求外表美的根源了。

提問時，自己要胸有全局。要達到什麼目的，要透過哪幾個問題，都應有條理地進行。既要有事先的設想，又要隨機應變，善於抓住某一點一瞬即逝的問題深挖下去。

（2）注意提問的策略

一般說來，提問應當開門見山，要了解什麼，就問什麼。可是遇到一些特殊情況，自己需要了解，直問也許會引起對方某些不快或者挑起隱情，這時就要比較巧妙，含蓄一些的發問。

在複雜的社會生活中，有人利用發問來設圈套。高爾基在小說《三人》裡這樣描述伊利亞被檢察官審問的場面——

檢：你能不能告訴我，星期四下午兩點到三點之前你在哪裡？

伊：在小酒店喝茶。

檢：啊！在什麼小酒店？在哪裡？

伊：在『普列』酒店……

檢：為什麼你能這樣確切地說你恰好這個時候在酒店裡呢？

伊：因為進酒店以前我向一個警察問過時間，那警察告訴我是一點多鐘……大概是一點二十分

檢：你認識他嗎？

伊：認識……

檢：你自己沒有錶嗎？

伊：沒有。

檢：你以前也問過他時間嗎？

伊：問過一……

檢：在『普列文』酒店待了很久了嗎？

伊：一直待到有人喊殺人了……

檢：後來到了什麼地方？

伊：去看被殺的人。

檢：當場，就在那店鋪附近，有人看見過你嗎？

伊：也是那個警察看見過我……他還把我從那裡轟走……用手推我……

檢：很好！你問警察時間是在凶殺案發生以前，還是以後呢？

伊：這我怎麼會知道呢？

看，檢察官沒有達到目的。他原來設計一個圈套，要證實伊利亞與謀殺有關，雖然結果以失敗告終，但其發問還是頗具策略的：

①提些瑣碎的，與案情沒有什麼實質性關係或毫無關係的問題，以便麻痺伊利亞的注意力和警惕性。

②選擇適當的時機，當受害者心理上「解除武裝」，認為不再有什麼危險的問題時，便向他提出實質的問題讓他回答，審訊達到最高潮時所提出的問題是：伊利亞問警察的時間是在凶案發生以前還是在以後。不管怎麼回答，伊利亞總會處於知道作案時間者的地位，也就是處於凶手的地位。但伊利亞猜著了檢察官的想法，並及時發現了給他設的圈套，便提出反問：「這我怎麼能知道呢？」也就是說：「你怎麼能問我凶殺案的時間問題呢？既然我沒有行凶殺人，當然不知道它是什麼時候發生的。」這最後的回答宣告了檢察官策略的破產。

有時，因為種種原因，發生的問題不便直接提出來，就需要試探，從語法上講，常用兩種句式：

①用選擇問句（即並列幾個項目，讓回答的人選擇一種）這項目中，問話者往往會有側重，但多問幾個，便留有試探的餘地。如青年為向一位女孩表示友好，想和她建立聯繫，但不便直說，於是他採用選擇問句說：「您看書是給

您送去好呢？還是您來取？」

②用否定的形式去探問，如有的人健忘，自己的鋼筆不知放哪裡了，但直接問人顯得冒昧，可以採取否定的形式來試探。如：「您沒有借過我的鋼筆吧？」表面說「沒有」其實問「有沒有」。

③讓對方有話可談

有些人由於問的方式過於笨拙，使對方無法回答。電視螢幕有過這麼一個不善於發問的記者，他採訪美國某跳水運動員（母親是上海人）時連續問：「你的母親是上海人嗎？」「你這次要去上海嗎？」「你準備在上海見你親戚吧？」面對這些平淡無奇的問話，運動員只好一次一次地重複：「Yes！」

這不能怪運動員不健談，而是對這種笨拙的發問也至多能回答到這樣程度。如果記者換另一種方法問：「你準備怎樣把對你母親的懷念帶回美國呢？」情況就不大一樣了。運動員不但可以介紹自己來時的情況，還有充分餘地述說一下自己的感受。

如果是調查，採訪的發問，事前應依照自己的提綱，向對方講清楚。如果有條件，還應當先把提綱的內容整理成文字交給對方，這樣便不致於到時候使對方措手不及。

哈囉演練法：

技巧性的東西永遠都不會過時，發問時也不例外。

2. 問話的藝術

提問也是一門學問，一門藝術性的學問。你的問話是否具有藝術性，或者說藝術性的高低，直接決定著你提問的成敗。奧琳埃娜‧法拉奇就是具有問話藝術之人的一個典型。

義大利著名女記者奧琳埃娜‧法拉奇，生於一九三○年，少年時期曾在醫科學校就讀六歲起給報紙投稿，一九五○年二十歲，正式踏入記者行列。幾十年來，她寫了許多政治人物專訪。由於她思路明晰，言辭鋒利，善於尋根究底，

富有活力，因而取得了巨大的成功。在西方，「法拉奇式的問話」受到許多人的崇拜。她本人也自豪地稱自己為「政治訪問之母」。她的成功來訪，最突出表現在提問上，對我們日常生活的口才提問藝術也具有很大啟發意義。其中有幾個主要特點：

（1）開門見山，直指要害

法拉奇在採訪提問題時喜歡開門見山，新聞發言言簡意賅。她說：我的祕訣是開門見山，把氣氛打開。例如我去訪問何梅尼前早就知道他是個獨裁者，於是我一見面就說：「我要告訴你，先生，你是伊朗的新沙皇……」在大量調查研究各國的政治、經濟、思想狀況等材料後，她總能敏銳地發現人們最關心而又尚未澄清的問題。她不會為講禮節而不敢尖銳提問，她不因怕對方難堪而迴避實質性的問題。

一九七六年九月，她前往伊朗採訪宗教領袖何梅尼。談話時，何梅尼多次表示不願意把話繼續下去，法拉奇卻深知這是個難得的採訪機會，堅持把問題提完。下面摘錄的片段是他們在討論伊朗是否保障人民的民主權利的一段話：

法：有一個案子，是個十八歲懷孕的女孩，幾個星期以前她因和人通姦在貝希夏被槍決。

霍：懷孕的？造謠，造謠。……在伊斯蘭教裡，這樣的事是不會發生的。在伊斯蘭教裡，我們不會槍決懷孕的婦女。

法：這不是造謠，教長，所有伊朗的報紙都報導了這條新聞，電視上還舉行了辯論，因為她的情夫只罰了一百鞭。

霍：如果確有其事，那說明她是罪有應得。關於細節嘛，我怎麼會知道呢？這個女人肯定還有更加嚴重的問題。去問判處她罪的法院吧。別談這些事情。我累了。這些不是什麼重要的問題。

法：那麼讓我們說說庫爾德人的事吧……

接著，法拉奇順水推舟把話題引向另一個內容。何梅尼匆匆回答了幾句後，再一次表示——

霍：夠啦，我對這些事講得夠多的了。

法：那好吧，教長，讓我們談談國王的問題……

話題又被她輕輕轉過去了，經過十多個回合後，他們之間又出現了以下一段對話——

法：何梅尼教長，你曾經饒赦過什麼人嗎？你曾經憐憫過什麼人，同情過什麼人嗎？既然我們談到這一些，那麼，你曾經哭過嗎？

霍：我哭，我笑，我難受。你以為我不是血肉之軀？至於饒赦嘛，我赦免了傷害我們的人中的大多數。我對警察、憲兵、許多人進行大赦……好了，夠啦，我累了，夠啦。

法：對不起，教長，我還有許多問題要問……

法拉奇的提問真像一根根藤蔓，緊緊的附在被提問者身上。不管對方如何厭煩，但她仍然纏著，繞著，毫不放鬆。須知道，這種不斷追問的提問方式在一般情況下是不能用的，因為那樣會引起答話者的反感，使談話繼續不下去。可法拉奇這次屬於例外，她採訪的這位領袖人物，由於種種原因，對她多次提出的採訪請求均表拒絕。即使最後終於同意，也讓她等待幾個月，才使她得到一個小時或半個小時的採訪機會。所以採訪時，她「不得不使盡一切心機使他們能給我比半小時、一小時更多一點的時間」。這種韌勁是需要勇氣的，也是在十分明確自己的使命的情況下才能做到的。

（2）善於抓住對方自相矛盾的言論

採訪對象的話前後對照，一旦發現有自相矛盾，要聯繫其前言後語，抓住不放，並巧妙地當場要對方作出解釋。

在採訪一些善於玩弄政治手段的人時，她不是孤立地記錄每一個問題，而是把對方的話作為一個整體來看，絕不允許那些邏輯混亂，自相矛盾的話存在。而法拉奇總是判斷非常敏捷，從不讓被採訪的對象有隙可乘。她善於捕捉自相矛盾的話並提出來，請對方解釋，並把前言後語一齊記錄在案。那麼，不但把採訪對象的觀點，而且連人格的優劣也一起介紹給讀者了。

下面是法拉奇與格達費另一段對話：

法：從你與那個沾滿鮮血的罪犯阿明的友誼說起吧？（阿明是前烏干達的「元首」，一九七九年四月被推翻逃到國外，曾在利比亞居留，他被人稱為「希特勒」——編者注）人們問：格達費上校怎麼和這樣一個人做朋友呢？

卡：這又何足為奇？關於阿明的一切消息都是虛假的，這是猶太復國主義宣傳的結果……你們西方人什麼都搞不清，你們不應該反對阿明，應該譴責占領烏干達的尼雷爾（坦尚尼亞總統，曾派軍隊幫助烏干達人民進行推翻阿明的戰爭——編者注）應該譴責法國，因為正是它現在占領著中非共和國。

法：我再說一遍：你既然自稱是權利、自由和革命的捍衛者，怎麼能夠同阿明這隻豬講友誼，並提供庇護呢？而且，你為什麼不幫助烏干達除掉阿明，反而幫助阿明，用恐怖來統治烏干達呢？

卡：難道過去和現在我有這樣的權力去干涉其他國家的內政，並且推翻它們的政權嗎？我不是剛剛對你說過，做這種事情的人應該受到審判嗎？

法：那麼，現在已經到應該提醒你的時候了，在幫助被壓迫人民的藉口下——這些人民只是得到你的幫助之後才受壓迫的，如果這是事實的話，你干涉了其他國家的內政，例如查德。

卡：查德人民正在反抗法國軍隊，為了支持反抗法國軍隊的查德人民的鬥爭，我們有權干預。

當尼雷爾帶領他的軍隊進入烏干達時，我們同樣有權反對尼雷爾。

法：請原諒！上校先生，最初你說，你沒有幫助烏干達人民趕走阿明，因為你無權干涉這個國家的內政。然後，你又說，你願意幫助查德人民，因為你有權干預。你最初說的一面，然後你又說其反面。為了便於聯繫起來，請允許我提醒你，在坦尚尼亞開戰之前，你已經站到阿明的烏干達一邊了。

為什麼你站在那一邊？

法拉奇不愧是個高明的記者，不管格達費如何自圓其說，她還是連珠炮似地提問。這就告訴我們，如果你知道回答問題的人在撒謊，怎麼辦。怎麼說呢。能向他說：「你在撒謊嗎？」一般說來，這是不可以的（除非公開的、面對面的對敵鬥爭）。你可以這樣說：「嗯，這很有意思，不過我記得你過去（或剛才）說的話與此相比有些出入，我希望能弄清楚。」然後就拿出證據。有的人可能會說：「對了，我的記性不好。」於是開始糾正自己說的話。但有些人卻是一意孤行，堅持錯誤。那麼，你不妨把現時的話或搪塞之詞記錄在案。到需要擺材料的時候，把他兩種說法放在一起，讓大家去判斷孰是孰非。特別在處

理一些重大的問題時，這樣做是絕對必要的。你不要隨隨便便稱對方為「說謊者」，因為這可能被人說成是誹謗，甚至你會被控告，即使你有了充分的證據而獲得最終的勝利，但你會為擺脫其無理糾纏耗費時間與精力，倒不如用事實來說明問題。

（3）隨機應變，見縫插針

法拉奇在碰到一些不同意的事或觀點時，為了採訪需要，她能從大局出發，暫時退讓；一旦遇上適當的時機，便坦率地、勇敢地表明自己不同的見解，甚至作出勇敢的反應。

她採訪何梅尼時，為了尊重宗教的習俗，違心地穿上伊斯蘭婦女的裝束——身披長紗，把全身蓋得嚴嚴密密。她從內心對這種以宗教名義實行強迫命令的做法是不滿的，但為了順利採訪她還是穿了。可是在與何梅尼談話時，她卻有意在討論婦女權利的問題時把服裝問題挑了出來——法：譬如說，這片他們要我披上來見你的長紗，這片你堅持所有女人都必須披上的長紗。請告訴我，你為什麼強迫她們掩蓋自己，全被捆在那些不舒服而且怪誕的服裝裡面，讓人工作和行動都感到不便？然而甚至在這裡，婦女們都表明她們和男子是平等的。她們和男子一樣戰鬥、坐牢、受刑。她們在革命中也盡了力。

霍：對革命作出貢獻的婦人，過去是、現在也是那些穿著伊斯蘭教服裝的女人，而不是像你那樣穿著講究的女人，毫不遮蓋地到處轉，在身後引來一串男人。塗脂抹粉，在大街上顯示她們的頭頸、頭髮、身段的女人並不和國王進行鬥爭。她們從來沒有做過什麼好事。她們不懂得如何成為有用之人。事情就是這樣，因為她們顯露自身並把男人們弄得神魂顛倒、意馬心猿。然後她們甚至把其他女人也弄得神魂顛倒，意馬心猿。

法：教長，這不是事實。不管怎樣，我在說的不止是一件衣服，而是它所代表的東西。也就是說婦女被隔離的狀況。革命以後，婦女們又被拋進隔離的狀況中去了。我指的是這樣的事實；譬如說，她們不能和男的一起在大學裡學習，不能到海灘上去或是和男的一起游泳，她們必須在另一個地方下水，要披上長紗。順便問一下，披上長紗，你怎麼游泳啊？

霍：這你管不著。我們的風俗你管不著，如果你不喜歡伊斯蘭教的服裝，

你沒有必要穿上它，因為伊斯蘭教服裝是為賢淑的少女準備的。

法：教長，良承美意。既然你說了，我現在就要脫掉這塊可笑的、中世紀的破爛貨。好了，把它脫了。……

真是令人拍案叫絕。法拉奇由不願穿這種衣服到穿上，再到脫下的幾個階段，每一個步驟都表現她的機智。雖然她是個提問者，但從提問中處處抓緊時機，堅持自己的觀點。她一針見血地指出婦女穿這種衣服並非單純一個風俗問題，實質是婦女與世隔絕的地位未有得到根本改變。

法拉奇採訪時在運用開場白的藝術也很有獨到之處，對何梅尼，她採取尖銳的方式，一下子就把「新沙皇」的結論告訴他。這一說，把何梅尼「鎮」住了，本想大動肝火，但卻不敢對一個外國記者發作，硬著頭皮談下去。

（4）故意引起反駁

法拉奇的提問並不總是為解決疑難而提出的。有時，她對對方的觀點已經事先清楚了，但對方在談話中模稜兩可甚至講一些言不由衷的話，法拉奇就巧妙地提出一些問題去透過對方反駁自己，從而使那些隱藏著的觀點鮮明地突現出來。不管她內心多麼反對對方觀點，絕不會自己說出來代被採訪者說話。

試看她與格達費的另一段對話：

法：你是怎樣理解革命的？我不會忘記，希臘獨裁者帕帕多波勒斯也談革命，而皮諾切特和墨索里尼也做革命。

卡：如果革命是由群眾進行的，那麼，它就是人民的革命。甚至，革命是以群眾的名義由別人主使的，這仍然是革命。

法：西元一七六九年年九月，在利比亞發生的事情不是革命，而是一次政變。

卡：對！可是，以後它轉變成了革命……今天，在利比亞實際上只有人民當家作主。

法：是這樣嗎？怎樣解釋人們到處只能看到你的照片？甚至在過去的天主教堂，現仕作為貨棧的房屋下也布置著你穿軍裝的巨幅照片？在我們的旅館裡，甚至有出售中間繪有你肖像的銀盤子。

卡；我有什麼辦法？人民願意這樣做。我應該做什麼，阻止他們？我能夠

禁止他們？

法：呵，可以的！你可以的。你禁止過許多事情。除了禁止，你沒有做其他什麼事情。因為你歡迎這件事，就不想阻止對你的個人崇拜。為什麼電視中不停地唱讚美你的歌曲？你見過那些舉起他們的拳頭，高喊「格達費！」的發出尖叫和狂吼的群眾嗎？

卡：我能夠做什麼？

法：在童年，我經歷了對於墨索里尼的同樣的場面。

卡：……人民愛戴我……

法：既然人們這樣愛戴你，為什麼你還需這麼多的護衛呢？在到達這裡以前，我曾三次被武裝的士兵截住進行盤查，好像我是一個罪犯。在進門的地方甚至還有一輛炮對準大街的裝甲車。

卡：請你不要忘記，這裡是兵營。

法：對，可是你為什麼住在兵營裡呢？

卡：我的大部分時間根本不是在這裡度過的。可是，在你看來，這些防衛措施是為了什麼？

法：因為你害怕被謀殺。的確，有些人曾經多次企圖謀殺你。

你看，法拉奇在這串串妙語如珠的提問中，其實表明了多麼鮮明的觀點。

這些問題雖然都是以提問的方式表達的，但明眼人可以看出，到底誰始終占著主動地位。法拉奇透過層層深入的不斷提問，故意逼使對方在招架之中，暴露自己的觀點。從這些提問中，我們可以看到她正義凜然的立場，嫉惡如仇的義憤以及尖銳潑辣的語言。值得一提的是；法拉奇選取的事實非但確鑿，而且是經過精心的挑選的。如掛像的地方，她舉出了對神明頂禮膜拜的天主教堂，其中的寓意不是很清楚嗎？她還問為什麼「進門的地方甚至還有一輛炮口對準大街的裝甲車」，也頗費一番苦心。為什麼炮口對準的是「大街」，也是不言而喻的。

法拉奇的提問藝術，對我們是很有啟發的。

哈囉演練法：

「紳士無非就是一隻有耐心的狼。」然而，人若要達到自己的目的，有時卻不得不將自己打扮一番，「藝術」也好「紳士」也好，都不過是一種手段而已。

十三、演講

1. 演講的開始

經過一番準備後，就可以登台演講了。演講的開始是至為重要的，在古希臘時代就有人研究過這個問題，他們把演說分為導言、立體、結論三部分。由於那時交通不發達，各地都消息閉塞，因此演說的開始往往說一些與本題無關的事，如新聞、問話之類。

如今隨著人們生活節奏逐步加快，時間用分秒來計算，因而演說要適應時代的頻率，不能慢條斯理，用喝工夫茶的優哉游哉來說。

有的演講者一上台就向聽眾道歉，用自己不會講話之類的詞自謙一番，實在是一種要不得的陋習。葉聖陶先生就此舉過一個例子，一位演說者屁股沒坐穩就來一套，說：「今天本來沒有什麼準備，實在是沒有什麼說的。」葉先生說：「誰都明白，這其實是謙虛。可是，演說者未免少了一點思考，你說不曾準備，沒有什麼可說的，那麼為什麼要上講台耗費聽眾大量時間呢？如果沒有什麼可以說，台上那些長篇大論（或三言兩語），算不算『沒有說的』呢？抑或是逢場作戲呢？如說得火銳，一些連自己也信不過的話，卻說來給人聽，又算什麼品德呢？」

其實，演說者那種「自謙」並非一定出自本心，不過是因循了開場套的陳規，難怪有人一聽了這樣的開頭就說，再講下去的都是廢話了。

如果你真的沒有，聽眾絕不會因為你事先這樣說便原諒你了，聽眾花費這麼多時間來聽你說話，是希望得到一點教育和啟發，絕非因為你謙遜一番就可

以胡說八道。如果沒有，寧願不要開口；已經準備好了，就理直氣壯地講下去吧。

那種中國式的謙虛不宜提倡。過分的謙虛就是謙卑。

有人說，在聽眾面前，五秒鐘之內就要獲得聽眾的注意力。當然，你要一直保持這種吸引力，是不容易的。而一開始連這種吸引力也沒有的話，那麼之後就是花九牛二虎之力，也難以把聽眾興趣拉回來。

所以第一段話十分重要，不要等第二段、第三段，而是第一段。高爾基說：「開頭第一句是最困難。它好像在音樂裡給了全篇作品以音調，往往費很長時間才能找到它。」

第一句講什麼？當然是永遠猜不著的謎底，如果真有這種格式，只能害得你墨守成規，因而第一段也只能就演說本身的內容、環境、聽眾的反應等等來決定。這完全取決於演講者自己，或者是提問式的，或者是號召性的，或者引用名言警句的，或者使用排比句。

比如下面一段話：在一百四十年前，倫敦出版了一本被公認為不朽的小說傑作，很多人都叫它為「全球最偉大的一本小說」。當小說出版之時，使得市民在街頭巷尾與朋友見面，都要彼此問一聲：「你讀過這本書嗎？」答案幾乎都是「是的，我已讀過了。」這本書出版的第一天，便銷售了一千本，兩週內銷售了一萬五千本。以後再出版了不知多少次，世界各國都有譯本。幾年前，銀行家摩根以連城的價值，買到了這本書的手稿，現在這本書原稿陳列在紐約市的美術館。

這段話的確是成功的，為什麼呢？因為它一開始就引起聽眾的注意，還使你的興趣逐步增加，在聽眾急不可耐的時候，演說者才點破謎底：

這一部世界名著是什麼呢？就是狄更斯一八四〇年代寫的《聖誕頌歌》。

人總有好奇心，也許這稱得上是天性。這一點演講者務必要記住。對於一些超出自己想像之外的事物，都有特別強烈的求知慾。因此，針對這種心理，在談話的開場白中設置一些懸念，會特別吸引人。

把一些罕見的問題提出來，也可以獲得這樣的效果，如：「你知道嗎？人可以與海豚對話。」

　　這一問，立即引起聽眾的好奇，還會使人大吃一驚：難道沒有思想的海豚可以與有思想的人對話麼？接著就產生非聽下去不可的興趣。

　　要開頭吸引人，還有一個較好的辦法，就是把一些事物向聽眾展示：模型圖片、物件向觀眾展示，都能迅速吸引全體聽眾。但展示的實物一要顯眼，二要位置有一定高度。否則，後面的聽眾會因看不清而站立，至少聽眾相互詢問使場內嘈雜不堪。

　　當公司老總演講時就可以把本公司的產品，規則圖等一些實物展示在公眾面前，這會一下子引起聽眾的注意力。

　　在開頭向公眾提幾個問題，請聽眾幫助其同思考，可以立即引導聽眾進入共同的思維空間。提出不久，你再把自己的意見講出來，自然可以使聽眾特別留神地把你的話聽下去。

　　一八五四年七月四日，美國紐約的羅徹斯特市舉行國慶節慶祝大會，著名的廢奴主義者道格拉斯在會上發表了批判種族主義的演說，他就是用提問式開始的——公民們：請原諒，讓我來提出一個問題，為什麼今天請我到這時發表演說？對於你們的國家獨立日，我有什麼好處？跟我又有什麼關係？難道《獨立宣言》載明的政治自由和自由平等原則，也適用於我們嗎？因此，是不是請我來把我們的劣等民族送上民族的祭壇，以及為了從你們的獨立而導致我們獨立的幸福，請我來承認得到裨益並表達衷心感謝呢？

　　在一番提問之後，就開始揭露美國還存在著種族歧視的黑暗制度，用無可辯駁的事實和科學根據駁倒了硬說黑人不屬於人種的謬論。

　　名人說的話不一定是名言，名言也不一定是名人說的。但是，名言總有一種引人注意的力量，名言之所以「名」，是因為它用簡練的語言，生動形象概括了一定的哲理，至少是在語言上有其獨到之處。比如：我們都談要珍惜學習機會，意思大家都懂，但說出來不一定能成為名言。可是看看下面幾句話：

　　每一本書是一級小階梯，我每爬上一級，就更脫離畜牲而上升到人類，更接近美好生活的觀念，更熱愛這本書。

　　——高爾基

人們的災禍常成為他的學問。

——伊索

誰若遊戲人生，他就一事無成；誰不能主宰自己，就永遠是一個奴隸。

——歌德

可見，名言具有一定的說服力。在演講開頭引用一句名言，可以造成提綱挈領的作用，也吸引人。

根據會場氣氛即興添加

有時不變，準備了一段開頭，但臨時會場發生了一些意外的情況，那麼你不妨大膽地根據即景即情，擬一段即興的開頭。這樣，演說者的講話與現場氣氛緊密聯繫在一起，能引起聽眾強烈的共鳴。

一九三五年三月七日，高爾基應邀在蘇聯作協理事會第二全體會議上講話，當代表們聽到高爾基的名字時，長時間熱烈地鼓掌與歡呼，高爾基打消原來的開場白，即興地開始他這樣的講話——如果把花在鼓掌上面的全部時間計算起來，時間就浪費得太多了。

這時，台下響起了一片笑聲。這個開頭，實在是好，它對現場的情況自然地作了評價，使大家倍感親切，而且也表現了高爾基的謙遜和幽默，從而更加吸引聽眾。

一八六三年十一月十九日，美國蓋茲堡國家烈士公墓落成時，一萬五千名聽眾四面八方聚攏在臨時搭建的主席台前，前國務卿埃弗雷特心潮驟湧，眼前的人群、麥田、桃園，綿綿不絕的坡地，遠方的青峰忽然激起他心中的波瀾；四個月前，北方部隊在北重創南方的部隊，一舉改變整個內戰的局面，他為烈士英勇犧牲而感到無比崇敬，因此，他望著眼前的壯麗的景色，開始了他近兩個小時的演說的開場白——

站在明淨的長天之下，從這片經過人們終年耕耘而現在還在寂靜憩息的廣闊田野放眼望去，那雄偉的阿勒格尼山脈隱約地聳立在我們前方，弟兄們的墳墓就在我們腳下，我真不敢用我這微不足道的聲音來打破上帝和大自然所安排下的這意味無窮的寂靜……這段講話把壯闊的景色與崇敬的心情溶在一起，極大地吸引了聽眾，後來被人稱作是「一生中的精心傑作，標誌著他的演說達到

爐火純青的地步」。

　　演講與聽眾發生密切的關係，是人人應熟記的成功的祕訣，只要善於抓住聽眾當時的心理，便不難在第一句話就把自己與聽眾之間的鴻溝填平。

　　美國當代新聞學教授詹姆斯·阿倫森到為新聞界的同行講學，他是這樣開頭的──「我知道不少有名望的來訪者曾給你們新聞工作者中的許多人講過課，並對你們工作中的過錯提出了指教。他們講的大部分是好的，我同意他們之中許多人的意見。他們的講話，有的我也看到過，有的我打算拜讀一下。如果我是個神仙，我會寬恕你們的過失。可惜我只是個凡人，所以你們還得從自己的錯誤中去吸取教訓──我們都得這樣做。

　　我這樣說也許是比較婉轉的；在通往未來的大門已經敞開的這個歷史時刻，我不想指手劃腳地訓導你們應該怎樣去建設未來，要求你們一起討論應該怎樣做，如果我能參加這個行列，我將感到無上的光榮。我來到中國之前，一位電視台記者帶著一個拍攝組到我任教的亨特學院來採訪我。

　　訪問結束準備廣播的時候，他說：『教授，你覺得在這裡要學習的東西同要教的東西一樣多，這樣說是否欠妥當？』『沒問題，』我回答，『我覺得你那麼講倒是恰當的。』我的感覺正是如此。」

　　……

　　這段開頭之所以好，只因為它有幾個特點：

　　這裡的聽眾都是新聞界的專業工作者，他們不但希望學到外國新聞採訪工作的有益經驗，而且也希望把外國的經驗與本國的經驗進行對比。演說者一開始就抓住這一點，先把自己對它國新聞工作的一些基本評價概括出來，既有肯定，又有否定，這就吸引人非聽不可，想知道在一個外國新聞理論權威的眼中，究竟是如何看它國的新聞的。

　　演講者雖是來講話的，但並沒有拉開一副說教者的架勢，而是用樸素的語言，誠懇的態度來與聽眾交心。有些話雖然是批評的話，但由於談話的方式婉轉、誠懇，聽眾也樂意接受，確實不是「指手劃腳」地「訓導」式的講話。

　　文中引了一段自己的經歷，透過這段小插曲（與電視台記者的對話）把來之前的背景介紹一下，又以此把自己的親身經歷講出來。須知，聽眾特別愛聽

演說者自己的經歷，這是很多演講者成功的訣竅。

哈囉演練法：

重要的還是與聽眾搭起心橋，橋搭起來了，感情才可以在上邊走。

2. 演講技巧細說

環境能影響人的情緒和心態。

在演說過程中，充足的空氣是極為重要的基本要素。不管是如何動人的演說，或是音樂廳中如何美麗的女高音，都無法使置身惡劣空氣中的聽眾保持清醒。

燈光是影響演說成功與否的另一要素，除非你是在一群人面前表演招靈術，否則，應盡可能讓房裡光線充足。

記住讓燈光照在你的臉上，人們希望看清楚你。在你五官上產生的那種微妙變化，是自我表現的一部分，而且是最為真實的一部分。有時候，這種表現更勝過於你的言語。因此，在你站起來演講之前，先選定一個能替你帶來最有利的光線的地點，豈不是很聰明的舉動嗎？

千萬不要躲在桌子後面。聽眾希望看到演講者的全身，他們甚至從座位上伸出頭來，希望能把演講者的整個人看清楚。

一名演說者也應該有令人賞心悅目的背景。在演講者的後面應該不能有任何吸引聽眾注意力的東西，在他的兩邊也不能有任何東西——這是心理學家經過很多實驗後得出的結論。

演講不過是在自己家中與朋友交談的擴大而已。

一個人置身於一大群人之間時，很容易有失去自我的感覺。他成了群眾中的一分子，比他單獨一個人更容易受到影響。

人們成為一個整體時，你很容易使他們發生反應；相反的，要使個人有所反應，則比較困難。例如：男人前往戰場時，一定會作出世界上最危險及最不顧後果的行動——他們希望和大家聚成一團。在第一次世界大戰期間，大家都

知道德國士兵們上戰場時，彼此要緊握同伴們的手不放！這就是環境對人的影響作用。

群眾！群眾！群眾！他們是一種很奇特的現象。所以大規模的運動及社會變革，都是經由群眾的協助而推展開來的。

如果我們要向一群人演講，應該去找一間小房間。把聽眾塞進一個狹小的空間勝過他們分散在寬廣的大廳裡。

如果你的聽眾空得比較分散，請他們移到前排來，坐在靠近你的位子上。你一定要堅持他們移過來，然後才展開你的演講。

除非聽眾相當多，而且確實需要演講者站到講台上，否則不要這樣做。打破一切形式，和聽眾親切地打成一片，使你的演講和日常生活一樣，更易被人們所接受。而不要像一個說教者，把自己的觀點強加於聽眾。

友善能幫助你消除聽眾的對立情緒，讓別人盡快接受你。

驕傲既然是人性中一個基本的特徵，聰明的做法，是應讓一個人的驕傲為我們所有，而不是與他作對。如何來做？不妨以友善的方式開始，使他感覺到，我們所建議的與他已經定位的某些事實其實也很相似，這樣便會使他易於接受，而不致拒我們的建議於千里之外；這樣便會避免相反或對立的意念在他腦海裡滋生，以免破壞了我們講演的效果。演講者必須讓聽眾明白，和所有聽眾一樣，自己是抱著解決問題的態度來講的。

然而大多數人都缺乏這種細緻的能耐，以便能夠與一個人攜手共進入對方信仰的城堡中。他們誤認為要攻奪城堡，就必須對它猛轟，從正面攻擊，把它夷成平地。結果如何？敵意一產生，吊環立即收起，大門緊閉上閂，身披鐵甲的引箭手拉開了長弓——文字之爭和頭破血流之戰上場。這般的逞勇，最後總是以平手結束，無一方能夠說服對方一丁半點。

在說服人或使人印象深刻的演說中，一定要防止一味想把自己的意念植入人們心裡，這樣只會使相反和對立的意念不斷地滋生。

那麼，怎樣才能最大限度地消除對方的敵意呢？我們不防好好記住伍卓‧威爾森的話：「如果我來對你說：『我們坐下來商議一番吧。假使我們意見不同，讓我們了解彼此為何不和，發生問題的究竟是哪些地方？』我們即刻便會

發覺彼此根本相距不遠，發覺我們不和之點很少，而相和之點卻很多；並發覺我們只要有耐心，有誠意，並有著彼此聚合的慾望，我們就終會相聚相和。」

利用聽眾的參與讓他們感到演講不只是你一個人的事，他們也有份。

你是否想過，用點小小的表演技巧，便可使聽眾亦步亦趨地注意著你的每個詞。在你挑選聽眾來協助你展示某個論點，或將某個意念戲劇化地表現出來時，聽眾對你的注意便會顯著提升。由於感知自己是聽眾，當聽眾之一被演說者帶入「表演」中時，聽眾們便會很敏銳地感知所發生的事。

假使像許多講演者說的，講台上的人和講台下的人之間隔有一堵牆，那麼利用聽眾的參與，便可推倒這堵牆。

有一些辦法，可以讓聽眾參與講演，其中之一便是提問題和獲取回答。請聽眾站起來跟著重複一句話，或舉手回答某個問題。讓聽眾表決一些事情，或邀請他們幫助解決一個問題。聽眾是演講者重要的合作夥伴，的確，如能使聽眾參與，你便是把合夥的權利送給聽眾了。

將自己經驗的某部分重新再提，讓聽眾與自己有同感。

心理學家說，我們學習的方式有二：一是練習律，一連串的類似事件會導致行為模式的改變；二是效應律，單一的事件也可能有強烈的震撼力，並造成我們行為的改變。每個人都有過這種不尋常的經驗。毋需費時去苦苦搜尋，它們就在我們記憶的表面之處。我們的行為多半受到這些經驗的引導。把這些事件逼真地重新架構起來，變成演講裡面的素材，便可把它們變成影響別人行為的好東西。

曾經教導你永遠不忘的教訓的個人經驗，是說服性演說必備的第一要件。利用這種事件，就可以打動聽眾去行動——聽眾會這樣推理，如果你會遭遇到，他們便也可能會遭遇到，那麼最好是聽你的勸告，做你要他們做的事。

要把舉例作為講演的第一步，原因之一就是要立即抓住注意力。有些演說者未能一張口便獲得注意，多是由於開講的字句只是些陳腔濫調或支離破碎的道歉，那是不為聽眾所感興趣的。「兄弟我不習慣當眾講演」，尤其刺耳。但是許多其他陳腐的開講方式，不具獲取注意力的價值。如數家珍似地細述自己如何選題目，向聽眾透露自己準備不充分，或像個老師講課那樣似地宣布題目

或主題，都是要求獲得選擇的簡短演說中所急需避免的方式。

　　如果開口講話，使用的字句便回答了以下問題之一：何人？何時？何地？何事？如何？或何故？你便是在使用世上最古老的獲取注意力的溝通方式之一。「從前」是個魔術字眼，它打開了孩童式幻想的水閘。採用這相同的人情趣味方式，你也能一開口就捕捉住聽眾的思想。

　　以回答何人、何時、何地、如何刺激聽眾的視覺想像。

　　細節本身不具趣味。太多的細節（無關緊要的細節）也會使得交談與當眾演說成為無聊的浪費時間，祕訣是只選用能強調你的講演重點和緣由的細節。倘若要告訴聽眾：在長途旅行前，應先檢查車輛，那麼你的事例中的所有細節，都應是說關於你在旅行前未事先檢查車輛所發生的事情。

　　假使你談的是如何觀賞風景，或抵達目的地後在何處過夜，就只會掩蔽了重點，分散了注意。

　　還應注意的是，將此題的細節隱蔽於具體、光彩燦爛的言語中，卻是更佳的方法，可依其發生情況，重造當時情景，使其歷歷如繪般展現於聽眾面前。只說你從前曾因疏忽而發生意外，是拙劣的，無趣的，很難叫聽眾激起興趣。可是，把自己驚心動魄的經驗繪成畫面，命名用各式各樣的感覺辭藻，必能把這事刻畫在聽者的意識裡。

　　總之，你的目的是要聽眾看到你原先所看到的、聽到你原先所聽到的、感覺到你原先所感覺到的，唯一可能達到這種效果的方法，即是採用豐富的具體細節。

　　戲劇化描述經驗再現的過程，讓聽眾重新感知，跟隨你的意唸作出模擬反應。

　　所有的大演說家都會有一種戲劇感。然而，這並非一種稀罕的只能在雄辯家身上找到的特性。

　　孩童們多有這種豐富的戲劇感，我們所認識的許多人都有天賦的速度感，富有臉部表情，善於模仿或做手熱，它至少是這種無價的戲劇能力的一部分。我們多數人都有某種這樣的技巧，只需稍加努力和練習，便能做更多的發展。

　　重敘事件時，在其中放入越多的動作和激奮的情感，就越能對聽眾造成印

象。講演不論多富於細節，講演者若不能以再創造的灼熱來講敘，終是軟弱無力。你要描述一場大火嗎？把消防員和與火焰搏鬥的群眾所感受到的強烈、焦灼、激奮、緊張的感覺給我們。你要陳述自己在水中做最後掙扎驚恐襲上心頭嗎？讓聽眾共同感受自己的情感吧。舉例的目的之一，便在於使自己的講演為人們所牢記不忘。只有使事例深印在聽眾腦海中，他們才會記得你的講演，及你要他們做的事。我們總記得華盛頓的誠實，是由於櫻桃樹的事情，已藉著韋姆斯的傳記而深植人心。聖經《新約》是人們言行借鑑的豐富寶庫，其道德操守原則，皆藉富含人情趣味的事例而益顯形彰、強化。

明確的行動指示、堅定的信念較之籠統概略的言辭更能激發聽眾的行動。

重點是講演的全部主題所在，因此應用力而信心十足地陳述出來。標題的字母特別顯著突出，你對行動的要求也應藉口頭的激烈和直截而予以強調。

要明確地告訴聽眾，確實要他們做什麼。人們只會去做他們所清楚了解的事情。不要說：「幫助我們本地孤兒院裡的病單吧。」這樣太籠統，應該這樣說：「今晚就簽名，下星期天會齊，帶領二十五名孩童去野餐。」重要的一點是，請求聽眾做明天的行動，可以看見的，而不要心靈的活動，毫不含混。另外舉例說：「時時想想祖父母吧」，太籠統而無法行動；要這樣說：「本週末就去看望祖父母吧！」像這樣的句子。

不論問題是什麼，不論是不是為人所爭論不解的，講演者都有責任使自己對重點和對行動請求的措辭容易讓聽眾了解和行動。

至於要點是應以否定或肯定來敘述，則應該取決於聽眾的觀點。並非措辭否定就一定無效。

若是以否定形式要說明一種應該避免的態度，可能比肯定陳述的請求對聽眾更具說服力。

簡單直率的方式顯得你是精明強幹而胸懷磊落的務實派。

欲使講演帶給聽眾井然有序、重點鮮明的印象，最簡單的方法之一，是在講演過程中明白地提示：現在自己先講這一點，接著講另一點。

「我第一點是這樣……」無妨就像這麼坦白。把這一點討論完畢，可以坦城地說，現在要談第二點，就像這般一直至終了。

美國經濟學家保羅 .H. 道格拉斯，曾對一個國會聯合委員會發表談話。道格拉斯以稅務專家和伊俐落沙的參議員身分講演。巧妙而有效地使用了相同的方法。

「我的主題」，他這麼開始，「是這樣：最迅速、最有效的行動方式，是對中、低收入民眾採取減稅──也就是那些會用去幾乎所有收入的人們。」

「明確地說……」他繼續。

「進一步說……」他又繼續說。

「此外……」他再繼續說。

「有三個主要的原由……。第一……第二……第三……」

「綜合之，我們所需要的，是即刻對中、低收入民眾實行優惠措施，以增加需求與購買力。」

這些關聯詞是非常有用的，它可以使聽眾的思緒形成邏輯。

哈囉演練法：

如果你相信我的話，我想告訴你，最多的演講技巧是無技巧。

3. 演講的結束

不論做什麼事情，結尾總是一個關鍵。演講也是這樣。

我們應當這樣看，好的演講的終點，也是思維的起點。換句話說，要做到蘇東坡講的言有盡而意無窮。

有人這樣結束演講：

……以上就是我對這件事情的看法，現在結束。

這句話還不算畫蛇添足，但是也不能說是好的結尾。因為話講得太直，太沒有餘味了。這是非常典型的失敗的結束。能給人一點什麼思考的餘地呢？不能，而且結束太唐突。我們要乾脆，但不是唐突。其區別在於，前者不但把話講完，而且還注意結尾的圓滿而不拖延；而唐突是不管問題講得清不清楚，也不注意結尾要給人留下一個什麼樣的總體的印象，不作強調，不作必要的概

括，也沒有高潮，就突然說完了。這好比一位朋友談興正濃時突然站立告辭。

當然，說廢話的更是要不得了。常常見到這種情況，當演講者在津津有味地畫蛇添足時，聽眾起身離座了，至少是如釋重負地吱吱喳喳聊天，混亂不堪。帶著這種「亂」的心情離開會場，就沖淡了演講的效果。

據說一個民族，有個古老的風俗，全體集會時，發言者只准用一隻腳站著講，不管講不講完，站不下去就算結尾，不失為一種高明的辦法。

那麼，怎麼才能把演講的結束搞好呢？

把要點作一個總結。

用非常簡練的語言，把前文最重要的事件簡單地羅列出來，然後作一段理論的總結。當全部完成後，又有一段對全文的結束語。

演講是口傳之事，不消幾分鐘，我們的話題便可以上天下地，無所不至。聽眾很容易忘記原來的題目。但往往演講者忽略這一點，他們自以為不管什麼材料，自己談問題的焦點都一直是集中的，殊不知這些問題已經是本人深思熟慮的、反覆醞釀出來的。對於廣大聽眾，只是第一次接觸，所以，就難以與演講者有同樣的思維邏輯。因而，在結束時，要把自己宣傳的要點概括、總結。一是提醒，二是強調。既要撒得開，又要收得攏。有人這樣概括說：你開始對聽眾說，現在將要告訴他們一些什麼，然後開始講述，到了最後，要再次申明，原來要告你的東西已告訴過了。這種結尾可以讓聽眾更加明晰你的要點。

充滿激情的結尾，有很大的鼓動力，特別是一些動員性的演講，結尾講一段熱情洋溢的話，可以使人振奮，使人激昂。如看一場球賽，中場進一球，與臨終一分鐘前進一球，其結束時的群眾情緒是大不相同的。

一九六〇年，林肯在選舉中獲勝當選為總統，他樣自起草了就職演講。當時美國因奴隸制度問題使南北爭日益激化。南方七省先後宣布脫離聯邦，一場武裝叛亂正在醞釀之中，國家的生死存亡面臨生驗。林肯作為總統，要全力維護國家的統一，用和平手段解決爭端。他在就職演講中，深刻地闡明了這一思想。在結尾部分，他提出了振奮人心的口號，要求南北加強團結——我不願意結束演講。我們不是敵人，而是朋友。我們不應該成為敵人。雖然感情不能維繫愛的契約，但是感情不能打破愛的契約，把這個廣闊的土地上的每一個戰

場，每一個愛國者的墳地，同每一個活著的人的心，每一個家庭連結起來的，那神祕的記憶之弦，一旦重新為我們天性裡的善良天使所撥動，將仍然會使合眾國的合唱歌聲雄壯嘹亮起來。

這琴弦一定會被重新撥動的。

有位演講家講述：「你必須在聽眾的笑聲裡說『再見』。」其含義是用幽默的話來作結尾。

一九二六年十一月三日，史達林發表了《「論我們黨內的社會民主主義傾向」報告的結論》。他在「總結部分」曾譏諷季諾維也夫誇口自己能把耳朵貼在地上聽到歷史的腳步聲的大話。他一針見血地指出，這些人儘管耳朵這麼靈敏，卻偏偏聽不到黨的聲音。結束一句他這樣說──因此，我要奉勸可敬的反對派分子，治一治你們的耳朵吧！

這幽默的話不只是為了逗逗聽眾的發笑，而是有其強烈的戰鬥性，並且產生強烈的幽默感。

如果注意一下中國相聲藝術，就可以注意到每個作品都是以歡笑結束的。這對演講藝術來說也有很好的借鑑意義。

引用詩文來結束，能使聽眾沉浸在遐想之中，飄然意遠，含義雋永。

著名演員趙丹於一九七九年首都「張志新烈士學習詩歌朗誦會」上作了題為《只要找回當年》的一場演講。他在演講結束時這樣說──

最後，我想念一首詩，結束我的簡單的講話，這首詩是我今天早上十點鐘左右才收到的。是我的兒子，我的義子，一個孤兒，一個無父母的孤兒，是已故的周璇的兒子周作民所作的。

（掌聲），詩的題目叫──

《你最後的聲音》

在中國傳統的說書中，用詩文結尾的形式也十分普遍，這種結尾由於用了詩議，意境深遠，語言精練，音韻和諧，給人一種音樂的美感。這種「鏘鏘振令玉，句句欲飛鳴」的效果沁人肺腑，大大增強了感染力。

這種方法是不容易運用的，它要求在論理上，層層加深。而與全文論證不同的是，這種加深是在較短時間完成的。在語勢上要迅速推向高峰，像海潮沿

著海灘推進，勢如虹、聲似雷，最終一觸礁石，激起泡沫飛濺。

　　一九三六年八月二十八日，十個黑人組織在美國首都華盛頓舉行二十五萬人參加的「自由進軍」。從華盛頓紀念碑分兩路到林肯紀念堂。在那裡，號「黑人之首」的馬丁‧路德金發表演講，他以美國憲法的《解放宣言》為依據，抨擊了黑人所遭受的不公平待遇。號召廣大群眾立即投入爭取自由的鬥爭。在演講的結尾，他對未來作了一番寄想──我懷著這樣的憧憬，有一天我們國家會站起來，真正過上按它的信務的意義的生活……我憧憬著有一天，在喬治亞沙的江山上，奴隸和農奴主的子孫們能夠一起坐在充滿兄弟情誼的桌子旁……

　　我憧憬著有一天，我的四個小孩將生活在一個公正的國度中……這樣的結尾能在聽眾的心中再次掀起情感的風暴，產生強烈的共鳴。

　　講演者不應該漫不經心地伸出手臂，好像他正要深入水底，也不應該隨便亂揮，如同拳擊手準備參加奧林匹克比賽做準備活動時那樣同自己的影子搏鬥。當然，也不應該走向另一個極端，把手插在口袋裡，或者兩臂無力地垂在身邊，似乎萎縮了一樣。

　　當你站在講台上，要把全身的重量平均地落在兩腳的腳趾上，挺起胸脯，兩手放在面前的台子上。要用左手指示已經講到提要上的什麼地方。你的外部感官可以提示你的眼睛下面該看哪裡。

　　另一隻手放在紙的另一邊，準備好講完這一頁時無聲地把它放到一邊。

　　如果你想知道你的手勢是否起了好的作用，可以注意聽眾的眼睛。如果他們的眼睛盯著你的手而不是臉的話，那就說明你的手勢使他們分心，那就不要再做手勢了。

　　如果你站在講台上而又沒有講，手勢有時可以代替語言傳遞你的訊息。

　　許多政界和宗教界的領導人都用手勢作為自己特有的標誌，並以此作為同他們所在地區的大眾建立個人聯繫的方式。曾三次競選總統的威廉‧詹寧斯‧布萊恩，將兩臂向側面張開並伸直手指頭，就像要把人召集攏來似的。

　　溫斯頓‧邱吉爾發明了伸出食指和中指呈 V 字形代表勝利的手勢。德懷特‧艾森豪威爾進一步發展了這一手勢，把兩隻手臂伸向空中，用全身做出一個 V 字形。約翰‧甘迺迪用三個指頭並在一起呈楔形向前截，以此表示強調。

哈囉演練法：

這是一個追求個性的時代，怎樣的演講，怎樣的開頭與結尾，怎樣的表情與手勢等等其實也代表著你他個性，所以，當心呀，可別破壞了你自己的形象，當然，有個性的形象是受歡迎的。

4. 演講中的美學意境

演講是語言的藝術，藝術是美的集中表現，而詩情、畫意、哲理的三位一體與其說是演講語言的藝術風采，不如說是演講語言的美學境界。的確，演講語言僅有準確、通暢是不夠的，再加上形象生動還是不夠的，演講的語言應該充滿詩歌般的情感美、畫一樣的意境美、哲學那樣的理性美。

詩、畫、哲鼎立的三足為講壇支撐起一片藍色的天空；情、形、理交織的三環為聽眾翻轉出多重豐富的美感。

例如：恩格斯《在馬克思墓前的講話》：

現在他逝世了，在整個歐洲和美洲，從西伯利亞礦井到加利福尼亞，千百萬革命戰士無不表示對他的尊敬、愛戴和悼念，而我敢大膽地說：他可能有過許多敵人，但未必有一個私敵。

他的英名和事業將永垂不朽！

沉痛的悼念之情催人淚下，肅穆的葬禮場景撼人心肺，崇高的生命意義啟人深思。此刻，詩情、畫意、哲理異彩紛呈，交相輝映。

情感之於語言就如美麗之於少女，而詩情之於演講又更像風韻之於少女。如果說，「沒有人的情感，就從來沒有也不可能有人對真理的追求」（列寧），那麼，「詩朗誦般的激情，對於任何一個演講家都是必要的」（李燕傑）。演講者怎樣揮動詩的指尖，去撥動聽眾心靈的琴弦，從而使講者的情感產生空谷回音般的共鳴。當代著名演講家李燕傑同志在演講中多次引用一首詩：「不管母親多麼貧窮困苦，兒女對她的愛也絕不含糊。」一次在美國為留學生演講引用這首詩時，許多日夜懷念家鄉的學子都流下了激動的熱淚，演講一結束，他們又爭先恐後地把這首小詩抄在筆記本上。優美的詩句，真摯的情感深深地叩

擊著海外遊子的心扉，撥動他們心靈的琴弦。

演講既是無韻的詩，又是有聲的畫。不論是抒情，還是說理，都必須具體生動，形象鮮明，使人如聞其聲、如見其人、如歷其事、如觸其物。再加上講者和聽者的情感共振，主客一體，物我交融，情景結合，從而形成美好的意象，乃至美妙的意境。郭沫若同志在著名的演講《科學的春天》中是這樣描繪「科學的春天」的：「春分剛剛過去，清明即將到來。」『日出江心紅勝火，春來江水綠如藍。』

「這是革命的春天，這是人民的春天，這是科學的春天！讓我們張開雙臂，熱烈地擁抱這個春天吧！」「紅勝火」、「綠如藍」的春天可謂繁花似錦，綠草如茵，以此來比喻科學進入了一個新的歷史階段，給人以身臨其境春風撲面的感受，加之演講者用詩人的激情對科學春天的熱切呼喚，使整個演講瀰漫著一種春意盎然、生機勃勃的美。

就像演講應該有情與景交融的意境美一樣，演講也少不了德和識結合的哲理美，演講的語言僅有真摯的情感、生動的形象是不夠的，還必須有深刻的哲理。一次沒有閃爍哲理火花的演講，就像一篇沒有中心的文章、一件沒有主題的藝術品和一顆缺乏睿智的頭腦。但是，演講所體現的哲理美，又不僅僅是觀點正確、分析中肯和論證嚴密，還是深刻、新穎，不但說出了別人想說而沒有說出來的話，而且道出了別人想都沒想過的東西。魯迅於一九二七年二月十六日在香港青年會上作了一次名為《無聲的中國》的演講，他依次講了中國大地上只有打仗的聲音、外國人的聲音、反對革新的聲音，接著要求「青年們先可以將中國變成一個有聲的中國」，順勢一轉要求青年「將自己的真心的話發表出來」。因為「只有真的聲音，才能感動中國的人和世界的人；必須有了真的聲音，才能和世界的人同在世界上生活」。拳拳的憂心，切切的憂憤，醞釀於雷電行空般的思維，噴發於金石鏗鏘的口舌；魯迅以政治家的敏銳，思想家的深邃和文學家的才華，於無聲處聽驚雷，於無聲處喚驚雷！

詩情、畫意、哲理的統一就是演講語言最完美的美學境界。毫無疑問，這應成為一切演講者所奮鬥的目標。那麼怎樣在演講實踐中做到三者的統一呢？

演講離不開各種情感的抒發，而演講的抒情絕不是那種歇斯底里的發作和

飛流直下的宣泄。

　　演講的抒情最好的方式應是借助客觀的形象來再現主觀的情感，滲透理性的思維來昇華感性的情感。

　　運用這種以情入手，形象再現，理性昇華的方法，要注意：①抒發的情感必須是強烈而充沛，必要時也可直接抒情。②展示的形象以描寫、比喻、借代為主，也可間之以記敘。③揭示的意義要突出象徵意義，或以情入理、情理一體，或意在言外、引人深思。

　　如果說演講是藝術，它就離不開形象性，而演講中的藝術形象，絕不僅是描寫式的再現，它應該是滲透著演講者情感的一種主客一體的意境，有了這種意境，其哲理意義便蘊含其中了。李大釗是一個著名的演講家，他在演講中這樣展示國運的「艱難」的：

　　歷史的道路，不全是平坦的，有時走到艱難險阻的境界，這全靠雄健的精神才能夠衝過去。一條浩浩蕩蕩的長江大河，有時流到很寬闊的境界，平原無際，一瀉千里。有時流到很逼狹的境界，兩岸叢山疊嶺，絕壁斷崖，江河流於其間，曲折迴環，極其險峻。民族生命的進展，其經歷亦復如是。

　　形象地描繪，直觀地說明，再加上昂揚的氣勢、激越的情感，給人一種儘管時而境界開闊、時而峭壁逼狹，但江水衝破重重阻攔浩蕩而下的崇高美感，構成一種情隨景生、以景襯情、情景交融的意境美。最後由自然到人文，點明「民族生命的進展，其經歷亦復如是。」從而高揚出了具有悲壯色彩的「雄健精神」的理性美。

　　運用以形入手，情感渲染，理性開掘的方式，要注意：①展示的形象須是具體直觀，生動鮮明，多用白描、鋪陳，且突出景物特徵。②抒發的情感一定要與景物類型吻合，或緣景生情，或融情入景。

　　③揭示的意義不宜先聲奪人，一般是「形象」在前作鋪墊，「情感」在後作開掘。

　　「形者文之容，情者文之經，理者文之魂」，演講亦如是。一次成功的演講不一定處處都充滿詩情畫意，但必須有二三包含哲理的警句，有一二揭示主題的關鍵段落，整個演講亦應有一個鮮明的主題，其中不乏深刻的哲理，如此，

方能進入演講藝術的美學殿堂。古希臘雅典民主派政治家、演講家伯里克西元前四三一年冬在陣亡將士國葬典禮的演講中沉痛而堅定地說：

偉大的人物是把整個地球作為他們的紀念物，這不僅僅是讓人們從他們的墳墓上指出他們的銘刻，他們的英名早已鑴刻在人們的心靈中，而不是雕刻在有形的石碑上。你們努力以他們為榜樣，你們要下定決心：要自由，才能有幸福，要勇敢，才能有自由。

用形象、凝練的語言，抒發沉痛、深摯的悼念之情；用墳墓、碑文的物象，表達讚頌、褒揚的思想意義；化無盡的悲痛為巨大的力量，變隆重的葬禮為奮進的戰鬥動員：勇敢地追求幸福、實現自由！

在形象的烘托中，在情感的活化下，理性的力量是那樣強大而不可戰勝。

運用以理入手，形象襯托，情感活化的方式，要注意：①揭示的哲理語言要精練而流暢，含義要明朗而深刻。②展示的形象一般不宜鋪陳，選取一二含義豐富的物象起好襯托作用則可。③抒發的情感既要與形象的含義有關，又要同揭示的哲理一脈相承，切忌「情」與「理」的分離。

哈囉演練法：

詩歌、繪畫、哲學的溝通之處就是演講語言的美學天堂；
情感、形象、思辯的交融之時就是演講藝術的美學春天。

5. 演講中的雙向思維

雙向思維是從相對或相反的兩個角度認識和反映事物的思維形式。它是辯證法在演講中的具體運用，並貫穿演講全過程。如果把演講智慧結構化作花朵的話，雙向思維能力就好比花朵的花心。縱觀古今中外的著名演講，無不閃爍著雙向思維的光華。因此，對它在演講中的運用問題應作認真研究。

那麼，雙向思維用於演講有哪些特點呢？我認為主要有以下幾個方面。

（1）有退有進，欲伸先屈

要使演講取得好的效果，就不能作「直頭布袋」，有退有進，欲伸先屈更

能造成情感波瀾，抓住並感染聽眾。

　　林肯的《蓋茲堡演講》，是他在為紀念蓋茲堡戰役中陣亡將士而舉行的公墓落成儀式上的講話。他沒直講將士們的功績，也不談建公墓的意義，而是先退一步說：「從廣泛的意義上來說，我們不能使奉獻的這片土地更加神聖和更加尊嚴。」

　　正當聽眾陷於迷惑不解時，他卻轉退為進地說：「因為，那些勇敢的人們，活著的和死去的，他們在這裡奮鬥，已經使這塊土地神聖了。」如退去的海水重新湧來，在聽眾的心裡捲起千堆雪。接著他又退一步說：「世界上的人們不太會注意，更不會長久地記得我們在此地所說的話。」聽眾情緒隨演講者話語轉為平靜並急等下文，這時他將話鋒一轉說：「但他們將永遠不會忘記這些人在這裡所做的事。」聽眾心裡不由得又掀起熱浪。演講者這一退一進，一屈一伸，如同把拳頭收回來又打出去一樣，簡潔有力地表達了演講主旨。不可否認，這之中就有著雙向思維的作用。

　　（2）左提右挈，對比成趣

　　俗話說：「不怕不識貨，就怕貨比貨。」、「有比較，才能有鑑別。」對比術這種雙向思維用在演講中可表現為縱比、橫比、不同領域的對比等。用得好，可造成鑑別劑、催化劑作用。

　　梁啟超在《少年中國說》中把「國之老少」同「人之老少」作不同領域的對比，為更有力地說明自己的觀點，他又把老年人同少年人作橫對比：「老年人如夕照，少年人如朝陽；老年人如瘠牛，少年人如乳虎……」用十一組對比句形象說明了「人固有之，國亦宜然」的道理。在《教育家的自家田地》中，為了闡明「樂哉教育」的觀點，更是左提右挈，多處設比。他把「誨人的快」同種花卉的快樂作比，將「東邊鄰舍張老三」如何升官發財，「西邊鄰舍李老四」如何出門坐汽車，同教育家錢少、吃不飽、弄不好要挨罵作比，接著又把那些人物質上的享受同教育家「精神上的快活」作正反對比，比出了教育者的樂趣和信心，令人由衷嘆服。

　　值得注意的是，對比要有明確目的，並要從本質著眼，可比者比，應比者比，不能「風馬牛不相及」。

（3）有藏有露，明暗互襯

一九七二年，美國總統尼克森訪問中國，周恩來總理在祝酒時說：「由於大家知道的原因，中美兩國隔絕了二十年。」這句「欲說還休」的話語暗藏了隔絕的原因，既未傷害客人的面子，又表達了我們的態度，有藏有露，耐人尋味。

英國博物學家赫胥黎，在倫敦皇家學會的年宴會上，發表了題為《科學》的講話，為了避開同世俗觀點的直接碰撞，他把「科學」比喻成海龍，並把明喻變成暗喻：「這種動物如果你不去理牠，牠非常溫和」，而且還會對藝術這位小姐「表示最溫柔的尊敬」，「並看她快樂地成家，然後每年生下一大群我們四處都可看到的可愛的孩子。」緊接著他把演講引入正題，毫不含糊地亮出了自己的見解。

一明一暗，深刻表明了科學和藝術的關係，贏得聽眾的笑聲和歡呼聲。用這種雙向思維形式，既可啟迪聽眾深思，又可呈現出「柳暗花明」的魅力。

（4）重「彈」輕「點」，詳略得體

雙向思維雖是從相對或相反的方面認識和反映事物，但並非主次不分、輕重並舉。為了讓聽眾接受並理解演講主旨，應當如彈奏《十面埋伏》那樣，重「彈」輕「點」，輕重為之，主次為之。切不可平均用力，像開中藥鋪似的甲乙丙丁羅列。

《一九四一年十二月七日一個遺臭萬年的日子》，是美國總統羅斯福針對日本偷襲美國海軍基地珍珠港向參眾兩院聯席會議發表的演講。他冷靜而理智地詳談了事件的時間、背景、性質和海陸軍遭受的損害，揭露了日本政府的巨大陰謀。之後，他用六個排比句一口氣略談了六個事件：「昨夜，日本政府已發動了對馬亞西亞的進攻。昨夜，日本軍隊進攻了香港……」一詳一略，把日本帝國的擴張野心和罪惡行徑揭露得淋漓盡致，內容博而不冗，聽眾情緒被激發到頂點。演講後半個小時就透過了對日宣戰決議。

（5）整散結合，錯落有致

演講是口頭表達，聽眾理解它全憑聽覺，要使演講入耳入腦，有吸引力、感染力，就不能忽視語句的變化。邵守義在《演講學》中指出：「一個欲想成

功的演講者，應該調動起一切不同的句型，巧妙搭配，就像一個高超的琴師一樣，彈動不同的鍵鈕，奏出一曲優美動聽的樂章。」而語句的長短搭配、整散結合就是形成這美妙樂章的不同音符。

整句，是指整齊的對偶句和排比句等，這種句式結構相同、整齊勻稱，講起來富有節奏感；散句，指不受字數、韻律的束縛，表意上不拘一格，可自由運用的句式。演講中光用整句會顯得做作；光有散句就會像一盤散沙，雜亂無章。只有整散結合才能使演講語言產生斑斕多姿的錯落美、音樂美。

請讀下面一段話：

「迴避現實是毫無用處的。先生們會高喊：和平！和平！和平！但和平安在？實際上，戰爭已經開始，從北方刮來的大風會將武器的鏗鏘迴響送進我的耳鼓。我們的同胞已身在疆場了，我們為什麼還要站在這裡袖手旁觀呢？先生們希望的是什麼？想要達到什麼目的？生命就那麼可貴？和平就那麼甜美？甚至不惜以戴瑣鏈受奴役的代價來換取嗎？全能的上帝啊，阻止這一切吧！在這場鬥爭中，我不知別人會如何行事；就我而言，不自由，毋寧死！」

這是美國政治家、演講家派翠克・亨利發表的《不自由，毋寧死》中的最後一段。由於演講者注意將整散句巧妙搭配，讀來時勢如破竹之勢，給人以蕩氣迴腸之感，如戰鼓和衝鋒號齊鳴，使整個演講達到高潮。

（6）台上台下，交流呼應

要獲得演講成功，還取決於主觀與客觀兩個因素完美的結合，這種結合必須借助雙向思維才能完成。演講者同聽眾是矛盾統一體中的兩個方面，俗話說「孤掌難鳴」，演講者如果只顧自己、一廂情願地在台上唱獨角戲，聽眾就會不買帳。為此，演講者除了設法用語言、表情、手勢等方式同台下聽眾交流呼應外，有時還要設身處地地現身說法。

當然，用這種思維方法要注意演講者與聽眾在職業、年齡、思想狀況方面的不同，差別太大不宜使用這種方法。

哈囉演練法：

雙向思維在演講中可涉及多方面，上述以外還有聲音的抑揚、布局的
分合、語速的緩急等方面，總的來說是要講究辯證藝術，使演講呈現
出對比美、波瀾美、錯落美，增加演講的吸引力、感召力、說服力。

6. 演講中思路的激發

誰都知道，演講時只按講稿照本宣科，一定會失去聽眾，因為他只「講」
（實為讀）而不「演」，無法調動聽者的情緒從而達到共鳴。演，主要指情緒
調動下的表情、神態、動作乃至音頻聲韻，而這一切都需要有在不受講稿拘囿
下的靈活思維和清晰思路。面對聽眾，如何在現場活化思路呢？

（1）扣一詞而發揮

好的演講，能抓住聽眾心弦的演講，主要靠中心的明確、內容的實在和環
環相扣，至於形式方面，都得服從於此。

十九世紀義大利資產階級革命家馬爾斯，終生為義大利的統一而鬥爭，他
的著名演講《把你們的熱血獻給國家吧》和《愛是靈魂通往上帝的階梯》，都
是宣揚愛國主義精神的，都緊扣一個「愛」字展開聯想，大加發揮。尤其是後
一篇，本來是談「熱愛你的國家，你的雙親安息在這塊土地上」，在這裡，他
用狂熱的心以所熱愛的語言說出第一個「愛」字，但即從「同志間傳播真理及
愛」到愛你的家人愛那些與你相親相愛的人談起，由小到大，推己及人，最終
逼向主題，由「愛」字聯想種種愛的對象，思維輻射開去，順理而成章。

（2）引一言而發揮

每個人都是站在巨人的肩膀上摘取成功之果的。事業如此，演講亦不例
外。引名言有振聾發聵的作用，其實依據自己講的中心，引名言而發揮，也可
於「疑於路」時「柳暗花明」。某中學教師接管一「農村班」（城市中學從農
村招優等生）時，第一次主題班會「相信自己」的開頭語，即引用臺灣著名歌
星趙傳的「我很醜，但我很溫柔」這一傳誦一時的名言：「趙傳說『我很醜，
但我很溫柔』，我要替各位說──『我很土，但我很充實』，『充實』表現在

哪些方面呢？……」

提一綱而各目張，此次班會，鼓舞了士氣，打消了他們在城市生面前的卑怯。

引言的方向性十分明確，既圍繞中心又展開一層，展開是為了回歸（中心）。如有一篇《留得親情在人間》的演講兩次引用名言，都造成了提綱挈領的作用，將若干個事例統攝起來。第一次引用徐志摩的話：「幸福就是不離開母親撫育的孩子，不論你遠走他鄉，還是飄泊天涯；不論你是一條寧折不彎的硬漢，還是一個不讓鬚眉的強女，父母永遠敞開雙臂歡迎你。」以下列舉轉戰世界各地的體操名將陳翠婷撲向媽媽懷抱的情景，就引言而聯想事例，以事例而印證引言，相得益彰，說理明白。再引用成吉思汗的名言，「世上只有一個最好的女人，便是母親」，再舉朱自清、托爾斯泰、蕭邦、岳飛、孔子、孟子等中外名人都熟悉的父母之愛併力圖報答的事例，相輔相成，為言列事。

（3）設一問而發揮

演講中，由於種種原因，會產生思維的「短路」現象，這時，可透過「設一問」的方式從中挑一個話頭——當然以不偏離中心為準。如十九世紀著名的人權領袖道格拉斯，他在《我們需要灼熱的烙鐵》的演講中就用了這個法子：

「還要說什麼呢？……

那麼有待辯論的又是什麼呢？

對於美國的奴隸們，你們的七月四日究竟意味著什麼？……」

前兩句設問，故意另挑一話頭，說明：無須在口頭上爭辯什麼了，道理是明明白白的——「奴隸制於人類是不適當的！」重要的是「廢除」！兩個設問，充滿了辛辣的諷刺，濃烈的火藥味。第三個設問，就國慶日這天黑奴也不能盡興狂歡的嚴酷事實，有力地證明了中心論點。設一問，頓一頓，可以舒緩演講的節奏，調整緊張狀態下的演講，並得以觀察聽眾的反應，以便有針對性地展開。

（4）設一喻而發揮

「宗教是民眾的鴉片」，「法典是人民自由的聖經」，馬克思在演講中創設的這類比喻很多，魯迅先生的演講還帶有他的雜文風格，特別是設喻上，可

以說是盡情發揮，維妙維肖，鞭辟入裡。如他在《老調子已經唱完》的演講中，針對香港青年正在被西方同化的現狀，用「軟刀子」的比喻，把中國封建舊文化這一「老調子」的腐朽性揭露無遺。請看其中對這一比喻的發揮：

「……然而古老東西的可怕就正在這裡，倘使我們覺得有害，我們便能警戒了，正因為並不覺得怎樣有害，我們這才總是覺不出這致死的毛病來。因為這是『軟刀子』……中國人倘被別人用鋼刀來割，是覺得痛的，還有法子想；倘是軟刀子，那可真是『割頭不覺死』，一定要死。」

「中國被別人用兵器來打，早有過好多次了。例如：蒙古人滿洲人用弓箭，還有別國人用槍。……現在也的確常常有人說，中國的文化好得很，應該保存。那證據，是外國人也常在讚美。這就是軟刀子。是鋼刀，我們也許還會覺得的，於是就改用軟刀子。我想：叫我們用自己的老調子唱完我們自己的時候，是已經要到了。」

作者分三層發揮：①「軟刀子（古老的東西）」的要害在於「覺不出這致死的毛病來」；②比較說明「軟刀子」的危害；③舉例比較說明「軟刀子」的危害，進一步從反面強調「老調子」不能再唱。有層次的說理得力於對比喻的發揮。

（5）逆轉式發揮

這可分整體逆轉和局部逆轉兩種。如有一篇《遇不懷才的時候》的演講，演講者在擺了一些「懷才不遇」的青年人的碌碌無為表現後，多次逆轉發揮：

「懷才不遇是時代的不幸，遇不懷才是個人的悲哀。（以下又一逆轉：由遇而不遇）然而，孔子不遇，一代宗師的名位無人敢替；屈原不遇……

〔以下再一逆轉：由不遇而遇，回歸正題，發揮至末〕遇不懷才的時候，要老老實實地承認自己不是懷才不遇，而是遇不懷才……」

在一次升旗講話中，列舉大量前輩壯烈功業之後，來了一個局部逆轉，聯繫在場學習實際而談：

「臺灣有部電視劇叫《如果有來生》，其實，來生是沒有的，重要的是今生，把握現在，從眼前做起……」

逆轉，可使聽講者有峰迴路轉之感，出乎意料，又在情理之中，始而愕然，

268

終而恍然，這不也能激起場內的波瀾嗎？事實正是如此。

哈囉演練法：

此外，還有運用相關概念發揮、聯繫自身發揮、聯繫現場發揮、聯繫社會話題發揮、道理自明，不再舉例，靈活用之，演講思路自然會如春濤排壑，豈可遏抑？

7. 演講中新的主題

這裡所說的「新」，就是演講的主題、材料乃至表達要有新意、有創新，正如邵守義教授之所說：

演講者「應該站在時代的最前列，以其先進、新穎的思想去啟迪聽眾、武裝聽眾、引導聽眾登新思想、新文化、新技藝的高峰」。那麼，演講如何才能「新」，「新」又在哪裡呢？

即在前面某演講的思想觀點的基礎上（當然，他要同前人的說話方向一致），加以進一步開掘、發展和完善，從思維的深刻中求得一「新」。換句話說，就是去講別人沒有講透的話。

「繼續深掘」求新，不僅僅要求演講者不能只看到事物表面現象，而應想到它深含的本質。更重要的是，要根據自己的認識能力，透過事物的外象，抓住本質，使自己演講中的思想、觀點、見解比前人更深一步，以此創「新」。

即不蹈前人「舊轍」，雖然主題並沒有兩樣，但是別具匠心，另闢蹊徑，在獨特的思維中求得一「新」。換句話說，就是從另一個角度去看待同一個道理，說出別人沒有說過的話。

前些時期，談教師清寒，為教師呼籲「糧草」的演講很多。但是不少同志，不是家居「八坪」，就是「每月六十五塊」；不是「挪用教育經費大吃大喝」，就是「體弱多病無人管」……盡是人們耳朵聽長繭的話了。

可有一位演講者卻開了個「生面」，從另一個沒有人注意和探討過的角度立足放眼：

　　有一天，我要到自由市場去買東西，剛要去，一位同事說：「你快把校徽戴上。」我莫名其妙地問：「戴它做什麼？」他說：「戴上校徽小偷都不偷你。」

　　這位演講者話語剛落，全場掌握雷動，喝彩聲四起。他別出心裁，獨闢蹊徑，更生動、更傳神地刻畫了「臭老九」的形象，更準確、更有力地說明了老師生活的「清苦」。

　　實際上，演講是生活、社會的反映，而其中任何事物之間都有著或多或少的聯繫。因此，演講者可以從某一事物出發，去尋求與此在某一方面的類比之處或相關之處，從類比的思維中求得一「新」。即去看別人沒有看到的關係，想別人沒有想到的哲理。

　　演講《做一個神通廣大的孫悟空》可謂這一創新之法的範作。在人們的心目中，孫悟空是一個神通廣大的形象：長著一身神奇的毛髮，隨便拔一撮，吹一口氣，就會變成無數個「孫悟空」。作者曾有「如果我是孫悟空，那該有多好」的夢想。然而對「舊夢」的真正認識，是在她進師範學院前一天，當媽媽送給她一個裝滿學生來信的匣子的時候：

　　……這些信的作者都是媽媽用心血和汗水哺育過的學生。讀著這一封封來信，我的腦海裡不斷呈現出一幅幅動人的剪影：翻湧的海浪，飛濺的浪花，奔流的石油，拔地而起的新樓……忽然，我產生了一個聯想：我的媽媽不就是那個會分身法的孫悟空嗎？她把自己的知識和心血都灌注在學生身上，她生命的能量不就同時在她學生的身上延續、擴散了嗎？在幾平方公尺的斗室裡，在八瓦的檯燈下，在三尺高的講台上……媽媽把一個人的智慧變成幾十、幾百、幾千人的智慧；把一個人的美德變成幾十、幾百、幾千人的美德；把一個人的貢獻變成幾十、幾百、幾千個人的貢獻……難道說，媽媽的本事比不上孫悟空嗎？

　　演講者由會「拔毛髮」的孫悟空，展開豐富的聯想，類比出了「傳智慧、美德、貢獻……」的媽媽——教師這「值得」的聖業，讓人頗覺味新。最後，到了演講的最高潮時，她作了近乎吶喊的昇華：

　　同學們！我們這個學校，就是一個培養孫悟空的地方；我們這些師範生，就是未來的孫悟空。

慶幸我們的選擇吧！為能繼承母親的事業，為我們是一名光榮的師範生而感到驕傲和自豪吧！讓我們把自己的全部能都轉化成功能、勢能、熱能、光能、原子能，讓我們去衝破物理學上的那個能量守恆定律，使自己的能量在轉化中增長，增長，無窮地增長！讓一個齊天大聖變成無數個齊天大聖吧！

這是何等富有新意。儘管這篇演講已逾十年，今天當我們再次捧讀時，仍然散發著新穎的光采。

哈囉演練法：

總之，要「新」，必須在演講中貫注自己的獨特感受、獨立思考、獨到評價，對於那些人們認為「當然」、「完美」的事物和立場觀點，一方面要勇於進取、掘新；另一方面則要敢於懷疑、反駁。

8. 演講的親合力

據心理學研究，人們在交際時，潛在的感情因素往往左右著心理傾向與理性思維，從而對話語的可信度和可接受性產生微妙影響。因此，演講者要設法消除心理隔閡，拉近感情距離，使聽眾樂於親近自己。

以下幾個訪問法可使你成功地達到目的。

推銷自己，變生為熟當　演講者是「生人」的時候，聽眾開始不免有些隔閡感。這時直接說明來意往往讓人難以接受，不妨先「推銷」一下自己。孟俐小姐的演講《讓女生部早日「消亡」》這樣開場：

親愛的女同胞們，還有，敬愛的先生們：

晚安！

（掌聲）首先感謝大家的熱情，謝謝！

我早想說上幾句，很想認識一下大家，也讓大家認識一下我。先來介紹一下，八九一一（二）班的一員，姓我們儒家宗師孟子的「孟」，單字伶俐的「俐」，孟俐，就是我。你們大家聽出來了，我這個人愛說好話，連自己的名字也要美化。不過，我要說明，這個小毛病絲毫不妨礙我對「女生部長」之職

的熱情，可是，即使天大的熱情也不能改變這麼個趨勢——女生部的發展完善過程，也就是她走向消亡的過程，我的任務就是促成這個過程盡早結束。

真是言語出性格，寥寥數語巧妙而自然地「塑造」了一個熱情開朗、活潑可愛的「我」，一下子拉近了「我」與聽眾的距離，讓人很開心，有興致傾聽。

體察隱情，言其欲言　演講者要善於捕捉人們內心的關注，做大家的代言人。

就近取材，小處著眼　就是選擇那些極為貼近聽眾的演講題材，敘事明理，平易近人，或者，以此為過渡，自然地擴展開去，天南海北，涉筆成趣。魯迅在燕京大學的演講《現今的新文學的概觀》

說道：

那題目，原是在車上擬定的，但因為道路壞，汽車顛起來有尺多高，無從想起。我於是偶然感到，外來的東西，單取一件，是不行的，有汽車必須有好道路，一切事總免不掉環境的影響。文學——所謂新文學，所謂革命文學，也是如此。

所說之事看似瑣細，但與此時此地的聽眾極為貼近，時間（剛發生）、空間（來此途中）、性質（日常之事）都緊貼聽眾。所以聽眾自然也就和演講者貼得很近。

善用口語，樸實親切　演講的詞語、句式、語氣、語詞都要口語化。秦市義動員農民集資辦學的演講《為了咱的娃》，以樸實、幽默、深情的口語牢牢牽動著山區鄉親的心，使之時而笑，時而哭，時而深思，時而讚許：

咱娃也是娃，就該坐在這石頭塊塊土蛋蛋上。……把咱娃害得近視眼、關節炎、O型腿、背鍋腰……咱那破教室，老實說還不如縣大牢哩！咱縣大牢窗戶上還搭幾塊玻璃哩！要是我的娃在那裡坐上一天，我都捨不得（秦哭，眾人亦哭），咱大家好好想一想，大人們住的是好房子，可娃娃們咋就在這地方受洋罪？咱娃娃可有話要對你們說哩！（大哭）……態度誠懇，平等待人。演講者要讓聽眾與你融為一體，親密無間，那就要說心裡話，待人以誠，平等待人。即使是上級、師長也不可出言虛妄，盛氣凌人。美國教授摩根在《每個耶魯新生都應知道》的演講中說：

　　我們要求你們在你們自己感興趣的題目上不達真理，永不滿足。只有如此才能使你們永遠清醒地認識到，自己懂得的少得多麼可憐，我們教師懂的也是少得可憐。我們要求你們把我們逼進死角，讓我們暴露出我們研究中的差錯與缺欠。……精心求同，融化其中　共同的感情，共同的境遇，共同的理想等等，會把彼此的心連在一起，演講者融化在聽眾之中。邱吉爾作客美國時所作的聖誕祝詞就是這樣：

　　今天雖然遠離家庭和中國，在這裡過節，但我一點也沒有異鄉的感覺。我不知道，這是一人的母親血統和你們相同，抑或是由於本人多年來在此所得的友誼，抑或是由於這兩個文字相同、信仰相同、理想相同的國家，在共同奮鬥中產生出來的同志感覺，抑或是由於上述幾種關係的綜合。

　　總之我在美國的政治中心——華盛頓過節，完全不感到自己是一個異鄉之客。我和各位之間，本來就有手足之情，再加上各位歡迎的盛意，我覺得很應該和各位共坐爐邊，同享聖誕之樂。

　　寄情委婉，搖人心旌　演講得流露真情，可以直接表達對聽眾的讚美和喜愛，使自己的感情飛流直下；也可以直中有曲，適度控制，以引而不發的張力搖盪聽眾的心旌，使聽眾的心默默地貼近你。張志公《在演講邀請賽閉幕式上的即席講話》中，在讚美了「小李燕傑們」的成績之後，忽然說：

　　說到這個地方，我很想改變一下稱呼，但又擔心有倚老賣老之嫌，可是感情使人不能顧及這個嫌疑，我把「親愛的青年朋友」改稱「可愛的孩子們」！（長時間熱鼓掌）張先生把自己的感情表達得一波三折，既懇切又委婉，既明白又深沉。「孩子們」深受感動、鼓舞，倍感親切、溫存，在心裡覺得他可親可敬。

哈囉演練法：

　　不是話說得好聽，你就能產生親和力，而是要你的話講得深入人心。

十四、辯論

1. 辯論的關鍵

（1）辯論靠口才嗎？

辯論的關鍵靠口才嗎？靠聲高嗎？靠堅持己見嗎？不，辯論的關鍵只有一個，那就是實事求是，堅持真理。

張儀是戰國時代的縱橫家，憑三寸不爛之舌，從一介寒士，躋身秦相的顯要職務。

在他寒微時，一次出行楚國，陪宰相飲宴。忽然有人報告，宰相失去白璧一塊。張儀受到懷疑，被吊打一頓後，趕出大門。他掙扎著爬回家裡。老婆見丈夫這般狼狽，大罵：「你不這樣搬弄是非，到處遊說，怎麼會受到這樣的侮辱呢？」張儀笑著說：「你看看我的舌頭還在嗎？」妻子笑著說：「舌頭倒還在的，怎麼了？」張儀說，「舌頭還在我就放心。」

張儀所處的時代，說客們為縱橫四處奔波，朝秦暮楚，遊說諸侯，一言合意，立即卿相；一語失言，垂素而歸。對一些人說來，有舌頭就有一切，因此張儀舌頭尚在而大感欣慰，這是毫不足怪的。

但事實證明，縱使一個人的口才再好，如說的不是真理，也會在實踐中碰壁的。

戰國的公孫龍是詭辯家，他最有名的詭辯論是「白馬非馬」論，他的理由是，馬不過是指馬的形狀，白是指馬的顏色，既然顏色不等於形狀，那麼，白馬也不是馬了。宋國一個雄辯家兒說十分贊同這一觀點，並在參加齊國稷下學官的學術大辯論中，用滔滔不絕的宏論戰勝了所有的論敵。一次，他騎著白馬透過邊境關卡時，被士兵攔住馬要求納稅。於是兒說又施展他的雄辯術，大談白馬非馬的道理，可是在場的百姓只是笑，他們根本不相信，眼前這匹馬會不是馬。最後，士兵堅持不交稅就不能過關。最後，兒說只有乖乖地掏了腰包。

這說明，縱使你的口才如何好，虛偽的言詞和荒謬的思想，不管穿上什麼樣的花衣服，總是經不起事實檢驗的。

（2）堅持真理，不是堅持己見

口頭辯論由於受環境的影響，辯者的心理狀態會受到環境波動的影響。雙方唇槍舌劍你來我往，都可能引起聽眾迅即的反應：或鼓掌、或歡呼、或打噓、或起鬨。這時，最容易使辯者產生為爭輸贏，爭面子「決戰到底」的心理。而不能為探求真理冷靜地、嚴肅地進行辯論。

所謂嚴肅的，含義有兩個：

堅定不移地堅持真理。從開始來說，雙方都以為自己論點是真理，但隨著辯論的開始，情況可能出現錯綜複雜的變化：可能某一方意識自己完全錯了，也可能雙方都是非參半。這種情況下，正確的態度是：遇到對自己論點不利的事實和看法，只要符合真理，要敢於承認，並根據其事實重新檢查自己的觀點，也只有實事求是承認分析每一點事實，才能分清是非，也能使對方、聽眾口服心服。

如果自己錯了，應痛快承認。一時說服不了對方，大家可以保留看法，以後再論。

嚴肅的另一個含義是指態度要冷靜和慎重。辯論開始時，還容易心平氣和。待到被人駁了幾次，便沉不住氣了，一旦自認為失去面子，就會使言詞失去節制，講一些過激的甚至不禮貌的話。列寧說過：「用同志態度解釋問題所達到的結果，是儼然以指揮官或上司自居的成百上千的人所不能達到的。」

（3）有理不在音高

有理不在音高。這句俗話，或多或少可以窺到辯論時一種常見的現象：即雙方由於情緒激動，自覺不自覺提高聲調，似乎不但想在道理上壓倒對方，在聲音上也要壓倒對方。

這是不必要的。說話的力量在真理，而不在於聲高。列寧說過：「要更冷靜地分析論據，更詳細地、更簡明地反覆說明事實真相。這樣也只有這樣才能保證獲得絕對的勝利。」（《列寧全集》第三十五卷一百零四頁）當然，提高聲調可能有助於表達，但這種提高必須有節制，為的是更好表達說話內容，而不是「壓」倒對方。當頭腦發熱時，高聲調會把一些不冷靜的情緒淋漓盡致地發洩出來，引起副作用；而且，從聽者來講，一味的「高腔」，反而會成為噪音。

說話的語氣要盡量平靜，該高的時候也要考慮到保持能把辯論繼續下去的氣氛，人民內部的問題更要考慮到團結的大前提。

只有態度嚴肅冷靜，才可能有利於雙方在辯論中考慮自己或對方的問題，才有利於有條不紊地闡述各自的道理，才有可能保持一種探求真理的氣氛。

據載，戰國時期，楚平王曾為太子建聘下佳人孟贏為妻，可是後來卻又反悔，把孟贏納為自己的小妾，把太子建派出京城，並讓奮揚保太子，臨行時一語雙關地對奮揚說：「事太子如事寡人！」後來乾脆讓奮揚以謀反罪殺死太子。

奮揚非常同情太子，密告太子，並要太子速逃。太子逃後，奮揚自縛，來見平王，奏曰：「太子逃矣！臣來請罪。」平王聽後大怒，「話出我口，入於爾耳，誰告建知？」奮揚不迴避，奏曰：「臣實告之。」一句話把平王氣得暴跳如雷，恨不得立刻揮刀殺死奮揚，厲聲喝道：「爾既自縱太子，龍虎口之兔，決無生還之望。」但奮揚畢竟是一代辯才，有勇，有謀，有舌，豈肯引頸就戮？於是憑利口不慌不忙地說道：「臣去城父時，大王命『事太子如事寡人！』是臣奉先前之命，救太子如救大王！何罪可惶？如大王責備不遵後來之命，罪我而殺我，我為救太子而挨殺，死而光榮！光榮之死，又有何懼？

況太子沒有反狀，我沒屈殺無罪之人，即使我被無罪而殺，死不愧心，又何懼？太子無罪逃生，勝我之生，我死甘心，又何懼？」終於使平王感動，「奮揚雖違命，然則忠直可嘉！」遂之不殺，仍城父司馬。

分析奮揚的自辯過錯，他緊承平王的問話：「不畏罪乎。」猶連環炮般說出四個「不怕」來，獲得了平王的惻隱之心，認識到自己禽獸作為的卑鄙，終於不狠不放了奮揚。

哈囉演練法：

當自己的處境變得不利時，不要害怕，也不用激動，記住：有理走遍天下，即使是輸，也輸得光榮，更何況贏的機會更多，但千萬別為了面子的問題，即使是謬論，也固執地堅持己見。

2. 舌戰技巧

俗話說：「知己知彼，百戰不殆。」所謂的舌戰技巧，無非也是這麼回事，明了自己的處境和目的，摸透對方的立場與脾氣，則在舌戰中「常勝將軍」就非你莫屬了。不信的話，請看下邊的策略。

（1）讓對方了解

①先機制人

當我們的話題極易激怒對方的話，不妨先說一聲：「我怕你會生氣。」就可以減低對方憤怒的情緒。

在談話的時候，我們常常必須要說一些對對方不利的事情，所以不免在傳達上觸犯對方，那麼我們不妨先說明一些原委，來控制情緒，如果在這些場合中，冒然開口，那麼不快的感覺便很快地籠罩對方的心理，而不由自主地否決我們的提議，所以，當遇到這些場面時，我們最好先引導一些對方容易接納的話題，然後慢慢地進入正題，比較有效。

所以，我們不妨先說：

「我想我這樣說，你也許會生氣，但是我又不得不說。」

當對方已經知道我們了解他可能會生氣時，就不好意思發脾氣了。

一般人都有防禦的本能，如果自己的態度被對方料中時，就會產生我並不如你所想像的那樣的心理，所以儘管再生氣，也不好意思將個人的憤怒表現出來。

當爆發的人被我們事先控制後，就如戴上手銬腳鐐的人。無法再隨意氣用事，所以我們便可以趁此機會提出個人的意見。

因此，與其讓對方聲嘶力竭地反駁，倒不如利用人類的本能及面子，來控制對方的情緒，較易使雙方達成協議。

②先入為主

首先，評價事情的好壞，讓對方心理上先產生強烈的印象。

你曾經有過這樣的經驗嗎？計程車司機一邊聽棒球比賽的轉播，一邊說：「今天的巨人隊怎麼搞的，連連失策，已找不到更好的投手。」當你聽到這句

話，該如何回答？如果我們不是賭說巨人隊贏，很容易脫口而出：「是嗎？那好極了！」，那麼，下一刻我們得提防計程車司機因生氣而開快車。

如果，司機說：「真氣人」或「今天我贏定了」，我們自然明白司機的意向。

以上所述，是聽者所應注意的情況。（如果我們是講話者，則千萬別使聽話者不明究竟，不知如何回答）。因此，先知道對方的立場，侃侃而談，才能言中對方的心。

所以，聽到那位司機的話後，最好回答：「唉呀！我真佩服」，「真氣死我了，不能原諒他」，「或許我的話過分一點」。在對方先有個印象「我真佩服」，且在心理上認為不可能有其他評語時，進行誘導，較易說明。

我們不清楚對方的意見時，應該用以上的技巧，加深對方的感覺和印象，以便使自己的行動被採納。

以客觀報導為主的新聞，記者們情報的選擇、編採的內容，多少會滲入自己的意見，何況是一個說服者。越有利的資料，越高妙的技巧，越能說動人。

③對方至上

對難以說服的人，應該說聲：「請問，有沒有更好的辦法？」以此來反問他。

有一位朋友，在單身時期，就宣布自己是個大男子主義者，然而，婚後他竟成了一個太太至上的人。

「他不是主張大男子主義嗎？」「為什麼會變成太太至上呢？」照他的說法：「過去，對孩子的教育或買房子……等問題，都和太太商量，在我認為一家之長，主要是提出結論，然而，經過一段時間，我發現自己總是按照太太的意思行事。」

他的太太經常使用的手段，絕不是三段論法的說服術，而是利用：「這該怎麼辦？有沒有其他更好的辦法？」來徵求她先生的意見。

他太太一切事情總委託他決定，增強他的自尊心，心情愉快，認為凡事都是他自己在做抉擇，實際上，卻都是他太太的主張。

似乎，他大大比他更能掌握說服的技巧，更了解人性的弱點，故意讓對方抓住解決權。

　　遇到難說服的人，不妨利用這種辦法，的確能有效地解決問題。

　　委託對方做決定，確實可以煽動對方的自尊心，使對方自認為立於優越地位，他們會覺得自己控制了一切，然而，往往操縱權都掌握在我方。

　　最重要的，要使對方認為一切的主宰權都讓給了我，如此，不管他有再好的智慧，我們都可以依照自己的想法，誘導對方。因為，提高自尊心，只要是具有優越感的人，都會變得寬容，很容易陷入我們構想的意見。

　　不論遇到怎樣頑固的人，只要按照上述的做法，總會使他慢慢軟化下來的。

　　④相信名人

　　引用名人的發言，來證實自己的意見時，也能引起對方的關心。

　　這是大家都知道的事實，在新聞或雜誌上的書評，只要是有權威的人所讚美的書，大家都會認為是一本好書，縱然是名不見經傳的人寫的，也會有很多人前去購買。

　　這是一種錯覺，人們往往會將推崇的人和書混為一談。這種心理現象，在日常生活中常發生，如電視的商業廣告或其他宣傳海報，常聘請名人或權威者來宣傳，便是應用人類的心理。又因電視廣告可以反覆播送，使商品的特性深深地印在群眾心裡。所以，善於說話的人，常常會引用名人或權威的話，來提高自己言論的價值。

　　使用這種技巧，必須要引用得當。譬如：電視的商業廣告，在宣傳商品特色時，如果標語不一致，會得到相反的效果，豈不可惜。

　　譬如說：以製造健康酒為主的中藥廠商，為了擴大營業，利用電視廣告做宣傳，他們打破傳統的做法，提出現代化的工廠衛生設備，以及聘請有名的演員做宣傳，想抓住年輕族群。結果，卻完全落敗。因為，無論男女老幼對健康酒的一貫傳統，是要求信賴感和安全感，絕不是在求其合理性或新鮮度。

　　總之，引用名人或權威者以提高我方產品時，先要能正確地把握住對方的期待、對方的弱點，才能發揮最大的效果。

　　例如：對一位上司，想說服他採取某些方面的措施時，如果這位長官對科學有興趣的話，我們可以無意中說：「諾貝爾獎得主某某博士也這麼說」，以

此誘導上司重視我們所提出的構想。

⑤以虛引誘

對抵抗意識很強的人，最好說一聲「我不太有自信」藉此引誘對方的大意。

不管工作或任何事情，要說服懷有敵意的對象是很困難的。如果面對面的抵抗，只會增加對方的敵對意識而已。萬一，我方的利益被發現時，敵對的一方便會想盡辦法來破壞。

因此，對這種現象的說服，最好選擇時間和場合來進行。巧妙地掩飾我們內部，封鎖對方的對抗意識，是很重要的。

世界拳擊冠軍輪島功一先生，當他向前任冠軍衛冕者挑戰時，有下面一段小插曲：

在比賽的日子將近的時候，他們舉行了記者招待會。當二人出現在會場時，輪島先生的姿態，令很多記者不忍直視他，因為，他的臉的一半用面罩蓋住了，而且又穿著很厚的外衣，其實不論任何人看到輪島功一先生這個樣子，都會認為他的身體狀況很不好。

反過來，當天的衛冕者神采煥發，身體健壯。在場的人都認為：還沒比賽，勝負大致已可決定了。可是，正式比賽時，輪島先生得到壓倒性的勝利。推敲輪島功一的做法，可能是故意讓對方鬆懈。

一般而言，人們評估周圍的對手時，對卑弱者容易疏忽，說服就應該利用這種弱點。譬如：在敵方面前故意說：「我沒什麼把握」，「我覺得自己無法順利贏你」，用一些膽怯的話，來卑下自己，減輕對方的敵抗意識。當對方的心情鬆懈時，我們便可趁機行事。讓對方沒有準備的時間，誘入我方所設想的方向。

當輪島功一先生打倒衛冕者時，衛冕者很不能相信，一直木然地聽著裁判員數著一、二、三……六。

世界著名的小提琴家鈴木鎮一先生，對於不想練習的孩子，常會刺激他們說：「你連這件事都不會，所以你才不想練習。」

對於懶惰不肯自己動手的孩子，不要直接責備他們，最好說：「我想你做這件事太勉強了，不是嗎？……」以此來激勵孩子們，所得的效果更大。

　　故意刺傷對方自尊心的說服，同樣可以用在大人身上。往往有些人勉強他們做事，只是白費力氣，不妨以刺激的方法，可能會有良好的結果。

　　人受到強迫時，就會故意去反抗。

　　在宴席上往往有一項猜拳賽，首先規定：「第一次出石頭。」然而，大部分的人，都先出線，連這種小事，都有人故意違抗，可見人類奧妙的心理。

　　對於反抗意識很強的人，不要以命令語氣逼迫對方，最好說：「我想你大概是不會吧！」來說刺激對方。因為，當自我受到傷害時，會不服輸，拚命地達到目的。

　　週刊雜誌的記者們，使用這種技巧的人很多，他們常因此採訪到珍貴的消息。

　　（2）引對方人話題

　　①引蛇出洞

　　有些缺德的商人會說：「注意不要買到假貨！」以爭取購買者的信任。

　　我們有時候會不小心在商店或地攤上買到「謹防假冒」的贗品，這種人能以欺詐的手段，達到銷售的目的，智慧不可謂不高了。

　　有些推銷員在銷售這類物品時會說：「社會上有很多惡劣的商人，請留意不要上當。」

　　這些嘴裡不斷地忠告別人不要上當的推銷員，只要他們的次數多了，就會予人足以信賴的安全感而深信不疑，慢慢的使自己撤去防備，很自然的不久之後，你便會買下他所推銷的物品。

　　如果，以後再來了另一位推銷員，他告訴你說：「以前的推銷員，所說的都不是實話，你們已經上當了。」

　　相信後來一位推銷員，即使說的是笑話，也會使人誤以為他是在作故意誹謗的人身攻擊，從而被掃地出門。

　　②以守為攻

　　若對方是一個頑固的人，故意讓他覺得我方並不想說服他，反而能造成說服的機會。

　　日本的報紙或是報導機構，每談論到老師打學生的事件時，都會認為這位

281

老師是位「暴力老師」。即使是平日很溫和，在學生中很有人緣的老師。

我們評價一個人時，很容易受第三者為他貼上的標誌所左右，這在心理上叫做「標誌效果」。

對於被貼上標誌的人而言，心理上受到的打擊一定很大，所以當我們想讓爭論不休的對方沉默下來時，可以利用「標誌效果」使對方的心理受到打擊。

使用這種方法的例子也相當多。

第二次世界大戰中，日本好戰派與反對派爭論不已時，好戰派抓住對方的把柄，稱對方是「非國民」，而對方幾乎大部分的人都噤若寒蟬無法回答。到了戰敗後，又有了一百八十度的轉變，標誌上的文句又變成「保守反動」了。但不論如何，其目的都是為了使對方心理受打擊，而強迫對方沉默下來。當然我並不能同意任意用「標誌效果」，可是其原理應用，在說服術上是相當有用的。

社會上有不少個性頑固不易聽他人之言的人，若想用正面進攻法說服這種人，他反而會更堅持自己的意見，所以應該放棄太過勉強的正面攻擊，故意對他說：「不管我怎麼說，你都不會答應的……」，「反正你不答應，我看我還是不要說算了」。讓他自己去反省，也就是說我們已將「不可能說服」的標誌貼在他身上了。

人一旦被貼上這個標誌，會反射性地想到立刻脫下這標誌。所以在被人認為「你這個人真頑固」，或「你是個不明智的人」時，立刻想予以反駁是人之常情，因此為了說明自己並不是頑固或不明理的人，就不得不採取注意聽對方所說的態度了。而說服的第一步驟就是解除對方的警戒心，當對方仔細聽我們的話時，就已達到這個目的了。

由此可知，有時也須利用對方的反駁心，作為改變對方心理的技巧。

③流星戰術

當小孩吵著要買玩具時，你不妨也說聲：「你看！流星。」以轉移他的注意力。

有一個三歲的小孩子，在玩具部門直嚷著：「我要這個，我要這個。」

孩子的母親，立刻靈機一動，指著天花板說：「小潔，你看，飛碟。」

孩子停止哭泣抬頭張望，一時之間似乎忘記了他所要索求的東西，不久後，就跟著母親乖乖地離開留戀已久的玩具部門了。這種方式，我們把它稱為「流星戰法」，也就是一種轉移別人注意力的方法，我們可以對一些無法扼制的場面說：「哇！流星。」

這樣可以減少很多人的緊張情緒，使他們從繃緊的環境中，跳到一個寬闊的天地。

當然，在時過境遷之後，大家也許會覺得自己受騙，可是，每個人在毫無心理準備之下，都能落入這個簡易的圈套，對於情緒衝動的受騙者而言，未嘗不是件好事。

有某個公司的經營者，在勞工交涉的緊要關頭時，突然說上一句：「咦，先生，你的聲音很動聽，很響亮哦！」

頓時整個場內氣氛大大改變，勞工們面面相覷，不知道該說什麼好，會場馬上變得鴉雀無聲了。

所以流星戰法，可以扭轉一些僵持不下的場面，使大家暫時逃離原有的困局之中。

④逐級遞減

若是想將總經理降為一般的職員，最好一級一級的往下降。

在日本曾經發生過一件賄賂的醜聞案件，一名高爾夫球的經營者，他為了重新建立破產的事業，因此賄賂了兩位法官，這位行賄者本身是一位現任律師，而受賄的對象，又是有以冷靜的眼光來判斷是非曲直的法官，因此不難想像在社會上引起軒然大波。

這兩位法官之所以受到賄賂，是因為行賄的律師，利用人性的弱點，當他要贈送高爾夫球具給二位法官時，他說了如下的一段話：

「我還有一套球具，目前這一套不用了，當然啦，把自己不要的東西送給別人是一件有失禮儀的事，但我還是希望你勉為其難的拿去用吧！」

而在打過高爾夫球以後，正當要計算費用時，他又說：「這就算是我們的交際費好了，不用擔心，這不是賄賂。」

一般人在聽到某某東西暫時不用，而想轉贈時，常會毫無戒心，輕易接受，

283

這是人類心理上無法設防的弱點；尤其人的心理，在接受這一樣低廉的物品之後，儘管下次對方再以昂貴的物品來作為籠絡，也極其自然地接受，而不會有絲毫的不安。

因此儘管是極力避免受賄賂的法官，也難免上當受騙。

這個道理，並不是鼓勵大家進行賄賂的行為，而是藉此比喻人性弱點的事實。就好像是電流注入人體，若是一開始時，用強烈的電流注入，那麼即使再強壯的人，都會引起休克，而無法承受，可是，如果電流慢慢增強，一步步適應過後，感覺就變得平淡的了，而不再有任何不適的情形產生。

如果一個總經理，想把經理調為普通職責，那麼最好的做法是，先將他降為科長，再降為股長，一步一步來，使人不會產生太大的震撼，就能成功了。

⑤惹他生氣

對於擅長隱藏內心的人，最好先惹他生氣，再讓他產生動搖。

日本有個電視節目中，邀請來一百位政治家，由主持人分別問他們各種問題。

起先，議員們都冷靜地回答著主持人的問題，但是慢慢地主持人開始用他那種咄咄逼人的口氣，問一些無禮的問題，議員們漸漸地沉不住氣了，他們怒氣衝衝地罵道：

「你們開什麼玩笑，竟敢用這個問題來問我。」

有的人說完後，就憤而離席，而攝影機也緊抓住他們的背影，不放過任何精彩的鏡頭。

很多人誤以為這是主持人的大意，所產生的一起偶發事件，其實不然，據調查顯示；這是製作單位刻意的安排，讓這群人沉不住氣的政治家上當，好露出他們原有的本色。

因為，在一般國會或記者會中，他們都顯現一副君子的翩翩風度，他們有理性地答出千篇一律的話題，所以主持人改變立場，改以強硬的態度，誘使他們生氣。

果然，製作單位的料想不錯，這群政治家們，個個怒形於色，暴露出自己易怒的感情，及自私護己的性情。

一旦人的感情爆發，本性就不自主赤裸裸地顯示於人前，如此一來，就不難使一些易怒的人，說自己內心裡的實話了。

⑥登堂入室

對於令人敬畏的對方，最好先提及他的興趣或近況，使對方產生「這人好像很了解我」而加深他的印象。

有位編輯向一位名作家邀稿。那位作家一向以嚴肅難於對付著稱，所以這位編輯在去他家之前，感到既緊張又膽怯。

那次他跟那位作家的交涉果然沒有成功，因為不論作家說了什麼話，這位編輯都說：「是，是。」

或者「可能是這樣的。」而無法開口說明要求他寫稿的事。在這種情形之下，他只好準備改天再來向他說明這件事，今天只好隨便聊聊天就結束這次的拜訪。

突然間他腦中閃過一本雜誌刊載有這位作家近況的文章，於是就對作家說：「先生，聽說你有篇作品被譯為英文在美國出版了，是嗎？」作家猛然傾身過來說道：「是的。」「先生，你那種獨特的文體，英文不知道能不能完全表達出來？」「我也正擔心這點。」接著他們滔滔不絕地說著，氣氛也逐漸變為輕鬆，最後作家竟答應為編輯寫篇稿子。

這位嚴肅不輕易啟齒的作家，為什麼會為了編輯的一席話，而改變了原來的態度呢？那是因為他認為這位編輯並不只是來要求他寫稿，而且又讀過他的文章，對他的事情十分了解，所以不能隨便地應付。反過來說，讓對方以為自己對他的事非常清楚，就能像那位編輯一樣，在心理上占了優勢。

一般人要和名人或有頭銜的人見面時，都會產生膽怯的心理，如果在氣勢被壓倒的情況下，不太敢開口說明要求的事，只會反覆地說：「這個，這個，這個……」因而傷害對方心理的情況較多。

這時不論多小的事情都沒有關係，首先要談起對方的興趣、近況等，彷彿自己對他的事非常了解似的。我們可以說些：「聽說你最近戒菸了，是否真的？」「前幾天我在電視上看到你。」這些好像沒有什麼重大意義的話，卻可打開雙方的心扉，將他拉進自己的境況中。

⑧緩兵之計

對以強勢逼近的對方，應對他說：「這個難題我們以後再談吧！」可以緩和當場的緊張氣氛。

當對方特別情緒化地咄咄逼人地逼過來時，若想正面回答對方的質問，只會更增進彼此的衝突，這可能也正是對方所預期的，所以等於落入對方的圈套。這時候應該對問題採取迂迴方針，鎮定對方僵硬的情緒，不知不覺中將對方引進這邊的情況才好。

一位日本大學教授回想以前日本發生大學紛爭時說，有一天他正在上課中，突然有位學生舉手要求他就當時成為問題的學費調整問題發表其個人意見，那位教授停止講課，認真地回答他的問題，可是由於彼此的意見相去甚遠，反而無法疏通雙方的意見。現在想起來，這位學生所發表的內容和上課內容毫無關係，而且也不是立即可以回答的問題，所以那位教授當時應該說：「關於這個問題，等下課後再來問，如何？」

如果是私人的場合，你可以如此說：「我想既然這麼困難的話，乾脆以後再談。我們先去喝一杯吧！」以這種懇求的態度應付，使雙方獲得暫時性的優勢，比以後不歡而散好得多了。若是正式的場合，也可以採用同樣的策略，例如會議中有人提出爆炸性的話，而你正是這個會議的主持人，你應該先承認其發言的重要性。然後說：「可是這是個相當難以回答的問題，我無法現在立刻回答。」

這樣牽制他之後，再說：「這個問題我們以後再另外找時間慢慢談，我還是希望能就本來的問題提出結論。」至於以後何時再讀，也無須規定確定日子，目的就是為了避開這個棘手的問題，以免會議的進行停下來。

當對方聽到「以後再談」這句話，總比被正面拒絕來得舒服，心中會得到暫時的滿足感，而使僵硬的感情鎮定下來，原來的強烈姿勢也會因而迅速消失。所以想消除對方的緊張心情。最好說出一些暫時承認對方的要求或讓步的話，使對方的情緒維持平衡，這是非常重要的一點。

⑨逼其就範

以忙碌為理由拒絕要求的對象，最好對他說：「我就是因為你忙碌才要拜

託你啊！」

　　一般來說，當對方拒絕的理由非常清楚的時候，要打動他使他不堅持拒絕，是非常困難的事。

　　尤其對方的理由是我們事先就知道，而不得不承認者，我們就更不敢啟齒拜託了。

　　這種人的心理守備都相當堅固，如果我們拜託道：「請盡量設法好嗎？」這個說辭反而會使彼此的緊張感增強，也就更無法說服了。要使這種難攻的對象不得不答應，最好的辦法就是像下述那位編輯一樣，直接將對方拒絕的理由，轉變成誇獎對方的材料，成功的可能性必然大為增多。

　　某雜誌社編輯，他以善於邀約忙碌的名人為其雜誌寫稿而聞名。他並沒特別的辯論技巧，但是對於對方所說：「我現在很忙，恐怕幫不上忙……」的推辭，他卻有一套很管用的說辭應付。

　　「我當然知道你很忙，可是正因為你是個忙人，我才會要求你為雜誌寫稿。對於無事可做的人，我可不期待他們會有好作品出現。」根據他說，使用這種方法真是萬無一失，每次都能達成預期的目的。

　　巧妙地使用對方拒絕的理由，逼對方不得不答應。對方在表面上雖然會顯露出不願接受的表情，可是事實上已樂意接受這個請求了。

　　利用這種心理技巧相當成功的，就是化妝品推銷員。他們知道到首次訪問的家庭推銷，所得到的答案一定是「不要」，而且拒絕的理由都是「我不要那種化妝品」。而且他們還了解，如果使容易趨於感情化的女性生氣的話，將會完全無法達到目的。

　　所以有些推銷員都會說：「這個我非常了解，因為我一看到太太你的皮膚，就知道你不需要這種化妝品。」聽到這種話而不動心的女人真是少之又少。如果她接著說：「可是我對夏天的太陽缺乏抵抗力。」就表示她已經準備打開錢包光顧你的生意了。

　　（3）打消對方反駁的慾望

　　①掌握資料

　　對於以丈夫或上司的理由拒絕的對象，最好提供她說服丈夫或上司的方

法。

像這種背後有丈夫或上司控制其意志的交涉對象，想用正面方法說服她是不容易成功的。因為她本人並無意見，只是為了顧全丈夫或上司的面子，而按照她們的意思來反對或拒絕。

要說服這種對象的要點是，準備一些說服丈夫或上司的資料交給站在交涉立場的本人。也就是說，這是以站在交涉對象後面擁有決定權的人為說服對象的說服術。

例如你為了推銷你們公司的新產品，而到某一客戶住處拜訪，可是去了好幾次都無法獲得對方的答應，而且好像並不是他本人的意思。這時你就必須先查明對方的上司是個什麼樣的人，然後告訴對方：「你的科長好像對數字很有研究，你若能將這些數字資料交給他，他一定會讚美你的能力。」揭示他說服其上司的要點。像比例一樣能揭示具體方向的話，對方將不只是個傳達者，而且成為推銷方面的代辯者，使任務圓滿完成。

②自言自語

對於不敢當面直接批評的對象，最好一再反覆自言自語說：「這事是這樣嗎？」

說到自言自語，是一個人獨處時才會發生的現象，但有時候在一對一或一對多數人時，能適當以自言自語讓對方意識到，將能成為意外的說服武器。

有一位朋友就是這種會發出有意識的自言自語的名人。他身居科長之職，個子長得瘦小，人又很老實，表面看起來不像個科長的樣子，也許他自己也認識到這一點，認為「我不論向部下下任何命令，大家都不會把我看在眼裡，而不聽從我的命令。」所以他就想出這種自言自語的策略。

例如夏天冷氣開得太大，以致室內溫度太低，一般人會命令說：「你們哪個人去把冷氣調小一些。」可是他並不會這麼做，只是摩擦著手掌自言自語道：「怎麼會這麼冷啊？」他連續這麼說了兩次後，坐在他鄰近的女孩子就自動去把冷氣機調小了。又如果遲到的人多的時候，他會邊走邊自言自語：「怎麼大家不早點來呢？」倘若有人在辦公室裡聊天，以致工作效率不高，他也會自語道：「早點完成工作就可以早點回家。」

　　這種說術雖然有點惹人討厭，但因攻擊對方的不是正面，卻能收到相當大的效果。對於那些受正面批評也不在乎的人，這種故意不把對象明說的自言自語方法，反而比較有效。如果對方知道自己的不對，聽到自言自語的內容，便會知道是針對自己而發，他會比別人感到更難堪。常常自言自語的人，多半居於不敢直接攻擊別人不是的內向型人較多。也就是說因為擔心對方的反擊，而以自言自語巧妙掩飾內心的不安。

　　③共同敵人

　　對於公司內的不滿分子，應該製造出與自己共同的敵人，藉以培養對方的合作意識。

　　曾有一部科幻小說，故事內容是說美俄之間的戰爭已瀕臨按下核子武器電鈕的情況，就在這個時候傳來火星人將進攻地球的情報。美俄雙方立刻停止戰爭組成地球聯合軍，團結一致地迎戰火星軍。這雖然是個相當單純的故事，卻在人們腦中留下深刻印象。人和人爭論時如互有反感時，同調心埋會被掩蓋住而無法抬頭。前面所說的科幻小說，由於有了共同敵人火星人的出現，同調心理才會迸發出來。也就是說如果內部在爭論時，同調心理無法發生作用。例如某行業的兩家公司發生糾紛時，消費者發起攻擊這兩家公司產品的運動，本來敵對的兩家公司會團結一致共同應付，這種事也是時有所聞的。

　　所以當對方是個很不易協調的人，或是對我方有反感，使用這種同調心理的說服術將可達到這一效果。假如公司中有位職員常發牢騷，為可使他和公司其他員工合作，最好製造出一個共同敵人。你可說：「你的營業額再降低的話，可能會和其他人一起被調到小地方的營業所去」。這樣就能使他產生同調心理，而與其他人採取合作態度。

　　如果對方始終採取敵對態度時，也可以以其他部門的人作為共同敵人說：「他若調過來，成績一定超越我們。」他就會和我們採取同步調。所以對不易協調的人，應該先製造共同敵人，使對方想共同擊退這個敵人，才是最有效的。

　　④故意搞錯

　　對於有自卑感或易緊張的對象，應該故意對他說些錯誤的話或方言，以解除對方的緊張感。

想說服有自卑意識或過度緊張，或是初見面的對象，的確相當困難。尤其在面對社會地位較低者時，對方在心理上自然而然會處於下位，也就是說會有膽怯感，而使得全身僵硬，心裡的壁壘就會越來越堅固，始終將自己關在裡面。

想擊毀對方心中的壁壘，最好的辦法就是讓對方認為不是只有他才有弱點。

新學年開始時，學生都會感到很緊張，所以當老師上第一堂課時，會故意說：「我不喜歡寫黑板，而且字也很難看，小學時代我的字經常得差呢！」盡量努力使學生發笑。有時候也會說：「怎麼樣？你們看看老師這條領帶，會不會太華麗了？」

學生聽到這種話就會覺得「原來老師也會關心這種小事情，他和我們並沒有兩樣嘛！」因而心情會輕鬆許多，甚至產生某種優越感呢！

雖說同樣是人，但是在對方毫無心理準備之下就開始說話，會使雙方的心理距離越來越大，當然也就無法說服啦。如果心理上占優勢者能幽默似地使用方言，對方的下位觀念會轉為安全感，心理距離也會越來越小。從前日本社會黨在黨魁佐佐木更三先生和名演員千晶夫新沼謙治先生都常以方言為武器。人都有弱點，如果妥善加以運用，將能成為說服的強有力武器。

⑤過度誇讚

對於攻擊性很強的對方，應該故意過度誇讚他，以使他感到不安。

心理學家希特曾說，小孩子被過分褒獎時，會感自己不值得如此被讚美，而變成一種負擔，便開始惡作劇以消除內心的不安。成人後還擁有幼兒性的人，會表現出同樣的反應，那些攻擊性強的人，大都屬於這種類型。

一位某一地區推銷成績最優秀的汽車推銷員，他所推銷的車子是四流廠牌的，但是他卻能使以前愛買別種廠牌汽車的人，改買他所推銷廠牌的車子。

據他說，開別的廠牌汽車的人，十個中有兩個人不滿意自己的車子，也就是說經常有潛在性的換車欲求，而且這種人對於車輛的構造都非常了解，又都是很喜歡汽車的人。對車子越了解就越想擁有一部好車，這是人之常情吧！

當前述那位推銷員去和這種人會談時，他們會以自己所有的汽車常識作後盾，毫不客氣地指出四流廠牌車子的缺點，這正是最好的推銷機會，因為這種

人比那些對車子毫不了解的人容易說服多了。

這時，那位推銷員並不維護自己所欲推銷的車子，只是一再誇讚對方的汽車知識，並露出欽佩的神情由衷地說：「你這些知識是從哪獲得的？」「你的知識還超過我這個專家呢！」將對方捧得高高的，那些對自己車輛不滿或有攻擊的人，會因而感到不好意思，就提供了推銷員的推銷機會。

社會上有很多攻擊性強的人，只要聽到你一開口，他便想找碴，而且心中呈現高昂狀態，這時若想說服他根本是不可能的，所以唯有用快速的方法使他的情緒冷卻。

這時應該找一些和話題無關的資料，如對方的服裝或家裡的庭院等，故意誇大性地讚美他，他的攻擊鋒頭便會慢慢變得遲鈍，這時再將話題轉至本題，對方在不知不覺中便陷入我方的圈套了。

⑥及時安撫

在叱罵之後，對方如果不會垂頭喪氣，是因為責備後的安撫得法。

被日本人稱為經營之神的松下幸之助先生，是個很善於用人的人，同時聽說也是個精通叱罵藝術的人。可是他並非善於叱罵方法，而是在罵了之後的安撫方法高人一籌。

有一天，松下先生因為某事對後藤先生感到憤怒已極，拿起放在暖爐旁的火鉗用力拍打地面，當後藤先生氣呼呼地想回家時，他又對後藤先生說：「我因為太生氣了，這支火鉗竟被我拍打得變成這個樣子；請你替我修理一下好嗎？」

後藤先生不得已只好找出鐵錘修火鉗，在捶打當中，情緒也慢慢平緩下來。好不容易修好之後，松下先生面露笑容說道：「修理得很好，比以前更漂亮呢！你的技術不錯嘛！」

在激烈叱罵之後，再拿出和責備內容無關的事褒獎對方，的確是相當高明的作法。還有更令人感動的是，松下先生後來又偷偷打電話給後藤太太說：「你先生今大一定會懷著不高興的心情回家，希望你為他準備一些酒菜。」

挨罵的人對於叱罵自己的人，會產生一種仇恨心理及反抗心理，同時會有對方可能認為，我是個無能力者的不安感，這種不安感有時會跟喪失信賴感有

連帶關係。有些經營者會因為怕對方生氣而不敢叱罵對方，這樣對彼此都沒好處。因為這種消極的態度，只會使部下產生怠慢的心理，而犯下同樣的錯誤。

所以應該責備的時候就該責備，但是在事後要讓對方知道，責備和彼此的信賴關係是兩回事，松下先生褒獎的話和笑容就是最好的參考例子。而在叱罵後故意讓消息使對方間接知道，也是有效的方法。責備是否可使對方改進，並非靠叱罵的方法，而是要看叱罵後的處理是否妥當。

⑦故意淡化

對於預想會挨罵而準備反抗的對方，最好是使用閃開法使對方感到意外。

大家都有責備孩子的經驗，想讓擁有反抗心的對方反省自己的作為，是很困難的。假如呼呼嘮嘮地說：「你怎麼可以不遵守家裡的規定，我不是一再嗎咐過你嗎？」想盡量讓孩子明白是非，如果對方表現出反抗的態度，又叱罵道：「你這是什麼態度，你應該好好反省一下。」就這樣嘮嗦地說教下去。

但是我們越強烈地叱罵，對方的反抗心就會越高漲。過多的要求對方反省的言辭，反而會煽動對方反抗的心理，彼此的親密關係也會因此而遭到破壞，甚至有可能變成無法收拾的場面。

藤本先生的女兒有一天違反晚上十點前必須回家的規定，第二天早晨才帶著些醉意回到家，在門口迎接她回來的藤本太太生氣地罵道：「快去向你爸爸道歉。」他的女兒早已想到父親一定會很生氣地罵她，可是藤本先生卻只瞪了她一眼並說了一句：「傻瓜！」便出門了，就這麼一句話使得他女兒深深反省自己的作為，從此以後再也沒犯過同樣的錯誤。

不過藤本先生的情況是，女兒已先遭她母親的叱罵，內心的反抗情緒相當高昂，而當藤本先生以一句「傻瓜」閃開她的反抗心，其間的落差相當大，所以效果更大。

藤本夫妻並非事先約好要這麼做，但是我們若想讓部下或孩子順從時，可以故意用這種方法。

⑧發洩出來

當對方生氣地反駁時，最好盡量讓他說出他心裡要說的話。

想說服對我方意見始終提出反論的顧客，最好不要對他的每句話加以解

釋，而讓他盡量說出他要說的話，我們就可以趁此機會抓住反駁的材料，這是說服這種人最有效的方法。

有家鞋店老闆非常懂得生意之道。當顧客滔滔不絕地說著時，他並不是那種善於言辭，而靠一張嘴說服顧客買下鞋子的人。不但如此，當顧客挑剔說：「這雙鞋了的後跟太高了。」「這種式樣我不喜歡。」「我的右腳比較大，很難找到適合的鞋子。」那位老闆只是點點頭表示同感，從來沒有說出反駁的話。

當顧客的話告一段落後，他只說了一聲：「請等一下！」便轉身走進裡面，拿出另外一雙鞋子說：「我想這雙鞋子你一定會滿意，請你試穿看看。」顧客便半信半疑地試穿那雙鞋子，果然如老闆所說的令他非常滿意，於是高興地說：「這雙鞋子好像就是為我誕生的一般。」而買下帶回家去了。

盡量讓對方說出他想要說的話，就等於是把他心中所想的全部顯露出來，而喪失了對我方提出問題的回答資料，以後就會按照我方的意思進行。

當情報被對方掌握後，就會處於不利的立場。反過來說，對於難以說服的對手，應該邊看對方的反應，邊慢慢將情報說出，如果一口氣將所有情報公開的話，就等於已經向敵人投降了。

⑨虛晃一招

常有人唱高調：「為爭論而爭論」。

事實上這是不可能的事。你想以雄辯、說理，使對方信服實在不是容易的事。尤其是以「自己意見、對方反對意見、自己反對意見」來爭論，更是堆砌了對立僵持的關係，反而引起對方更多更有力的反駁。

記住：當場對壘時是不宜爭論的。只有把對方引至第二者的立場，才能見效。勸導一名不良少年，直接和他爭吵，甚至罵他，打他，也沒有用！我們不妨指責另一個不良少年說：

「那孩子真太不像話，天天惹父母傷心，你有機會勸勸他好了！」

這當然是虛晃一招，目的是要他自己勸勸自己，即使他知道了你的方法，也是激起他的良知的一種好方法。

要想在爭論中真正獲勝，乃是要對方真正能採納我們的意見。這個勸服不良少年的例子，可以廣泛運用在我們生活中。

前幾年，全世界各地，有一度飛機經常失事，對經常外出旅行講學者來說，感到威脅萬分。

有天在航空公司買機票時，有人開玩笑地向一位職員說：「這樣常常失事，有天給我碰上了，可就糟了，我看還是自己開車子，長征講學吧！」

這位職員不以為然地說：「先生，這因為飛機失事是件太嚴重，太不尋常的事，所以難得一次便驚壞了旅客。其實，飛機出事的比率、比起中獎券還要困難得多，簡直百萬分之一都不到。」

「獎券也期期有中呀！難道飛機失事也班班有！」

「不可能，不可能，飛機引擎頭幾年，故障的機率更是相對的減少，正確地說，飛機失事比率十億分之一都不到。」他充滿自信地解釋。

他這樣一說明，用數字一比方，鎮定了，不安全感一掃而空，這乃是「數字」的魔術，給了真實感。我不得不佩服這位先生的利用數字魔術的心理作戰的高度技巧。

很多很多人，都確信了數字。五年前在美國提供各種數字的「市場調查」公司，便有三百五十家之多，而且，有一千零五家大的工商業，其本身便設有調查部門。英國政治學家迪斯萊有過如此的名言：「謊言有三種，單純謊言、令人討厭的謊言和數字。」

⑩岔開話題

對某個問題糾纏不清，或彼此將陷入窘境時，雙方都不想再爭辯下去，但又難以分道揚鑣，這時候，最最上策便是岔開問題。舉例說：

「剛才聽了您的講演，很佩服，能否請教一個問題？」

「請說！請說！」

「何謂人道主義？」

「固守做人本分。」

「什麼叫固守做人本分？能否舉例說明。」

「就是上帝給予人的資質。」

「可有比方？」

「理性就是個最好比方。」

「理性又是什麼呢？」

「和感情相反的東西便是理性。」

「這樣說，擁護理性的人，就是沒有感情的人了。」

「不可以這麼說，人是應該感情和理性兼而有之的。」

像這樣辯論下去，何時能休？何時能止？對於這些抽象名詞：人道主義、理性、感情什麼的，對方不能隨其意願，一味地以抽象解釋抽象，抽象到什麼程度呢？「外在實證可能性」的功用，便是避免始終徘徊在「語言遊戲」裡，這也是哲學性的詞句難以博得一般人的贊同的原因。

一位汽車推銷員發生了車禍，他可以用各種外行人所聽不懂的詞語來解釋原因，矇蔽了旁觀者。是真、是偽，只有待交通法庭來下結論了。

用專門術語、或抽象度極高的話兒，是岔開話題的好方法。

（1）不要謾罵

法國名小說家左拉，在《酒店》一書中，有段描寫兩名巴黎洗衣婦爭吵的場面：

「到那邊去！騷貨……別在這裡坐冷板凳了！」

「尼姑！你也算作人？撒泡尿自己照照吧！」

「趕緊洗洗臉，刷刷牙，今晚上站在貝姆街街角去拉客吧！」

這種低水準的謾罵，常能收到奇蹟似的效果，但得謹慎用之。其一，防備對方以子之矛攻子之盾，其二，此法一經使用，便覆水難收，你很難再和對方復交了。但是在道義上來說，此法盡可能避而不用，尤其是有關：

一、生理上的缺點──矮冬瓜、瘸子……

二、身分上的卑賤──乞丐、清潔工……

三、能力上的低差──白痴，無生育能力……

任何人都有或多或少的自卑感，你對他所採用的話，離開其自卑感核心越遠越不易挑逗起他的無名之火，越近則越容易達到著火點。一旦明挑上述三點任何一方面時，他的理智立刻消失，代之而起的是一種動物性的原始的防衛本能。

有人說，絕對不要傷了別人的心，就是指這一點而言。當然，你若有意如

此，那則另當別論了。

（2）使對方喪失還擊力

二次大戰以後，被稱為日本保守派最傑出的謀士三木武吉先生，幫助了鳩山一郎當上了首相。

其才華之高，機智之深，人人為之欽佩，可是他卻一直緋聞不絕。在他晚年時，一個婦女代表團體拜訪他，很不客氣地問他：「三木先生，你的一舉一動都能影響到國家大事，可是您卻和兩個女人十分密切，這到底是怎麼回事？」三木武吉聽了毫無所謂，輕輕鬆鬆地回答說：「不止兩個女人！現在我還跟五個女人有關係，有往來呢！」

一下子把這位代表給愣住了。他繼續說：「這五位女士，在年輕時照顧我，現在她們都已老態龍鍾，我當然得在經濟上，精神上去照顧她們。」這位代表不但不再責怪他，反而對他的人格敬重萬分，到處為他作證了。

同時，日本還有一位擔任勞工運動主持人的太田萍，他說話技巧，比起三木武吉，有過之而無不及。一次，其所屬的鋼鐵勞動聯盟，派代表訪問太田，說他不該如此溫溫火火的，勞工運動表現得絲毫不出色。大田立刻反駁：「你們以為美國的勞工聯盟是右翼分子把持嗎？他們就算罷了工，也只做到熄火待命，而你們呢？一面孔的言論激烈，又做出了些什麼成績？」大田費這一大聲叱喝，竟把這位代表喝退了，以後再也不來囉嗦。

三木武吉和太田萍二位先生，之所以能在對方發問之下，立刻予以顏色，有效地封鎖了對方攻勢。對方法問你時，是希望依照他的答話次序來進行，可是一旦發覺你的回答完全是針鋒相對，有排山倒海之勢，令他只有手足無措的份兒。你能立刻亮出自己的目的，等於找到了主動權。他們二位都是以這種方式取勝的。

有位女大學生，被一位男士百般追求，即使避不見面，日夜電話不絕，苦苦求婚，叫她窘不堪言。

她一氣之下，有次她立刻應允：「好吧，既然要結婚，明天就結，禮堂在某某教堂，牧師是我老朋友！」

這下子可把這位男士嚇倒了，立刻打退堂鼓，以後再也不敢貿然求婚了，

對這位小姐也就不再苦追不捨。

哈囉演練法：

原來，只要懂得舌戰的技巧，成為一流的演說家也並非什麼難事，從前真是太看高他們了！

3.反駁的藝術

在我們的生活中，真理與謬誤的鬥爭無時不存，無處不在。人們在與那些錯誤的言論鬥爭時，往往出現一種情況i雖然是反駁了，卻駁得不力。反而被對方的「歪理」頂得無話可說。

比如在某集體宿舍的一段對話：

甲：都半夜十二點了，這撲克牌明天再打吧。

乙：（打牌人之一）你睡你的，管我們不著。

甲：你們大吵大嚷，影響別人休息。

乙：影響的是「別人」，又不影響你。

甲：這是公家宿舍，應該注意點秩序。

乙：「公」家嘛，又不是你家，管什麼閒事。

又如商店櫃檯前發生了這樣的爭執——

甲：你能不能耐心一點？

乙：耐心？都讓你挑三四件了，不買就拉倒。

甲：這您就不對了，這上面貼的標語寫著什麼？

乙：沒錯，「為人民服務」，可不是為你一個人。

甲：難道我不是人民一分子？

乙：難說，反正沒看過你的檔案。

由於舊的思想在今天的社會不同程度地存在，諸如此類荒唐的金埋在生活中是屢見不鮮的。

所以，要進行積極的思想鬥爭，應當在敢於對錯誤的言論進行反駁的同

時，還要掌握反駁的藝術。

以加強反駁的力量。

怎樣才能加強反駁的力量呢？

（1）擊中要害　迎刃而解

錯誤的話往往以一些似是而非的「道理」去迷惑人，其採用的手法主要是歪曲事實真相或混淆事物之間的邏輯關係。因此，我們應當把事物本來的「是」揭示出來，指出「非」的所在，恢復事物本來的邏輯關係。

例如本文第一段話中的乙，採用的就是混淆概念的辦法。甲原來所說的「別人」，是指宿舍裡打牌人以外的人，當然包括甲在內。乙卻故意把甲排斥在外，以歪曲「別人」一詞的涵義來指責甲多管閒事。甲所指的「公家宿舍」的實質是強調公共秩序，乙卻故意不提公共秩序而玩弄文字遊戲，大談「公」家不是甲的。如果甲問一句，既不是我的家，也不是你的家，大家都得守「公家」秩序，那就是有力的回答。

實質性的問題總是要害問題，實質決定了問題的基本傾向，抓住就可以使問題迎刃而解。

①牛羊之爭

揭露實質性問題，可以透過層層剖析的辦法。透過不斷的分析，把問題不斷引向深入，逼近實質，自然而然地使實質問題最終暴露出來。

有一次，孟子去見齊宣王，談起統治國家的道理，兩人有這麼一段對話：

齊：像我這樣的人，能夠使百姓的生活安定嗎？

孟：能夠。

齊：為什麼呢？

孟：我曾聽說過一件事：您坐在大殿之上，有人牽著牛在殿下走過。您問，牛牽到哪裡去？稟報說要殺牛祭神。您就勸牽牛人放生，因為看見牛那哆咦可憐的樣子，毫無罪過，卻要被送進屠場，實在於心不忍。那人問是不是連神也不祭了。你說換隻羊吧，不知是不是真有這回事？

齊：有的。

孟：憑這種好心就可統一天下了。老百姓還以為王是吝嗇一隻牛，我早就

知道您是於心不忍。

齊：對嘛，竟有如此多心的百姓。齊國雖然不大，何至連一頭牛也捨不得？就不忍心看牠那麼可憐的樣子，所以才用羊來代替牠。

孟：不過，百姓說王吝嗇，您也不必奇怪。羊小牛大，百姓就以為是吝嗇了，哪能體會到您的深意呢？不過，如果真是可憐牛沒有罪過，那宰羊又有什麼不同呢？

齊：這我也不明白，反正我的確不是吝惜錢財才用羊代替牛的。您這麼一說，百姓的話倒真有點道理了。

孟：其實也沒什麼關係。王這種不忍之心正是仁愛。可為什麼卻捨得宰一隻羊呢？因為王親眼看見那隻牛，卻沒有看見那隻羊。君子對於飛禽走獸看見牠活著，就不忍心牠死去；聽到牠悲鳴哀號，就不忍心再吃牠們的肉，君子把廚房設在遠離自己的地方，就是這個道理。

齊：你這麼一說，我的心便豁然開朗了。

孟子對齊宣王的「不忍之心」作了一步步的剖析後，指出齊宣王之所以怕牛被宰而不怕羊被宰的實質所在。所以，齊宣王終於明白了自己「不忍之心」的侷限性。

到了土星的一顆衛星，而那顆星當時根本還沒有被人們發現；第二，信裡說伽利略視力差，其實，從西元一六三七年的年底起伽利略就完全失明了。

事後查明，兩位科學家的話是正確的，這些信是根據伏爾泰和其他一些作家的作品編的，偽造者送交法庭。

這兩個例子都是在反駁偽證時，用無可辯駁的事實作為依據的，兩位科學家從一些不引人注意的細節中發現了虛假。事實俱在，鐵證如山，從而能洞察出了偽造者的漏洞。所以，實質性的問題有時表現在似乎細微的地方，要用心思索，就能牽一髮而動全身。

②放生豈算施恩

《列子‧說符》中有個故事：

每逢元旦，邯鄲一帶的老百姓都要成群結隊到山野去捉斑鳩，送到趙簡子的府第上。趙簡子看著一籠籠活蹦亂跳的斑鳩十分高興，給獻鳩的人賞賜許多

銀子。

有個在趙簡子家中作客的人很奇怪，問：「這些斑鳩捉來做什麼？」

簡子回答：「你難道不知道嗎？每一個小生命都是寶貴的啊！元旦那天，要把牠們都放回樹林去，表示我對生靈的愛護。」

客人大笑說：「這就是愛護生靈的辦法嗎？老百姓知道您要放生，獻鳩有賞，都爭著去捕捉斑鳩。有的放鐵夾，有的用箭射，有的雖然活捉了，但死的更不少。如果您真的可憐這些小生命，還不如下個通令，禁止捕捉斑鳩。不然的話，抓了又放，您的積德遠抵不上您的罪過呢。」

趙簡賞人捉鳩，然後放生，實在是捨本求末，而客人把其捉鳩的要害指出，說明在捕捉過程中會傷害更多的鳥，以致功不補過。這就擊中了要害，因而批駁了趙簡子放生施恩的荒唐主張。

③欲出先縱　引入絕境

正面指出實質所在是有力的駁斥，但對那些荒唐離題的話，光靠指出實質反而顯得不夠有力。

正如伊索寓言中《不忠實的委託人》一文最後的警言說道：「遇到謊言說得過於離題的時候，你如果想用論證來破其謬見，那未免太鄭重其事。」比較簡單的是：故意對說謊的人說些更荒謬的事，不必動「氣」。

④紅白米飯之爭

在反駁中，常常使用「歸謬法」。它的特點是，當對方說出荒謬的論點時，先假設它是成立的，然後按其論點的邏輯加以引申，得出一個荒謬的結果。

《格齋雅德》中說到這麼一個故事：一個人的母親死了，服喪時偶然吃了一次紅米粉，被一個迂腐的書生看到。書生大為不滿，指責這個人是不肖子孫。人問他為何？他說紅色是喜慶的顏色。

那人反駁說：既然這樣，那麼大家天天吃白米飯，豈不是天天服喪嗎？

駁得妙！一句話，言簡意賅，使人看到了書生的荒唐。那反駁書生的人使用的就是歸謬法了。

（2）以子之矛攻子之盾

反駁和揭露之中，有時還運用以毒攻毒的辦法，即所謂「以其人之道還治

其人之身」。謬論的宣傳者總是採用許多歪理和不正常的手法去矇騙人，我們有時不妨以牙還牙，讓論敵也嘗嘗這種滋味，使他們處於不能自拔的境地。

①巧媳婦的巧辯

福建流傳的民間故事中的巧媳婦是個善辯的人。一次，知縣為了霸占史老漢的財產，故意給他出了一個難題，三天之內送來三隻懷胎的公牛，違命財產則充公。巧媳婦安慰公公不要哭，到時自有辦法，老漢便答應知縣的要求。

三天後，知縣到了史老漢家，出來迎接的卻是媳婦，二人一問一答——知：老漢在嗎？

媳：在是在，就是不好出來。

知：他怕見我，莫非想賴？

媳：哪裡話，他在房裡生小孩啦！

知：混帳，男人怎麼會生小孩？

媳：男人不會生小孩，你怎麼要公牛懷胎？

可見，如果對於那些荒唐的話鄭重其事地辯解，未免顯得愚拙。用其人之道還治其人之身，既巧妙又有力。

②歐布利德的狡辯

歐布利德是古希臘詭辯家，他搖唇鼓舌、指鹿為馬，自以為一張嘴說遍天下。他曾對同伴說：

「你沒有失掉東西，這種東西還存在嗎？」當得到肯定的答覆後，他就說：「你沒有失掉頭上的角，那你頭上就有角了。」同伴不服，與他吵起來，一直吵到大公那裡。大公是個聰明人，對歐布利德說：「在這個城堡裡，你沒有失掉坐牢的機會，那好，請你享受三天吧。」

歐布利德懷恨在心，在牢裡怠工。一天，雷雨將全，大公讓人到晒穀場收稻穀，歐布利德磨磨蹭蹭，結果他管的那堆淋濕了。大公責問他，他卻說：「一粒穀該不是穀堆吧？再加一粒，也成不了穀堆。這樣每次加一粒，每次都不能形成穀堆。因此，穀堆從來不存在。你讓我運穀堆，我怎麼能做呢？」大公聽後，微笑不語。發工錢那天，歐布利德一個錢也沒有，便氣勢洶洶找大公。大公說：「一個錢幣該不是你的工錢吧？再加一個，還不是你的工錢。這樣每加

一個錢幣，都不是你的工錢，因此你的工錢根本不存在。」這樣，他的工錢被用來賠償了穀堆的損失。

③為什麼開狗洞

張吳興小時機警伶俐，口才過人。八歲那年換牙齒時，一位老先生想戲弄他，故意說：

「你口中為什麼開了個狗洞呀？」

「這是讓您老先生從這裡進進出出呀。」

對於老先生的惡意玩笑，張吳興的回答真是可謂「反辱相譏」，駁得巧妙。不過，這也從反面告訴我們，開玩笑要抱著與人為善的態度。不然，會弄得自己下不了台。

④樹葉斷案

十六世紀的東方思想家在《雜人趣談》一書中提到這麼一個訴訟案：一次，兩個爭訟者來見法官。一個說另一個欠他許多黃金。另一個硬不承認，堅持說：「我是第一次見他，從來沒有和他共過事。」

「你要她還的黃金，當時是在什麼地方給他的？」法官問原告。

「在離城三里遠的一棵樹下。」

「你再去一趟，把那棵樹上的葉子帶兩片回來；我要把它們當見證人審問一下，樹葉會告訴我真相的。」法官提出這樣一個奇怪的建議。

原告去摘樹葉去了，那個大喊大叫被冤枉的被告留在法庭上。法官沒有和他談話，卻審理別的案子。這位被告作為旁觀者津津有味地看著法官審案。正當案子處理到高潮時，突然法官回頭來輕輕問道：

「他現在走到那棵樹沒有？」

「依我看，沒有，還有一段路呢！」

「既然你沒有跟他一起去過那裡，你怎麼會知道還有一段路呢？」法官嚴肅起來。

被告才知道自己露了餡，不得不承認詐騙的罪。

法官的計謀很巧妙，他先讓被告迷惑不解，接著又故意讓他鬆懈，再出其不意地提問使對方陷入這樣的矛盾之中。既沒有到過，又怎知快慢？這就不能

自圓其說。而法官抓住對方的漏洞是用了計謀的，因為被告一開始並沒有說出自相矛盾的話。

哈囉演練法：

注意，「反駁的藝術」是針對正義一方的，否則，即使你贏了，也屬詭辯而稱不上「藝術」喲！

十五、談判

1. 釜底抽薪策略

通常的談判場合，雙方所擺出的陣容中往往有首席代表和次要代表、櫃檯談判代表之分。一方的主談的回答問題，通常要看一看副談的態度或副談的某種暗示，即使他們想非常迅速地把交易做成，也總是表現出一種從容不迫的神態，努力放慢對話的節奏，也就是說，在激烈的談判中要努力尋找緩衝的時間來思考和斟酌，避免倉促中做出不當的決定。

無論是外交談判還是商貿談判，並非人們想像中日常對話那樣，你問我答，快言快語，口若懸河，而是千方百計爭取時間充分思考，以妥善方式有節奏地回答談判對方的問題，以免出言不慎而導致不良後果。

在一九五六年的美蘇兩國最高領導人的談判中，蘇共領導人赫魯雪夫自以為比美國總統艾森豪威爾聰明，其實，艾森豪威爾正是採取了釜底抽薪的策略。

在談判過程中，不論赫魯雪夫提出什麼問題，美國總統都表現得似懂非懂，糊糊塗塗，總是先看看他的國務卿杜勒斯，等杜勒斯遞過條子來後，艾森豪威爾才開始慢條斯理地回答問題。當時赫魯雪夫很看不起艾森豪威爾，認為他智力低下，而他自己作為蘇聯領袖，似乎知道任何問題的答案，而無須他人告訴他說些什麼話，所以當場譏諷地問道：「究竟誰是美國的總統？是杜勒斯

還是艾森豪威爾？」

其實，是赫魯雪夫錯了，他不了解艾森豪威爾在談判桌上所表現的特點，正是一種釜底抽薪的策略。他這樣做，至少已經充分做到了兩點：既爭取到了思考問題的時間，又獲得了別人的提示啟迪。釜底抽薪，正是一種絕妙的談判策略。

在談判過程中，特別是談判到了緊要關頭，也常常需要故意放慢節奏。如：在回答問題前，提議對方把話再說一遍，把問題解說清楚，預先安排一個打岔的機會，如有客來訪和有電話要接，突然感到口渴要喝茶；或讓對方埋頭閱讀你當場提供的一大堆資料；或者以不知道一些問題為託辭臨時去尋找專家諮詢；臨時替換談判小組成員，以造成談判間歇；不時地休會或者乾脆閉會，用電話或電報向有關主管請示等都是非常奏效的方式。

在這場談判中，從表面上看起來，赫魯雪夫顯得非常機敏、果斷、博學、經常口若懸河，滔滔不絕，則艾森豪威爾卻顯得遲鈍猶豫，缺乏果斷的領袖氣概，然而，事實上卻正好相反，美國總統是大智若愚，而赫魯雪夫卻是大愚若智，艾森豪威爾在談判中的智慧表現在既能及時獲得助手的揭示忠告，同時又為自己贏得充分的時間思考，避免忙中出亂，急中出錯，赫魯雪夫則剛愎自用，貌似智力過人，其實並不高明。

哈囉演練法：

> 真正的智者從來都不會太急於表現自己的智慧，只有那些自以為聰明的人才怕別人不知自己的聰明。

2. 剛柔並濟掌全局

談判是變幻莫測的大千世界，談判人員若不善於應變，就不能有效地控制局面，駕馭談判局勢。

善於應變，就能使人具有適應複雜環境的能力，就能使人遇事不亂，達到預期的目的。

不論是外交場合的談判工作乃至日常生活中，都會發生一些令人難以預料的局面和出現一些難堪事，如何去對付這種局面和事件，如何巧妙地把來自對方的難堪事和自我發生的差錯所造成的難堪事處理得好，實在是一種高明的談判、處世技巧，在人們的生活中，在許多談判場合下，事情的成敗關鍵往往決定於此。

在談判交際場合，會遇上各種各樣的不通情理的人，他們好戲謔作樂，專以挖苦諷刺別人為快。

你如果任憑對方戲謔，侮辱，不免顯得笨拙而又無能，但假如回敬的方法不巧、不當，又會有失文明和破壞氣氛。

英國大作家蕭伯納年輕時身體很瘦弱，一次宴會上有一個胖得像豬一樣的資本家取笑他說：

「蕭伯納先生，一見到你，我就知道世界上正在鬧饑荒。」在場的人一聽此話，不免為蕭伯納捏一把汗，而蕭伯納卻彬彬有禮地回答道：「我也一樣，一見到先生，就知道了世界上鬧饑荒的原因。」

機敏巧妙的反駁，使在場的人敬佩不已。

哈囉演練法：

與人為善，多多益善，胖子的教訓實在值得我們吸取啊！

3. 談判語言的分類

語言是思維的交際工具，在談判中，要將自己的概念、觀點乃至感情，明確無誤地表達並使用，是運用語言得當的相應效應。

談判語言可從多種角度進行分類，除了有聲語言外還包括非口頭表達、非文字的形體語言，即行為語言。每一類語言均有自己特定的用途。談判的要訣即在於將各類語言適時、適地、切題、適應對象、符合目的地加以靈活運用，組合運用，即在不同的條件下，調度、運用相應的語言，方能促進談判目標的實現。

依談判語言表達形式的特點，語言的一般談判，將有以下幾類。

口頭談判語言是最直接、最靈活、運用最普遍的談判語言。它在談判中能及時地、較充分地表達出談判者的要求、願望、意圖及目的。談判的正式場合及非正式場合，公開談判與祕密會談，均用口頭語言表達。口頭語言的特點是便於交談，反應速度快。但正因如此，有時不夠嚴謹、規範，所以談判最終要透過書面語言即協議或合約來完成。

書面談判語言的運用場合比較多，談判的函件往來，談判過程中形成共識的問題，尚有分歧的問題，重點難點問題，一方不便直接啟齒的問題，需要雙方注意的問題等等，均可運用書面語言交談。談判結束後研究下一輪談判或形成協義即合約及對協議加以維護、貫徹、執行、監督等，也往往使用書面語言供雙方研究推敲。書面談判語言的特點是明晰、準確、規範、嚴謹、無歧義或少歧義，正式感強。但其缺陷則是不便於交談，靈活性差，採用書面談判語言難以表達情感以外的訊息，對於失誤則因已形成正式文字而難以挽回。因此，使用書面談判語言必須慎重，才能充分發揮其長處。

電信談判語言是現代通訊手段發展的產物，包括電話談判語言和電報、傳真談判語言兩種。電話談判語言一般在需要對正式會談作準備，或作解釋、補充時運用，為談判的非正式場合經常使用的語言之一。它是口頭談判語言的一種間接運用即透過電話傳遞訊息。電話談判語言的最大缺陷是導致訊息量的損耗，採用電話商談時，對於對方的表情、心理狀態、環境、有無他人在場、通訊設備在技師及可靠性均無法觀察和把握。因此，使用電話交談，談判雙方難以保證全面、準確地傳遞己方意圖；難以清楚、明晰地把握對方真實意圖；難以觀察環境對通話者的影響；難以絕對避免有關訊息的洩漏等。因此，只有在必須溝通而又無法或不便面對面交流的情況下，才使用電話談判語言。

電報及傳真談判語言往往應用於談判雙方的函件往來，它具有精練便捷，直截了當，保密性好，主要用於處理亟需磋商之事或發送亟需文件，應注意簡明扼要，不模糊，無歧義。

哈囉演練法：

此節看似與口才無關，其實不然，選擇適當的表達方式與交流方式是你發揮口才的基礎。

4. 談判中語言的使用

一般人認為，談判是高層次的活動，與普通人無關。其實不然，談判在現代人來說，是很重要的，無論是經商，還是應徵中與老闆的談判，都關係到你的成敗。學會使用談判中的語言，對你今後的生活和處事，是特別重要的。

語言能力是每個談判人員必須具備的基本素養之一，語言運用能力的大小高低，必然造成傳遞效果上的大相逕庭。

在談判過程中，談判雙方所作的意見交換和看法的磋商，更是一個「短兵相接」的過程。這時，訊息的輸出和接收，訊息內容和訊息量的調整，訊息承載體即語言形式的變換都急遽而迅速。因此，談判既是一個緊張思維的過程，又是一個要求高度語言運用藝術的過程，在這一過程中，語言的敘述、辯駁、論證等功能加以綜合運用，並得到了最大限度的發揮。談判的成敗以及如何在最有利的條件下達成協議，取得圓滿的結果，在基本上取決於談判中語言的技巧和藝術。談判中對對方內心活動、思維動態的探視；對對方真實動機，預定目標的了解；對對方不合理要求，不正確觀點的辯駁；對對方循循誘導、啟發暗示；對自己觀點的闡述、正當利益的維護；對談判中意外情況的處置；對談判走向的控制和引導，都有賴於語言的藝術處理。駕馭語言的能力越強，這些環節就能處理得越好，談判的結果也就越加理想。

一項談判的成功，應該是雙方達成協議，各有所得，互利互惠。因此，談判各方不管力量怎樣懸殊，實力強弱如何不均，就其關係來說是完全平等的，各方必須互相尊重，融洽友好的氣氛是談判得以順利進行的重要條件。因此，談判者必須使自己的語言表達文明禮貌、適體得當，使談判始終處於　種盡可能的友善氣氛中；出言不遜，惡語傷人，會引起對方的反感和不滿，往往會給談判造成障礙，甚至導致談判的破裂。談判中語言既要文明禮貌，又不能放棄

一定的原則，怎樣才能處理好兩者的關係呢？對於一個談判人員來說，最有效的辦法就是充分利用語言的藝術手段，有經驗的談判者常借助於高超的技巧，富有文采的語言既創造和諧、禮貌的氣氛，又明確地表述自己的主張和觀點，維護自己的立場。

如何使談判在盡可能對自己有利的情況下達成雙方能夠接受的協議，關鍵之一就在於談判者能否在談判中掌握主動權，把握談判的方向，左右談判的進展，儘管滿足雙方的某些需要是談判的前提，但無論哪方總是希望談判的最後的結果對自己更有利，因此有時各執一詞，相持不下，一旦出現上述情況，談判者必須靈活對待，尋找突破口。從語言角度來說，轉換一下緊張的空氣是有效的手段，採取循循誘導、曲折迂迴的方法，使對方沿著我方的思路去思考問題，引導對方最終接受我方的觀點，做出我方所希望的結論。

談判時，避開對方正常的心理期待，從一個對方認為不可能的地方進行突擊，這就非常可能讓對方的思維、判斷脫離預定軌道，等到對方的心理逐漸適應你的思維邏輯，再轉而實施正面突擊，常常會出現「山重水複疑無路，柳暗花明又一村」的奇蹟。

談判中的迂迴和曲線誘導，並不是信口開河，想到哪裡就說到哪裡，無論怎麼迂迴，都離不開討論的主題，而要持之有據，言之成理，誘導中所提及的各種理由，估計是對方沒有考慮過的，或至少是考慮不周全的，這樣，說出來的話才有「訊息量」，才會引起對方的注意。迂迴進攻應隨時抓住那轉瞬即逝的戰機。在將對方引入一個左右為難的處境之後，主動出擊，這樣才能增強戰鬥力；同時，態度要始終充滿自信，當談判雙方在某個問題上爭執不下時，自信加技巧，是勝利的因素。

談判的過程是智力、技能競爭的過程，受到人的思維情緒，談判內容、周圍環境等諸多因素的制約。談判的過程一般說來總是複雜多變的，節外生枝，出現始料未及的情況是經常的。因此，談判中，特別是開始時，說話一定要注意分寸，留有餘地，要使之具有一定的彈性，給自己留下可以進退的空間。

談判中，委婉、禮貌、否而不決，允而不定的圓滑的表達方式稱之為模糊語言，亦可稱外交語言。

有些場合，會出現一些不能直接回答但又不能不回答，或一時無法回答但又必須回答的問題，就可以用模糊語言來避其鋒芒，作出彈性的回答，以爭取時間作必要的研究和制訂對策。在國際交往中，客人友好地邀請主人去客國訪問，主方按禮節答應下來，但往往由於種種原因，不能確定具體日期，常以模糊語言作答：「我將於適當的（方便的）時間去貴國作客。」顯得既有禮貌而又不失靈活。模糊語言在談判中運用得當，可以造成拉攏對方、擺脫困境、緩衝矛盾、爭取機會的良好效果。

幽默是一種優美健康的心理品質在語言及行為中的表現，尤其是在語言的運用中，更是一個人思想、學識、智慧、靈感、教養、道德等高水平結晶的體現，恩格斯也曾說：「幽默是具有智慧、教養和道德上的優越感的表現。」

幽默語言有三個最基本的特點：在表達方式上能使人發笑；在表達內容上有深刻和寓意；在表達目的上是友好善意的。在人們交往中，幽默更是具有妙不可言的功能，幽默、詼諧的人幾乎總是受到人們的喜愛和歡迎。幽默反映了人對生活的積極樂觀的態度，反映了人的同情心和善意，反映了人的審美情趣和高尚，反映了人的知識和修養的富有。

在談判各方正襟而坐、言談拘謹時，一句幽默話往往能妙語解頤，舉座皆歡，使雙方的關係更加融洽輕鬆。如某廠在接待來訪者時，對方稱讚他說：「你在廠裡是很有魄力的頭嗎？」廠長說：「那當然，不僅廠裡我是頭，在家裡我也是頭。」「那你妻子呢？」「她是脖子，頭想往哪轉都得聽脖子的。」

雙方都開懷地笑了，感到一種隨和親近的關係。一句得體的幽默語會消除一場誤會，一句巧妙的幽默語言能勝過許多淡而無味的攀談。在社會主義改造運動中，上海曾經有一位老教授因為基層幹部的作風粗暴，意投河自殺，後被人救了起來。陳毅市長知道後，把這位幹部叫去狠狠地批評了一頓，還要他主動去向老先生賠禮道歉。後來在一次高級知識分子大會上，陳毅風超地對那位老教授說：「我聽說呀，真是讀書一世糊塗一時，共產黨搞思想改造，難道是為了把你們整死嗎？我們不過想幫大家卸下包袱，和工農群眾一道前進，你為啥偏要和龍王爺打交道，不肯和我陳毅交朋友呢？你要投河也該先打個電話給我，咱們再商量嘛！當然啦，這件事主要怪有的幹部不懂政策，也怪我陳毅教

育不夠。」在這裡，陳毅故意用這種幽默語來促使這位老教授放下思想包袱，在微笑中得到教誨。

　　幽默語言有時也能使侷促、尷尬的談判局面變得輕鬆和緩。據說第二次世界大戰期間邱吉爾到美國與羅斯福會談，因為盟軍有些問題一直未得到解決。談判間隙，邱吉爾正在自己的客房沐浴，此時，羅斯福恰好推門進來，看到邱吉爾腆著大肚子躺在浴缸中，雙方感到有些尷尬，邱吉爾幽默地嘲解說：「我這個首相在你這個總統面前真可以說是毫無隱瞞了。」他既為自己解了圍，同時還暗示邱吉爾自己的談判態度。

　　在談判中有時直接指責對方的無理行為，又往往容易導致影響大局。有時想批評一個朋友的行為，也常使人犯難，這時不妨來點幽默，使對方在笑中思考，變不講道理為不好意思，提高批評效率。

　　談判中常需辯論，辯論激化，免不了咄咄逼人，又常致談判氛圍惡化。因此，辯論中運用幽默語言，於對方可避免咄咄逼人之態勢，也可給運用者增添魅力與雄辯的力量，同時也可體現運用者「每臨大事有靜氣」的素質、信心與風度，令對方相形見絀，從而於態勢上先聲奪人。人們普遍認為，在辯論中持幽默語言者往往擁有心理上的優勢，於談笑揮灑自如之間，瓦解對方攻勢。

　　這既由幽默的性質決定，又由幽默語言的特點決定。幽默乃是人的諸多優良素質的結晶。幽默語言既表明自己的立場，又不傷害對方，使用者由此易得到人們的尊重和讚歎。領導者具有幽默感能使其與群眾的關係更加融洽，政治家具有幽默感能贏得更多的支持者。因此，幽默語言應用於談判具有極大的優越性，可以使談判雙方獲得精神上的愉悅，從而建立良好的談判關係。富有經驗的談判大師都認為：使用幽默語言是談判中的高級藝術。美國心理學家羅德里克說：「以幽默去傳播你的訊息，那麼時空和心理距離就會消失。」

哈囉演練法：

　　使用幽默的語言，自己高興，別人也開心，何樂而不為呢？

5. 切入正題的談判

　　談判開始之時，雖然雙方人員外表彬彬有禮，但往往內心忐忑不安。尤其是談判新手，更是如此。

　　這種時候，採取迂迴入題的辦法，可以消除這種尷尬狀況，平息自己的情緒，使談判氣氛變得輕鬆、活潑，為談判成功奠定一個良好的基礎。

　　所謂迂迴入題，就是從話題以外入題，讓人在不知不覺中融入到談判之中。比如：你可以談談關於氣候的話題。如：「今天的天氣真冷」。「今年的氣候很怪，都十一二月了，天氣還這麼暖和。」

　　「還是生活在南方好啊，一年到頭，溫度都這麼適宜。」

　　可以談有關旅遊的話題。如「廣西桂林真是山水甲天下，各位去過沒有？」「中國的兵馬俑堪稱世界一絕，沒有去看那是一大遺憾。」「各位這次經過秦山，有沒有去玩玩？印象如何？」

　　可以談有關娛樂活動的話題。如：「昨晚的舞會，大家盡興了吧？王小姐舞姿翩翩，真是獨領風騷啊！」「這幾天播放電視劇《含羞草》，很有看頭，各位可以看看。」「離我們這個飯店不遠，有一家卡拉 OK，聽說很不錯，各位不知去過沒有？」

　　可以談有關新聞的話題。如「聯合國新祕書長加利馬上就要接任了，新聞媒介說他是第一位出任聯合國祕書長的非洲人呢。」

　　可以談有關衣食住行的話題。如：「這裡的飯菜口味，各位吃得慣嗎？」「這幾天天氣很冷，要注意多加衣服，弄感冒了可就麻煩了。」「這裡居住條件還是蠻好的，尤其是有空調，這是比其他地方優越之處。」

　　可以談有關旅行的話題。如：「各位昨天的航班準點嗎？一路上辛苦了。」「這裡飛機票一向不好買，各位哪天走，最好提前幾天買票。」

　　可以談有關嗜好、興趣的話題。如：「先生喜歡種花嗎？最喜歡哪一種？」「釣魚最重要的是有耐心，否則就談不上釣魚了。」「我也喜歡集郵，但就是時間不夠，所以蒐集品種不夠豐富。」

　　可以談有關名人的話題。如：「聽說某影星要出任某巨片的主角，這真是

再恰當不過的人選了，很可能要拿『百花獎』什麼的。」「×××告別體壇了，他這麼年輕就退役，實在可惜！」

題外話內容豐富，可以說是信手拈來，不花力氣。可以根據談判時間和地點，以及雙方談判人員的具體情況，脫口而出，親切自然。不必刻意修飾，那樣反而會給人不自然的感覺。

如對方為客，來到己方所在地談判，應該謙虛地表示各方面照顧不周，沒有盡好地主之宜，請諒解。等等。

也可以由主人介紹一下自己的經歷，說明自己缺乏談判經驗，希望各位多多指教，希望透過這次建立友誼等等。

可以在談判前，簡要介紹一下己方人員的經歷、學歷、年齡、成果等，由此打開話題，既可以緩解緊張情緒，又不露鋒芒地顯示了己方強大的陣容，使對方不敢輕舉妄動，等於暗中給對方施加了心理壓力。

談判開始前，先簡略介紹一下己方的生產、經營、財務等基本情況，提供給對方一些必要的資料，以顯示己方雄厚的實力和良好的信譽，堅定對方與你合作的信心。

哈囉演練法：

語文學習中有一種叫「興」的修辭手法，其實也是為了緩解一下氣氛，比如說，若你要向人借錢，先談談天氣什麼的總比的你直接的要錢好吧？

6. 投石問路話談判

談判中，投石問路是一種常用的策略。作為買主，他由此可以從賣主那裡得到賣主很少主動提供的資料來分析商品的成本、價格等情況，以便作出自己的抉擇。

投石問路是一種向對方的試探，它在談判中常常借助提問的方式，來摸索、了解對方的意圖以及某些實際情況。

當你作為買主，在討價還價時，你可以提出下列問題：

「假如我們訂貨的數量加倍，或者，減半呢？」

「假如我們和你們簽訂一年的合約，或者更長時間的合約呢？」

「假如我們減少保證，你有何想法？」

「假如我們自己提供材料呢？」

「假如我們要求改變產品的規格呢？」

「假如我們採取分期付款的方式呢？」

「假如我們自己解決運輸問題呢？」

當你想取得對方的情報，獲取所需要的訊息時，可以提出下列問題：

「請您告訴我，為什麼半個月後才可以發貨？」

「請問這批貨物的出廠價是多少？」

「請問，提貨地點在哪裡？」

「究竟什麼時候才能到貨？」

當你想引起對方的注意，並引導他的談話方向時，可以這樣提出問題：

「您能否說明一下，這種類型的商品修理方法？」

「如果我們大批定貨，您們公司能不能充分供應？」

「您有沒有想過要增加生產，擴大一些交易額？」

「請您考慮簽訂一份三年的合約，好嗎？」

當你希望對方做出結論時，可以這樣提問：

「您想訂多少貨？」

「您對這種樣式感到滿意嗎？」

「這個問題解決了，我們可以簽訂協議了吧？」

當你想表達己方的某種情緒或思想時，可使用這類問話：

「您是否調查過本公司的財務狀況和信用（表達自信和自豪的情緒）？」

「對於那個建議，您的反應如何（引起他人注意，為他人思考指引方向）？」

「請原諒，您是否知道這是達成協議的唯一途徑（引起對方注意，引導對方自己做結論）？」

　　總之，每一個提問都是一粒探路的「石子」。你可以透過對產品質量、購買數量、付款方式、交貨時間等問題來了解對方的虛實。

　　同時，不斷地投石問路還能使對方窮於應付。如果賣方想要拒絕買方的提問一般是很不禮貌的。

　　面對這種連珠炮式的提問，許多賣主不但難以主動出擊，而且寧願適當降低價格，而不願疲於回答詢問。

　　當然，並不是買方採取上述方法，就能獲得談判成功，或得到多少便宜。如果賣方採取高明的手段來回擊這種「投石問路」，那麼，買方的這種策略就難以奏效。

　　如果買主投出一個「石子」，賣方最好立刻要求對方以訂貨作為滿足他提問要求的條件，這麼一來，買主就不敢輕易提問了。

　　還可以以冗長的回答來使對方感到厭倦。以不著邊際的解釋來答覆對方，使買主由於不勝其煩而收斂自己不斷提問的慾望。

　　使用「反客為主」的辦法不失為一個高招。當買主「投石問路」後，賣方稍作解釋，就反問對方，使對方處於被動的境地。

　　一個精明的賣主，可以將買主投出的「石子」變為一個良機。

　　還可以針對買主想要知道更多情況的心理，進行有意識的引導，提出反建議，把對方扔過來的「石子」輕鬆地扔還給對方。

　　「您問的問題我答覆了，怎麼樣，請您考慮我的條件吧？」

　　「您想知道的情況就是這些，您要的數量大些，就可以享受優惠價格，這個條件，可以接受了吧？」

　　這種因勢利導，常常使談判成功。

哈囉演練法：

　　如果一句隨意的問話就可以為你節省一大筆辛辛苦苦賺來的血汗錢，
你還會拒絕這樣的問話嗎？

7. 談判中的答覆技巧

談判中回答問題，不是一件容易的事。

因為，他不但要根據對方的提問來回答，並且還要把問題盡可能地講清楚，使提問者得到答覆。

而且，他對自己回答的每句話都負有責任，因為對方可能把他的回答理所當然地認為是一種承諾。這就給回答問題的人帶來一定的精神負擔與壓力。因此，一個談判者水平的高低基本上取決於他答覆問題的水平。

答話者要將問話者的範圍縮小，或者對回答的前提加以修飾和說明。

比如：對方對某種產品的價格表示出關心，發問者直接詢問這種產品的價格。如果徹底回答對方，把價錢一說了之，那麼在進一步談判過程中，回答的一方可能就比較被動了。

倘若這樣回答：

「我相信產品的價格會令你們滿意的，請先讓我把這種產品的幾種性能作一個說明好嗎？我相信你們會對這種產品感興趣的……」

這樣回答，就明顯地避免了一下子把對方的注意力吸引到價格問題的焦點上來。

回答問題，要給自己留有一定的餘地。在回答時，不要過早地暴露你的實力。

可先說明一件類似的情況，再拉回正題。或者，利用反問把重點轉移。

例如：

「是的，我猜想你會這樣問，我可以給你滿意的答覆。不過，在我回答之前，請先允許我提一個問題。」

若是對方還不滿意，可以這樣回答：

「也許，你的想法很對，不過，你的理由是什麼？」

「那麼，你希望我怎麼解釋呢？」等等。

問話者如果發現了答話者的漏洞，往往會追根究柢地追問下去。所以，回答問題時要特別注意不讓對方抓住某一點繼續發問。

為了這樣做，藉口問題無法回答也是一種迴避問題的方法。

例如：

「這是一個無法回答的問題。」

「這個問題只好留待今後解決。」

「現在討論這個問題為時尚早，是不會有什麼結果的。」

回答問題前必須謹慎從事，對問題要進行認真的思考，要做到這一點就需要充分的思考時間。

一般情況下，談判者對問題答覆得好壞與思考時間成正比。正因為如此，有些提問者會不斷地催問，迫使你在對問題沒有進行充分思考的情況下倉促作答。

這種情況下，作為答覆者更要沉著，你不必顧忌談判對手的催問，而是轉告對方你必須認真思考，因而需要時間。

談判者有回答問題的義務，但是這並不是等於談判者必須回答對方所提的每一個問題。特別是對某些不值得回答的問題可以禮貌地加以拒絕。

例如在談判中有些談判者會提些與談判主題無關的問題，回答這種問題顯然是浪費時間。或者，對方會有意提一些容易激怒你的問題，其用意在於使你失去自制力。回答這種問題只會損害自己，因此可以一笑置之。

談判者回答問題，應該具有針對性，有的放矢，因此有必要了解問題的真實涵義。

同時，有些談判者會提出一些模稜兩可或旁敲側擊的問題，意在以此摸對方的底。對這一類問題更要清楚地了解對方的用意。否則，輕易、隨意作答，會造成己方的被動。

有時可以用資料不全或需要請示等藉口來拖延答覆。

比如：你可以這麼回答：

「對你所提的問題，我沒有第一手的資料來作答覆，我想，你是希望我為你做詳盡並圓滿的答覆的，但這需要時間，你說對嗎？」

當然，拖延時間只是緩兵之計，它並不意味著可以拒絕回答對方提出的問題。因此，談判者要進一步思考如何來回答問題。

當談判對手對你的答覆作了錯誤的理解，而這種理解又有利於你時，你不必去更正對方的理解，而應該將錯就錯，因勢利導。

談判中，由於雙方在表述與理解上的不一致，錯誤理解對方講話意思的事情是經常發生的。

一般情況下，這會增加談判雙方訊息交流與溝通上的困難，因而有必要予以更正、解釋。但是，在特定情況下，這種錯誤理解能夠為談判中的某一方帶來好處，因此可以採取將錯就錯的策略。

比如：當買方詢問某種商品的供應條件時，賣方答覆買方可以享受優惠價格。而買方把賣方的答覆理解為，如果他想享受優惠價格就必須成批購買。而實際上賣方只是希望買方多購買一些，並非買方享受優惠價格的先決條件。

如果買方作了這樣的理解後，仍表示出購買的意向，賣方當然不必再把自己的意思解釋一番。

哈囉演練法：

總之，談判中的應答技巧不在於回答對方的「對」或「錯」，而在於應該說什麼、不應該說什麼和如何說，這樣才能產生最佳效果。

8. 談判中應學會說「不」

在談判過程中，當你不同意對方觀點的時候，一般不應直接用「不」這個具有強烈對抗色彩的字眼，更不能威脅和辱罵對方，應盡量把否定性的陳述以肯定的形式表達出來。

當對方在某件事情上情緒不好、措詞激烈的時候，你應該怎麼辦呢？

一個老練的談判者在這時候會說一句對方完全料想不到的話：「我完全理解你的感情。」這句話巧妙之處在於，婉轉地表達了一個訊息：不贊成這麼做。但使對方聽了心悅誠服，並使對方產生好感。

喜劇大師卓別林曾經說過：「學會說『不』吧，那樣你的生活將會好得多。」

一個人應該明白，他必須學會拒絕，才能贏得真正的交流、理解和尊敬。

作為談判者，尤其要學會拒絕的藝術。

拒絕的技巧有很多，但目的則是一個，就是既要說出「不」字，又要使人覺得可以理解，盡可能減少對方因被拒絕而引起的不快。

對於談判，馬基維利有一句名言：「以我所見，一個老謀深算的人應該對任何人都不說威脅之詞或辱罵之言。因為兩者都不能削弱敵手的力量。威脅會使他們更加謹慎，辱罵會使他們更加恨你，並使他更加耿耿於懷地設法傷害你。」

因此，談判中不要用否定對方的字眼。即使由於對方的堅持，使談判出現僵局，需要表明自己的立場時，也不要指責對方。

你可以說：「在目前的情況下，我們最多只能做到這一步了。」

如果這時你可以就某點作出妥協，你可以這樣說：「我認為，如果我們能妥善解決這個問題，那麼，這個問題就不會有多大的麻煩。」既維護了自己的立場，又暗示變通的可能。在這裡用的詞都是「我」、「我們」，而少用「你」、「你們」。

談判中，遇到你必須拒絕的事情，而你又不願傷害對方的感情，這時你就要尋找一些託辭。

「對不起，我實在決定不了，我必須與其他人商量一下。」

「待我向主管匯報後再答覆你吧。」

「讓我們暫且把這個問題放一放，先討論其他問題吧。」

這種辦法，雖然可以擺脫窘境，既可不傷害對方的感情，又可使對方知道你有難處。但是，這種辦法總有點不乾脆。

因為，這樣雖一時能敷衍過去，但對方以後還可能再來糾纏你。總有一天，當對方發覺這就是你的拒絕，明白你以前所有的話都是託辭，於是他就會對你產生很壞的印象。

所以，有時應乾脆一點，坦白一點，毫不含糊地說「不」。

比如有一個訓練有素的推銷員，打從開門的那一瞬間起，就會使出各種說服的技巧來。這些說服的技巧，大致都是由幾句話連貫起來，想把聽者的心理導向對自己有利的方向。

　　所以，你只要在這個誘導效果尚未發揮出來之前，分析其文句的連貫，把每一句話逐句否定下去就可以了。

　　有一天，一位推銷員推開老王的家門，說：「能不能給我十分鐘的時間，我是來做民意調查的。」

　　對方是十分認真的，所以，老王如果有時間，陪陪他是無所謂的。不巧，夫人不在家，而且，他正在寫期限已到的稿子。

　　老王正感到為難時，對方很快發現了門邊的羽毛球拍。

　　於是他開口說：「您好像對羽毛球……」

　　老王不得不打斷他的話：「不，那是我內人偶爾……」

　　「哦，夫人會打，那真好……」

　　「不巧，她不在家……」

　　「有這種閒暇……」

　　「沒有，太忙了。」

　　「那麼請借用五分鐘……」

　　「呀，已經超過了吧？」

　　這樣一來一去，那位推銷員只好知難而退了。

　　從說服者而言，他當然要想和對方掛起一條心的輸送帶。如果在「您好像對羽毛球……」之後答一句「嗯，馬馬虎虎」，那麼，「心帶」就算已被掛住。然後，接下去就是「是不是從小就喜歡？」「是否參加過什麼比賽？」之類的問話，一直引導到他要推銷的產品上。

　　為避免這樣的結果，在對方的輸送帶尚未掛上這邊之前，就將其割斷，那對方就無計可施了。

　　在談判中使用一些敬語，也可以表達你拒絕的願望，傳遞你拒絕的訊息。

　　有位長年從事房地產交易的人說，生意能否談成，可以從客人看過土地房屋後打來的電話上得知一個大概。

　　大部分客人在看過房屋之後，會留下一句「我會用電話和你聯繫」，然後回去。不多久，他們就打來電話了。從電話的語氣中，可以明了客人的心意。

　　若是有希望的回答，那語氣一定有親密感，然而一開始就想拒絕的客人，

則多半會使用敬語，說得彬彬有禮。根據多年的經驗，這位房地產經營老手一下子就會判斷出事情有沒有希望。

據說在法院的離婚判決席上出現的夫妻，很多都會連連發出敬語，好像彼此都很陌生似的。這也是想用敬語來設置彼此間的心理距離，互相在拒絕著對方的表現。

所以，當你想拒絕對方時，可以連連發出敬語，使對方產生「可能被拒絕」的預感，形成對方對於「不」的心理準備。

談判中拒絕對方，一定要講究策略。婉轉地拒絕，對方會心服口服；如果生硬地拒絕，對方則會產生不滿，甚至懷恨、仇視你。所以，一定要記住，拒絕對方，盡量不要傷害對方的自尊心。要讓對方明白，你的拒絕是出於不得已，並且感到很抱歉，很遺憾。盡量使你的拒絕溫柔而緩和。

談判也是如此，說「是」總比斷然說「不」能給對方以安全感。

也就是說，這時的「是」發揮了把兩人的心連結起來的「心橋」功能。一旦兩人之間架上了心橋，即使再聽到「不」也不容易起反感。

所以，你想拒絕對方時，應先用「唔」不錯」的話來肯定對方。或說：「是的，您說得一點也不錯。不過，請您耐心聽聽我的理由好嗎……」

這樣婉轉地敘述反對意見，對方較容易接受。

對談判對方的要求，給予籠統的答覆，這也是拒絕對方的方法之一。

有一位廣告公司的負責人在介紹經驗時說，對那些攜帶自己的畫來應徵的年輕人，如果他不滿意他們的畫，就會用如下籠統的語言打發他走：

「唔——我不大看懂你的畫，請畫一些我能看懂的畫來吧……」

「我今天很累，也許是昨夜工作得太晚的關係……」

這種拒絕是很籠統的。

「我不大看得懂你的畫」，那麼，「我能看懂的畫」又是什麼？

對方不清楚他的意圖，怎麼畫？

這樣，對方失去了進攻的目標，只好悻悻退下。

這種方法，可以不讓他感覺到拒絕，卻巧妙地達到了拒絕的效果。

有時在購買東西時，往往要受到賣者的糾纏。許多人不知如何拒絕。

一位太太是這樣拒絕賣者的：「不知道這種顏色合不合我先生的意。」

還有一位年輕少婦是這樣拒絕：「要是我母親，我選我喜歡的就行了，但這是送給婆婆的呀，送她這個不知她會不會滿意？」

顯然，這些拒絕本身都是非常籠統的。用這種籠統的方法拒絕對方當然要比直接說出對對方貨物的不滿要好得多。

總之，談判中，會說「不」字和不會說「不」字，效果是大相逕庭的。

你在說「不」字時，必須記住下面幾點：

拒絕的態度要誠懇。

拒絕的內容要明確。

盡可能提出建議來代替拒絕。

講明處境，說明拒絕是毫無辦法的。

從對方的角度談拒絕的利害關係。

措詞要委婉含蓄。

掌握好這些方法，你就是一個高明的談判者了。

推託拖延也是拒絕對方的一種妙法。

推託拖延的具體方法有兩種。

一是借他人之口加以拒絕；營業員小李在自行車商店工作。一天，他的一個朋友來店購買自行車，看遍了商店裡陳列的車子，都不滿意，要求小李領他到倉庫裡去看看。

小李面對朋友，「不」字說不出口。於是他笑著說：

「前幾天經理剛宣布過，不准任何顧客進倉庫。」

儘管小李的朋友心中很不滿意，但畢竟比直接聽到「不行」的回答減少了幾分不快。

二是拖延時間；小何得知朋友小鄭的店裡賣彩色電視。他來到小鄭的店裡，說自己急著想買台彩色電視。

小鄭示意他看看排隊的顧客，對小何說：「今天看來不行了，下次吧。到時候我再告訴你。」

誘導對方自我否定，通常先用提問的方式使對方作出回答，而對方的回答

應是預料之中的，也正是自己要說的話，只是借對方的口說出來而已，以此達到拒絕回答的目的。

避開實質性的問題，故意用模稜兩可的語言作出具有彈性的回答，既無懈可擊，又達到在要害問題上拒絕作出答覆的目的。

9. 恭維的談判交涉

「我和船上的外科大夫，在輪船抵達直布羅陀後，上岸去附近的小百貨店購買當地出產的精美羊皮手套。店裡有位非常漂亮的小姐，遞給我一副藍手套。我不要藍的。她卻說，像我這種手戴上藍手套才好看呢。這一說，我就動了心，偷偷地看了一下手，也不知怎麼的，看起來果真相當好看。」

我左手戴上手套試試，臉上有點發燒，一看就知道尺寸太小，戴不上。

『啊，正好！』她說道。

我聽了頓時心花怒放，其實心裡明知道根本不是這麼回事。我用力一拉，可真教人掃興，竟沒戴上。

『喲，我瞧您肯定是戴慣了羊皮手套！』她微笑著說：『不像有些先生戴這手套笨手笨腳的。』

我萬萬沒有料到竟有這麼一句恭維話。我只知道怎麼去戴好手套。我再使一下勁，不料手套從拇指根部一直裂到手掌心去了。我還拚命想遮掩裂縫。她卻一味大灌迷湯，我的心也索性橫到底，寧死也要識抬舉。

「喲，您真有經驗」（手背上開口了）。「這副手套對您正合適──您的手真細巧──萬一繃壞，您可不必付錢」。「我一向看得出哪位先生戴得來」（照水手的說法，這副手套的後衛都「溜」走了，指節那裡的羊皮也裂穿了，一副手套只剩下教人看了好不傷心的一堆破爛。）

我頭上給戴了十七八頂高帽子，沒臉聲張，不敢把手套扔回這天仙的纖手裡去。我渾身熱辣辣的，又是好氣，又是狼狽，可心裡還是一團高興；恨只恨那兩位仁兄居然興致勃勃地看我出洋相。當時真巴不得他們都見鬼去。我心裡真有說不出的害臊。面上卻開開心心地說：「這副手套倒真好，恰恰合手。我喜歡合手的手套。還有一隻手套，我到街上去戴。店裡頭真熱。」

　　店裡真熱。我從來沒有到過這麼熱的地方。我付了錢，好不瀟灑地鞠了一躬，走出店面。我有苦難言地戴著這堆破爛，走過這條街，然後，將那丟人現眼的羊皮手套扔進了垃圾堆。

　　以上故事引自美國著名大作家馬克‧吐溫《傻子出國記》。這裡，作家以第一人稱手法，詼諧、誇張而又淋漓盡致地描述了談判心理力量的精彩一幕。

　　這位小百貨店的美麗小姐，為了說服顧客買她的羊皮手套，恰到好處地利用人們心理和情感等方面存在著的人性弱點，拋出一頂頂高帽子，讓他走進自己的誤解，跨入她設置的陷阱。

　　而這位愛面子好虛榮重尊嚴的顧客，寧死也要識「她」的抬舉，於是在被灌了一肚子迷魂湯後，在心裡「害臊」和臉上「開開心心」的矛盾下，戴著這堆「丟人現眼」的破爛羊皮手套走人。

　　這裡，漂亮的店員小姐不是以色服人，而是緊緊抓住人性弱點步步進攻，導致對方不能做出最優的選擇而屈服在她的腳下。

哈囉演練法：

　　「好話不嫌多」，你只要懂得巧妙地說好話，就會發現，其實創造奇蹟也沒什麼難的。

10. 談判中的激將法

　　明末年間，闖王李自成進北京，將吳三桂的愛妾陳圓圓給捉拿到大營。

　　李自成目光一掃陳圓圓的芳容，不由得心中一動，暗自道：「果然是個天生尤物，難怪吳三桂要為她拚命！」

　　坐一旁的劉宗敏也被陳圓圓的姿色迷住了。

　　這種「禍水」絕不能留。李自成對侍衛示意說：「把她拉出去，勒死！」

　　陳圓圓不等衛動手拖拉，自己站了起來，面對李自成，看他一眼，微微冷笑一聲，然後轉身就走。

　　或許，陳圓圓的這一看一笑，把李自成的心給勾住了。李自成大喝一聲：

「回來，你冷笑什麼？」

陳圓圓聽到闖王喝聲，就又跪下，說：「小女子早聞大王威名，以為是位縱橫天下、叱吒風雲的大英雄，想不到……」

「想不到什麼？」闖王問。

「想不到大王卻會畏懼一個弱女子！」

「我怎麼會畏懼你？」

「大王，小女子也出自良家，墮入煙花，飽嘗風塵之苦，實屬身不由己。初被皇親霸占，後被吳總兵奪取，大王手下劉將軍又圍府將小女子搶來，皆非小女子本意。請問大王，小女子自身又有何罪過？大王仗劍起義，不是要解民於倒懸、救天下之無辜嗎？小女子乃無辜之人，大王卻要賜死，不是畏懼小女子又作何解釋呢？」

李自成被陳圓圓這一席話問住了，許久不能回答。他抬起手和聲道：「你且起來說話。」陳圓圓緊接著又陳述了殺她與不殺她的利害得失：「現在，大王如果把我這小女子殺戮對大王毫無益處，卻必定激起吳總兵更大的復仇心，吳總兵必會日夜兼程，追襲不休；如若大王饒小女子一命，小女子必感念大王不殺之恩德，則保證讓吳總兵滯留京師，不再追襲大王……」

李自成被說服，沒有殺陳圓圓，且好生待她。最後，她又重歸吳三桂，但那是後話了。

陳圓圓於生死關頭沒有向闖王討饒示弱，而且利用他的高傲，也以「冷笑」傲之，以一個「畏」字激之，使李自成收回令侍衛「勒死」的命令，而她也得以脫險。

哈囉演練法：

「請將不如激將」，陳圓圓不愧為一代佳人，相貌佳，智慧也佳。

十六、對下屬說話

1. 利用一切和部下交談的機會

主管與部下交談是交往應酬中經常的事，也是領導者必須掌握的一門技巧。

（1）要善於激發部下講話的願望。留給對方講話機會，使談話在感情交流的過程中完成訊息交流的任務。

（2）要善於啟發部下講真情實話。主管一定要克服專橫的作風，代之以坦率、誠懇、求實的態度，不要以自己的好惡顯現出臉部的高興與不高興的態度。並且盡可能讓對方在談話過程中了解到：自己所感興趣的是真實情況，並不是奉承、文飾的話，消除對方顧慮或各種迎合心理。

（3）要善於抓住主要問題。談話必須突出重點，扼要緊湊。要引導和阻止對方離題的言談。

（4）要善於表達對談話的興趣和熱情。充分利用一切手段──表情、姿態、插話和感嘆詞等──來表達自己對部下講話內容的興趣和對這些談話的熱情。在這種情況下，領導者微微的一笑，贊同的一點頭，充滿熱情的一個「好」字，都是對部下談話的最有力的鼓勵。

（5）要善於掌握評論的分寸。在聽取部下講述時，主管一般不宜發表評論性意見，以免對下屬的講述起引導作用。若要作評論，措詞要有分寸。

（6）要善於克制自己，避免衝動。部下在反映情況時，常會忽然批評、抱怨起某些事情，而這在客觀上又正是在指責主管。這時主管要頭腦冷靜、清醒。

（7）要善於利用談話中的停頓。部下在講述中常常出現停頓。這停頓有兩種情況：一種是故意的。它是部下為檢查一下主管對他談話反應、印象，引起主管作出評論而做的，這時主管有必要給予一般性的插話，以鼓勵部下進一步講下去。第二種停頓是思維停頓引起的，這時候主管應採取反問、提示等方法接通部下的思路。

要善於利用一切談話機會。談話分正式和非正式兩種形式，前者多在工作時間進行，後者多在業餘時間進行。作為主管，也不應放棄非正式談話機會。在業餘時間無主題的談話，是在無戒備的心理狀態下進行的，哪怕是片言隻語，有時也會得到意外的訊息。

哈囉演練法：

若想成為一個好主管，那麼，請別放棄一切與民同樂的機會，在與民同樂中，談話以是其中主要的一部分，好好把握哦！

2. 老闆說話應具備哪些特點

老闆和員工的談話主要有四種功能。一、監督功能——藉以獲取管理工作進展的詳情，監督各部門執行老闆決定。二、參與功能——借此研究執行決定過程中發生的問題，探討和尋找解決辦法，使老闆由「觀察」地位進入參與地位。三、指示功能——從中傳遞上級指示或本人決定。四、悉人功能——由此接觸工作人員，了解他們的各種心理品質，做到知人知心。那麼，老闆應如何同他的員工談話呢？

（1）要善於激發員工講話的願望

談話是老闆和員工的雙邊活動，員工若無講話的願望，談話難免要陷入僵局。因此，老闆首先應具有細膩的情感、分寸感，注意說話的態度、方式以至語音、語調，旨在激發員工講話的願望，使談話在感情交流的過程中完成訊息交流的任務。

（2）要善於啟發員工講實話

談話所要交流的是反映真實情況的訊息。但是，有的員工出於某種動機，談話時弄虛作假，見風使舵；有的則有所顧忌，言不由衷，這都使談話失去意義。為此，老闆一定要克服專制、蠻橫的作風，代之以坦率、誠懇、求實的態度，並且盡可能讓對方在談話過程中了解到：自己所感興趣的是真實情況，並不是奉承、文飾的話，消除對方的顧慮或各種迎合心理。

（3）要善於抓住主要問題

談話必須突出重點，扼要緊湊。一方面，老闆本人要以身作則，在一般的禮節性問候之後，便迅速轉入正題，闡明問題實質；另一方面，也要員工養成這種談活習慣。要知道，多言是對訊息實質不理解的表現，是談話效率的大敵。

（4）要善於表達對談話的情趣和熱情

正因為談話是雙邊活動，一方對另一方的講述予以積極、適當的反饋，能使談話者更津津樂道，從而使談話越加融洽、深入。因此，老闆在聽取員工講述時，應注意自己的態度，充分利用一切手段——表情、姿態、插話和感嘆詞等——來表達出自己對員工講的內容的興趣和對這次談話的熱情。

在這種情況下，老闆者微微的一笑，贊同的一點頭，充滿熱情的一個「好」，都是對員工談話的最有力的鼓勵。

（5）要善於掌握評論的分寸

在聽取員工講述時，老闆不應發表評論性意見。若要作評論，應放在談話末尾，並且作為結論性的意見，措詞要有分寸，表達要謹慎，要採取勸告和建議的形式，以易於員工採納接受。

（6）要善於克制自己，避免衝動

員工在反映情況時，常會忽然批評、抱怨起某些事情，而這在客觀上又正是在指責老闆自己。

這時老闆需要頭腦冷靜、清醒，不要一時激動，自己也滔滔不絕地講起來，甚至為自己辯解。

（7）要善於利用談話中的停頓

員工在講述中出現停頓，有兩種情況，須分別對待。第一種停頓是故意的，它是員工為探測一下老闆對他講話的反應、印象，引起老闆作出評論而做的。這時，老闆有必要給予一般性的插話，以鼓勵他進一步講述。

第二種停頓是思維突然中斷引起的，這時，老闆最好採用「反響提問法」來接通原來的思路。其方法就是用提問的形式重複員工剛才講的話語。

（8）要善於克服最初效應

所謂最初效應就是日常所說的「先入為主」。有的人很注意這種效應，並

且也具有「造成某種初次印象」的能力。因此，老闆在談話中要持客觀、批判性的態度，時刻警覺，善於把做給人看的東西，從真實情形中區分出來。

（9）要善於利用一切談話機會

談話分正式和非正式兩種形式，前者在工作時間內進行，後者在業餘時間內進行。作為老闆，也不應放棄非正式談話機會。在無戒備的心理狀態下，哪怕是片言隻語，有時也會有意外的訊息。

哈囉演練法：

是老闆，就應須學會怎樣從員工身上獲取你所需要的訊息，上面所提的幾種方法應該對你有所幫助。

3. 怎樣說話才有權威感

同是講話，有的人講話分量重，有的人講話分量輕，之所以有這種差異，除了講話者本人的身分以外，講話的方式也十分重要。如果你是這方面的權威，你完全可以透過自己的說話方式告訴他你的身分。

（1）要「言簡意賅」、「長話短說」。某君寫了很多很多封應徵信，填了很多很多張申請表，一一寄出，均如石沉大海。不料得著了一張回郵的明信片，僅有「某時面談」簡簡單單幾個字，他一定終身忘不了這張短短的回郵。

（2）要最後出場講話。說話時越將重點放在後面，越能顯出所說的話的重要性了。「重點置之於後」的心理因素，中國人最具有代表性。開會時，官階越高的人越後到；舞台上角色露臉，最後出場的角色，便定是最最重要、最最頂尖的了。

（3）要使用口頭禪。口頭禪是人們常掛在嘴邊的口頭語，總是以這句話來介紹自己，來強調自己，使別人聽來親切自然，也為自己樹立了一個獨特的商標。

（4）你可以採用幽默的講話風格。幽默的話，易於記憶。又能予人以深刻印象，正是自我標榜的商標，藉此必能使你永遠活在別人的心目中。

（5）句子短些。短句子說起來輕鬆，聽起來省力，吸引力也強。最好一句話一個意義，一句話的含義過於複雜，聽者費力，交流就多了一層障礙。

（6）要有順序，選擇什麼線索來整理說話內容，可看需要而定。要注意通俗易懂，忌諱古詞語、中式英文、專業用語。至少要吐字清晰，語速適當。

（7）你在說話時要堅定而自信，力度要適中，眼睛正視對方，這樣才顯示你是充滿自信和頗有能力的。若講話時眼睛不敢正視，握手軟弱無力，會使人覺得你意志薄弱，容易支配。

（8）講話時站起來，要站直。開口前先等幾秒，等大家都望著你時再說。與別人談話時，身體稍往前傾，會讓別人更容易接受你的意見。

（9）作強調時運用手勢，但不可指著別人的臉晃動手指。講話慢而清晰，語言簡短，等於告訴對方：「我有能力控制一切。」

（10）注意對方的眼睛。研究顯示，一個人緊張，目光會游離不定，而且眨眼次數增加。注意對方的小動作，一個人可以做到喜怒哀樂不形於色，但他的小動作會透露他的心情。例如你在談話時發現對方的腿在輕輕晃動，這表示他對你的話不以為然。

（11）努力擴大知識面。知識面越廣，越能令你在各種場合充滿自信地加人別人的談話。

除此之外，你還要注意行動輕捷，笨手笨腳對你的形象損害最大。穿著上要整潔，避免刺眼的色彩和繁複的配飾，保持乾淨。並要注意身姿，昂首挺胸可以創造出你居於老闆地位的形象。

哈囉演練法：

老闆的氣質往往是與生俱來的，但也不排除後天的培養，比如說話，就常常取決於一個人後天的學識與修養。

4. 如何對員工訓話

面對公司的大眾，訓話通常是鼓足下屬士氣的最好辦法。出色的老闆，對

自己的訓話口才都具有很高的自信，而他們正是透過下列方法練好自己的口才的。

（1）做好準備

包括起草講稿、熟悉講稿和確定講述方式等項工作。領導者要親自寫講稿。講稿內容和講述方式一定要從聽眾的特點出發。講稿的觀點要反覆推敲，對重要的詞語，也要反覆推敲。

（2）注意表達

表達要清晰有條理；說理要觀點分明，理由要充分；推理要合乎邏輯；敘事，要線索清晰，首尾完整；前因後果，來龍去脈，要交代得清清楚楚。講述，應按照人們認識事物的客觀規律，採用由淺人深、由近及遠、由具體到抽象的方式進行。講話要有足夠的音量，使到會的每個人都聽得清清楚楚。

速度要適當，語調的輕重緩急恰如其分。

（3）姿態大方

要端莊大方地站在或坐在講話的位置上，讓每個聽眾都看得見你的表情，聽得見你的聲音，使他們感到你是和他們講話。心理要鎮定，表現出親切與坦誠的神情，不故作姿態。眼睛要柔和地看著聽眾，但不能做不禮貌的凝視。手勢和表情的運用要大方得體，不可做作，還要控制不良的習慣動作。

（4）注意話風

要尊重聽眾，不對聽眾擺架子，打官腔，要講真話、實話，不故弄玄虛。有話則長，無話則短，切忌拖拖拉拉，冗長繁瑣；講文明，講禮貌，不講粗野庸俗的話；不大嚷大叫，不拍桌子瞪眼睛；避免使用招致聽眾反感的言詞；不訓斥人，不惡語傷人；用得體的語言維持秩序；遵守時間，不遲到，不無故拖延時間。

哈囉演練法：

上面講的方法都是針對普通人而言的，如果你是韋小寶之類的人物，當然就沒必要去學了。

5. 給手下人開會的八大技法

主持會議是正常工作的基礎，它需要一定的口才。作為老闆，你要透過下列努力來不斷地提高自己的口才。

（1）應先整理好商量的主題，弄清楚要商量的內容。同時有幾個問題時，應把問題主次分清，預先整理好。但往往幾個問題是有內在聯繫的，不是孤立存在的，在商量的同時，應把有聯繫的問題考慮進去。

（2）報告具有書面語的特點。報告一般備有講稿，尤其是重要報告，其稿往往經過反覆修改。它要求講稿語句通順，合乎語法，講話人要善於臨場表達，如語音準確，語言輕重適當，停頓合理……

（3）內容要重要而有權威性。領導人一般是代表組織講話，報告的內容重要，影響深遠，往往成為聽者行為的規範和認識事物的指南，因此具有權威性。

（4）講話方式要嚴肅。在莊重的場合，面對眾多的聽眾，講述重要的內容，報告人必須抓住中心，嚴肅地闡釋，不允許海闊天空地閒扯，也不允許隨意添加內容，更不允許妄加解釋或插入一些不應有的笑話。

（5）把握所知悉的事實。掌握事實，對問題的解決有很大幫助。只有掌握了事實，才能對問題有綜合的判斷，對各項事實間的相互關係瞭如指掌。

對提出解決問題的具體策略加以分析，任何方案都可以提出，因為這樣往往能啟發出更好的方案，集思廣益，能對問題作出更完美的結論。

（6）要縮小聽、講之間的「距離感」。由於聽眾人多，場面大，人員情況複雜，再加上報告人與聽眾所處的位置有如上如下之分，雙方處在不同的情境中，存在著「距離感」。報告的內容，報告人的聲音、姿態應盡量縮短這種距離，提高聽眾的情緒。

（7）要仔細聆聽別人的意見和指示，當意見不同時，仔細聽取理由；不能完全理解時，不可提出相反的論調或進行辯駁，要有一種協商的態度，以便彼此找出妥善解決問題的辦法。必要時，可設法延長時間，絕對不要被迫作草率的聲明和決定。

（8）時機的選擇也是很重要的。選擇空檔時間較佳，避開大家疲勞的時間。另外應事先整理好問題和資料，以免浪費時間。事情得到解決後，不管收到什麼樣的效果，都應立即通報，這可建立起相互信賴的關係。

哈囉演練法：

其實，開會也需要講究辯證法：具體情況具體分析，你如果認為上邊的這些方法不適合你，那麼你完全可以拋開它，尋找一種更適合你或當時情境的方法。

6. 讓難纏的人心服口服

大千世界，各色人物俱全，你的下屬絕不可能個個都討你喜歡。而討厭的下屬令人頭痛、傷腦筋、費精力、耗心血，你必須重視並研究他們。與難纏之人交往，最能鍛鍊你的社交才能，顯示出真功夫。你不必躲避，盡可坦然相對。

第一種　自私自利型。這種人總是以自我為中心，不顧及旁人，一事當前，先替自己打算，以自我利益為最高利益，稍不如意，則會反目為仇。對這種類型的人的交往原則是：

①滿足其合理要求，讓他認識到，你絕不難為他，該辦的事情都辦。

②拒絕其不合理的要求，委婉地擺出各種困難，巧妙地勸其不要貪得無厭。

③辦事公平。把你的一切計劃、安排、利益分配方案等公之於眾，讓大家監督，使你自身從直接責任中擺脫出來，這樣可以避免他與你沒完沒了地糾纏。

④在可能的情況下，盡量做到仁至義盡，令其感激你。必要時，帶動他幫助其他朋友，以體會助人的快樂。

第二種　爭勝逞強型。這種人狂傲自負，自我炫耀，自我表現的慾望很強，喜歡證明自己比你有才能，比你正確，輕視你，甚至也可能嘲諷你，想把你擠下去。對於這類型的人其交往原則是：

　　①不必動怒，自以為是的人到處皆有，這很正常，其他上司也會有這種下屬。對其不必壓制，越壓越不服，矛盾會越來越嚴重。他甚至會背後「捅你一刀」。

　　②不必自卑，你就是有再高的才能，也不會在各個方面超過所有的人，誰都既有長處，又有短處。確屬自己的不足之處，要坦率承認，並予以改正，這樣他便沒有理由再嘲諷你。

　　③仔細分析下屬這樣表現的真實用意。一般下屬只有在懷才不遇時才會表露出對上司的不滿。如確實如此，就要為之創造條件，展現才能，當許多重擔壓在肩頭時，他便會收斂自己的傲慢態度。對不諳世故者，可予以適當的點撥。語重心長，有理有據的談話可改變對方的認識。

　　第三種　性情暴躁型。心理學家將人的氣質分為四種類型：多血質、黏液質、抑鬱質、膽汁質。

　　性情暴躁，好衝動，點火即著，不考慮後果，行動如急風暴雨的人即是膽汁型的人。這種氣質類型的人如果缺乏文化修養，或存在反社會行為，其蠻橫無理、蔑視權威、有恃無恐等習性就將對你構成較大的威脅。對這種人的交往原則是：

　　①這種人一般都比較講義氣，重感情。如果你平時能真心將他視為朋友，多方關照，他會感激並盡力報答你。

　　②這種人頭腦簡單，你可在平日的談天說地中，引經據典，縱古論今，分析事理，吸引他向你的思維習慣靠攏。這樣，在他衝動時，你才會有勸說的權威。

　　③不要忘了隨時讚美他。這種人是自大狂，喜歡被人吹捧、奉承，不許別人譏諷、否定他。「順水推舟」的讚美才可產生「誘敵深入」的效果。

　　第四種　自我防衛型。這種人自尊心脆弱，特殊敏感，多疑，特別注重他人的評價，唯恐上司對自己有不好的看法。一個不滿意的眼色也會令其心事重重，悶悶不樂。對人存有戒心，缺乏自我安全感，心理防衛機制較強。對這種類型的人的交往原則是：

　　①尊重他的自尊心，講話要謹慎，不可流露出輕視之意，多欣賞他的才幹，

以此博其好感和信任。不要隨便否定他的努力及成績，以防他對你產生敵意。切忌當他的面指責、挑剔別人，也許他會因此懷疑你也在背後議論、嘲諷他，從而敬而遠之。

　　②有困難時，多幫助他，多做事，少提建議。建議過多，會讓他產生一種壓迫感，覺得自己什麼都不行。你只要做給他看，就達到了指導的目的，並會令其感激你。

哈囉演練法：

　　讓一個「乖孩子」聽你的話不能算你厲害，只有當你將一個眾所周知的「壞孩子」服服貼貼時，你才是：好樣的！

7. 說話幽默的老闆受歡迎

　　幽默是一門社會交往的藝術，是人與人相處的潤滑劑。幽默的上司不但受員工愛戴，公司的氣氛也會為之開朗，從而提高員工的工作意念。在座談會上就常有人表示：「我的上司幽默有趣，深具開朗的氣質，我做起事來也特別有幹勁」。

　　幽默不僅能使人際關係和諧融洽，有些時候它還可以幫你擺脫尷尬，營造出一個愉快的工作氛圍。

　　美國歷史上的許多重要人物，如林肯、羅斯福、威爾遜等都有幽默的好習慣。有一次，林肯與一位朋友邊走邊交談，當他們走至迴廊時，隊伍早已等候多時、準備接受總統訓話的士兵齊聲歡呼起來，但那位朋友還沒有意識到要退開。這時一位副官走上前來提醒他退後八步，這位朋友才發現自己的失禮，立即漲紅了臉。但林肯立即微笑著說：「白蘭德先生，也許他們還分辨不清誰是總統呢？」就這麼一句簡簡單單的話語，立刻打破了現場的尷尬氣氛。

　　當你在與員工溝通時，不免也會有些類似的不愉快的事情發生，若是你能運用幽默化解這其中的尷尬，一定會成效甚佳。怎樣才能使自己成為一個幽默的管理者呢？堅持以下幾點即可見效：

①博覽群書，拓寬自己的知識面：知識積累得多了，與各種人在各種場合接觸就會胸有成竹，從容自如。

②培養高尚的情趣和樂觀的信念：一個心胸狹窄，思想消極的人是不會有幽默感的。幽默屬於那些心寬氣朗，對生活充滿熱忱的人。

③提高觀察力和想像力，要善於運用聯想和比喻。

④有意識地訓練自己對事物的反應和應變能力。

⑤多參加社會交往，多接觸形形色色的人，增強社會交往能力，也能夠使自己的幽默感增強。

幽默的人受人喜歡，幽默的上司比古板嚴肅的上司更易與員工打成一片。有經驗的管理者都知道，要使身邊的員工能夠和自己齊心合作，就有必要透過幽默使自己的形象人性化。然而什麼事都要有個度，「過猶不及」，當你在「幽他一默」之時也一定要把握住幽默的限度，領會其必需的技巧：

①不要隨意幽默，幽默並不是隨時隨地都可以運用的，應在某些特定的場合和條件下發揮幽默。例如：在一個正式的會議上，當你的員工在發言時，你突然冒出一兩句逗人的話，也許大家都被你的幽默逗笑了，但發言的那位員工心裡肯定認為你不尊重他，對他的發言不感興趣。

②幽默要高雅才好。在生活中，有不少人在開玩笑時往往把握不住分寸。結果弄得大家不歡而散，影響了彼此的感情。當你在與員工溝通時，幽默要高雅才好，把員工的缺陷作為笑話是一種最不明智的行為。

③幽默要適時表現才會發生作用。比如說，當員工疲勞快進人睡眠狀態時，上司若能適時幽默，整個沉悶氣氛都會為之改觀，還有在開會或聊天時，有人因口無遮攔傷害了他人，此時你不妨以幽默而引人發笑的言語，設法轉變話題，使大家脫離窘境。

哈囉演練法：

總之，幽默是一種優美的、健康的品質，恰到好處的幽默更是智慧的體現，當你掌握了這門社會交往的藝術時，你會發現與員工溝通不再

是一件困難的事情。

8.「趕鴨子上架」，就這麼簡單

在企業的人際交往中，最能體現你人際技巧的人際接觸就是在你向僱員們委派任務的時候了，這裡面有著很大的學問。

你向員工委派任務所施用的技巧，其目的當然是讓他們能夠順利完成任務了。這需要你對任務本身的深刻認識與了解，確保任務內容的明確、清楚。這些都是你委派前的必備工作，當你的人際接觸具體地發生時，你除了你工作的內容說得清楚，有條理以外，還要就不同類型的僱員加以一定的引導，幫助他們建立起完成任務的信心與責任感。

對於那種好勝而自負、進取性極強的僱員，在委派了任務之後，你最好是用一句最簡潔的話觸動一下他那根「好戰」的神經。你可以說：「這個任務對你來說有困難嗎？」在得到他帶有輕蔑口吻的回答之後，你便可以收場了。你太多的叮嚀只會引起他的煩躁，而且還會使他對任務的執行更加不屑一顧。

那些做事缺乏信心，不夠大膽的員工應該是你特別關照的對象，在詳細的說明了工作任務之後，你必須要重重拍拍他的肩膀，讓他的精神狀態振作起來，然後對他說：「這個任務，依你的實力來看，算不了什麼，努力去做吧，你一定會給我們一個驚喜的。」話說完，要迅速地給他一個擁抱，再重重拍擊他的背部，這種鼓勵是非常有必要的，員工們會想：只要我加倍努力，必有所得，哪怕失敗了，我還有一個大團體在支持著我呢？

誰都不願意與「唯利是圖」的人打交道，但在一個企業中，講求實惠的員工是大有人在的，他們很可能關心的並不是任務本身，而在於任務背後的物質利益保障，對待這樣的僱員，對任務內容你可以適當地輕描淡寫，但也一定要讓他清楚地意識到出色地完成任務是論及其他東西的前提。在你向他傳達完了任務的主旨之後，就進入了他所關心的階段。保持神祕感只有讓他喪失對工作的興趣，不妨就向他挑明完成任務之後能帶來的豐厚物質利益。最好，在完成任務的過程中，再增設一定的物質刺激，並在委派之時，向他說出色完成意味著什麼。這顯然有助於激勵他漂亮地完成任務！

也許年長的僱員在你的企業裡不多見，他們由於歲數偏大，精力有限，在企業中的地位江河日下，在向他們委派任務之時，就要特別尊重他們的感情與意見，體諒他們的難處。

首先謙虛的態度，是你與歲數高於你的人成功交往的關鍵，清楚仔細地說明任務的每個細節，並及時向他詢問任務執行的可行性以及他們的難處，這樣會使你在委派任務的同時又獲得許多經驗之談。

在委派結束之時，要親切地對他說：「這個任務的完成最需要的就是您有豐富經驗與聰明才智，如果在其他方面有什麼問題或意見，希望您能及時地幫我們指出，我們會立刻解決的。」

你的幾句謙遜、問寒問暖的話語，會讓這些年老僱員的心得以足夠慰藉，也許還會煥發出青年時的幹勁與熱情。

人最大的樂趣就在於做他們最想做的事。對於那些本身對所委派的工作就抱有極大興趣的員工來說，任務就是愛好，是他們樂而忘返，得到極大滿足的事物，他們的創造力會在任務的完成過程得以極大的發揮。

你對這樣的員工肯定是愛不釋手的。對他們你也許不必將任務說得太細，因為他們或許會問得你都招抵不上！任務解釋清楚之後，你只需謙虛地說一句：「對這種工作，你是專家，全看你的了。」留給他充分的時間與空間去展示他們個人的創造才能！

哈囉演練法：

「趕鴨子上架」，說起來簡單，做起來難，能不能幹好就看你的啦！

9. 製造喜氣洋洋的氛圍

身為一名老闆，需要時常保持樂觀健康的心情，因為你的心情會影響到員工的心情，你的態度會影響到大家的態度。如果你已經不堪重負而垂頭喪氣，你的員工還能精神振作嗎？

領導人的言行往往具有很大的感召力，在必要的時候，你能夠敞開胸懷，

樂觀豪放，相信你的員工也會增添無窮的力量，增加對你的信任感，齊心協力，共同去克服困難。

你的情緒是你自己的，由你自己來控制，只要你的意識在努力，快樂的情緒就不難得到。排除憂愁，化解哀怨，努力去改變自己對事情的看法，事事多往好的一面想，你會發現自己的情緒一天天在改變，心情在一天天變好。只要你去做了，就一定有效果。

作為一名老闆，要是連自己的情緒都無法調節，那麼，你肯定也不會關心你的員工，也就不會受到員工的歡迎。

你應該多花一些精力去關心一下你員工的感情，因為員工能正常的工作，才使你這個老闆位置上坐得安穩。如果每個員工的情緒都不是很好，或者難以控制，而老闆既不去及時調整改善他們的心情，也不去做好一些根本性的工作，反而自己也情緒不好，工作將會難以開展。

老闆不但要控制自己的感情，還要用自己的好心情去感染員工，請記住以下要點：

（1）當你走進公司時，別忘記清清楚楚跟員工說聲「你好！」讓人覺得你充滿朝氣，性格開朗；（2）不論你是男是女，對於初來乍到的人，應該主動地跟對方握手，用力不宜太重，或是太輕，只要能讓對方覺得你的熱態就足夠了。

（3）你要盡量爭取直視對方的機會，大家目光相接的一刻，很容易拉近彼此的距離，令對方覺得你很尊重他。

（4）人人都願意受到別人的重視，你應該多向員工提出問題，以示你對他極為感興趣。你不但可以提出一些私人問題，也可以問對方一些較深人的問題。

（5）鼓勵員工談談他的個人奮鬥史或成功的故事，這必定使他眉飛色舞，越講越興奮，視你為他的好朋友；

（6）每個人都有自己的長處，你應該努力挖掘員工與別人不同的地方，恭維他，對方必定以同樣的態度對待你；

（7）平時需要多留意時事及任何新消息，使自己就各方面的話題都能跟

員工溝通，建立一個博學的自我形象，令員工覺得跟你在一起，眼界頓開，如沐春風。

哈囉演練法：

人是情感的動拍，如果你能把握並利用好它（情感），那麼，你的事業也就成功了一半甚至更多。

10. 收服人心的四十種細膩手腕

如果老闆在日常活動中給人留下馬虎、漫不經心的印象，就會遭到員工的輕視；反之，老闆以精明強幹的形象出現在員工面前，則會增加他們對你的敬畏。顯示精明強幹，不妨從日常的一點一滴做起，透過一些細小的手段來「包裝」自己。以下手段可供老闆參照。

（1）如何給員工精明強幹的感覺

①開始講話之前，將要講的內容擬定好幾個要點，可以使員工產生老闆頭腦清晰靈敏的印象。

②凡事歸納成三個要點，可以顯示你具有優越的歸納能力。

③把一件事情在三分鐘內敘述完畢，這是精明幹練的老闆的說話祕訣。

④在會議的最後作好總結性的發言，可以給員工留下老闆具深厚才能的印象。

⑤為了使自己的話更具說服力，借用古語或名言來表達是個好方法。

⑥使用極其明確的數字，可以讓員工覺得你思維周密。

⑦探討自己專業範圍裡的話題，不使用專門術語比較會使員工對你產生好感。

⑧對於一些暢銷書籍可以不必詳看，但必須表示出予以關注的態度，可以給員工留下你緊跟時代潮流的印象。

⑨與員工共餐點菜時，如果猶豫、遲疑不決的話，很容易被認為是沒有決斷力的人。

⑩在約定下次見面時，先看看記事簿後再決定時間，可以表現出一副忙碌的樣子。

⑪把寫滿約會事項的記事簿毫不在意地讓對方看到，可以顯示你的細心周到。

⑫為了讓人看出自己是個從容不迫的「人物」，盡量放慢動作可以達到效果。

⑬背著光線面向別人時，可以使對方對自己看得比實際上更高大。

⑭老闆的業餘特長遠離自己的工作範圍，會給員工留下深刻的印象。

⑮為了使員工看出自己能力不凡，在宴會等場合與要人相鄰而坐。

⑯坐著的時候，保持挺直端正的姿勢，可以顯示你是個「意志堅定者」。

⑰一面注視著員工的眼睛一面交談，能使員工覺得你誠懇正直。

⑱老闆與人約定時間時，不約定「幾點整」，而約定「幾點幾分」，更容易被認為是有魄力的人物。

（2）如何提高員工對你的信賴感

①為了表現正直的個性，可故意暴露一些缺點。

②對自己不知道的事，誠實地說不知道可以得到員工的好感。

③對群眾發表講話的時候，注意講話速度要比平常慢一些。

④打電話的時候先詢問對方情況不方便，可以吸引住對方聽話的情緒。

⑤對自己不利的事情無須開場白，直截了當地將事件原由說出，可使人注意到你有強烈的責任感。

⑥犯了過錯時，與其辯白，不如以彌補過失的行動作出表示，如此較能強調出你的誠意。

⑦為了提高屬下的忠誠態度，有時不妨叱責小錯誤，而忽視大過失。

⑧會使對方感到不痛快的談話，一開始就事先表明，則可使對方不痛快的感覺淡化，甚至轉化為對你的好感。

⑨對一個正在惱怒的員工提出批評意見時，最好是在稍後的「空檔」裡。

⑩重述對方所提的問題，可表示出對員工的問題抱著相當認真、重視的態度。

⑪對員工提出相反意見時，不要給員工造成你持有質問態度的傲慢的感覺。

⑫和員工喝酒的隔天早上，比平常更早到公司，可顯示你的責任心。

⑬對一個情緒低落的員工表現出聆聽的態度，能夠增加他對你的信賴。

⑭即使在假日的時候拜訪員工，也要儀容端莊，可向對方強調出老闆的一片誠意。

⑮對不在現場的員工表示關心，能給人留下主管心思細密的印象。

⑯當員工向你匯報工作時，即使你不贊同對方的意見，也不可把視線轉移到別處或下垂，以免給員工不愉快的感覺。

（3）如何讓員工覺得你親切隨和

①強調與員工的「共同目標」，可以顯示你是一位很容易親近的老闆。

②對初見的對方，採取並肩而坐的方式，可以使彼此很快地親近起來。

③製造機會使自己在不經意中靠近員工，可縮短彼此距離，消除相互間的對立情緒。

④尋找和員工性格中的共通點，並強調一些細微的部分，可以留下坦率爽朗印象。

⑤把員工所說過的一些細微小事記下來，日後再提出來，可表示出對員工的關心程度。

⑥任何事都事先徵求一下別人的意見，可以顯示你的民主作風。

⑦指出員工外表服飾上的細微變化，可以顯示你對屬下的深切關心。

⑧「請教你一個問題」、「想請你幫一個忙」等滿足對方自尊心的話語，可以幫助你樹立親切隨和的老闆形象。

⑨經常用「我們」一詞來強調與員工的同伴意識。

⑩在會話中頻頻呼叫員工的名字，可以增加你與員工的親密感。

⑪記住員工的結婚紀念日或生日，很容易給員工留下好印象。

⑫見面的時候隨時讚美一下對方，這是贏得員工好感的最佳捷徑。

⑬贈送禮物給員工的家人，可以加強員工對你的好感。

⑭為了使員工覺得你是個朝氣蓬勃的老闆，偶爾不妨和年輕的屬下一樣，

穿著比較時髦的服裝。

⑮時常親臨屬下的座位談話，可以給屬下造成你「很好說話」的印象。

⑯對於自己的長處借助「第三者」的說法來表現，則不會讓員工產生反感。

⑰為了表明和公司已融合為一體，在服裝打扮上應與公司的氣氛相配合。

⑱即使是普通的出差旅行，回來時也要買一些土產送給同事或員工，這樣較容易給人留下好印象。

⑲在談論自己個性的時候，與其宣揚自己的成就，不如談談自己以往的失敗。

哈囉演練法：

以上所舉收服人心的手腕共五十三種，而實際上，在現實交往中，你會發現更多。

十七、和上級主管說話

1. 與主管說話的方式

許多時候職員有出訪客戶的機會。在這個時候，主管和職員的配合程度直接關係到公司的形象。作好陪同是對職員的基本的要求。比如有重要的契約或接受訂貨時，必須與主管同行，這時一般有兩種情況要注意。

第一，客戶和主管有直接的關係。這時作為下屬應該站在輔助的地位，和客戶初次見面時應該親切地寒暄，並且作適當的自我介紹，第一次就要給對方留下一個印象。在整個談過話過程中，要不卑不亢，給人以良好的感覺。

當客戶和主管談話時，陪同的職員應該細心地傾聽，如果對方有問題問你，你要直接或間接地徵詢主管的意見，然後給對方以滿意的回答。

談判過程中，如果主管和客戶在某個方面爭論得比較激烈，你就要適時地從中打圓場。

在商談結束時，無論成交還是不成交，都不要被當時的氣氛所影響，應盡賓主之儀，親切道地別，不要讓對方有這樣的評價：「這個公司上下怎麼一點禮貌都不懂」，或是：「這個公司經理還不錯，可用人不太精明，怎麼選了這麼不懂禮儀的陪同。」

還有一種情況是請主管訪問自己熟悉的客戶。這時首先要注意的是前面已講過的不要「越位」，應該將自己立於主管和客戶之間的中間人的地位，使主管有較多講話的機會。

在主管與客戶商談時，應該注意主管的談判技巧和應對方式，並且要充分掌握氣氛。氣氛過「熱」時，適當地「降溫」，如「來大家先喝杯茶」。氣氛過「冷」時，不時地「加溫」，可以說「這茶不錯，你們認為呢？」這樣適度地轉移話題，解除尷尬，才不失為中間人的身分。

當然這時也不能一味騎牆，畢竟商談是為了本公司的利益。因此，你要不太顯露地為本公司出力。比如當主管談判，進一步向對方提問時，你可以若無其事地推動；當你認為主管談判的內容不當或有必要進行更正時，應該很默契地幫主管一臂之力。但是，在這種情況下，因為你同客戶也是舊相識，因此，不要過多地同主管聯繫以求占得上風。因為這樣會使對方提高警覺，產生戒備心理，對雙方的相互溝通無益。況且，有主管在場，你也大可不必過多地參與商談的主要內容，主管心中自然是有數的。

在同主管訪問客戶時，這樣同他們配合，尊重他們，不僅能增進上下級的關係，在客戶眼中看來，則認為你是一個應對得體的好「幕僚」，從而提高公司的信譽。

哈囉演練法：

如果你不是最大的頭，你就得學會怎樣在夾縫中生存。

2. 拍馬屁藝術

在處理同主管的關係中，對主管採取不得不拍，又不能讓主管覺察出來你

是在拍主管的馬尼；要讓主管覺得舒服，而又不感到肉麻。這就是拍馬屁藝術。

《北夢瑣事》中說王光遠是個急功近利的人，巴結上司，出入達官顯貴之家。

如果某某是他巴結奉承的對象，即使這個人的詩寫得一般，他也會這麼說：「實在了不起！這樣的好詩哪怕是李白、杜甫也寫不出來。」

對方喝醉酒，無論怎樣責罵他，他不僅不會生氣，而且還陪笑臉。有一次，上司喝酒喝醉了，拿著鞭子說：「想要打你，怎麼樣？」

王光遠卻說：「只要是閣下的鞭子，自當樂意接受。」說著他轉過身子，把背部向著上司。

醉漢真的打了起來，可是王光遠一點也不生氣，依舊和顏悅色，還始終說著客套話。

同席的朋友們對王光遠實在看不過去，就問他：「你不懂得恥辱嗎？」

王光遠毫不隱諱地說：「我只懂結交，他有益無害。」

世人稱他是「臉皮厚如鐵」，這便是「鐵臉皮」一詞的由來。

哈囉演練法：

所以，拍馬屁要講究藝術，只圖效果，搞得太露，讓人感到肉麻，最後弄得不好適得其反，也就是說連被拍的人也接受不了，產生反感，如果是這樣，還不如不拍的好。

3. 服從主管

職員的語言是否以大局為重，是同主管是否密切配合的重要表現，往往從這裡，主管可以建立對你的態度和看法。大局為重，對職員來說，歸結到底就是個人服從主管的問題。

主管掌握著全盤情況，一般說來，考慮問題比較全面，他們處理問題是要從全局出發的。主管的指示、安排是上級集體的結晶。

當主管的命令你認為正確時，服從是理所當然的。但是，有些時候，主管

的決定可能是錯誤的。

在這種情況下，可以向主管提一些自己的看法，如果主管堅持己見，你也應該服從主管。那麼這是否有「盲從」之嫌呢？並非如此。

以大局為重，還要尊重主管的威信。主管如果沒有自己的威信，就不能盡到主管的責任。只有樹立主管的權威，尊重主管的威信，才能搞好主管的關係，把工作做得更好。

首先，沒有自己參與的決策不要挑剔。主管作決策，固然應該徵求下屬的意見，但有時也很難周全，這就要職員們能夠諒解。只要主管的決策大體正確，就應該執行，而不要吹毛求疵，百般挑剔，說什麼：「這個計劃如何如何不妥」，「那個方案如何如何不具體」。這樣不同主管配合，又有什麼益處呢？

另外，在任何時候，都不能透過貶低主管來提高自己。有人喜歡拿主管作陪襯，自吹自擂。這在客觀上起了貶低主管的作用，使他在職員中的威信降低，對任何方面都不利。

哈囉演練法：

只要不違背自己做人的原則，聽聽別人的話又有什麼關係呢？當然，

如果違背了，那又另當別論。

4. 要學會妥協讓步

人際關係是一門處世科學，是一門顧全別人和自己的科學；也是與人相處時，帶給我們成功和滿足的途徑。

因為人與人之間的關係由於種種原因，會呈現不同程度的扭曲，所以人們大可不必對那些拍馬屁者投以鄙夷的目光，認為他們所作所為失去了做人的尊嚴和人格，是一種沒有骨氣的表現。其實，那只是為了生存所採取的手段、謀略和方法而已。

由於某些權勢者似乎都依個人的好惡來決定對人垂青與否，他們總是從人際關係的疏親來考慮用人的。那麼，想有所為而不能為的人，只能採用拍馬屁

的辦法從疏於權勢者的關係趨向於親於權勢者的關係，使自己能有用武之地。換句話說，是以拍馬尼之柔，來克權勢者之剛的一種生存方式。

我們不能把拍馬屁者與奴才相提並論，雖然兩者都是為了生存而扮演的角色，但表現的生存方式不一樣。奴才吹捧巴結，俯首帖耳乞求權勢者垂憐自己，以憐為榮，沒有出人頭地的強烈慾望，是道地防禦性的、被動的生存方式；而拍馬尼者雖然也採取種種手段來博取權勢者的好感或歡心，但他吹捧的語言恰到好處，令權勢者聽了很舒服、很得意、很威風，這只是一種迷惑手段，因為他有強烈的出人頭地的慾望，卻沒有乞憐的意味，是一種在人際關係不正常的情況下採取的積極態度話，那就得學會靈活的鬥爭。

5. 有禮有節

俗話說：伴君如伴虎。上司畢竟不同於一般同事。何況一般同事之間也應該注意分寸，不能太無所顧忌，所以對於主管，應該更為注意，平時說話交談之中，匯報情況的時候，都要多加小心。

有一些令主管不快的話，現列舉如下：

（1）對主管說：「您辛苦了！」

說「您辛苦了！」這句話，本來應該是主管對於下屬表示慰問式犒勞時說的。如今反過來倒由下屬對上級說，這樣的話語產生的作用可能是負面的效應。

（2）相類似的一句話是對主管說：「您的做法真讓我感動！」或說：「經理決策果斷，我很感動！」

事實上，「感動」一詞是主管對下屬的用法，例如說：「你們工作認真負責不怕耽誤自己的事，我很感動！」

這樣用語是不恰當的，尊重主管，應該說「佩服」，例如說「經理，我們都很佩服您的果斷！」

（3）對上級的問題回答說：「隨便，都可以！」

主管會認為現在的年輕人冷漠，不懂禮節，對說這句話的人，自然就看低了。

（4）對主管說：「這事你不知道！」或「那事我知道！」

「這件事你不知道！」「這事你不懂！」這樣的話會傷害主管的感情，對主管產生不敬。

（5）不經意地說：「太晚了！」

這句話的意思是嫌主管的動作太慢，以致要誤事了。在主管聽來，肯定有「幹嘛不早點」的責備意味，想必不可能高高興興地接受。

（6）對主管說：「不行是不是？沒關係！」

這句話擺明是對主管的不尊重，缺少敬意。退一步來說，也是說話不講方式方法，說出不恰當的話。

（7）「我想這事很難辦！」

主管分配工作任務下來，而下屬卻說：「不好辦」、「很困難」、這樣直接地讓主管下不了台，一方面顯示自己在推卸責任，另一方面也顯得主管沒遠見，讓主管面子上過不去。

（8）過度客氣反而會招致誤解。

和主管說話應該小心謹慎，顧全大局。但顧慮過多則反不足取，容易遭人誤解。

在工作場合中如果過於客氣，顧慮太多，反而會誤事，招致誤解。因此，應該善於察言觀色，以落落大方的態度去應付。要克服膽小怕事的心態，越是謹慎小心，反而越容易出錯，更容易被上司誤認為你沒有魄力，謹小慎微，不值得重用。

（9）做錯了事如何補救？不小心說錯了話如何補救？

在主管面前說錯了話，一旦覺察到了，應該馬上打住，緊接著向主管表示道歉。不要害怕而迴避，應面對事實，盡量避免傷害對方的人格和面子，必要時可以再說明，不必要的辯解只會越辯越精，要注意措辭是否恰當。

哈囉演練法：

任何時不定都別忘了「禮多不怪」這句話，尤其是在與主管打交道時，

講禮講節也是對你自身的一種保護。

6. 要學會向上司請教

向上司請教，能夠使上司感到你對他的尊重和信賴。

你是不是常常向上司詢問關於工作上的事？或者是自己的問題，有沒有跟上司一起商量呢？

如果沒有，從今天起，你就應該改變，盡量地發問。一個未成熟的部下向成熟的上司請教，這並不可恥，而是理所當然的。千萬不要想：「我這樣問，對方會不會笑我，我是不是丟了臉？」如果你這樣，那就太多慮了。

有心的上司都很希望他的部下來詢問。部下來詢問，就表示他在工作上有了不明之處，而上司予以回答，就能減少錯誤。

如果你假裝什麼都懂，一切事都不需要問，上司會覺得「這個人恐怕不是真懂」，上司會對你的能力表示懷疑的。

除了金錢以外，任何事情都可以問，諸如工作上的難題、家中的困擾、男女感情的苦惱，都可以跟上司商量。

你的頂頭上司，必定很喜歡能敞開胸懷，有事能和自己商量的部下。

哈囉演練法：

該問的就問，不該問的就閉口別談，而該不該問也要看主管的為之處世內格及你與他之間的關係。

7. 毛遂自薦

如果你確實有滿腹經綸，而又懷才不遇，可是你又不願意或者完全不懂與人討論而又急於想為世所用，處於這種矛盾的狀況下該怎麼辦呢？

唯一的辦法就是強迫推銷自己。在中國歷史上推銷自己的故事很多。毛遂自薦便是一例。

趙國被秦國打得節節敗退，公子平原君計劃向楚國求救，打算從門下食客

中挑出二十名文武兼備的人物與他隨行，結果精選出十九位，還差一位無法選出，平原君傷透了腦筋，這時有個叫毛遂的人自我推薦，要求加入。

平原君大為驚訝，就對毛遂說：「凡人在世，如同錐子在袋子裡面，若是銳利的話，尖端很快就會揭穿袋子，露在外面，而人會出人頭地。可是，你在我門下三年了，一向默默無聞，是不是你沒有嶄露鋒芒的機會呢？」

毛遂回答說：「我之所以默默無聞，就是因為我一向沒有機會，如果把我放在袋子裡面，不僅尖端，甚至連柄都會露出外面。」

平原君認為這話不錯，就讓他加人行列，湊足了二十人，前往楚國求救。到了楚國後，毛遂大露鋒芒，協助平原君成功地完成了任務。其餘十九人都望塵莫及，自愧不如。

毛遂就是一個不願或不懂拍馬屁而又滿腹經綸卻總沒有納入袋中機會的鋒芒人物，最後就只能採取「自薦」的辦法。

哈囉演練法：

有句俗話叫「酒香不怕巷子深」，如今的社會卻是，酒香也應拿到大街上去賣、否則，你只會錯失一切展示自己才能的機會，永無出頭之日。

8. 謹防越位

實實在在做你分內的事，除非主管特別指派。

既然你的角色是為人職責，那麼就該擺正自己的位置，在自己的職位上為公司出力，而且要做到不「越位」。

「越位」的表現有多種：

第一，決策的越位。在有的企業中，職員可以參與決策，這時就應該注意，誰做怎麼樣的決策，是要有限制的。有些決策職員可以參與意見，有些決策，職員還是不插言為妙。

第二，表態的越位。表態，是表明人們對某件事的基本態度。表態同一定

的身分密切相關。超越了自己的身分，胡亂地表態，是不負責任的表現，也是無效的，對帶有實質性問題的表態，應該由主管授權才行。而有的人作為下屬，卻沒有做到這一點。上級主管沒有表態也沒有授權，他卻搶先表明態度，造成喧賓奪主之勢，陷主管於被動。

第三，做工作的越位，哪些工作由你做，哪些工作由他做，這裡面有時確有幾分奧妙。有的人不明白這一點，有些工作，本來由主管做更合適，他卻搶先去做，從而造成做工作越位。

第四，答覆問題的越位。這與表態的越位有些相同之處。有些問題的答覆，往往需要有相應的權威，作為職員、下屬，明明沒有這種權威，卻要搶先答覆，會給主管造成工作中的干擾，也是不明智之舉。

第五，某些場合的越位。有些場合，如與客人應酬，參加宴會，也應當適當突出主管。有的人作為下屬，張羅得過於積極，比如同客人如果認識，便搶先上前打招呼，不管主管在不在場。這樣顯示自己太多，顯示主管不夠，十分不好。

在工作中，「越位」對上下級關係有很大的影響。下屬的熱情過高，表現過積極，會導致主管偏離帥位，大權旁落，無法實施主管的職責。因此，主管往往把這視作為對自己權力的嚴重侵犯。

下屬如果經常這樣，主管會視之為「危險角色」，不得不警惕你，甚至來制約你。這時，即使你有意與主管配合，主管也不願與你配合了。

擺正自己的位置也是謹防越位的一個方面。

韓昭侯有一晚酒醉，就睡之際，負責冠冕的人怕主君著涼，就拿件衣服給昭侯蓋上。後來昭侯醒來，很高興部下這番心意，就問左右：「是誰為我蓋上衣服？」

有人說：「負責冠冕的人。」

昭侯不但沒有獎賞負責冠冕的人，反而將他與負責衣服的人一同處罰了。

又有一次，昭侯出去打獵，馬車的韁繩鬆了，馬車內有人提醒說：「韁繩鬆了。」

駁者也說：「好像是鬆了。」

　　緊韁繩本該是駁者的事，可是到了狩獵場，馬車的陪乘者趁著昭侯打獵機會把韁繩重新調整好了。

　　昭侯打完獵，踏上歸途時，發現韁繩被調整好了，就問：「韁繩是誰調整好的？」

　　陪乘者說：「是我。」

　　昭侯回來後，就處罰了陪乘者。

　　他說：「即使再小的事，都必須嚴格遵守自己的職責；即使更小的事情，如果是自己分內的職責，不可讓別人插手；即使是做得對的，也不能越俎代庖。」

　　昭侯的處理是對的，拍馬屁拍得太明顯了反而不好，所以不要時時刻刻都來表現自己，超越自己的職守範圍，去做別人「應該」做的事，這種手法不會有明顯的效果，同時還會讓「應該」做的人認為你在搶占他的機會呢？

　　應該記住，不要做吃力不討好的事。

9. 聽話聽音

　　不妨仔細思索主管的話中之意。

　　經常可以聽到職員私下裡說：「╳╳主管的話不能全信，搞不好要吃虧的」，「哎，不要光聽他嘴上說的，要仔細體會他的話的分量」。這些議論由何而發的？

　　誠然，這裡面有職員的個人偏見，但是要善於體會主管話中的意思是職員們所必須具有的能力。

　　有的主管當面喜歡說「好」，但是進而便推出更高一層主管來作「後盾」，此時你便要明白，這個「好」字的意味。

　　對於自己不作表態，卻一味推卸責任的主管，要特別注意領會他話中的含義。對於職員的意見，似乎他很了解，其實並非如此，只有到不說不行時，才說：「找不是和你說過嗎……」作為藉口。

　　這種主管是不值得信賴的，但是，必須特別留意，這種情況下，你應該抓住時機，讓他不得不面對實際情況，作出表態。

當然，有的主管由於比較講求尊重職員，因此在拒絕職員、下屬的提案時，充分考慮職員的工作熱情和自尊，不願直接點破，而是對你的成績先加以肯定，然後指出你的意見與全局的不符之處。

這種主管，表面看來有點騎牆主義，實際上是很費苦心的，作為下屬，應該善於體會他話中的意思，及時地給予理解。

比如當你對主管提出意見，主管說：「你的意見不錯，但是有些地方跟我們全體部署有些矛盾。」

如果是善解語意的你，此刻就該明白主管的意思，不要再去強調你的意見如何合理，你的主張如何正確，不要逼著主管說：「我們暫時還不能採納你的意見。」

你此時應該說：「這只是我個人的一點看法，如果和公司全局有矛盾，您就以全局為出發點。」主管必會感謝你的通情達理，這樣，二者之間達成一種默契，豈非好事？

哈囉演練法：

聽話聽音，見色行事，這也是做人處事的原則之一。

10. 向主管匯報也要講究藝術

問題不論大小，情況不管好壞都必須及時向主管匯報。

（1）適時匯報很重要，並且越是不順利的時候越要匯報。

一般說來，經營狀況好時，公司內部思想感情的溝通氣氛比較寬鬆。相反，差的時候，就會有「盡量別說不好聽的話。以後看準機會再……」「恐怕會有人有意見吧」這類事出現，有時還會有人做事後諸葛：「我就知道會……活該」之類的話，影響人際關係。

下屬如果延誤了匯報時機，主管肯定會勃然大怒，認為職員玩忽職守，不負責任。對你不加信任。所以，不管工作成效的好壞，等上級來查問時才想起來要匯報，這種工作人員的態度就顯得很差勁了。工作匯報應該是隨時進行，

尤其是發生變動和異常情況時更應及時匯報，這是職員的天職，也是常識。

有的人是因為未能及時匯報，遺憾終生，也妨礙了自己的前途。

（2）匯報要抓住要領

作為匯報，提綱挈領是根本原則，英國作家卡普頓提出「SWIH」基本上概括了匯報的要點。所謂「SWIH」是：

who……何人（人）

when……何時（時間、時期）

where……何地（場所、位置）

what……何事（對象、內容）

why……何因（目的、理由）

how……怎樣發生的（方法、順序）

還有一個是後人加上去的：

Howmuch……多少錢（經費、價格）

匯報時，應該先敘結論，「事實」在先，這很重要。自己的意見、推論及情緒反應在被徵求時敘述即可。

哈囉演練法：

匯報也是一門藝術哦？聰明的你也快成藝術家了吧？

11. 因人施諫

既然向主管「諫議」的目的是使之接受，那麼其方式是否得當和「諫議」內容同樣重要。

「諫」歷來是人們所提倡的。何況在現代商場中，主管和職員都為共同的目的而努力，只要「諫法」得當，無論怎樣難纏的主管，也會聽你所「諫」的。

你的諫言如果遇有麻煩，通常會是下面幾種「受諫」者　　主管的問題。

（1）主管不喜歡反駁

這些主管常是很有能力的，頗優異的人物對於一時的失誤，往往不願接受

別人的反駁。儘管如此，如果職員能夠把準時機，巧妙地進諫，還是可以造成助其糾正錯誤的作用的。

下屬對這樣的主管進諫時，必須注意方法。首先在態度上要尊重主管；其次對你自己的意見，要說明得有理有據，並且強調是你「個人」的意見，尤其值得注意的是，要能及時收場，要注意和考慮主管的自尊心。即使你肯定自己的意見正確，作為一個精明的主管，也不會不明白，讓主管有時間自己否定自己的主張，採納你的諫言。

另外，還要注意的是不可恃功自負，當得知主管改變了自己的錯誤決定，採納了你的建議後，不要洋洋自得，最好不要多提此事，以後，主管也便更加重視你的意見。

（2）主管不重視諫言

有些主管有時會當面應付你，有時會當面根本不做什麼反應。這種情況是不是還可以「進諫」呢？作為一名職員，要想在競爭激烈的現代商場中立足，也要盡可能為自己創造機會，絕不該因為主管不願聽「諫言」便不去「諫」。

對待不重視下屬的主管，在諫言之前，你必須充分調查，充分考慮其必要性，使主管不得不予重視。對於主管原本已經當面答應了，但後來卻音信皆無的情況，你便要反想一下自己諫言的方式是不是合適，口氣是不是過重，是不是無意中表現了輕視主管的意思。

一個高明的諫者，遇到不喜歡聽諫言的主管，都會選擇一個適宜的場合進諫。

這種方法，實際有一點強行的意味，但對這樣的主管，又不得不如此，這也是不得已而為之吧。

（3）主管不立即答覆

還有一種主管對於諫言一般都不立即做出結論。這些主管一般處於中間管理階層，因為後面有「後台」，便常常要考慮多方面的因素。

這些人確實也有他們自己的難處，尤其是那些做事謹小慎微，怕負責任的主管更是如此。經常會以「我不知道上面是什麼意思」來對付你的諫言，這時候，合適的辦法是暫不爭辯，稍候一段時間再說。因為每一位主管，都比職員

們更希望企業的管理更加科學、合理，對於好的建議，他們必定給予適當的注意。

哈囉演練法：

講諫往往屬於聰明者的遊戲如果沒有把握，似乎還是少說為妙，當然如果勢在必行不得不為，那就不妨婉轉規諫。

12. 對待批評

有則改之，無則加勉

有的主管批評下屬，能以理服人；反過來，部下也應該正確地對待批評。受到批評可以知道自己的不足之處，不再犯同樣的錯誤，不過也有的下屬被稱為「老油子」，原因是老把錯誤往別人的頭上推，欺騙主管，逃避責任，結果故伎重犯，一錯再錯。儘管他本人多麼會投機經營，但大家認為這個人屢教不改，重要的工作也就不敢讓他去做了。

對待批評的正確態度是：

（1）即使本人有不同意見，也要認真聽取主管的批評，實在無法接受的批評，也要等主管講完再作解釋。

（2）不推卸責任，不敷衍欺騙主管。

（3）記錄批評的重點，牢記心中，不嘔氣，不氣餒。

（4）即使有錯誤，也不輕率地表示。

（5）對批評能「有則改之，無則加勉。」

（6）痛痛快快地承認自己的錯誤。

骨頭太硬不利己，倒不如光圖接近，再圖規諫。

春秋時，魯國有個叫柳下惠的司法官，雖懷中有才，卻不能為世重用。

有人實在看不過去，便說：「像你這樣有能力的人如果到別的國家，一定會受到重用。」

柳下惠卻回答道：「我只是努力忠於道而已，如果我不改變方針，無論到

哪裡，恐怕都會遇到相同的情況。」

不錯，像柳下惠一味地忠於道而不願拍馬屁的愚直的做法，無論到哪裡只會得到同一命運，降格降級。所謂「天生我才必有用」，如果不會或不願拍馬屁，還不是空話？

拍馬屁是一門偽學問，也算是處理好人際關係的一門藝術。掌握好拍馬屁的訣竅，在實際生活中靈活地加以運用，會使你八面玲瓏，青雲直上。即使是平等關係的處理，譬如一筆買賣，你能讓對方對你產生好感，只要投其所好，成功的勝算就很大。

拍馬屁時，要把握住程度或輕重。拍得太輕了，對方沒有感覺到，等於沒拍一樣，這是徒勞；拍得太重，會使對方感到頭痛，還以為你別有用心，豈不適得其反？更有甚者，還要防範警惕於你，使你想拍也沒有機會。拍馬屁要靠過硬的口才功夫，吹得不輕不重，恰到好處，吹得對方迷迷糊糊，飄飄然如附五里雲霧，方為高手。

哈囉演練法：

拍馬屁與接受批評之間究竟有多大關係準也難以說情，然而，如果你會拍馬屁的話，那麼，你挨批評的次數也會相應地減少，到了不得不挨時，你就學學上面的方法吧！

13. 對待批評

被主管批評或指責，儘管應該誠懇而虛心地聽取，但並不是說你一定要忍氣吞聲，不管他說得對不對都要一股腦接受，必要時應該勇於辯護，並且要作積極的辯護。

有些人碰到麻煩的事常用辯護來逃避責任，這就走到了另一個極端了。這種推卸責任的辯護，偶爾一二次，無傷大雅，尚可原諒。一犯再犯，肯定會失去別人的信任。

有時候，做錯了事責任不會在下屬，大部分卻是由於主管的緣故，這時就

應大膽辯解了，使責任分清，學會保護自己。

　　所以，工作中，同事之間，尤其是下屬與上級之間，由於地位不同，而發生意見相左的情況時，不要害怕會被認為是頂撞，應積極地說明理由，沉默不語只能使問題更加複雜而難以化解。

　　辯解的困難點在於雙方都意氣用事，頭腦失去了冷靜，所以過於緊張和自責，反而會使場面更僵。因此越到這類棘手的對立狀態，更應該積極明辨，明確責任。其要點大概有四個：

　　（1）不要害怕，不必畏懼聲色俱厲的主管，越是嚷得凶的主管，往往心越軟。

　　（2）把握時機，尋找一個恰當的機會進行辯解也很重要。

　　（3）自我反省的事項要越簡單明瞭越好。不要悔恨不已，痛哭流涕，不成體統。越把自己說得無能，反而會增加主管對你的不滿。還是適當一點好，但要點到本質上，說明自己對錯誤有了足夠認識。

　　（4）辯明應該越早越好。辯明越早，則越容易採取補救措施。否則，因為害怕主管責罵而遲遲不說明，越拖越誤事，主管會更生氣。

　　有人作過總結，最需要看「風向」行事的主管有以下幾類：

　　①要面子

　　「人有臉，樹有皮」，但有的主管對「面子」看得過重，認為損害了他的面子是不可容忍的，因此會出現對於職員的反對意見進行伺機報復的情況，對於這樣的「風頭」，絕不可觸。

　　那麼，怎麼辦呢？

　　第一，要先對他的看法表示贊同，使主管感到自己受到尊重。

　　第二，要盡量恭敬地不急不慢地陳述己見。

　　做到此兩個要點，主管的「面子」關便可以透過。

　　②好喝斥

　　有的主管或者是脾氣如此，或者是「主管」威風太足，對於職員稍不順意，就大聲喝斥。此時，職員如果頂「風」而上，無異於火上澆油，但是如果老老實實地聽一通喝斥，況且這喝斥的理由不十分充足，職員也會大覺不快。那麼

357

該怎樣同這樣的主管應對呢？

首先，對付這樣的主管，必須先發制人，將「風力」減弱到盡可能小的程度。在主管喝斥之前，果斷地搶先一步，說聲「對不起」，使他不得不緩和下來，把到口邊的斥責之詞收回去。本來，人家已道歉，你怎麼好再發脾氣，接著，職員再表示對主管意見的萬分重視，不給他留下繼續發表自己不滿的機會，並且可能會使他的不滿程度降低。

③性子急

有的主管性子很急。本來，職員精心地準備，形成了詳盡的資料，但這樣的主管卻常常彷彿不屑一顧地中途打斷，更有甚者，對職員發怒、責備。

的確，工作能力很強的主管，往往不能容忍職員下屬的嘮嘮叨叨，不得要領。因為現代商場，時間觀念很強。他們必須以最短的時間處理完成成堆的事務。因此，對於冗長、不得要領的匯報、提案，怎會不急？

有了這樣的認識。以後，每次的報告，都條理分明，簡明扼要。

首先要匯報問題的中心，看主管的反應，如果有再擴展的必要，便擴展一下，以圖有更完美的表現。

哈囉演練法：

有錯當然要改，但是沒錯也要接受批評的活，這是難以接受的，碰上這種情況的人如果不進行辯護，不是傻瓜才怪。

14. 見機行事

不要把主管的話當成無目的隨便說說。

很多時候，主管為了解真實情況或職員的真實心態，會故意說一些話來對職員進行試探，或者主管也有馬虎行事、逃避責任的時候，他可能含含糊糊地答應你某件事，而事後卻又反悔，這就需要職員善於「察言觀色」，明辨其意，見機行事了。

例如：主管問：「你將來有什麼打算？」這句話的真正含義是什麼？你應

該如何回答他？

如果是新進公司的職員或工作剛剛一兩年，資歷較淺的職員，可以說：

「我想就目前的工作先做一段時間再說，以後再決定將來的方向也不遲！」

不過如果是有四五年年資的老職員，對這話可要小心了，應該仔細考慮主管說這話的目的。

首先，有可能是主管不滿的表示，主管覺得部下工作這麼多年了，卻始終沒有什麼大的突破，成績平平，想知道他到底將來有什麼打算。

其次，主管大概想促使部下再努力奮起。認為部下這些年工作表現不錯，頗能開拓些新的業務，希望他能更上一層樓。問他將來有何打算，意在鼓勵部下。

也有可能這句話就是人事變動的前兆。根據職員平常的表現，主管已經在心裡有了定局，決定要進行哪些調動。

通常面對主管的提問，可以不卑不亢的表達力求上進的決心，以窺破主管的真正意圖，然後再作出正確的選擇，恰當地應付到來的情況。

應付刺探的方法有多種：

「這件事我只對你一個人說……」，應該如何應付這類話呢？

通常說這話的上司有五種：

第一種，通常說「我只對你一個人講」的主管，其目的只不過為激起對方談話的興趣，這種主管通常都不大自信，怕談話對方不感興趣，因而故弄玄虛，弄得神神祕祕的，以引起你的興趣。對於這種談話，大可不必奉陪，找個機會改變話題就是了。

第二種，主管對某個部下的工作態度或工作成績感到不滿，卻又無法開口直接地對他講，只好抓住另一個當「代罪羔羊」，發發牢騷。這種主管辦事不乾脆，優柔寡斷，面對他說話時，不必太在意，聽聽就算了，不要故意去迎合他，更激起他對另外那個職員的不滿。

第三種，主管說這話的用意很明顯是怕你把事情傳開。事實上，在他人背後議論是非，本來就很容易傳開。主管知道會有這種結果，卻佯裝信任對方而

說出這句話，一旦傳出去了。他就會責備聽他說過這話的人：「話是不是你傳出去的？我早就告訴你不要傳開去……」反過來找你的不是。

可是他說的「只對你一個人說」這句話不知對幾個人說過了，傳開來是他自己造成的，但反過來責備你，倒讓你無法辯解。

因此，當主管說：「這件事我只對你一個人說」時，要有反駁的勇氣與膽量，毫不畏懼地說出：「我為人很老實，不會說話，說不定會說漏了嘴，把話傳出去。」

這樣回答他，主管也許會受到震動，多多考慮一番才說話。

第四種，有些主管純粹屬於「刺探型」的，說這句話的目的就是在套出職員的真心話，然後據此決定職員的前途和命運，這可就關係重大了。

要解決這種棘手的問題，最好的辦法是故意裝傻，哼哼哈哈地不予具體的回答，這是拒絕回答的有效武器。這樣，主管即使心懷叵測，也無可奈何你了。

第五種，主管改變問法，用另一種口氣試探：「這個問題，我想，問你是最合適的。」

這種情況，大概是因為主管對某個職員不滿，但又查不出他犯錯的原因，不便直接質問該職員，而去試探其他的同事，希望能找到答案。這時裝傻大概就不太好了，最好與主管積極合作，不過，如果覺得這樣背後議論他人不好，傳開去容易被人說背地裡向主管打小報告，也就裝傻罷了。

但如果認為這樣會得罪主管，有充當「和事佬」之嫌，還是及早向主管如實報告好了。不過請注意：一定得實事求是，切不可誇大其辭，故意貶低同事。

面對藉口怎麼辦呢？

主管說：「照你的意思辦！」有時是逃避的藉口。

平時研究工作中經過磋商和研究，主管說：「就照你說的辦吧！」自然是贊同你的作法，對之予以扶持，並對你加以鼓勵。但換個時間地點往往就不是這回事了。他說這話的意思，可能只是在含糊應付你，並無真心「照你的意思辦」。這種時候要善於察言觀色，弄清主管的真實用意，才能見機行事。

一般說來，主管在非正式場合，如酒席上、咖啡廳、私人家中，如果說：「你去辦好了」「就按你的意思做吧」，往往並非真心實意地說出的話，而大

多時候只是一句推託之詞，尤其在酒後，這話更不可信。而為人部下者，必須要辨別真假，否則吃虧的還是你自己。

雖然主管級別不同，但在酒席或大庭廣眾之下，都不喜歡部下追問或批評。因此，要想說服主管，應該抓住機會，可以藉著酒勁來說服他，但說服時必須注意以下三點：

第一點：事前必須商量。要主管同意你做什麼事，當然要事先同他商量，酒席上也是如此。

第二點：中途必須報告。

第三點：事情結束後，也要作最後的報告。

必須抓穩主管所作的規章、命令、指示等，在日常工作時，不時提醒他加以確認，這也是說服主管的一個訣竅。

哈囉演練法：

講了那麼多對付主管的方法，其實歸納起來也不外乎這麼兩點：聽話聽音，見機行事，學會拍主管的馬屁，毛遂自薦，接受批評，也別忘了為自己辯護。

十八、生意場合

1. 吃喝應酬的常用祕訣

請客吃飯，吃喝應酬，這是人生的一大樂事，但是酒極則亂，言多必失。作為東道主，你應該讓客人飲得既要盡興，又要適度，讓酒宴上的氣氛始終歡快融洽，這就要看你的口才在酒宴上的發揮。

仕宴席上侃侃而談，運用語言的功能來駕馭酒宴的才能，才是令大家佩服的真本事。

適度為好　要破除「但使主人能醉客，不知何處是他鄉」的觀念，應當以

真誠相待為前提。不知客人的酒量和身體狀況，一味勸人多喝，就有失待客之道。

喝酒應遵循「喝足不要喝吐，喝好不要喝倒」的指導思想，讓客人乘興而來，盡歡而去。

開宗明義　在酒席上賓主歡聚一堂之時，應戒感情用事。胡亂吹捧、濫用頌辭；反過來，應戒對別人抱有成見，平時無表達機會，酒席上來個借酒發揮，盡情宣洩，出口成「髒」，惡語中傷。如此惡行，是為眾人所不齒的。

還應戒在酒席上、朋友之間相互攀比，虛榮心膨脹，口出狂言，目空一切。言多必失，定會遭人恥笑。

注意酒德　菜過五味，酒過三巡，頭腦發熱，嘴巴像打翻了的髒水桶，胡言亂語，甚至對人動手動腳，醜態百現，借酒裝瘋。此類人的酒後惡行，有傷風化，應當戒之。

別忘了飲酒也是文化，酒宴應當成為文明、禮貌的交際場所。大家敘敘舊，談談生活，切磋技藝，交流思想，這才是酒宴的宗旨，因此它應該是顯現融洽親切、高雅歡快的場面。

（1）酒桌上如何說話

談起喝酒，幾乎所有的人都有過切身體會，「酒文化」也是一個既古老而又新鮮的話題。現代人在交際過程中，已經越來越多地發現了酒的作用。

的確，酒作為一種交際媒介，迎賓送客，朋友聚會，彼此溝通，傳遞友情，發揮了獨到的作用，所以，探索一下酒桌上的「奧妙」，可以有助於您與人交際的成功。

①眾歡同樂，切忌私語

大多數酒宴賓客都較多，所以應盡量多談論一些大部分人能夠參與的話題，得到多數人的認同。因為個人的興趣愛好、知識面不同，所以話題盡量不要太偏，避免唯我獨尊，天南海北，神侃無邊，出現離題現象，而忽略了眾人。

特別是盡量不要與人貼耳小聲私語，給別人一種神祕感，往往會產生「就你倆好」的嫉妒心理，影響喝酒的效果。

②瞄準賓主，把握大局

　　大多數酒宴都有一個主題，也就是喝酒的目的。赴宴時首先應環視一下各位的神態表情，分清主次，不要單純地為了喝酒而喝酒，而失去交友的好機會，更不要讓某些譁眾取寵的酒徒攪亂東道主的意思。

　　③語言得當，詼諧幽默

　　酒桌上可以顯示出一個人的才華、學識、修養和交際風度，有時一句詼諧幽默的語言，會給別人留下很深的印象，使人無形中對你產生好感。所以，應該知道什麼時候該說什麼話，語言得當，詼諧幽默很關鍵。

　　④勸酒適度，切莫強求

　　在酒桌上往往會遇到勸酒的現象，有的人總喜歡把酒場當戰場，想方設法勸別人多喝幾杯，認為不喝到量就是不實在。

　　「以酒論英雄」，對酒量大的人還可以，酒量小的可就犯難了，有時過分地勸酒，會將原有的朋友感情完全破壞。

　　⑤敬酒有序，主次分明

　　敬酒也是一門學問。一般情況下敬酒應以年齡大小、職位高低、賓主身分為序，敬酒前一定要充分考慮好敬酒的順序，分明主次。即使與不熟悉的人在一起喝酒，也要先打聽一下身分或是留意別人如何稱呼，這一點心中要有數，避免出現尷尬或傷感情。

　　敬酒時一定要把握好敬酒的順序。有求於席上的某位客人，對他自然要備加恭敬，但是要注意：如果在場有更高身分或年長的人，則不應只對能幫你忙的人畢恭畢敬，也要先給尊者長者敬酒，不然會使大家都很難為情。

　　⑥察言觀色，了解人心

　　要想在酒桌上得到大家的讚賞，就必須學會察言觀色。因為與人交際，就要了解人心，左右逢源，才能演好酒桌上的角色。

　　⑦鋒芒漸射，穩坐泰山

　　酒席宴上要看清場合，正確估價自己的實力，不要太衝動，盡量保留一些酒力和說話的分寸，既不讓別人小看自己又不要過分地表露自身，選擇適當的機會，逐漸放射自己的鋒芒，才能穩坐泰山，不致給別人產生「就這點能力」的想法，使大家不敢低估你的實力。

（2）敬酒罰酒都不吃

杯中之物，喝多無益，且勞形傷身。所以學會一點卻酒的藝術，在日常交際中是十分必要的。

本文試舉幾例，供參考：

①滿面笑容卻酒，智在以柔克剛

有不少人發現，相當多的「酒精（久經）考驗」的拒酒者，任憑你天花亂墜地勸，他就是笑瞇瞇地頻頻舉杯而不飲，而且振振有詞。張某喬遷之日，特邀親朋祝賀，小李也在其中，然而小李平時很少飲酒，且酒量「不堪一擊」。酒宴上，小王提議和小李單獨「意思」一下，小李深知自己酒量的深淺，忙起身，一個勁地扮笑臉，一個勁地說圓場話：「酒不在多，喝好就行。」「經常見面，不必客氣。」

「你看我喝得滿面紅光，全託你的福，實在是……」結果使小王無可奈何。

②突出事實卻酒，智在申明情況

事實勝於雄辯，無懈可擊。拒酒時，若能突出事實，申明實際情況，再配上得體的語言，能令勸酒者欲言又止，輟杯罷手。A君參加一個生日宴會，B君好久未曾和A君相逢，提出要和A君痛飲三杯。A君說：「你的厚意我領了，遺憾的是我最近一段時間身體不適，正在吃藥，好久滴酒不沾，只好請你多關照。好在來日方長，後會有期。日後我一定與你一醉方休，好嗎？」此言一出，賓客們都紛紛讚許，B君也只好罷手。

③針對後果卻酒，智在前車之鑒

飲酒當然應是喝好而不喝倒，讓客人乘興而來，盡興而歸。那種不顧實際的勸酒風，說到底，也不過是以把人喝倒為目的，這充其量只能說是低級趣味的勸酒術，乃勸酒之大忌。作為被動者，當酒已喝到一半量時，應向東道主或勸酒者說明情況。如：「感謝你對我的一片盛情，我原本只有三兩酒，今天因喝得特別稱心，多貪了幾杯，再喝就『不對勁』了，還望你能體諒。」如此開脫以後，就再也不要喝了。這種實實在在地說明後果和隱患的卻酒術，只要勸酒者明白「樂極生悲」的道理，善解人意者，就會見好就收。

④反守為攻卻酒，智在後發制人

　　反守為攻，意即先不動聲色，靜聽其言，等待時機，一旦時機成熟，抓住對方言辭中的「突破口」，以此切入，反守為攻，使對方無法爭辯，從而卻酒。劉某新婚大喜之日，當酒宴進人高潮時，某「酒仙」似醉非醉、侃侃而談，請三位上座的來賓一起一人「吹」一瓶。面對「酒仙」言辭上的咄咄逼人，三位來賓中的一人站起來說：「我想請教你一個問題，『三人行，必有我師』，這是不是孔子的話？」「酒仙」隨即答：「是的。」來賓見其已入「圈套」，便說：「既然聖人說，『三人行，必有我師』，你又提議要我們三人一起喝，你現在就是我們三位最好的老師，請你先示範一瓶，怎麼樣？」這突如其來的一擊，直逼得「酒仙」束手無策，無言以對，只得解除「酒令」。

　　此番卻酒，妙就妙在某來賓不動聲色，靜聽其言，然後抓住「酒仙」言辭中的切入點，提出問題。

　　悄悄布下個「圈套」，誘使其說出（或同意）與自己相似的觀點，請君入甕，隨即「收攏圈套」，以「諾」。

　　攻「諾」，奮力一擊，達到制勝卻酒的目的。

　　（3）如何辨別酒後之詞

　　酒之與人，可謂由來已久。古今中外，不管地理位置相距多麼遙遠，生活習慣相差多麼懸殊，各個民族的人卻都獨立地發明了酒，而且使之與各種文化、習俗、甚至政治、歷史發生深刻的聯繫，形成了豐富多彩的酒文化。

　　有的人甚至把飲酒和才情的發揮，文思的湧現、靈感的勃發等聯繫在一起。李白斗酒詩百篇；張旭喝了酒會以發酸墨，龍飛鳳舞地大書而特書；武松在景陽崗喝了十八碗酒，才打得死那吊睛白額猛虎。諸如此類，不一而足。但是，不可否認的是，除了特殊的人而外，大多數人喝多了酒，在酒精的影響下，會失去常態，所以，醉漢的話是不能全信，不可深信，但又不能不信的。這就要求在聽的方面，須有更多一些講究。

　　人們常說：「以酒蓋臉，無話不談」，或者「酒後吐真言」。這種情況當然存在，但是不可否認的是在更多情況下，由於酒精的作用，使得不少人酒後出狂言，酒後出調言，酒後出胡言。所以，對於酒後之言，不可一概不信，更不可一概全信，而要認真分析，根據不同情況，加以取捨，或者憑自己的判斷，

去其虛偽，取其精華，這才是正確的辦法。

首先，我們必須認真觀察，仔細判別，酒後說話之人醉到了一種什麼程度。事實上，醉酒的程度大體可以分成五個等級，即微醉、初醉、深醉、大醉、沉醉。

對於微醉的人，由於其理智依然十分清楚，所以其言談並未受到酒精的影響，思路也清楚，所不同者，有酒助興，神經略顯亢奮而已。此時，談話者一般表現為神采奕奕，談鋒頗健，而且思路清楚。

邏輯性嚴密，對於一些平時少言寡語、城府較深的人來說，這時可能大異於平時。所以，可以認為這是聽話、交談的大好時機。但是，也要記住，此時說話人醉酒極輕，思想活躍，完全能夠控制自己，所以不該把他所說的全都認為是「真言」，要知道，說不定由於他們此時的思想活躍，反而在語言中運用了更多的技巧和隱語。因此，必要的「去粗取精，去偽存真，由表及裡」的功夫仍不可少。如果要講開誠布公，那麼，對於平日講話較少，城府較深的人，這倒是一個與之促膝談心，進一步窺視其內心隱祕的大好時機。

初醉者在醉酒程度上已較微醉更進一層，此時，說話人在思路上，交談的慾望上已出現不受主觀意念支配的現象，可以說，這才是「以酒遮臉」。一般情況下，這也是「酒後吐真言」的前期階段。

正因為此，所以初醉者此時談話的特點是，或者滔滔不絕，不讓別人插言；或者神情激奮，表情認真；或者斬釘截鐵，一言九鼎；或者態度神祕，令人莫測；或者思路靈活，大異往時；甚至語驚四座，極度坦誠。總之，此時人由於酒精作用大腦的活動已進入亢奮時期，在較大程度上，已不受日常習慣和顧慮的限制。雖然語言是清晰的，邏輯是合理的，情緒是興奮的，態度是誠懇的，但是卻已異於平時，再不受面子、環境、關係、禮俗等等的約束，可以說，他已經到了道平時所不想道，說平時所不肯言，破除情面關係，掃除世俗障礙，照理而言，據實陳述的時候。所以，這是聽話的千金難買的大好時機，切不可輕易放過。所謂要知心腹事，但聽口中言，此其時也！

人超過初醉，到了大醉就已經開始失去理智，此時，人的思維已經紊亂，意識已經模糊，判定能力已經失去。所以已經說不出什麼有邏輯、有思想的談

話，從這種意識幾近模糊的談話中，已經很難獲得說話的真實含義以及真實思想，故此也就談不上什麼真言假言了。

　　人進入沉醉狀態時正常意識已基本消失，大多沉沉入睡，即使未曾入睡，也完全失態，即使尚能發聲，也是語無倫次，彼此全不連貫的啦唔之聲，既談不上什麼語言，更談不上傳達什麼思想和訊息了。

　　綜上所述，初醉、微醉乃是談話和聽話的黃金時間，所謂「酒後吐真言」者，當其時也。所以，在這種情況下，聽者應當集中精力，努力獲取訊息，萬勿以酒後之詞無足輕重而棄之。如果說話人已進入大醉的階段，則聽者必須注意，萬勿隨意地把「酒後吐真言」的說法濫推到這個階段。如果人已進入大醉、沉醉，則此時之言，多不足信，聽不聽兩可也。

　　（4）活躍氣氛的十個絕招

　　在社交中，人們希望出現令人愉悅的場面，而能夠製造歡樂氣氛的人則更受歡迎。以下方法可幫助你成為社交場上的活躍人物。

　　①誇張般的讚美

　　老朋友，新同事見面後，不免介紹寒暄一番，這是個極好的活躍氣氛的機會。借此發表一番「外交辭令」，把每個人的才能、成就、天賦、地位、特長等作一種誇張式的炫耀與渲染，這可使朋友們感到自己深深地為你所了解、所傾慕。尤其是利用這種方式把朋友推薦給第三者，誰也不會去計較其真實性，但你卻張揚了朋友們最喜歡被張揚的內容。這種把人抬得極高，但沒有虛偽、奉承之感的介紹，會立即使整個氣氛變得異常活躍。

　　②引發共鳴感

　　朋友、同事相聚，最忌一個人唱獨角戲，大家當聽眾。成功的社交應是眾人暢所欲言。各自都表現出最佳的才能，作出最精彩的表演。為達到這一目的，就必須尋找能引起大家最廣泛共鳴的內容。有共同的感受，彼此間才可各抒己見，仁者見仁，智者見智，氣氛才會熱烈。所以，你若是社交活動的主持人，一定要把活動的內容同參加者的好惡、最關心的話題、最擅長的拿手好戲等因素聯繫起來，以免出現冷場。

　　③有魅力的惡作劇

善意地、有分寸地取笑、調戲朋友並不是壞事，雙方自由自在的嬉戲，超脫習慣、道德、遠離規則的界限，享受不受束縛的「自由」和解除規律的「輕鬆」，是極為愜意的樂事。惡作劇具有出人意料的效果，它起於幽默，導致歡笑。人們在捧腹大笑之際，會深深地感謝那個聰明的、快樂的製造者。

④寓莊於諧

社交中需要莊重，但自始至終保持莊重氣氛就會顯得緊張。寓莊於諧的交談方式比較自由，在許多場合都可以使用。用幽默、詼諧的語言，同樣可以表達較重要的內容。

⑤提出荒謬的問題並巧妙應答

生活中，總是一本正經的人會給人古板、單調、乏味的感覺。交談中，不時穿插一些朋友們意想不到的、貌似荒謬而實則極有意義的問題，是很好的一種活躍氣氛的常識。也許會有人時常問你一些荒謬的問題，如果你直斥對方荒謬，或不屑一顧，不僅會破壞交談氣氛、人際關係，而且會被人認為缺乏幽默感。

學會提出引人發笑的荒謬問題並能巧妙應答，有助於良好社交氣氛的形成。

⑥帶些「小道具」

朋友相聚，也許在初見面時打不開局面，而陷於窘境，也許在中間出現冷場。這時，你隨身攜帶的小道具便可發揮作用。一個精緻的鑰匙圈可能引發一大堆話題；一把扇子，即可用作帽子，又可題詩作畫，也可喚起大家特殊的興趣。小道具的妙用不可小瞧。

⑦製造一些無傷大雅的小漏洞

漏洞是懸念，是「包袱」，製造它，會使人特別關注你的所作所為，精力集中、全神貫注。待你抖開「包袱」之後，人們見是一場虛驚，都會付之一笑。

⑧適當貶抑自己

自我貶低、自我解嘲，這種戰術是最高明的。往往是老練而自信的人才採取這種方式。貶抑會收到欲揚先抑、欲擒先縱的效果。眾人將在哄笑聲中重新把你抬得很高。自我貶抑既可活躍氣氛，又能博得他人好感。

⑨故意暴露一下「缺點」

你可以偶爾故作滑稽，或搞出一副大大咧咧、衣冠不整的樣子；或莽撞調皮、佯裝醉漢、擺出一副滿不在乎的神情等等。這些「缺點」，平時在你身上不常見，人們突然觀察到這種變化，會有一種特殊的新鮮感，你的收得攏、放得開的舉止會令人捧腹大笑，使大家對你刮目相看。

⑩不妨傷害一下對方

經驗證明，彼此畢恭畢敬未必就沒有矛盾，而平日吵吵鬧鬧的夫妻可能會更親熱。朋友間也是如此，若心無芥蒂、毫無隔閡，開句玩笑，貶低一番對方，互相攻擊幾句，打幾拳、給兩腳，並不是壞事，反倒顯得親密無間。社交中，心無戒備、偏見、惡意的攻擊與傷害，會使朋友、同事更加無拘無束。詼諧、戲謔中的「君子風度」，最能活躍氣氛。

哈囉演練法：

當然，若要社交的氣氛理想，除在形式上做文章外，最主要的還是內容的新穎、別緻，內容本身充滿活力，活動才會活潑、歡快。

2. 如何說好應酬話

（1）恭喜話怎麼說

祝賀是一種常用交際用語形式，一般是指對社會生活中有喜慶意義的人或事表示良好的祝願和熱烈的慶賀。透過祝賀表達你對對方的理解、支持、關心、鼓勵和祝願，以抒發情懷、增進友誼。

從語言的表達形式看，祝賀詞可以分為祝詞和賀詞兩大類，祝詞是指對尚未實現的活動、事件、功業表示良好的祝願和期望之意；賀詞是指對於已完成的事件、業績表示慶賀的祝頌。

一般說，祝賀總是針對喜慶意義的事的，因此，不應說不吉利的話和使人傷心不快的話，應講一些吉利的話、歡快的話、使人快慰和感動興奮的話。祝賀要注意以下幾點：

①情景性：祝賀總是在特定的情景下進行的，因此一定要考慮到特定的環境、特定的對象、特定的目的，使之具有明確的針對性。

②情感性：祝賀語要達到抒發感情、增進友誼的目的，必須有較強的鼓動性與感染力，因此要求語言富有感情色彩，語氣、語調、表情、姿態等都要有濃烈的感情色彩。大多數成功的祝詞本身就是一篇短小精悍的抒情獨白。

③簡括性：祝賀詞可以事先作些準備，但多數是針對現場實際，有感而發，講完即止，切忌旁徵博引，東拉西扯。語言要明快熱情、簡潔有力，才能產生強烈的感染力。有些祝詞、賀詞要進行由此及彼的聯想，由景生情的發揮，我們必須緊扣中心，點到為止，給聽眾留下咀嚼回味的餘地。

④禮節性：祝賀詞在喜慶場合發表，要特別注意禮節。一般需站立發言，稱呼要恰當。不要看稿於，雙目要根據講話內容時而致禮於祝賀對象，時而含笑環視其他聽眾。要同聽者作感情的交流。還可以用鼓掌、致敬等動作加強同聽眾心靈的溝通、以增強表達效果。

其實，喜慶活動本身就很講究禮儀，「祝賀」是其中一個環節，要適時地穿插進去。例如：

祝酒。在飲第一杯酒之前，主人要致祝酒詞。祝酒詞內容要圍繞此次邀請的主旨，一般包括：

感謝來賓光臨酒宴；闡明宴請的目的；對未來的美好祝願。話語要簡短，最好要有點幽默感，要使人歡愉、使人快慰、使人感奮。為此，詞藻可稍加修飾，但不要矯揉造作。致祝酒詞時要起立，致詞後與客人們輕輕碰杯，然後乾杯。

賀婚。賀婚詞的內容一般包括三部分：對新郎新娘的幸福結合表示祝賀；對新郎新娘的愛情加以讚頌或介紹有關趣事；對他們的美好未來真誠祝願。語言宜簡潔優美而富有激情。來賓祝賀後，可由新婚夫婦作答謝講話。

（2）撓就撓到癢處

我們常說，某某的嘴很甜，某某真會說話，其實說的是這個人能夠恰如其分地誇獎或稱讚他人。

我們經常能發現這種人的人緣相當好，人們對他們也都懷有好感。那麼怎

麼樣才能夠恰如其分稱讚他人呢？

　　人們發現，對於交談者如果給予恰如其分的誇獎，受之者總會流露出喜悅的感情。自我意識強，警覺性高的人，老於世故，難以相處，遇到這種人，不妨投其所好，因為對他說幾句好聽的奉承話於己無損。切忌過火，也切忌過分，短短一觸，有時並不能得到預期效果，要做到讓對方自己入殼，逐步陶醉，逐步忘我，得意洋洋、沾沾自喜。

　　被人過分的誇獎，最初你可能有酥癢酥癢的感覺，稍有過後，便會越想越不對勁，簡直有被揶揄、有立即予以否定的衝動。越是在自己受人過分讚美時，越感到自己的不被了解，甚至有種被他人捉弄的感覺。

　　不要過於直截了當，例如說「你是這麼聰明的人，一定難不倒，能不能告訴我答案？」讓對方覺得你的主要目的不是恭維，這樣別人更容易相信你的恭維。

　　有時候恭維對方自己的成功效果更好。與其恭維對方的容貌，不如恭維對方的品味和能力。

　　因為品味和能力是自己後天培養出來的，而容貌卻是父母給的，不是自己的成功。例如說「你的身材很好」就不如說「你的穿著非常得體」。

　　注意恭維不能過多，恭維話過多，對方會覺得不自在，也會認為你慣於花言巧語，因而不信任你。恭維得過多，還會妨礙談話。例如你頻頻跟對方說「你真漂亮」或「你好聰明」，對方就得頻頻表示客氣，或者頻頻回報你的恭維話，你們之間的談話就往往無法進行下去。

　　恭維話要有新意，例如有一頭秀髮的女孩最常聽到的恭維話是「你的頭髮好漂亮！」而如果你說「你的一頭烏髮配上一雙明亮的眼睛，真是太吸引人了！」這就有新意了。

　　在對方想聽到恭維話時，不要令其失望。例如你的朋友對你說：「我昨天買了一套西裝，你看怎麼樣？」這時就算你覺得不以為然，也千萬別說「不怎麼樣」或者什麼別的話。你應該說：「難怪你一進來，我就覺得你今天怎麼特別的精神。」

　　對方的名字是恭維的話題，如果別人剛剛介紹你認識對方，這時你不妨恭

維一下對方的名字如何如何，這樣會使對方覺得你對他很有興趣。

不必說話也表示恭維，眼光注視對方，流露出正在傾聽對方講話的表情，會讓對方意識到自己很重要，這是「無聲勝有聲」式的恭維。

留心對方的反應，當對方聽到你的恭維顯得不自在或不耐煩時，就不要再說下去了。

哈囉演練法：

在大多數情況下，應酬話的開場白往往都是從恭維開始的。

十九、情場說話藝術

1. 如何進行初戀的第一談

怎樣掌握初戀這一「藝術」使情竇中的彼此相互接觸，並將豐富的思想、複雜的情懷、微妙的心聲，用妥貼的語言表達出來，因而點燃愛的火花呢？

交談是人與人之間傳遞思想、交流情感的最基本手段。如果人不善言辭，不會交談，很難想像能在社會這個廣闊的舞台上演好自己的角色。而初戀的第一次交談，卻需要配以藝術的感染力。

有許多青年男女往往一見鍾情。一見鍾情，顧名思義是戀愛雙方的直覺感官產生的，是由對方的形象、印象決定的，例如外貌、風度、言談等，使男女雙方的鍾情發生在一見之初。

大凡「一見鍾情」的戀人，當觸及「真愛」時，總是這樣表述：我好像被你深深地吸引住了；我或許愛上了你；你是我接觸的女性中唯一吸住了我的心的人；你真的很可愛，只是這時間過得太快了，明天我……

青年男女是很容易「變」友情為戀情的。對於這樣形式的戀人，不能去談他們「第一次交談」了，只能說：在經歷了初識至普通朋友的漫長過程中，隨著時間，隨著年齡，隨著互相了解和感情的增厚，逐漸發展到戀情，並首次坦

陳萌芽了的愛情，啟開對方的心扉時，才可以稱為「第一次」。列寧是在伏爾加河畔認識克魯普斯卡婭的，是在「吃第四張春餅時」愛上的。由於革命工作繁忙，列寧只好把愛情深深地鎖在心靈深處。當列寧和克魯普斯卡婭被捕後，列寧還用化學藥水寫了一封信給她，第一次向她表白了自己的愛情。以後，當列寧流放到西伯利亞後，抑制不住相思之苦，才寫了一封求婚信，信的末尾是這樣寫的：請你做我的妻子吧。面對列寧突然表白的求婚方式，克魯普斯卡婭勇敢地闖進了嚴寒的西伯利亞，投入了列寧的懷抱。

馬克思與燕妮是「青梅竹馬」之交。馬克思進入了青年時代，有一次，他說道：我已經愛上了一個人，決定向她求婚……此時，一直摯愛著馬克思的燕妮，聽到馬克思這麼說，心裡頓時急躁起來，愣了半天，便問馬克思：「你能告訴我你所選擇的女孩是誰嗎？」馬克思答道：「可以呀。」邊說邊將一個小方盒遞給了燕妮，還說道：「在裡面，打開它，你便會知道，不過，只能當我離開以後……」等馬克思走後，燕妮的心裡七上八下地跳蕩，她終於啟開了盒蓋，裡面只有一面鏡子，別無它物。燕妮恍然大悟，幸福地笑了，鏡子裡照出了她美麗的容顏，照出的正是被馬克思摯愛的燕妮自己。

有些男女屬於性格內向、忠厚老實且不善言語的人。在赴約相見的時候，無論男方或女方，都要克制忐忑不安的心境，用不著羞答答：「猶抱琵琶半遮面」，更不應該木訥寡言，吞吞吐吐。而要落落大方，主動交談。可以談天氣、談周圍環境、談所見所聞，然後再言歸正傳，談年齡、談文化程度、談工作、談性格、談嗜好、談家庭情況、談社會關係等。對於是非性的話題，可以談清楚一些，有利於雙方的了解，以免將來產生誤會。對於心靈深處的流露、情感方面的表白，可含蓄、委婉、曲折些——這畢竟是「第一次交談」，留點懸念或許下次交談時易於「暢談」。值得注意的一點是，交談的雙方，都必須注意以適宜對方理解，接受能力為基礎，不然你的「高攻」對方只知半解，可能會造成誤解。

毋庸置疑，所謂第一次同戀人怎樣進行交談，並非有什麼模式。因為人的性情不同，文化修養不同，氣質不同，職業不同，愛好不同，追求不同，他們的表達方式、言談內容都會不盡相同。但是，根據人的共同規律，可以總體列

出一個「大綱」：在理想上要談得遠大些、實際些；在感情上要豐富些，情真意切些；在情態上要表現出誠懇、穩重；在情愛的流露上要含蓄；在學識上要表述得淵博……當然，談戀愛是門高深的學問更是一門學無止境的藝術，戀愛本身又是多種因素的總和。

哈囉演練法：

傾聽是人的生理機能，傾聽又是人獲知、感受、領悟的精神勞動，使傾聽者達到藝術的享受，是你交談成功的祕碼，美國作家馬克‧吐溫說：給予人適當的讚美盡量使聆聽者在愉悅中快樂，是你說話的魅力所在。

2. 她（他）愛聽什麼，就說什麼

在愛情交往中，說話的藝術是最吸引人的重要元素，什麼話是對方愛聽的呢？無疑是神祕的，神祕意味著其中充滿了未知的可能與探索的東西。神祕因此也就是激起人好奇心的催化劑。

初戀，是迷人的，也是朦朧的。怎樣獲得女孩的愛戀，第一次談話十分重要。

要談她感興趣的話題，體現了你尊重她，關心她，這樣可以滿足她的自重感。女性的自尊心很強，你與她每次交談要千萬注意，盡量談她關心的、最有興趣的話題。為達到這個目的，在見面前你應當盡可能地了解一些關於她的興趣、愛好等情況，使你對交談有所準備。另一種辦法就是在交談中了解對方的興趣和愛好。

初戀，第一次交談要以她感興趣的話題為支點，這也許是你戀愛成功的第一級階梯。

無產階級革命導師卡爾‧馬克思青年時代與燕妮熱戀時，曾寫過一首名為《和諧》的詩：你知否 / 有這樣一種魔力 / 它能使兩個人心心相印 / 能使這對人兒匹配成親？/ 他們在紅玫瑰花中煥發異彩 / 他們藏在柔軟的青苔如被單裹

身。這裡所說的「魔力」，就是表達的方式。

哈囉演練法：

其實，當兩個相愛的人在一起時，即使不說話也是甜蜜蜜的，關鍵是，
如果你會說話的話，便可以給你們的愛情增添更美妙的回憶。

3. 表達愛情的含蓄

生活需要愛情，那麼戀人之間該如何表達愛情呢？當然，是靠語言來完善感情交流的，古人說的「談情」便是這層意思。但是「完善感情交流」的語言是有含蓄和狂熱之分的，戀人之間最好是含蓄地表達愛。

有些青年喜歡用狂熱的語言、露骨的方式白熱化地向戀人表達自己的愛情，它缺乏一種寧靜的含蓄之美，結果往往是引起對方的反感，弄得事與願違，戀人和他分手了。生活中曾有這樣一位女孩：長相不錯，在選擇對象時總是以「高倉健」為參照。青春幾何，一晃女孩就是三十左右的「大齡人」了，這年，女孩終於和一個高個頭，風度翩翩的小夥子相識了，女孩很是高興，唯恐失去自己的「意中人」，便很急於表達出自己對對方的愛慕之情：我們結婚吧！我愛你。」

結局是可以想像得出的，小夥子認定女孩有什麼不可告人的隱私，小心翼翼地和她分了手。如果含蓄的表達，插柳而不讓春知，既文雅而知禮，也是讓人們易於接受的。大家知道，陳毅和張茜是一對情愛甚篤的情侶，早在一九三〇年代戎馬生涯中，陳毅對張茜就產生了一種超常的感情，為了使這種感情能順利發展下去，結成沉甸甸的愛情之果，陳毅苦心「經營」了一首《贊春蘭》送給了張茜（那時她的名字叫「春蘭」）。詩中這樣寫道：「小箭含胎初出崗，似是欲綻蕊露黃。嬌艷高雅世難覓，萬紫千紅妒幽香」。張茜從這首詩中領悟到了陳毅的深情，從此兩個人確定了戀愛關係，那首《贊春蘭》也就成了他們之間的「定情」之物。

含蓄的總是深沉的，深沉的總是有個性的，你想做一個有個性的人嗎？那就讓你的感情含蓄點吧？

4. 俘獲女人芳心的祕訣

「如果你愛我的話，有什麼為證呢？」這是女人經常掛在嘴邊說的話。女性就是希望在有形的、眼睛和耳朵都能感覺到的形式上確認「自己對他是不可缺少的人」。例如：戀人之間在見面的時候，男方沒有抱抱她的肩或握握她的手，她就要懷疑他是否愛她，甚至因此而解除婚約的女性也大有人在。妻子新做的一個髮型，或穿上了一件新衣服時，做丈夫的假如不發一言，她會認為你無動於衷，這樣她就會感到不滿。

女性要求承諾的慾望很強，戀愛中的女性更不用說了。就是在結婚後，女人也愛問：「親愛的，你愛我嗎？」她時常要求確認「愛」，而對此感到退卻的大多是丈夫。在男人看來，不管如何愛她，「我愛你」這三個字只要講過，就不想說第二次。男人總是這樣認為，我是否愛你，可以在實際行動中表現出來。

可是，對女性來講，語言比行動更為重要。假如男人不在她們耳朵重複著說「我愛你」，她們就認為不能與對方溝通。處於幸福、甜蜜狀態的女性，都是根據丈夫的「愛語」或反覆的動作得到安心和了解的。

因此，滿足這種心理是男性的任務，「我愛你」、「我喜歡你」這些話對女性是非常重要的。她們認為這樣是女性顯示內在價值和魅力的標誌所在。

無論女人多麼聰明，和男人比較起來，抽象思考問題的能力總是薄弱的。這就是說，女人對於實際的東西總是比較容易理解。而那些所謂的「漂亮」、「可愛」，都是抽象詞語，因此非但不能打動她們的心，反而會使她們提高警覺。

為了使女人易於了解你對她的讚美，不妨改以具體的言語表達，譬如：「你烏黑的頭髮很有光澤」、「你的眼睛真是迷人」、「你的身材真好」、「你的

聲音就像唱歌一樣」等等。

　　一般的女性不管多美，總對自己的面貌或身材，擁有或多或少的自卑感，甚至某些就男人看來根本就微不足道的問題，女人也耿耿於懷，自卑不已。

　　所以，男人若以抽象的言語讚美對方，反而會讓對方誤以為是在譏諷她，對你再也不予信任。

　　同樣的，對方若是個美女，你不妨直接用「你長得真像西施或楊貴妃」來讚美她。

　　人們接受外界訊息與知識，主要靠視覺和聽覺，男性多屬視覺型，女性則多屬聽覺型。女性的語言表達能力強於男性，特別是對聲音的分辨，明顯優於男性。當你們雙雙陶醉於愛的漩渦時，女性總是喜歡閉上眼睛來享受那種歡樂，此時此刻，如果你在她身邊說幾句情意綿綿的話語，一定會在她心目中奏起感情的共鳴曲，她會感到幸福無比。

　　女性喜歡男性在她面前繪聲繪色地描述一件有意義的事情，如果你將一天的所見所聞生動詼諧地表述給你的女友聽，她一定會為你傾倒，並使雙方的思想能在和諧的氣氛中得到交流。

　　人們對背後的言語是敏感的，尤其是女性，背後的話，對她們的影響力很大。女人之所以如此，大概是想知道自己並不知道的自我的真實面吧！這是因為，周圍的聲音是最客觀的了，所以，很容易讓她們信以為真。

　　如果你去對一位初相識的女人說恭維話，相信她是不會認為自己真的那麼好，這個時候你千萬別太主觀地對她說：「你真漂亮喲！」而應該說：「聽一些朋友說過你很美麗可愛，今日一見果真名不虛傳。」或者：「早就聽說你們單位今年招了一位非常美麗的女孩，原來就是你啊！而且比想像的更美麗。」

　　像這樣客觀一點地對她說，她反而更容易接受。而且，她會因此對你的印象特別深刻。

　　如果你僅僅是強調個人的看法，她是不會相信的。要使對方認為你說的是真實的，就必須在客觀中包含著主觀，讓她以為你真的覺得她很美。

哈囉演練法：

如果你是已婚男士，可能會覺得上面說的這些東西很無聊，是吧？如果是的話，那你可得小心囉，說不定你對妻子的愛已淡了許多。你的心態再也浪漫不起來了。

5. 拴牢男人「花心」的妙法

當一對男女剛剛認識時，而你先向男孩問話，這樣你們就開始交談了。

「我猜猜你是哪裡人，看看我的判斷能力是否正確。」

（當然也是在找話題，所以你猜過之後就要請男孩子猜你的，這樣能消除兩人之間的緊張和陌生。）

「你是南方人吧？」

（你好像在找同鄉。）

「我覺得你好像是我的同鄉似的。」

「我經常看到你。」

（表明你在注意他。）

「我經常會注意到你。」

（其中已包括你對他有興趣的意思，所以沒有一個男孩會不高興。）「能不能讓我看看你毛衣的尺寸？」

（你要說你正在給你弟弟織毛衣）。

「你覺得這襯衫好不好看？」

（告訴他你正在給弟弟買襯衫，請你給點意見。）

「你對吸菸的看法如何？」

（這句話對正要吸菸的男人最適合，男人對吸菸有自己的看法。所以，你可以見機行事，把握最好的機會提出話題。）

「我對足球也很感興趣，能不能給我講講規則？」

（對正在看報紙的「體育新聞」的男孩說這句話最有效。）「請問這時幾點？」

（眾多男孩都會為女孩子幫點忙而感到榮幸。）

「你很有氣質。」

（這句話對男孩來說是最中聽的，所以使用這一類話往往很有效。）

「如果你不介意，可不可以讓我看一下你的手？我很會看手相的。」

（如果對方拿起你的手並且說你的運氣很好，想必你的心一定會怦怦跳的。）

「這是什麼花？」

（在公園裡，問男孩一個小問題，往往會收到奇效。）

「能不能幫我按快門？」

（在外旅行時，利用你的照相機是很管用的。）

「溜冰場在哪裡？」

（對提著溜冰鞋的男孩說……）

「你覺得她唱得怎樣？」

（在演唱會中休息的時候……）

「真不好意思，我的眼睛有東西跑了進去！」

（如果對方馬上過來看你的眼睛時。你已成功一半了。）

「看你好像很無聊的樣子。」

（對在舞會上沒有舞伴的他可以這樣說一說。）

「呀！真合適你。」

（在賣襯衫櫃旁……）

「請問這是什麼套餐？」

（對麥當勞裡獨自用餐的男人……）

「這座位有人坐嗎？」

（在咖啡廳，你可以客氣地問。）

「能和你一起打球嗎？」

（對獨自一個人在球場的男孩說……）

「你跟我的一位同學很像。」

（在舞會上，你不妨這樣同他開玩笑。）

「我替你拿好了！」

（看到雙手提行李而買票的男人。）

「你好像出現在哪個雜誌的封面上？」

（不管他是不是真的曾出現在雜誌的封面上都無所謂，但同時你要作出一副思索回憶的樣子。）

「8 號運動員是誰？」

（在籃球賽上……）

「怎樣分辨真假礦泉水？」

（對正在喝礦泉水的男人發問。）

「你好！」

（相遇時，要說得簡單明瞭且眼神流露出對他的好感。）

「我想去跳舞。」

（在電梯中，若只有你們倆人且又傳來音樂時，你別忘了嫣然一笑地說些話。）

「你的鞋子哪裡買的？我想買雙給我弟弟。」

（無意中讚賞他的鑑賞力，他自然會高興萬分。）

「你步伐很矯健。」

（男孩子聽到這句話會覺得更有勁。）

「看得出，你的心地很善良。」

（這樣坦率地對幫助你的男孩說，他一定很得意。）

「你的吉它一定彈得很好！」

（對扛著吉它的他如此說。）

「這本書我剛看過，挺精彩的。」

（一邊看他手上的書，一邊這麼說，即使你沒看過這本書也沒關係。）「你是不是叫 ×××」

（只要隨便說一個你喜歡的名字就可以了，即使說錯了，男孩也不會見怪。是否以前見過面，根本沒關係。）

「嗨！早安！」

（在公寓電梯中，與常見面的鄰居男孩說。）

「今天的天氣真好！」

（選擇一個特別好的日子，這種天氣每個人的心情都會很好，說不定你看到的男孩也會這樣對你說。）

「你看起來很隨和。」

「你一定是位運動員吧？看你的體格就知道了。」

（這些話會讓男孩回味。）

「雨真大，這鬼天氣實在害人。」

（對身旁素不相識的避雨者試探性地說。）

「你戴這個墨鏡挺有氣魄的。」

「你好像有什麼心事？」

（對獨自默默無語的男孩說。）

「嘿，告訴我，你為什麼喜歡滑翔機呢？」

「那裡的景色一定很美吧？」

「你實在是個非常有趣的人。」

「當你從前住在海邊的時候，你覺得最喜歡的是什麼？」

「你應該認識這宴會的主人吧？你們同行嗎？」

「我覺得你好像我的一個朋友，只是聲音有所不同。」

女孩在言語交際中具有其得天獨厚的優勢：她們在表達時，多以情感人；在安慰時，多半是表示同情，讓自己和對方形成感情上的共鳴，使人得到慰藉；交談時，常富於溫和的情調，表達含義時常拐彎抹角，表現女性特有的含蓄美。相反，假如交際過程中女孩喪失了本身的角色特點，那就是令人討厭的談吐了：

①別人講得很認真時而你卻漠然處之，甚至愛理不理。或者與人講話時，手裡卻一直擺弄著小玩意，眼睛都不正視別人，這是不尊重別人。

②話中帶刺，恥笑嘲諷，喜吐長舌，高高在上，盛氣凌人，自以為自己不得了，好像世界容不下她似的，對別人的話不屑一顧。這是自命清高的表現。

③喜歡獨占話題，滔滔不絕，別人沒有講話的機會；在別人說的一段話中，忽然插上一句話，打斷別人的話題；冷言冷語，鬧得別人下不了台。這是以自

我為中心。

④不分場合，高聲笑語，荒誕無稽言語，或是口中離不開汙言穢語，這種女孩表現膚淺，是一種沒有修養的表現。

⑤說東道西，老是在別人背後說別人的壞話，讓人退避三舍；喜歡用謊言欺騙別人，一旦被人揭穿，便分文不值。

哈囉演練法：

上面所說的只能說是引起男孩注意你的一些方法，要說到拴牢一個男人的「花心」，那可就差遠囉。還得努力努力再努力！

6. 和異性聊天的幾點高招

與異性聊天是一件很快樂的事，它不僅可以幫助你密切與周圍異性的聯繫，還可以了解異性的性情好惡。然而，有時也會出現下述情況：一種是因為對方是異性而產生許多顧忌，說每一句話都要深思熟慮，結果作繭自縛，言之無文，使對方覺得索然無味；另一種是誇誇其談，海闊天空，眉飛色舞，結果往往給對方一種「神侃」的印象。更有甚者，聊天聊出許多麻煩。要想與異性閒聊能歡快地進行下去，你要掌握以下訣竅：

（1）不要隨便承諾

俗話說：「一言既出，駟馬難追。」如果你想作個君子，就不要在異性面前輕易許諾，因為女性對異性的許諾常會牢記在心，哪怕是瑣碎的小事。如果你忘了，或是難以兌現、她會認為你是一個不守信用的人。

（2）說話不要模稜兩可

當今社會，雖然人的觀念大都更新了，但對於男女之防，最好還是不要掉以輕心。因此，在與異性聊天時，有話要明說，切勿模稜兩可，以免讓對方誤會，引起不必要的麻煩。

（3）掌握好說話尺度

「人非聖賢，孰能無過」？既然每一個人都不可避免地要犯些過失，為了

表示友好，你最好不要指責對方的失誤之處，更何況對方還是異性呢。萬一不可避免地談及對方的錯誤時，你說話也應注意分寸。要表現出你良好的涵養，切勿逼人太甚。

（4）巧「賣關子」，增添趣味

為了活躍氣氛，增添趣味，你不妨賣些「關子」。比如說到某件事時，在半截突然打住，留下懸念，再從別的地方繞過來。如果懸念設置得好，常會妙趣橫生，引人入勝，使談話的雙方都覺得是一種享受。

（5）改換角度

當談及一件事時，你應當盡可能地從不同的角度發表你的見解。這樣可以使對方覺得你有較強的分析綜合能力，對你說的話也才會信服。

（6）移植角色

敘述一件事時，你盡可能試著用不同的角色說話，一會扮演這個角色，一會扮演那個角色，如果你的模仿力不是太差的話，這樣的敘述，對方是肯定有耐心聽下去的。

（7）適時提問

如果對方表現得有些拘束或不健談吐，為了能讓對方多參與談話，你可以適時提些問題，提的問題最好能引起對方的話題。比如：如果你問對方：「《媽媽再愛我一次》這部電影看過沒有？」對方回答說看了也就完了，但如果你這樣問：「你覺得《媽媽再愛我一次》這部電影怎麼樣？」對方肯定會長篇大論地發表自己的感想。

（8）引經據典，講故事、笑話

為了充實你們聊天的內容，你可以適時地插人一些應景的故事、笑話，或者引據經典，出口成章，既能使談話歡快地進行下去，又給對方以博學的印象。

哈囉演練法：

既是聊天，如果沒有什麼特別的話，還是輕鬆點好，以上幾點高招，對你還是有所幫助的。

7. 主動道歉

向異性道歉不是很丟人的事。要知道，只有真誠及時的謙意才能使對方改變對你的看法，諒解你的錯誤行為。在向異性道歉時，還要掌握適當的方式方法，以下幾點要特別注意：

（1）真誠，不可敷衍了事

俗話說：精誠所至，金石為開。只要你真心實意地向對方表示歉意，一般說來，對方是會原諒你的。道歉時切忌敷衍了事，那只會加深對方對你的反感，使你只能取得適得其反的效果。當你說「對不起」時，不要低頭望著地面，要把頭抬起來，看著對方的眼睛，一定要讓對方看到你真誠的歉意，從而原諒你的過失。

（2）直接了當，不推三諉四

向異性道歉時，一定要注意不為自己找藉口，強調客觀原因，這只會沖淡你的誠意。對你的這種態度，即使對方表面上算是過去了，但一定仍會心存芥蒂。無論你應該負全部或部分責任，都沒關係，只要你心甘情願地擔負起責任，就會被對方看作是寬宏大度的人，就能使對方心情舒暢，而這恰是道歉的目的。

（3）抓住時機

當你知道自己錯了的時候，就應立即去向對方道歉，這表明你對對方是否原諒你很在意，這便給對方一種心理上的滿足。當然，這並不是說不分場合地點，一味求快。道歉時要注意選擇對方最能接受的心理狀態和周圍環境，譬如：對方剛好在火頭上時你去向他道歉，人家若不給你臉色看，那才怪呢！

（4）適當賠償

你做了有損於對方的事，就應該對人家有所補償。當然，弄壞了別人的東西賠償是不用說的了，但你使對方蒙受了其他方面的損失呢？比如人格、形象等方面，是不是也可以考慮在一個適當的場合予以挽回，來作為你真誠歉意的表達呢？

（5）不要怕碰釘子

一般的人，在異性面前都特別愛惜自己的面子，深恐對方讓自己下不了台而不敢去向對方道歉。其時，這種擔心往往是不必要的，對方未必像你想像的那樣不通情理。退一步說，即使對方在你面前「發洩」一下，因為你作了對不起他的事，也是可以理解的啊！而且讓他發洩出來，總比埋在心裡好得多吧！

（6）不要一再道歉

向異性道歉，要真誠、大方，不要忸怩拘束，更不要婆婆媽媽，一再向對方表示歉意。如果你是男性，更應該注意這些方面，否則，對方會對你囉嗦的行為厭煩，認為你不像一個真正的男子漢。

（7）把道歉作為一種美德

道歉絕不是一種丟臉的事，你做錯了事，向人家道歉，這是一種誠實和成熟的表現，是一種可貴的美德，特別是主動向女性道歉，體現了你對女性的尊重，這肯定會博得對方的好感。

哈囉演練法：

道歉的方法多種多樣，要根據具體的情況選擇適當的方式方法才能取
得對方的諒解，避開無聊話題的打擾。

8. 避開無聊的打擾

有時，你也許會碰到一些唧唧喳喳、令人生厭的異性，他們說起話來沒完沒了，白白耗費你許多寶貴的時間。怎樣才能恰如其分地擺脫對方的糾纏呢？你不妨試用下述方法：

（1）「晒一下」對方

為了表明你對交流缺乏熱情的態度，你可以採用「低調」談話方式：有一句沒一句的，或者淡淡的不搭茬，對方定會感到無聊，主動提出告辭。

（2）不談與正題無關的事

在談話時，你要盡量避免節外生枝，論及別的事情。盡量把話題牢牢釘在某一個問題上。這樣，就給對方一個不愛閒聊的印象，對方如果知趣，也就會

簡單地說明來意，及早收場。

（3）站起來隨便走走

在交談過程中，你還可以站起來隨便走一走，以此示意對方你無意閒聊下去。為了不致於顯得不禮貌，你可以藉口取菸，或者拿飲料等，而且最好是在對方侃興正濃的時候。

（4）盯著某個地方，或者愣一下神

當對方口若懸河說個沒完的時候，你只自顧自地盯著某個地方發呆，或者當對方說得最起勁的時候，你驀地問一句：「對不起，你剛才在說什麼？」對方即使有天大的侃興，也會被你這種消極的態度打消下去。

哈囉演練法：

如果對方不識趣的話，你不妨直接告訴代你還有事要辦，沒時間跟他聊；如果對方識趣的話，上面的方法就可奏效了。

9. 切忌重男輕女

即使是現在，男女待遇不平的現象依然存在各公司行號裡。但是男女本來就不同，完全地一視同仁也會引起困擾。由於男性與女性各有其特徵，你必須了解到這一點，才能切實地與之相處。

一般來說，男士雖然勇敢而強壯，但卻遲鈍而散漫。女性雖然體貼而細心，但卻柔弱而膽小。

因此，一般的公司採用男性來從事對外的交涉及開拓，而女性則從事內部文書處理及後援工作。換句話說，就是以男性採取攻勢，女性為守備。如果彼此能夠互相協助，各自發揮長處的話，就能夠合作無間地完成工作。

這樣的職務分配，是依據男性與女性的性格不同而劃分的，並非有職位上的高低差別。但是，有些男性卻自認為自己是主角，女性只是助理而已。有這樣想法的男性很容易引起女性的反感，因而得不到女性的協助。

現代女性的女權意識高漲，因此，男性如果對女性有輕蔑的態度或舉動，

很容易就會遭到女性的抗議。在西方，有些國家的女權運動，從幾百年前持續到今天。我們的社會上雖然沒有爆發強烈的女權運動，但尊重女性早已是時代的趨勢，身為現代的男性，不應該還有輕視女性的想法。

以往在工作上的責任區分，多有男重女輕的現象，女性多為輔助男性的工作，責任也比男性為輕。但是，現在已經大不相同了，女性所擔負的工作責任，也並不比男性輕，工作分量更不少於男性。以同樣的工作來說，以前的男性員工只要負責進攻就可以了，公司內部的事自有女性員工代為收拾。所以男性很容易就會表現的比較專橫，凡事都以命令的語氣要求女性「把這個做一做」，但是，在現代的男女之間，必須講求互相尊重，自己的工作就要自己解決。

這是以男性為例來說明，而女性也一樣不能歧視男性。近來，女權主義蓬勃發展，經常可見到男性被女性歧視的情況產生。

由於女性的工作地位越來越受到尊重，即使是男性主管也不能隨隨便便地對女性部屬說：

「喂，倒杯咖啡來！」或是「倒茶！」而是必須用很客氣的語調說：「麻煩你幫我倒杯咖啡好嗎？」

哈囉演練法：

總之，不論是男性或是女性，懂得尊重別人的人才能得到別人的尊重。

10. 以毒攻毒

在一切人際關係中，最易招來流言蜚語的莫過於異性之間的交往了。在我們身邊，總有那麼些居心叵測或無聊的人，專以談別人的隱私為能事，有時甚至無中生有，捏造事實；混淆視聽，對當事人的聲譽造成嚴重的損害和歪曲。如果你陷入流言的攻擊中，下述方法將幫你擺脫困境：

（1）勇於澄清事實

當你聽到有關你的「桃色新聞」時，你不要視而不見，深恐這事越抹越黑。

殊不知，你不對流言予以痛擊，造謠的人見你無動於衷，甚至顯得有些怯懦，他會更加變本加厲地大肆宣揚，直至你聲名狼藉。所以採取退縮忍讓的態度是不可取的，最好的辦法還是把事情的真相公之於眾，讓大家看清誹謗者的真面目，相信那時他會無地自容的。

（2）面對窘境，從容不迫

古人云：君子之心坦蕩蕩。只要你自覺無愧於心，那麼就應該表現出你的從容和理智。比如你被對方當眾誣衊時，最好就是不要衝動，因為那正好陷進了對方的圈套。這時，你可以冷靜地請問對方：「我不知道什麼地方得罪了你，使你這樣當眾誣衊我？」對方在你義正詞嚴的質問下，一定會手忙腳亂的。

（3）善於動用法律武器自衛

從法律上來說，誹謗是一種犯罪行為，所以必要時你盡可以運用法律武器進行自衛。即使你不願對你的同事或鄰居進行起訴，也應該讓他們明白自己的行為已經觸犯了法律，迫使他們承認錯誤，併負責向公眾解釋清楚。

哈囉演練法：

總之，在流言面前，絕不能退讓，要勇於自衛，善於自衛，不讓那些心懷叵測的人目的得逞。

11. 欺騙的藝術

的確，撒謊是一件不值得提倡的事，因為從倫理角度來看，這畢竟有些不太光彩。然而在異性的交往中，撒謊有時卻是必要的，關鍵是你撒謊的動機和程度。為此，我們特別對異性間撒謊作了如下限定：

（1）不翻陳年舊帳

最無益的事就是後悔往事，因為一個人總難免有許多恩恩怨怨，是是非非，過去有，將來還會有，所以多想也無益，只要能記住從中吸取教訓也就足夠了。異性之間，老翻陳年舊帳，只能給彼此的心裡投下陰影，也讓對方覺得你心胸狹窄，不能容物。

（2）掩飾傷害對方的事情

有些事，說出來能給對方很大的打擊，這種事我們認為最好還是不說。比如你以前談過戀愛之類的事，你就盡可能地不要告訴對方，特別是對方的觀念還很「正統」的情況下，這只會使對方對愛情的夢想破碎，而不會使對方感謝你的真誠，這種說出來彼此都遭傷害的事，為什麼非要說出來呢？

難道只有說出來才說明你愛他嗎？大概這中間沒有什麼必然聯繫吧？

（3）模糊地回答愛憎

當你尚未清楚對方的愛憎觀或與對方的愛憎不同時，你最好不要明確對此表態，以勉將自己置於與對方對立的境地。含糊其辭有時也可作為一種交往的技巧，它和「滑頭」是兩碼事。

（4）不說解釋不清的真話

真話未必都是好話，因為有時它也可以傷人，特別是對那些心理承受力比較低的人，更易造成傷害。有些無法或不容易解釋清楚的事，你說出來不但不能使對方覺得你誠實可信，反而會使對方心頭疑雲密布，甚至引起大的誤會。對於這種事，你又何必多費唇舌呢？

（5）誇長處而略去短處

大凡想得到異性好感的人，總是盡量多的把自己的長處展示給對方，譬如為人忠厚、熱情、事業上成功等，而很少觸及自己的短處。這是人之常情，就連動物也是一樣，雄孔雀向對方求愛時，總是面對雌孔雀打開美麗的尾羽，而把醜陋的部分掩蓋在屏風後。這樣容易給對方一種完美的感覺，從而博得對方的寵愛。

（6）不表達額外的、不能實現的願望

青年異性在一起，往往喜歡聊一些不著邊際的話題。有時，還喜歡用抒情的語調來表達自己美好的夢想，開口閉口是「如果有一天……」可是那一天根本就沒希望來到，你的誇誇其談只是一種美麗的謊言，只能給對方帶來厭惡而已。

社交力
從會哈囉開始

總之，異性交往中撒謊並非必須完全禁止的，至於在某個時候，在某件事上該不該撒謊，那要根據撒謊可能產生的效果來判定，如果產生的效果是積極的，有益的，那麼把撒謊當作一種交往技巧來使用，也未嘗不可。

第二篇　社交口才實戰

國家圖書館出版品預行編目（CIP）資料

社交力：從會哈囉開始 / 劉惠丞，劉燁編著 . -- 第一版 .
-- 臺北市：崧燁文化，2020.06
　　面；　公分
POD 版

ISBN 978-986-516-241-2(平裝)

1. 社交 2. 溝通技巧

192.32　　　　　　　　　　　　　　　　　109007121

書　　　名：社交力：從會哈囉開始

作　　　者：劉惠丞，劉燁 編著

發 行 人：黃振庭

出 版 者：崧燁文化事業有限公司

發 行 者：崧燁文化事業有限公司

E－m a i l：sonbookservice@gmail.com

粉 絲 頁：　　　　　　網 址：

地　　　址：台北市中正區重慶南路一段六十一號八樓 815 室

8F.-815, No.61, Sec. 1, Chongqing S. Rd., Zhongzheng

Dist., Taipei City 100, Taiwan (R.O.C.)

電　　　話：(02)2370-3310 傳　真：(02) 2388-1990

總 經 銷：紅螞蟻圖書有限公司

地　　　址：台北市內湖區舊宗路二段 121 巷 19 號

電　　　話：02-2795-3656 傳真 :02-2795-4100　　　網址：

印　　　刷：京峯彩色印刷有限公司（京峰數位）

　　本書版權為千華駐讀書堂出版社所有授權崧博出版事業有限公司獨家發行電子
書及繁體書繁體字版。若有其他相關權利及授權需求請與本公司聯繫。

定　　　價：490 元

發行日期：2020 年 06 月第一版

◎ 本書以 POD 印製發行